KB031646

세계 최고의 종이, 한지

정책이 필요하다

세계 최고의 종이, 한지

정책이 필요하다

박후근 지음

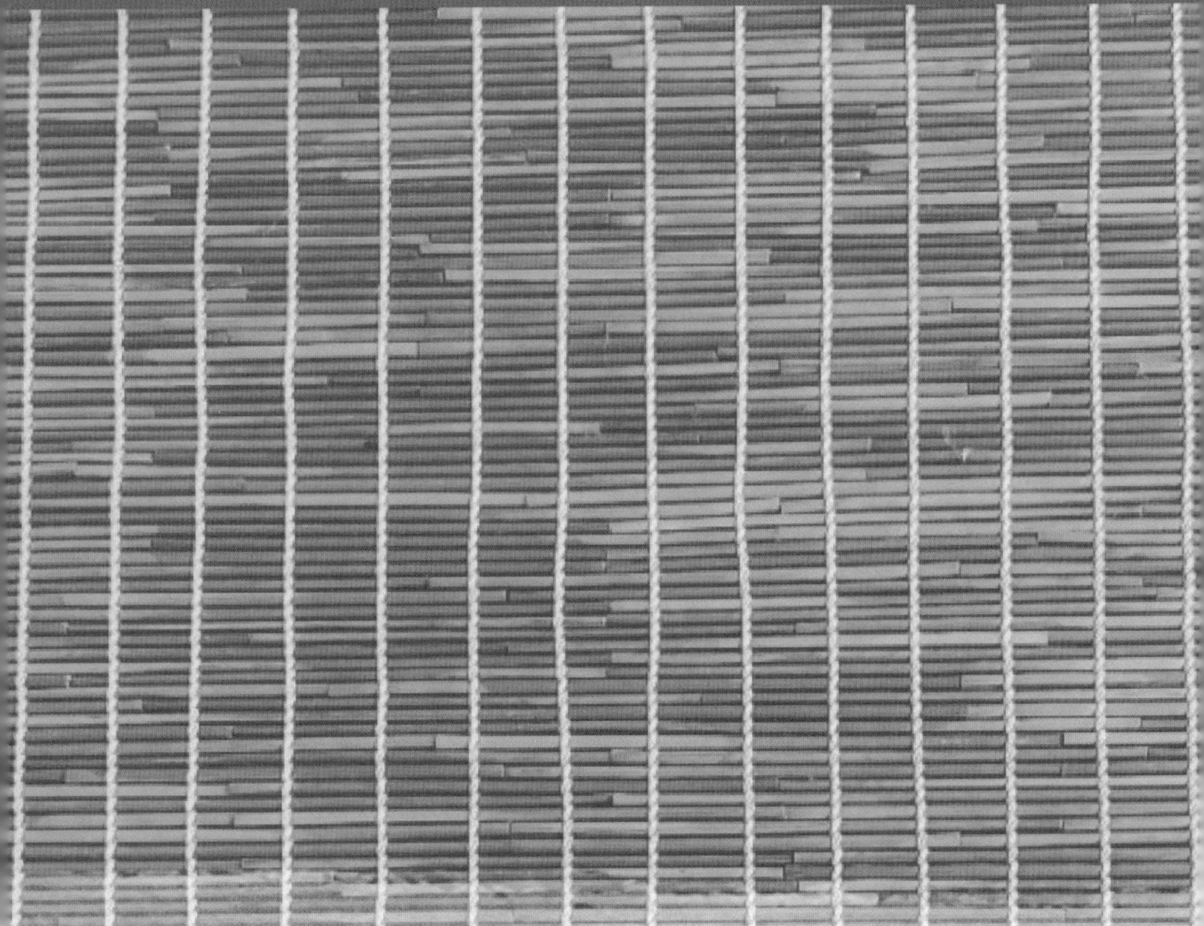

저서 요약

우리나라 전통한지업체 수는 1996년 64개소에서 2016년 말 28개, 2018년 말 21개, 2021년 6월 말에는 19개로 급감했다. 정부는 2017년 1월부터 2021년 6월 말까지 총 341억 원의 예산을 한지 관련 사업에 투입했지만 이러한 추세는 개선되지 않았다. 이 연구는 그동안 정부의 전통한지정책이 잘 추진되었는지에 대한 문제의식에서 출발했다.

본격적인 연구에 앞서 전통한지와 한지에 대한 개념 정립을 시도했다. 정부 발주 용역연구에서조차 "한지라는 단어 자체의 정의도 없는 실정"이었다. 이 연구는 다음과 같이 한지의 정의를 새롭게 정립했다.

"전통한지"는 역사적으로 '일제 강점기 이전에 사용하던 재료와 제조방식으로 만든 종이'라고 말할 수 있다. 좀 더 구체적으로 '국내산 닥, 천연잿물과 식물성 분산제를 사용하며 닥 방망이 고해, 티 고르기, 일광 유수 세척 및 표백, 전통 뜨기 등 초지, 자연 일광 건조 및 도침 등 전통 방식으로 만든 종이'라 정의했다. "한지"는 국내산 닥을 주재료로 사용하여 손으로 뜬 종이"라고 정의했다. 한편, 고해 과정에서 비트 기계장치를 사용하거나 사람이 손으로 초지하기 어려운 대형 종이를 만드는 과정 등에 일부 기계장치를 사용하는 경우, 한 장씩 초지 한다면 기계장치를 부분적으로 사용하는 한지로 분류할 수 있다는 주장은 논의할만한 가치가 있다고 파악하였다.

이 연구는 다음 세 가지 연구를 통합·분석하는 것으로 구성했다. 정책도구적 관점에서 정부가 추진한 한지정책의 내용 파악, 정책공급자와 정책수요자를 대상으로 정책 선호도에 관한 설문조사와 분석, 그리고 전통한지를 활성화하기 위한 대안을 제시하는 것이다.

먼저 전통한지정책 도구유형 분석에서는 수집한 자료들을 토대로 Vedung의 정책도구이론을 적용하여 규제정책, 지원정책, 정보정책으로 나누어 분석하여 정책적 측면의 문제점을 파악했다. 그 결과, 규제정책은 한국산업규격이 제정되고 한지품질표시제가 시행되고 있지만 실효성이 떨어진 것으로 파악했다. 지원정책은 예산 규모가 작지 않음에도 19개에 불과한 전통한지 제조업체에는 지원 효과가 미미했다. 정보정책은 전통한지 홍보 활동은 양적인 측면에서 어느 정도 이루어졌다고 볼 수 있으나 정책연구와 실태조사는 미흡한 실정이었다.

이어 전통한지 활성화 요인 선호도 분석에서는 중앙정부 및 지방자치단체 공무원, 학계, 연구자 등 정책공급자와 전통한지업체 한지장 등 정책수요자를 대상으로 전통한지 활성화 요인에 대해 설문조사를 실시했다.

AHP 분석을 통해 전통한지를 활성화하기 위해 먼저 추진해야 할 정책이 무엇인지 파악한 결과, 상위정책에서는 정책공급자와 정책수요자 모두 지원정책 > 규제정책 > 정보정책 순으로 나타났다. 규제정책은 정책공급자와 정책수요자 모두 품질표준화 > 공공부문 한지사용 의무화 > 원산지 표시 순으로 나타났다. 지원정책은 정책공급자와 정책수요자 모두 한지구입 > 장비 수선지원 > 자긍심 고취 순으로 나타났다. 정보정책은 정책공급자와 정책수요자 모두 연구·지도 > 국내외 홍보 > 정보제공 순으로 나타났다. 요컨대 전통한지 활성화 요인에 대한 정책공급자와 정책수요자의 인식 차이는 그다지 크지 않은 것으로 나타났다.

전통한지 진흥 관련 제반 정책 고찰에서는 첫 번째와 두 번째 연구를 토대로 전통한지를 활성화하는 방안이 무엇인지 종합적으로 분석하여 전통한지 정책 추진방안을 제시하였다. 이와 함께 제21대 국회에 발의된 「전통한지문화산업의 육성 및 발전에 관한 법률안」, 4개 시군의 한지 육성 관련 조례에 대한 의견을 제시했다.

본 연구는 이론적 측면에서 정책도구 연구를 '전통문화'와 '전통한지' 영역으로 확장시켰다는 데 의의가 있다. 연구에 적용된 연구방법론의 구성체계는 한지정책 외에 우리나라 전통문화 진흥정책의 평가방법론 또는 연구방법론으로서 하나의 사례가 될 수 있을 것이다. 이러한 구성체계를 고려할 때 정부가 전통문화 진흥정책을 시행할 때는 다음 세 가지 점을 유념해야 한다.

첫째, 전통문화 및 전통한지에 관한 개념이 제대로 정립돼 있는지 역사적·과학적으로 살펴보아야 한다. 둘째, 정책도구가 규제정책, 지원정책, 정보정책 세 가지 틀에서 잘 마련되었는지 살펴보아야 한다. 셋째, 계층분석법(AHP)을 통해, 공급자 중심 정책이 아니라 수요자 입장에서 추진되고 있는지 살펴보아야 한다.

이 연구를 통해 얻은 정책적 함의는 전통한지 진흥을 위한 기본적인 전략 및 정책대안 제시에서 찾을 수 있다. 먼저 전통한지 진흥 기본전략을 "한지 원형을 재현하고 재정의 및 재구조화하며 품질을 향상시킴으로써 수요 확대와 기술향상을 도모하고 세계시장에 진출하는 선순환구조로 연착륙하는 데 둔다"로 설정했다. 여기에 덧붙여 전통한지 정책의 대안을 다음과 같이 여섯 가지 제시했다.

첫째. 기존 전통한지의 정의에서 주원료를 '국내산 닥', 제조기술을 '손으로 만든 것'으로 한정하지 않고 있다. 이에 대한 재고가 필요하다. 전통한지 및 한지에 대한 정의가 정립(재정의, 재구조화)되지 않은 상태에서 추진했던 그동안의 정부 연구용역 실태조사는 신뢰성을 확보하기 어렵다는 사실을 확인했다.

둘째, 전통한지 품질의 표준화 근거가 포함되지 않았는데 이는 개선, 보완되어야 한다. 지류 문화재의 복원·수리 등에 사용되는 전통한지는 표준화가 필요하므로 한지 품질기준을 시행령으로 정할 수 있도록 해야 한다. 즉 법률에 근거를 마련할 필요가 있다.

셋째, 공공부문을 대상으로 하는 전통한지 사용의무화의 근거가 마련되어 있지 않다. 이에 대한 검토, 보완이 요청된다. 지류 문화재 수리·복원은 물론 이거니와 창덕궁을 비롯한 4대 궁궐, 각종 건축물 문화재에서 사용하는 종이 및 영구보존 문서로 지정된 국가의 중요기록물 작성 시에는 한지를 사용하도록 의무화할 필요가 있다.

넷째, 한지 품질개선을 위해 정부 차원의 노력이 필요하다. 현재 생산되는 최고 품질의 전통한지가 2백년 이상 된 조선시대 정조대왕 친필편지의 종이 재질에 비교해 품질이 떨어진다.

다섯째, 기록용·서화용으로 한지사용을 확대해야 한다. 정부 차원에서 국가 중요문서 등에 한지사용을 확장해야 하며, 서예가와 한국 화가들은 서화용 한지의 품질을 개선하여 한지사용을 확대해야 한다.

여섯째, 전통한지 진흥을 위해 범 정부적인 협업 행정이 필요하다. 예컨대 산림청에서는 닥나무 품종연구에 적극적으로 나설 필요가 있다. 문화체육관광부, 문화재청 등 유관 부처 간에도 칸막이를 뛰어넘는 협업이 이뤄져야 한다.

주제어 한지정책, 한지, 전통한지, 한지 제작방식, 정책도구, 정책수단, AHP 분석, 정책공급자, 정책수요자

차 례

제3장 정책도구 이론과 연구 문제 도출

제4장 전통한지정책 도구유형 분석

제5장 전통한지 진흥정책 선호도 분석

제1장

서 론

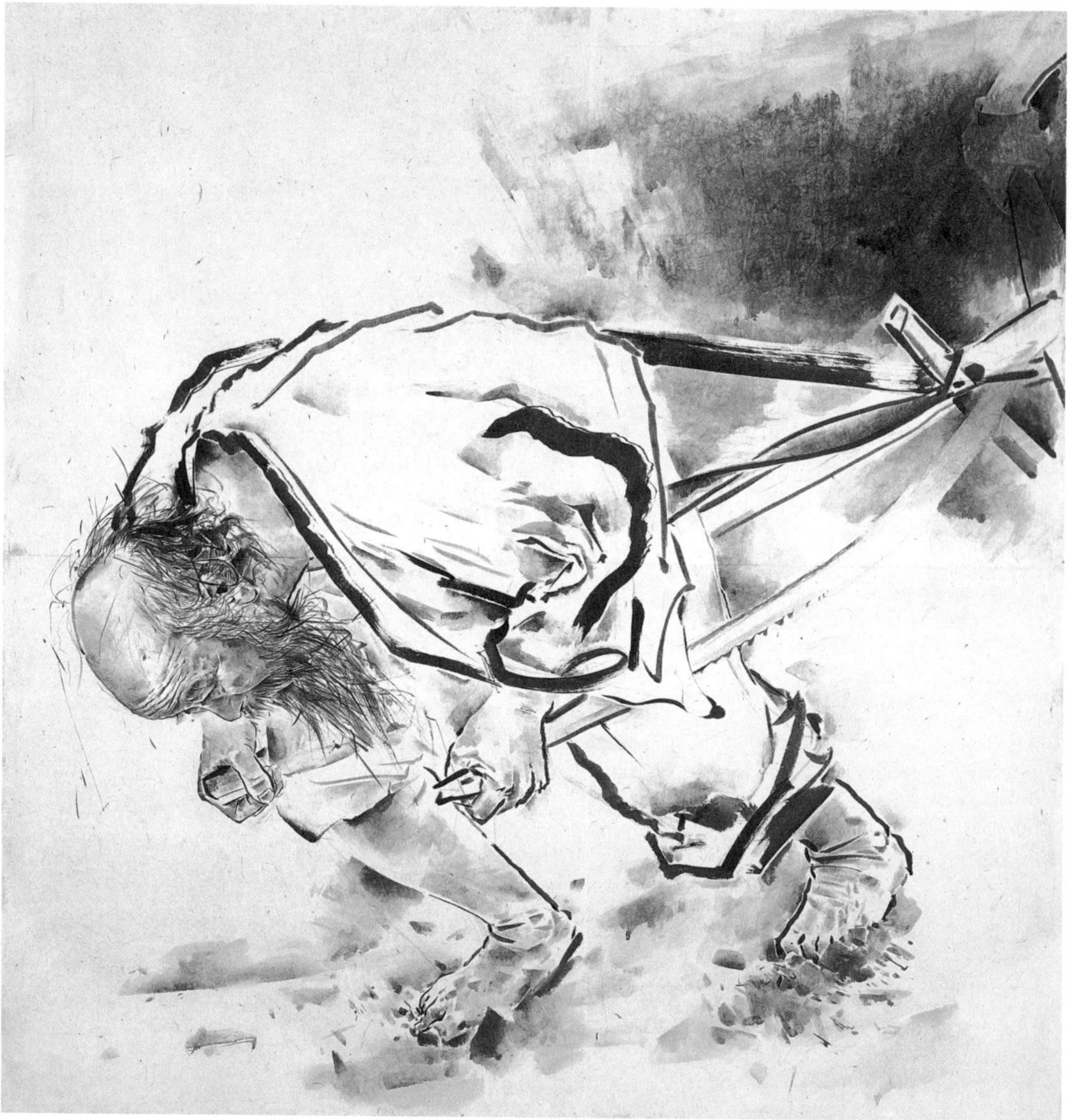

김호석, 소, 144×142cm, 한지에 수묵채색, 2002

제1절 연구 배경 및 필요성

한국은 2022년 10월 현재 유네스코(UNESCO) 등재 세계기록유산으로 조선왕조실록, 승정원일기 등 16건의 기록물을 보유하고 있다. 이는 중국의 13건과 일본의 7건을 능가하는 것으로 아시아·태평양권 1위, 세계 4위에 해당한다. 한국이 이처럼 세계적인 기록 강국[1]이 될 수 있었던 배경에는 우수한 고려지와 조선지가 기반이 된 기록문화가 존재했기 때문이라고 유추할 수 있다. 한지의 특장점은 닥나무를 재료로 하는 보존성에서 찾을 수 있다. 보존성에 문제가 있었다면 역사적 기록물이 지금까지 온전히 전해지지 못했을 것이다. 한지로 만들어진 현존하는 세계 최초의 목판 인쇄본인 무구정광대다라니경과 세계에서 가장 오래된 금속활자 인쇄본인 직지심체요절이 이를 입증한다.[2]

한지의 우수성은 역사적으로 방증되고 있다. 북송의 진유(陳槱)는 〈부훤야록(負暄野錄)〉에서 "고려의 종이는 촉의 냉금과 같이 치밀하고 튼튼하며 깨끗하다"고 말했다. 명나라의 심덕부(沈德符)는 〈비부어략(飛鳧語略)〉에서 "고려에서 조공한 종이 공전은 오늘날 중국과 외국에서 쓰이는 종이 가운데 으뜸이다"고 썼다(반지씽, 2002). 한지의 우수성에 대한 평가는 과거에 그치지 않고 최근에도 이어지고 있다. 예컨대 전라북도 전주시 소재 모 업체의 한지는 이탈리아 국립고

---

1 현재 우리나라가 보유한 세계기록유산 16종은 훈민정음예의-해례본, 조선왕조실록, 직지심체요절, 승정원일기, 동의보감, 조선왕조의궤, 해인사대장경판, 일성록, 난중일기, 유교책판 305개 문중 718종, 조선왕조어보와 어책, 국채보상운동기록물, 조선통신사기록물, 5.18광주민주화기록물, 새마을운동기록물, KBS이산가족을찾습니다 등이다. 이 중 현대사 기록물 3건을 제외하고 13건이 한지를 소재 기반으로 하여 제작되었다.

2 문화재청(1999)은 무구정광대다라니경은 세계 최고의 인쇄물로 석가탑 건립 당시인 751년 직전인 706년에 인쇄하여 봉안한 것으로 추정하고 있다.

문서 · 도서병리중앙연구소(ICPAL)에서 보전·복원용 종이로 인증을 받은 바 있다. 일본 와시(和紙 · 화지)가 장악한 세계시장에 한지 역시 진출할 수 있는 교두보를 마련한 것이다.

이러한 국내외 높은 평가에도 불구하고, 전통한지가 사라질 위기에 처해 있다. 전통한지 제조업체가 급감하고 있다. 1996년 64곳에서 2016년 말 28곳, 2018년 말 21곳으로 줄어들었다. 다시 2곳이 줄어 2021년 6월 말 현재 19곳[표 1]에 불과하다(한지산업지원센터, 2021).

[표 1] 전국 수록한지(손 한지) 업체 현황

구분	16.12월말	17.12월말	18.12월말	19.12월말	20.12월말	21.7월말
계	16개 시군 28곳	15개 시군 26곳	13개 시군 21곳	12개 시군 21곳	11개 시군 19곳	11개 시군 19곳

※ 출처 : 한국전통문화전당 한지산업지원센터, 사업자 등록증과 관계없이 실질적으로 영업을 하는지를 기준으로 삼음

위 표에 제시된 제조업체의 생산현황을 살펴보면, 전체 업체의 70%가 연 매출이 1억이 되지 않는 상황이다(한국문화관광연구원, 2021). 국민대학교 산학협력단(2016) 전수조사에 의하면 수록한지(손 한지) 23개 업체 중에서 11개 업체가 연 매출 1억 원 이하 규모다. 23개 업체 중 연 매출이 5천만 원 이하인 곳이 5개, 3천만 원 이하도 3곳이나 된다. 이 실태조사가 이루어진 2015년 이후 2021년 6월 말까지 9개 업체가 폐업하기도 했다.

또한, (주)메가리서치가 2019년 9월부터 2020년 1월까지 연구하여 문화체육관광부 산하 한국공예디자인문화진흥원에 제출한 보고서에서도 수록한지 업체를 포함한 31개 업체 중에서 매출이 1억 원 미만인 업체가 9개로 확인됐다. 문화체육관광부(2021)는 수록한지 제조업체 21곳 중 연 매출 1억 원 이하가 10

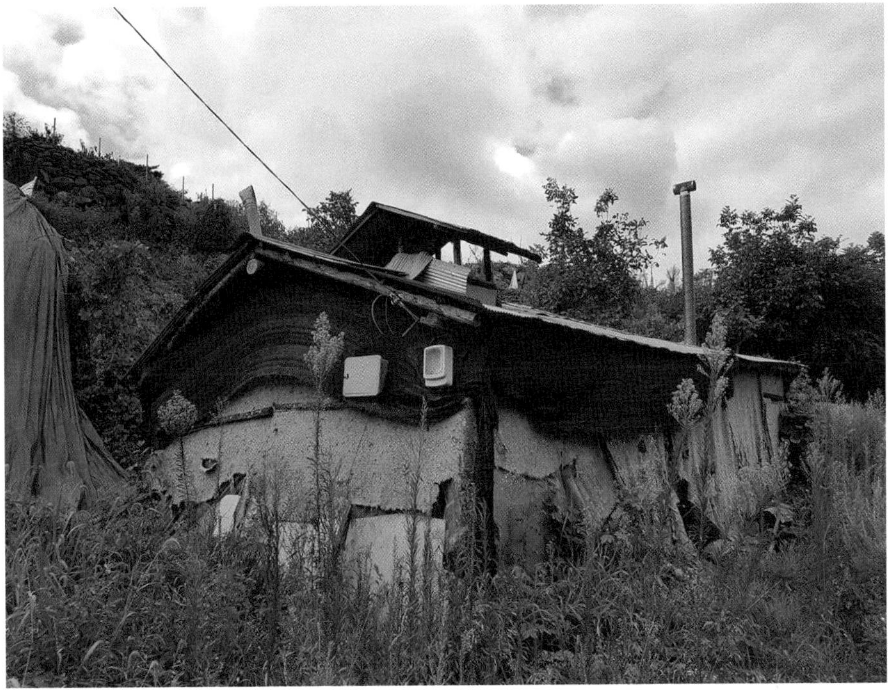

2018년 8월 11일 전북 남원 실상한지(폐업)

개, 5천만 원 이하 5개 등 전체 70% 이상 업체가 연 매출 1억 이하 규모로 매우 영세하다고 파악하고 있다.

특히 전통한지 재료가 되는 닥나무 생산 농가 수는 11개뿐이고(한국문화관광연구원, 2021), 닥나무 수확량도 감소하는 추세다. 산림청의 임산물 생산조사자료에 의하면 섬유 원료로서 닥나무 수확량은 2016년 19,496kg에서 2017년에는 8,724kg으로 감소했고 2018년에는 19,492kg(금액 기준 5억 8천5백만 원)으로 증가했으나, 2019년에는 15,261kg(금액 기준 4억 7천6백만 원)으로 감소했다. 수록 한지 업체의 연간 총생산량은 2017년 10만7,714장에서 2018년 9만6,762장으로 감소하였다(한국문화관광연구원, 2021). 국가 중요무형문화재 한지장은 최근 3명이 추가 지정되어 4명이지만(문화재청, 2021), 서예·한국화, 기록물 및 창호지·

벽지 등 실생활에서는 전통한지 활용을 찾기 어려운 안타까운 실정이다.

이에 전통한지의 계승적 활용이 어려운 상황이 되기까지 중앙정부와 지방정부의 한지 정책이 어떻게 추진되었는지 점검할 필요가 있다. 문제는 중앙정부와 지방정부의 한지 정책을 살필 수 있는 자료를 찾기 어렵다는 점이었다. 따라서 연구자는 다양한 경로를 통해 노력을 기울인 결과 상당한 수준의 한지정책과 사업이 존재했음을 확인할 수 있다.

먼저 한국재정정보원의 국고보조금통합관리시스템과 지방재정정보365의 지방재정통합공개시스템을 통해 국고보조금과 지방비 계정에서 한지 사업을 확인했다. 2017년 1월부터 2021년 6월 말까지 7개 중앙부처의 총 100개 사업에 109억 6,300만 원의 국고보조금 사업을 확인했고, 11개 시군의 총 96개 사업에 231억 6,100만 원의 지방비 사업을 확인했다. 두 가지를 합하면 201개 사업에 총 341억 2,400만 원에 이른다(박후근, 2022).

또한, 정보공개포털의 원문공개 서비스와 부처 홈페이지 보도자료를 통해 2007년부터 2021년 6월 말까지 추진된 17건의 정책과 사업을 찾아냈다. 17건의 내용을 분류해 보면 이탈리아 문화재 복원재료 인증 등 국제협력 7건, 전통한지 공공수요 창출 및 홍보 3건, 한지 학술 심포지엄 및 문화재 복원용 전통한지 연구용역 3건, 한지 산업 활성화를 위한 지방정부 협력 2건, 국가무형문화재 한지장 보유 인정 2건 등이다.

한편, 정부가 그동안 추진했던 한지 정책의 범위를 확대하여 2006년부터 2016년까지 이루어진 한지 정책을 확인한 결과, 다음과 같은 두 가지 정책을 발견했다. 첫째, 문화체육관광부(2013)는 생산자에게는 품질 좋은 한지의 생산을 유도하고 소비자에게는 신뢰를 주기 위해 '한지품질표시제도'를 시행했다. '한지품질표시제'는 한지 제품의 인지도를 높이고 신뢰성을 확보하기 위해 생산자, 제조 방법 및 원산지 등 제반 사항을 표기하는 제도이다. 한지품질표시제는 문화체육관광부가 후원하고 전주시 소재 한지산업지원센터가 품질표시제를 운영하는 한편 한국공예디자인문화진흥원이 홍보와 참여업체 지원을 맡았다. 둘째, 산업통상자원부·산림청(2006)은 합리적인 산업표준의 제정과 보급을 통해 생산기술을 향상하고 합리적인 소비를 통해 산업 경쟁력을 높이고 국가경제를 발전시키기 위해 2006년 10월 최초로 서화 용지(Traditional Hanji Paper) 국가표준(KS)을 제정했다. 서화 용지 국가표준 제정은 2011년 12월 개정되었으며, 2016년 12월에는 영문명을 'Tradition Paper'에서 'Traditional Hanji Paper'로 변경하고 '수록지'를 '수초(록)지'로 변경하는 내용으로 개정했다.

이처럼 정부에서는 한지와 관련된 국고보조금 사업을 비롯하여 '한지품질표시제' 및 '서화 용지 국가표준 제정' 등과 같은 한지 정책을 추진했다. 그런데도 전통한지의 계승적 활용은 심각한 위기에 처해 있다. 요컨대 한지 활성화를 위해서는 정부의 역할이 중요하다. 가장 큰 문제는 활성화의 주체인 정부마저 전통한지를 활용하지 않고 있다는 사실이다. 국가무형문화재 한지장인 홍춘수 선생은 인간문화재가 만든 한지조차 국가가 구매하지 않는 점에 대해 문제를 제기하기도 했다(국민일보, 2016). 또한, 4대 궁궐에 사용되는 창호지의 상당수가 수입 닥을 활용하거나 펄프를 혼합한 종이임이 확인되기도 했다.[3] 이에 관한 언론 보도(세계일보, 2019) 이후, 정부의 개선 노력이 없는 것은 아니지만(한국일보, 2020), 한지를 충분히 활용한 수준이라고 말하기는 어려운 실정이다[4]. 이러한 사정에 비춰 지금이야말로 전통한지 정책을 활성화하는 제도적, 정책적 접근이 요구되는 시점이다.

한편, 기존의 한지 연구는 한지 자체의 물성(物性)에 관한 연구에 치우쳐 정부가 추진한 한지 정책의 성과에 관한 연구는 이뤄지지 않은 측면이 있다. 따

---

3 연구자는 2019년 7월 문화재청에 경복궁, 창덕궁, 덕수궁, 창경궁 4대 궁궐의 창호지로 전통한지를 사용하는지에 대해 행정정보공개 청구를 하여 현황을 확인했다.

4 연구자가 정보공개 청구한 결과, 4대 궁궐 등 창호지를 한지로 보수한 실적은 2022년 3월 말 기준 전체계획 목표 100% 대비 32.18%임.(문화재청 복원정비과-2461(2022.5.3)

라서 본 연구는 정부의 정책과 사업이 어떻게 구현되고 있으며, 성과는 어떻게 나타났는지를 파악하여, 전통한지 활성화를 위해 필요한 정책이 무엇인지에 논의의 초점을 맞추고자 한다.

제2절 연구 목적

본 연구는 그간의 전통한지정책 경위 파악에서 출발하여 산업실태와 현황을 파악하고 문제점을 발견하여, 이를 토대로 정책대안을 제시하는 데 목표를 두고 있다. 이 연구는 세 가지 하위연구로 구성했다. 각각의 세부적인 연구 목적은 다음과 같다.

첫 번째는 정책도구적 관점에서 정부가 추진한 한지 정책의 내용을 살펴보는 것이다. 즉 Vedung의 정책도구이론을 적용하여 규제, 지원 및 정보정책 측면으로 나누어서 살펴보기로 한다. 먼저 규제정책 측면에서 전통한지 관련 개별법을 살펴보고자 한다. 또한, 2006년부터 제정된 서화 용지(Traditional Hnaji Paper)의 국가표준인 한국산업규격(Korean Industrial Standards, KS)과 2013년 시작된 한지품질표시제 등도 살펴보기로 한다. 지원정책 측면에서는 2017년 1월부터 2021년 6월 말까지 8개 중앙부처가 집행한 한지 관련 국고보조금과 전통한지 19개 업체를 1개 이상 보유한 11개 기초지방자치단체의 한지 관련 지방비예산 현황을 알아보고 19개 전통한지업체에 지원된 예산과 비교, 분석하고자 한다. 정보정책 측면에서는 전통한지와 관련 교육훈련, 경진대회, 전시 홍보 및 전문인력 양성 등 현황을 살펴보기로 한다. 특히 중앙정부가 추진한 연구용역과 실태조사가 어떻게 이루어졌는지 분석하고자 한다. 첫 번째 연구에서 규제정책, 지원정책 및 정보정책으로 구분하여 실시한 연구 방식은 두 번째와 세 번째 연구에서도 똑같이 적용하기로 하겠다.

두 번째는 정책공급자와 정책수요자를 대상으로 전통한지 진흥정책에 대한 선호도를 분석함으로써 전통한지를 활성화하기 위해 앞으로 추진할 바람직한 정책이 무엇인지 시사점을 얻는 데 있다. 또한, 1996년 64개에 이르던 전통한지업체 수가 2021년 말에는 19개소로 감소했고, 2017년부터 2021년 6월 말까지 총 341억 원의 예산을 한지 분야에 집행했음에도 19개 전통한지업체에 지원된 금액이 7억 원에도 미치지 못한 원인도 살펴보고자 한다. 이 연구 방법으로는 계층분석법(AHP)을 적용하고자 한다. 본 연구에서 정책공급자는 문화체육관광부 등 중앙부처와 11개 지방자치단체 공무원, 학계 연구자이다. 정책수요자는 19개 전통한지업체 한지장이다. 이들을 대상으로 규제정책, 지원정책, 정보정책에 대한 상위정책 우선순위, 하위정책 우선순위 순으로 설문조사하고자 한다. 하위정책 우선순위는 규제정책은 표준화, 공공부문 한지사용 의무화, 수입 표시를, 지원정책은 시설·장비, 종이구입, 자긍심 고취를, 정보정책은 연구지도, 국내외홍보, 정보제공 등이다.

세 번째는 전통한지를 활성화하고 세계시장에 효율적으로 진출하기 위해 정부 소관 법률안과 지방자치단체 조례에 무슨 내용을 구성하고 포함해야 하는지 등 정책적 대안을 마련하는 데 있다. 여기서는 앞의 두 가지 연구 결과를 통합적 관점에서 분석하고, 이를 토대로 바람직한 대안을 마련해 보기로 한다. 이를 위해 전통한지의 정책기반, 규제정책, 지원정책 및 정보정책에 관한 문제를 비판적 관점에서 점검해보고 정책적 제언을 할 계획이다.

한편 전통문화 정책에 대한 선행연구를 살펴볼 필요가 있다. 주지하다시피 우리나라는 한지 외에도 유네스코가 인정한 많은 전통문화를 보유하고 있으며 이를 보존, 계승·발전시키기 위해 큰 노력을 기울이고 있다. 특히 문화체육관광부는 2007년 5월 한복, 한식, 한옥, 한글, 한지, 한국음악 등 한국 고유문화

6대 분야를 브랜드화하고 체계적으로 육성하기 위해 「한스타일 육성종합계획」(2007)을 발표하기도 했다. 이러한 흐름을 반영하여 한지 정책을 대상으로 하는 본 연구 구성체계를 여타 전통문화 진흥정책의 진행 상황에도 적용할 가능성을 타진하는 지표가 될 수 있을 것이다. 본 연구 구성체계의 특징은 크게 네 가지로 구분할 수 있다.

첫째, 개념이 제대로 정립되어 있는지, 둘째, 정책도구가 규제·지원·정보정책 세 가지 틀에서 제대로 마련되고 적정하게 집행되었는지, 셋째, AHP 분석을 통해 볼 때 정책공급자 중심이 아닌 정책수요자 관점에서 정책이 실질적으로 추진되고 있는지, 넷째, 종합적으로 분석한 결과를 토대로 정책기반 및 규제·지원·정보정책에 관한 구체적인 대안을 마련했는지를 살펴보는 것이다.

제3절 연구 대상 및 구성

본 연구의 연구 대상은 전통한지가 직면한 현황, 추진정책의 문제점 및 활성화를 위한 정책대안 등 전 과정이다. 본 장에 이어 제2장 이론적 논의, 제3장 정책도구 이론과 연구문제 도출, 제4장 전통한지 정책 도구유형 분석, 제5장 전통한지 진흥정책 선호도 분석, 제6장 전통한지 진흥 관련 제반 정책 고찰, 제7장 결론으로 진행하고자 한다. 그 내용을 상세하게 정리하면 다음과 같다.

제2장에서는 헌법 규정과 연계하여 전통과 문화, 전통문화와 민족문화의 개념을 알아본 후, 1948년 대한민국 정부 수립 이후 전통문화 정책의 변천 과정을 살펴보고자 한다. 이어 전통한지와 한지의 개념을 논의한 후 전통한지 정책

의 목표를 설정하기로 한다. 전통한지에 관한 개별법 제정 추진 상황도 살펴보고자 한다. 선행연구 검토에서는 중앙정부 및 학계의 한지 연구 동향을 알아보고 선행연구를 비판적으로 검토하고자 한다.

제3장 정책도구 이론과 연구 문제 도출에서는 먼저 Vedung(1998)을 비롯한 주요 연구자들의 정책도구 이론의 특징을 알아보겠다. 연구 문제 도출에서는 정책도구 이론의 정책 유형(규제정책, 지원정책 및 정보정책)을 적용하고자 하며, 이에 따라 제4장 전통한지 정책도구 유형 분석, 제5장 전통한지 정책 선호도 분석, 제6장 전통한지 진흥 관련 제반 정책 고찰에 대한 연구가 이루어진다는 점을 밝히고자 한다.

제4장 전통한지 정책 도구 유형 분석에서는 정책기반으로서 법률과 조례 제정 현황을 살펴본 후, 지금까지 정부가 추진한 정책과 사업을 Vedung의 정책도구 이론에 따라 규제정책, 지원정책 및 정보정책으로 구분한 후, 규제정책에서는 한국산업규격 제정과 한지품질표시제, 지원정책에서는 국고보조금 등 전달체계, 시설·장비 개선, 한지구입, 자긍심 고취, 정보정책에서는 한지원료 연구, 한지 홍보, 산업 동향 정보공유 등을 살펴보겠다.

제5장 전통한지 진흥정책 선호도 분석에서는 전통한지 정책에 대한 정책공급자와 정책수요자 선호도를 조사하겠다. 정책공급자는 중앙·지방정부 담당 공무원, 자문 교수나 연구원 등이며 정책수요자는 19개 전통한지업체 한지장이다. 정책공급자와 정책수요자가 가장 선호하는 한지진흥 정책은 상위 유형별(규제, 지원, 정보), 하위 유형별(한지구입, 시설 · 장비 구축 지원 및 품질 표준화 등 9개 정책 유형)로 어떻게 나타나는지 살펴보겠다. 정책공급자와 정책수요자의 차이도 파악하기로 한다.

제6장 전통한지 진흥 관련 제반 정책 고찰에서는 제4장 전통한지정책 도구 유형 분석에서 나타난 한지 정책·사업에 대한 문제점 분석 결과와 제5장 공급자와 수요자를 대상으로 한 전통한지 진흥정책 선호도 분석 결과를 분석하여

앞으로 추진할 정책대안을 제시하기로 한다. 아울러 제21대 국회에 발의된 「전통한지 문화산업의 육성 및 발전에 관한 법률안」과 4개 시·군의 한지 육성 관련 조례를 검토할 계획이다.

제7장 결론에서는 앞서 연구한 사항들을 종합적으로 요약하고 이론적·방법론적 의의, 시사점 및 기대효과를 알아보고자 한다. 이어 본 연구의 한계와 향후 연구 방향을 살펴보고자 한다.

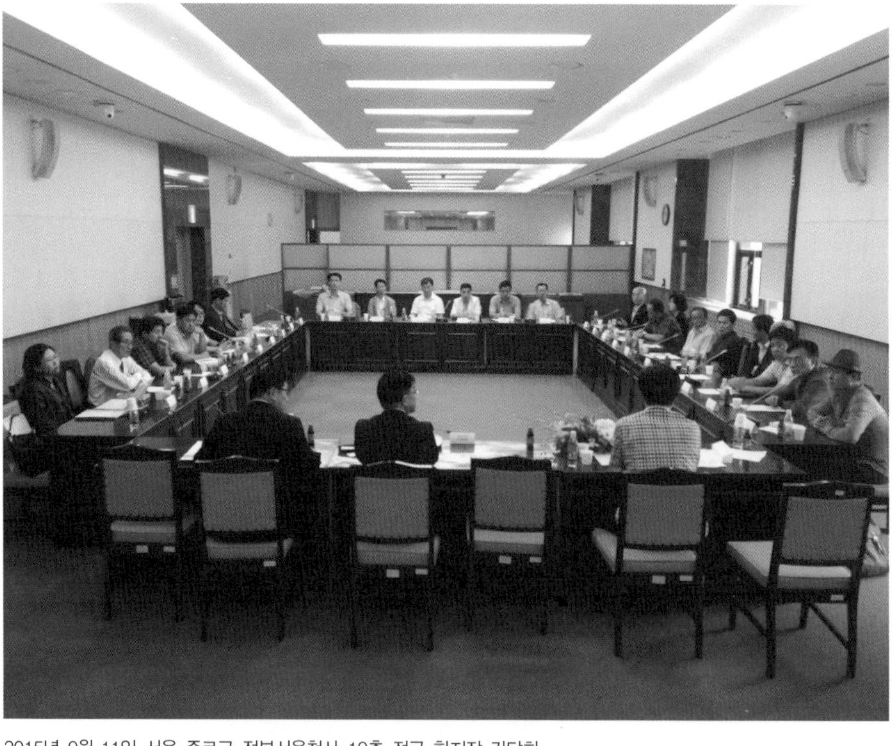

2015년 9월 11일 서울 종로구 정부서울청사 19층 전국 한지장 간담회

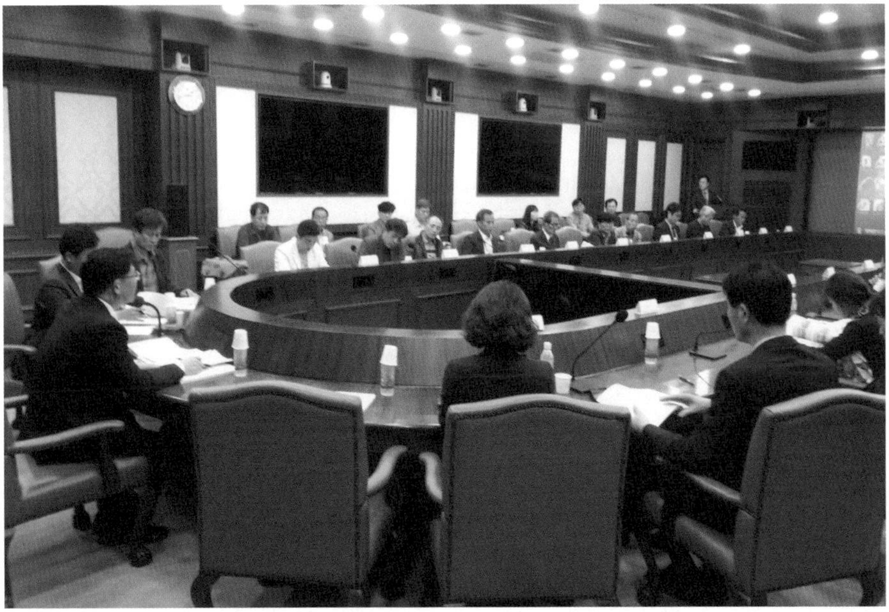

2015년 10월 19일 서울 종로구 정부서울청사 19층 전국 한지장 초청 간담회

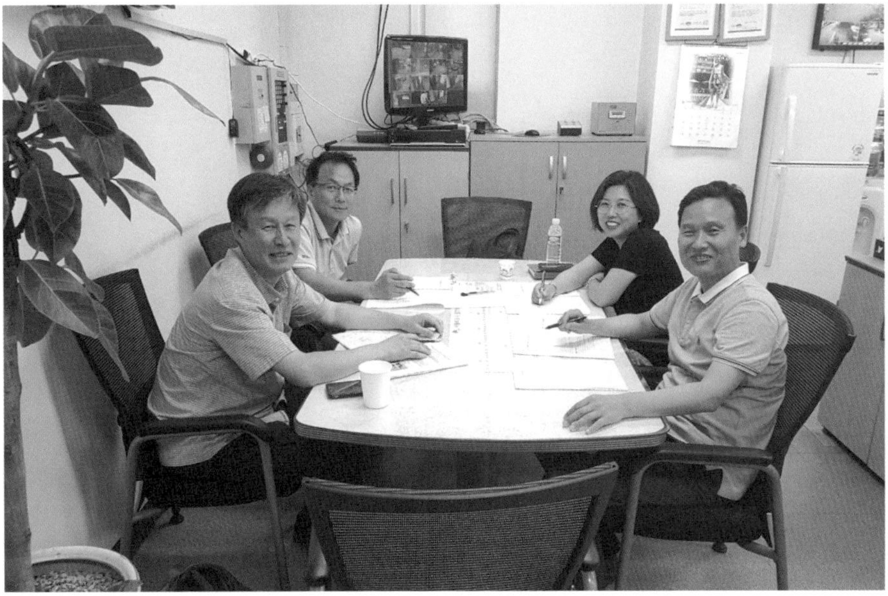

2018년 6월 6일 전북 전주 한지산업지원센터 연구모임

1. 닥나무 채취

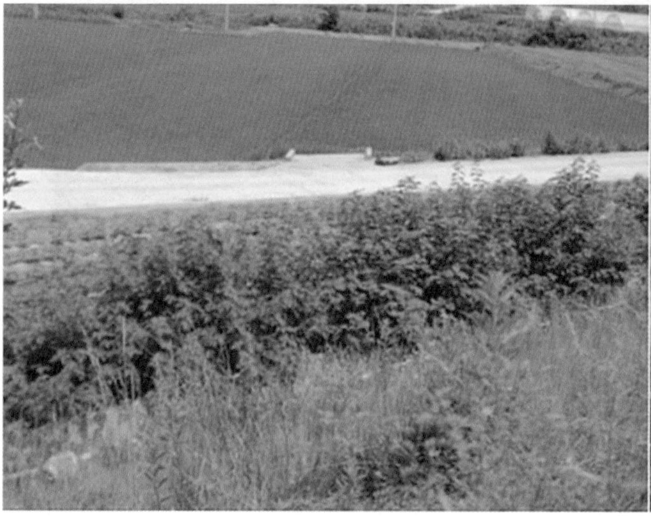
전북 임실 덕치전통한지

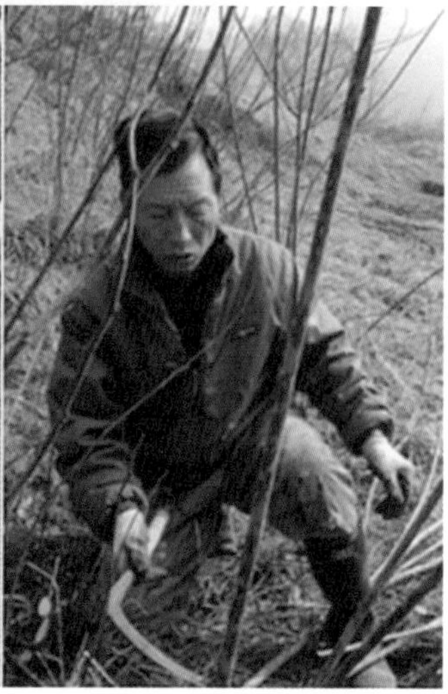
전북 임실 덕치전통한지

2. 닥 찌기

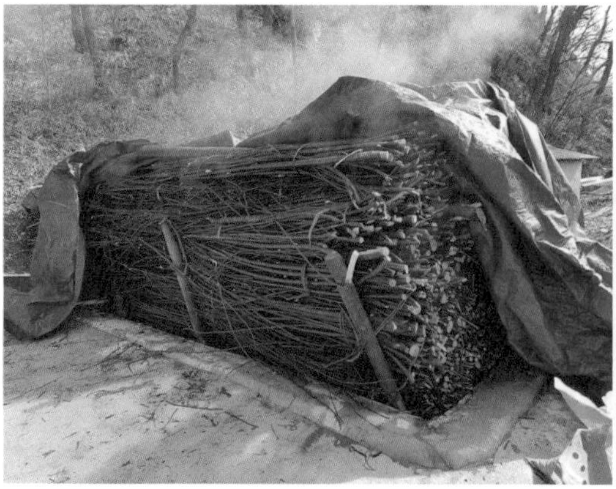
경북 청송한지

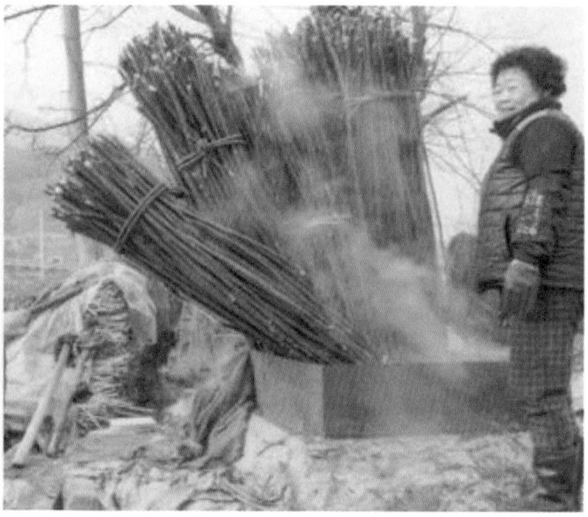
전북 임실 덕치전통한지

3. 껍질을 벗기기 : 흑피

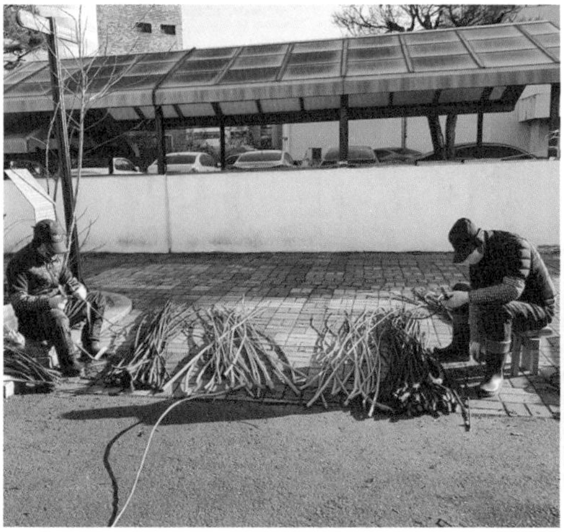

전북 전주 한지산업지원센터

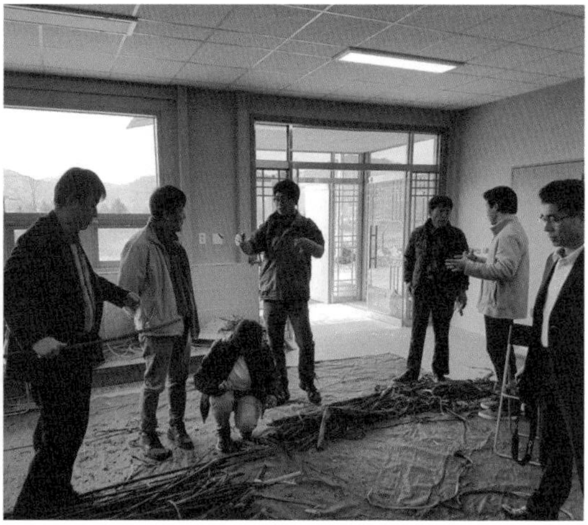

경북 청송한지

4. 흑피 겉껍질 벗기기 : 백피

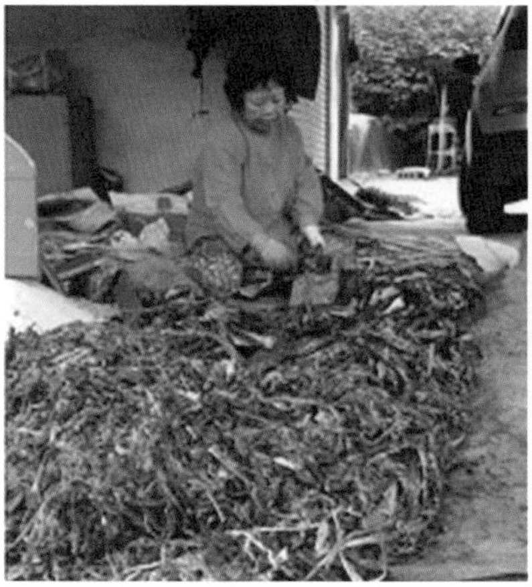

전북 임실 덕치전통한지

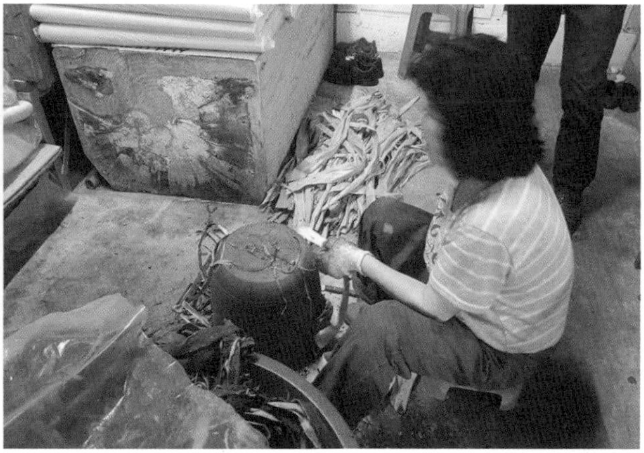

전북 전주 천일한지

5. 잿물에 닥 삶기

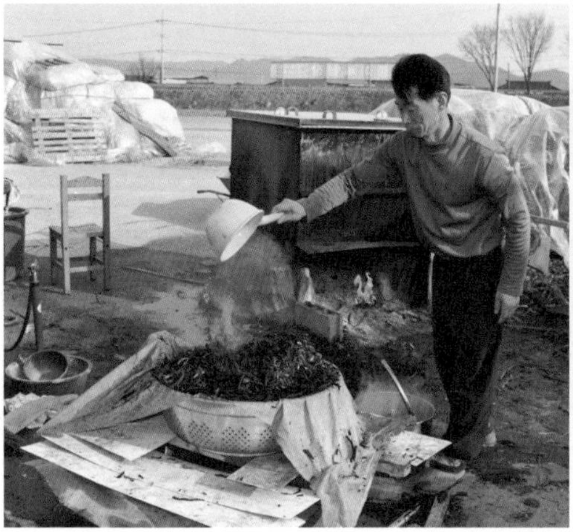

경북 안동한지 – 잿물제조

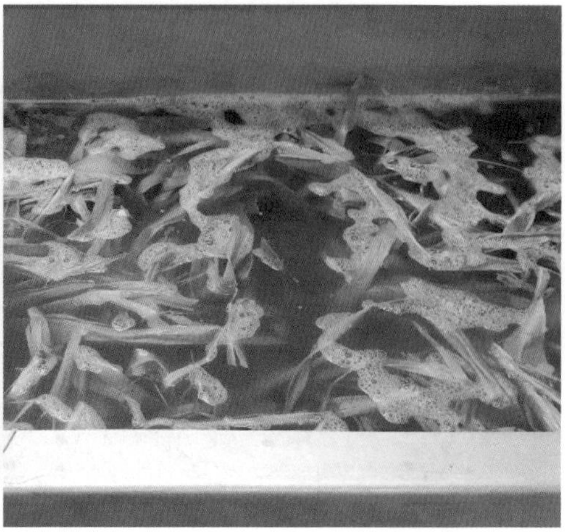

경북 문경전통한지 – 닥 삶기

6. 흐르는 물에 일광 표백하기

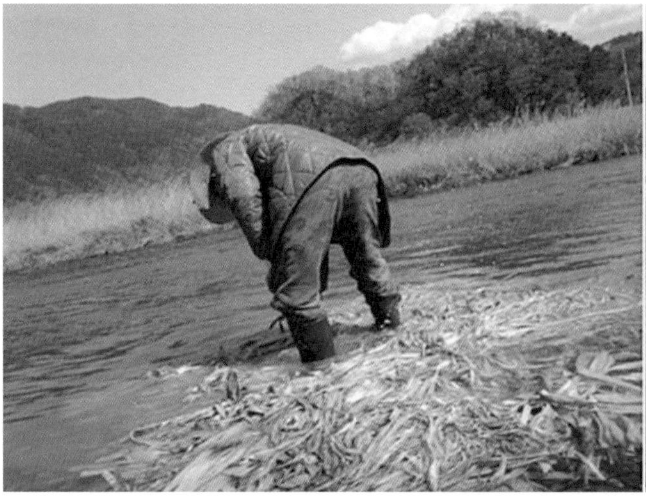

전북 임실 덕치전통한지

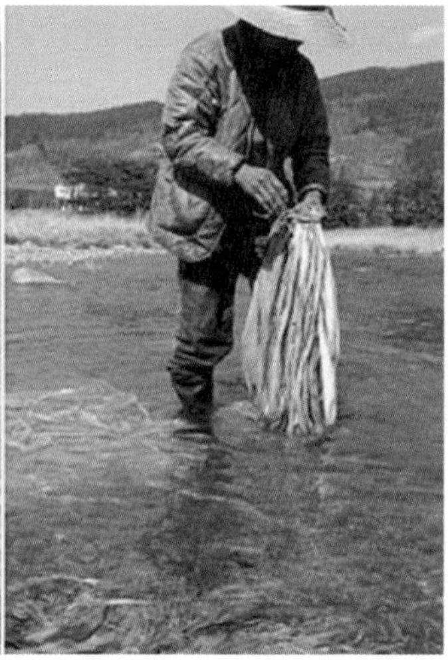

전북 임실 덕치전통한지

7. 티 고르기

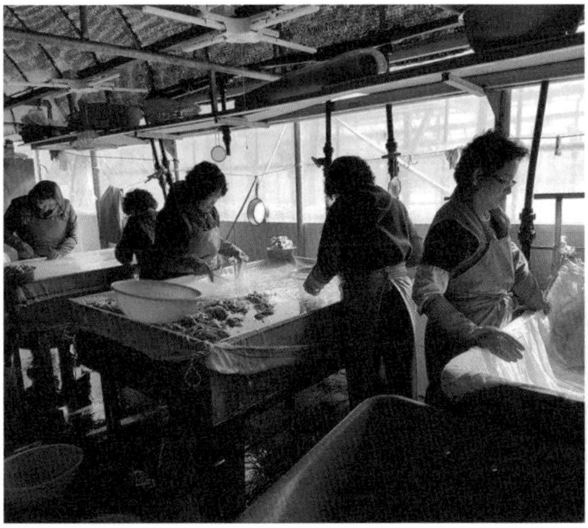

경북 안동한지

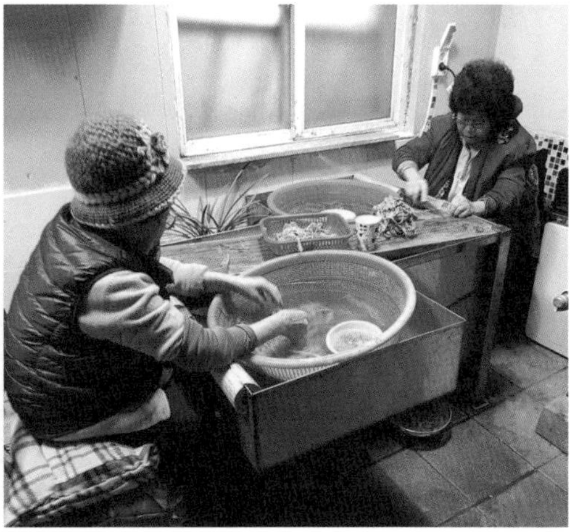

경기 가평 장지방

8. 두드리기 (고해)

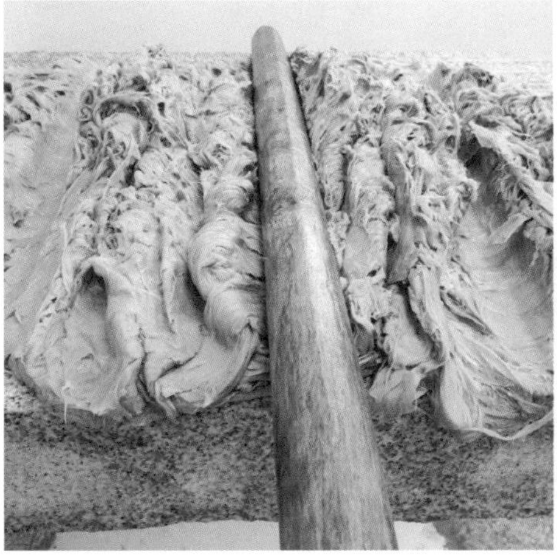

경북 문경전통한지

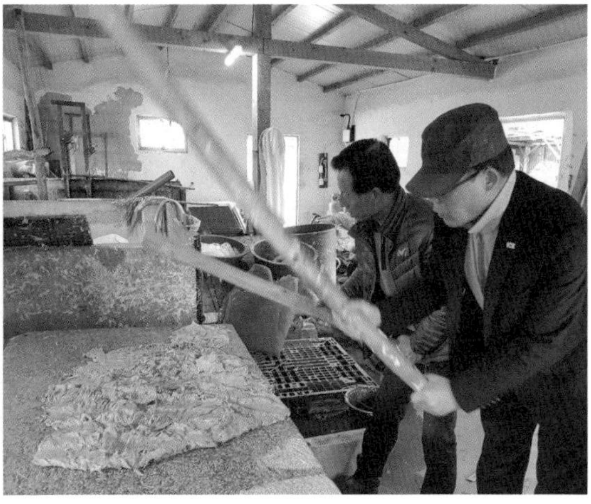

전북 임실 덕치전통한지

9. 처리된 섬유를 지통에 넣고 분산제로 황촉규 투입하기

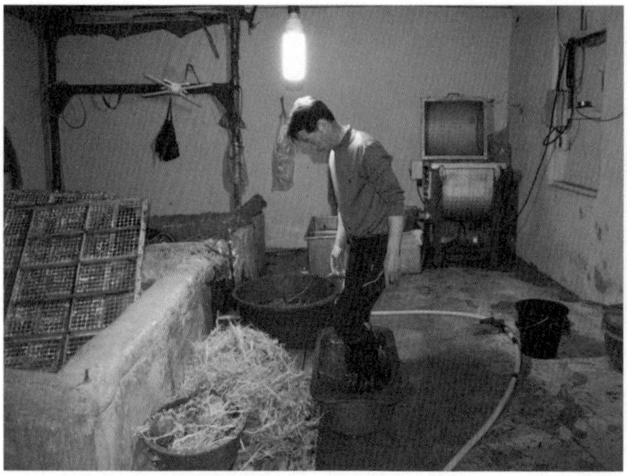
경북 안동한지 황촉규(닥풀)

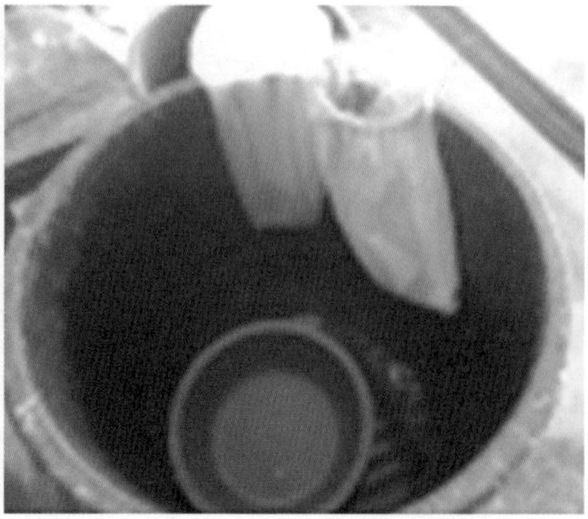
경북 청송한지 황촉규(닥풀) 자루

10. 종이 뜨기 (초지)

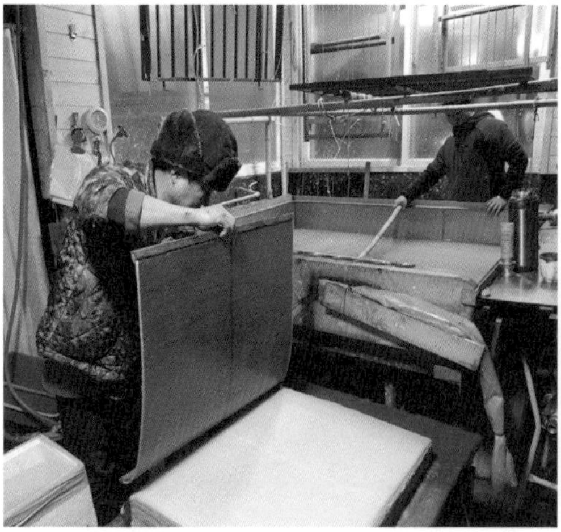
경기 가평 장지방

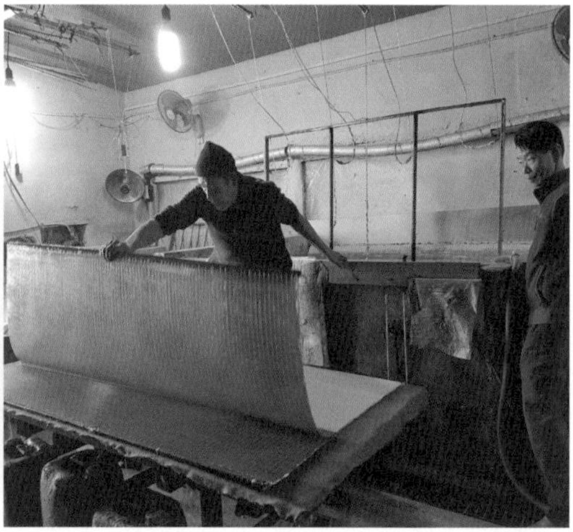
경북 안동한지

11. 물빼기

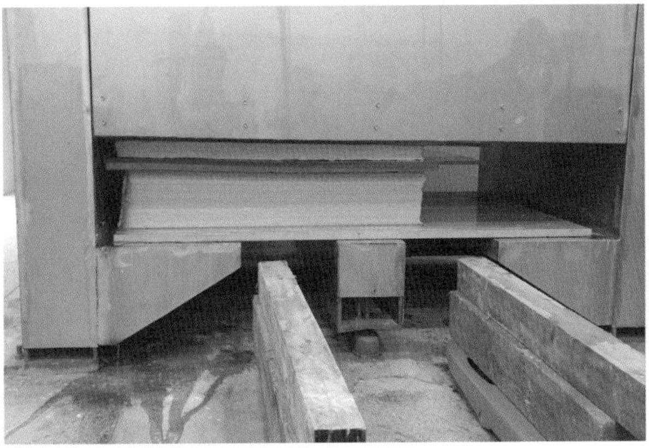

경북 문경전통한지

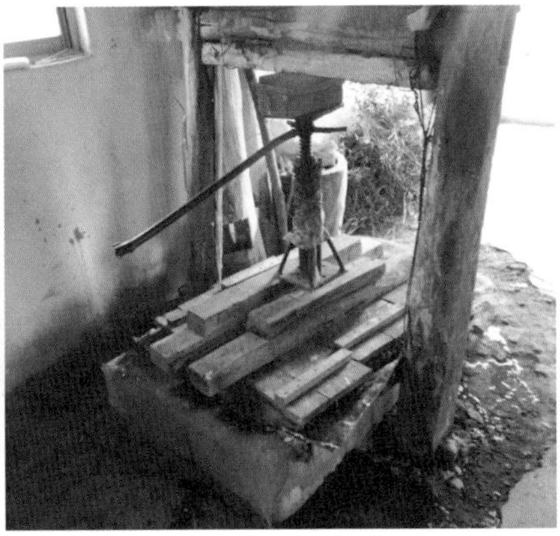

전북 임실 덕치전통한지

12. 자연 건조하기

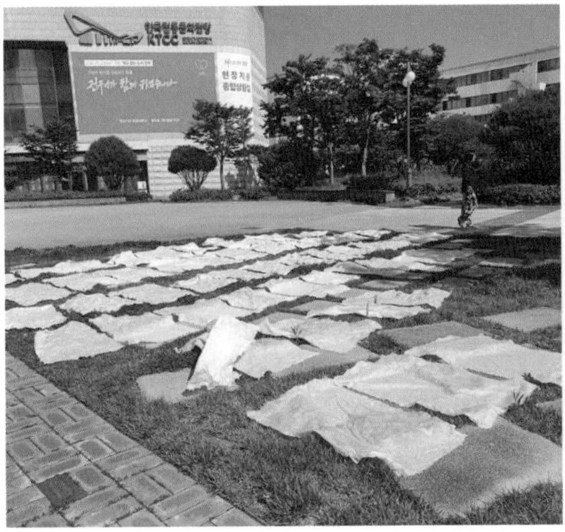

전북 전주 한지산업지원센터, 일광건조

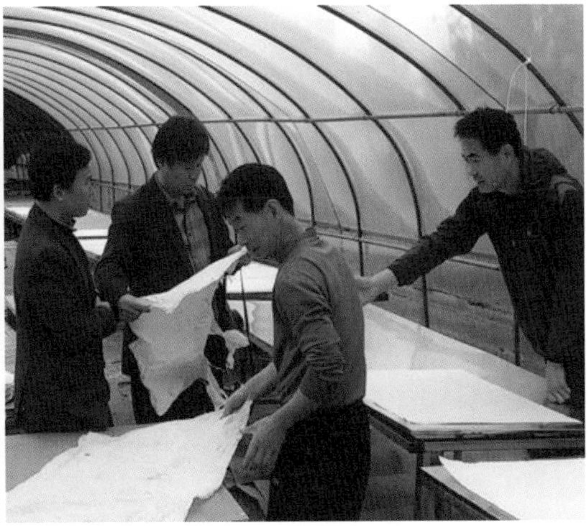

경북 안동한지, 일광건조

13. 후처리 (도침)

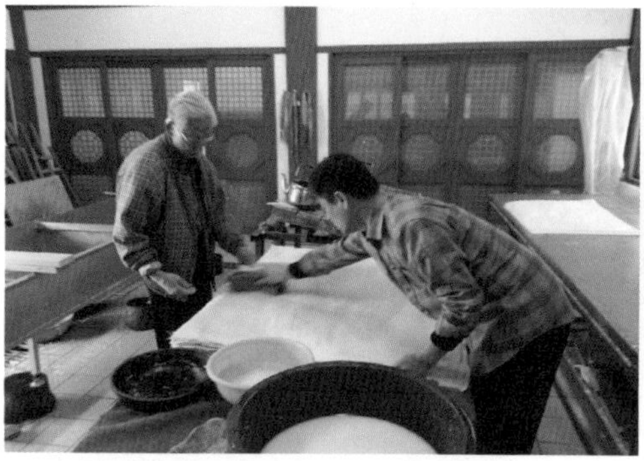

전북 완주 대승한지마을

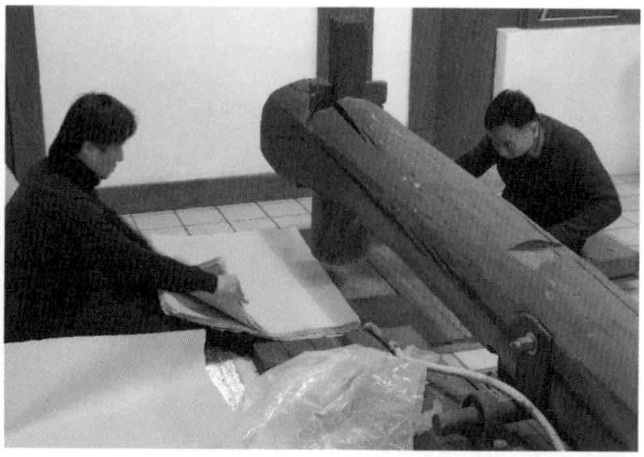

전북 완주 대승한지마을

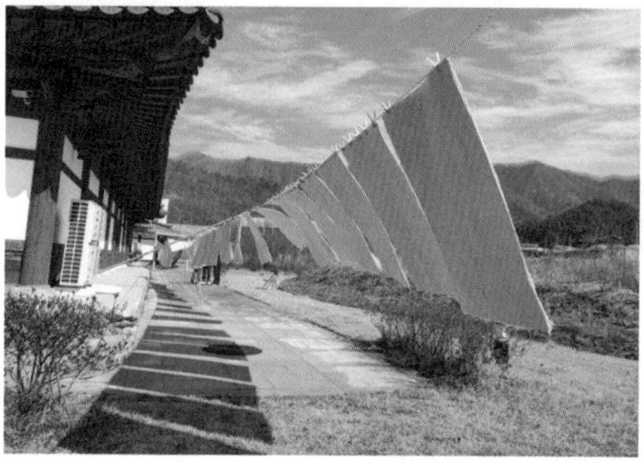

전북 완주 대승한지마을

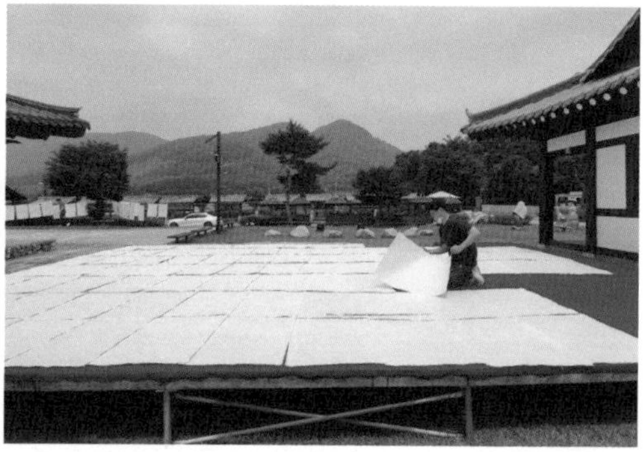

전북 완주 대승한지마을

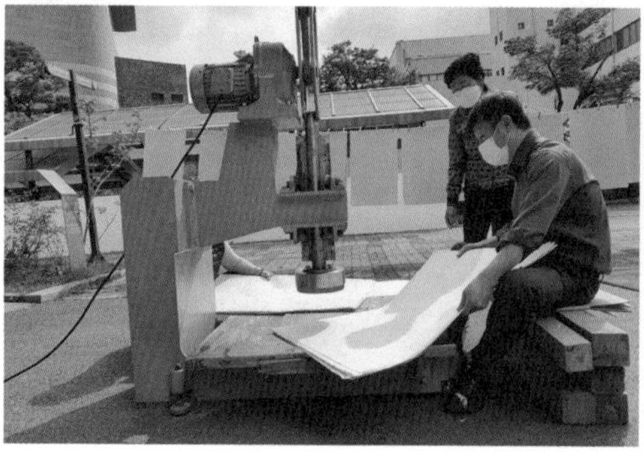

전북 전주 한지산업지원센터

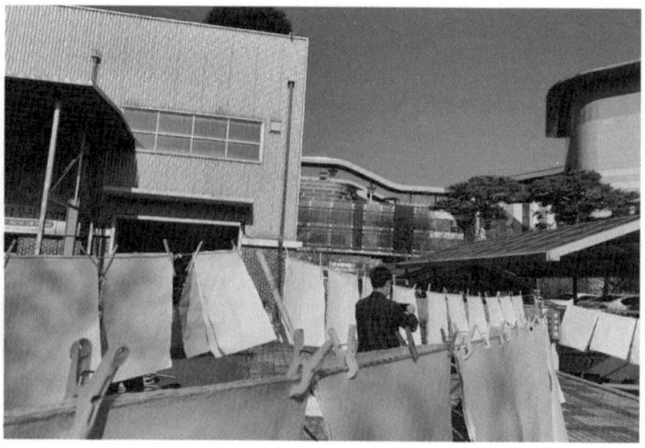

전북 전주 한지산업지원센터

연번	시군명	업체명	한지장·대표	주 소	생산제품
1	가평군	장지방	장성우	우)12449 경기도 가평군 청평면 작은매골길 70 (상천리 1671-1)	전통한지 (외발, 쌍발)
2	원주시	원주한지	장응렬	우)26335 강원도 원주시 우산공단길 155-13(우산동)	전통한지 (외발, 쌍발) 색한지
3		원주 전통한지	윤순애	우)26336 강원도 원주시 우산로 180-22 (우산동 411-18)	전통한지 (외발, 쌍발) 색한지
4	전주시	고궁한지	서정철	우)55114 전라북도 전주시 완산구 흑석1길 48 (서서학동)	전통한지 (쌍발-반자동)
5		천양 피앤비(주)	최영재	우)55347 전라북도 완주군 소양면 원암로 126	기계한지 (한지벽지 외)
6		전주 전통한지	윤정애	우)55041 전주시 완산구 한지길 100-10 (풍남동 3가)	전통한지 (쌍발-반자동)
7		성일한지	최성일	우)54846 전라북도 전주시 덕진구 신복천변2길 18-31(팔복동 1가 168-3)	전통한지 (쌍발-반자동)
8		천일한지	김천종	우)54846 전라북도 전주시 덕진구 신복천변2길 18-27, (팔복동1가)	전통한지 (쌍발)
9		대성한지	오남용	우)55115 전라북도 전주시 완산구 내원당길 18(대성동 397-5)	전통한지 (체험 위주)

연번	시군명	업체명	한지장·대표	주 소	생산제품
10	전주시	용인한지	김인수	우)54846 전라북도 전주시 덕진구 신복천변2길 18-25, (팔복동1가)	전통한지 (쌍발-반자동)
11	완주군	대승 한지마을	이명기	우)55346 전북 완주군 소양면 복은길 18	전통한지 (외발, 쌍발)
12	임실군	청웅 전통한지	홍춘수	우)55934 전라북도 임실군 청웅면 구고6길 18-6(구고리171-9)	전통한지 (외발)
13		덕치 전통한지	김일수	우)55943 전북 임실군 덕치면 장암길 58-4	전통한지 (외발)
14	충북 괴산군	괴산신풍 한지마을	안치용	우)28012 충북 괴산군 연풍면 신풍3길 44	전통한지 (외발, 쌍발)
15	안동시	안동한지	이영걸 이병섭	우)36617 경상북도 안동시 풍산읍 나바우길 13	전통한지 (외발, 쌍발)
16	청송군	청송한지	이자성	우)37413 경상북도 청송군 파천면 청송로5882-41(송강리 281-4)	전통한지 (외발)
17	문경시	문경 전통한지	김삼식 김춘호	우)37003 경상북도 문경시 농암면 속리길 38-1	전통한지 (외발)
18	의령군	신현세 전통한지	신현세	우)52111 경남 의령군 봉수면 청계로 42	전통한지 (외발, 쌍발)
19	함양군	이상옥 전통한지	이상옥	우)50056 경상남도 함양군 마천면 창원길 51	전통한지 (외발)

● 문화재청 지정

구 분(지역)	성 명	분 야	비 고
전라북도 임실	홍춘수	한지장(韓紙匠)	중요무형문화재 제117호 (2010.2.11.)
경상북도 문경	김삼식	한지장(韓紙匠)	중요무형문화재 제117호 (2021.7.28.)
경상남도 의령	신현세	한지장(韓紙匠)	중요무형문화재 제117호 (2021.7.28.)
충청북도 괴산	안치용	한지장(韓紙匠)	중요무형문화재 제117호 (2021.7.28.)

● 지자체(도) 지정

— 지정근거 : 경기도, 강원도, 전라북도, 경상북도, 경상남도 문화재 보호 조례

구 분(지역)	성 명	분 야	비 고
경기도 가평	장성우	지장(紙匠)	경기도 무형문화재 제16호 (2019)
강원도 원주	장응렬	한지장(韓紙匠)	강원도 무형문화재 제32호 (2019)
경상북도 청송	이자성	한지장(韓紙匠)	경상북도 무형문화재 제 23-2호 (1995)
경상남도 함양	이상옥	한지장(韓紙匠)	경상남도 무형문화재 제46호 (2021)
전라북도 임실	김일수	지장(紙匠)	전라북도 무형문화재 제35-1호 (2016)

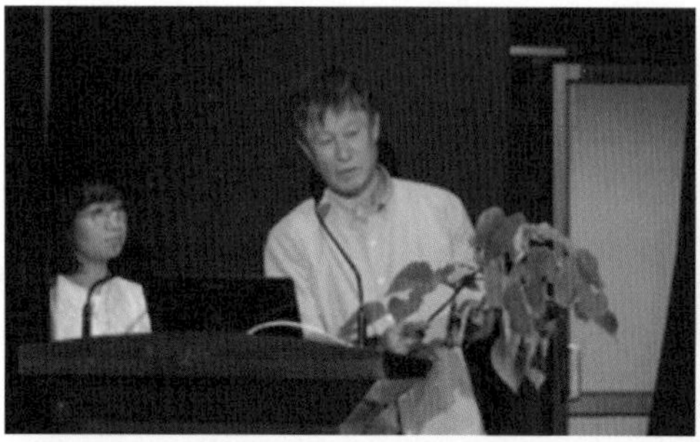
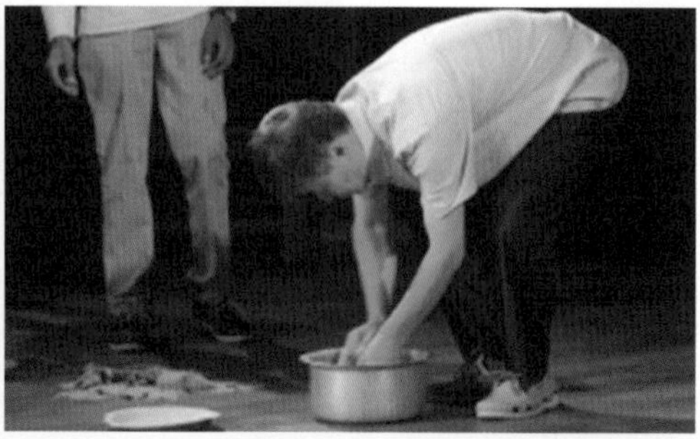
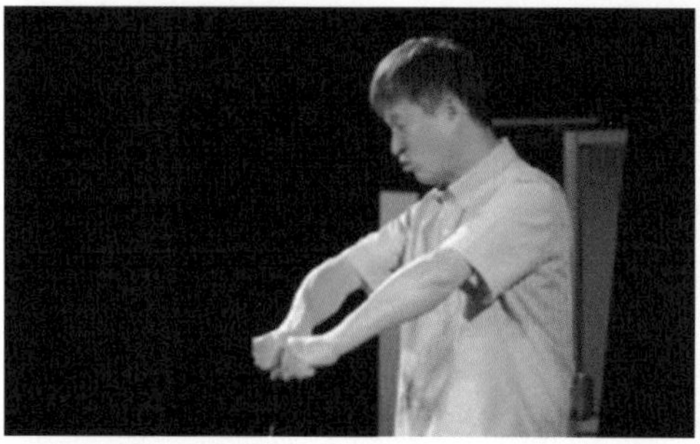
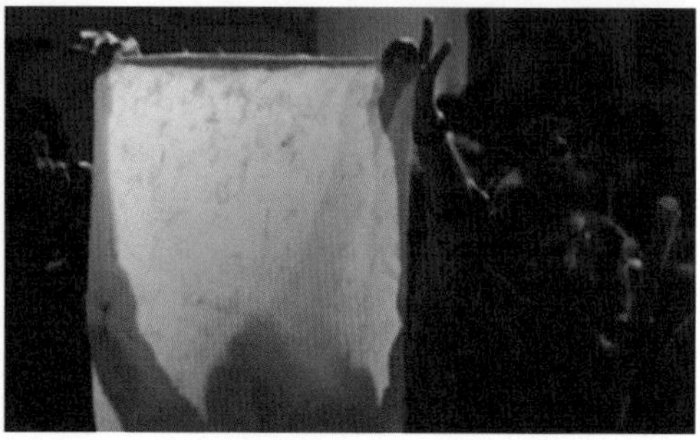
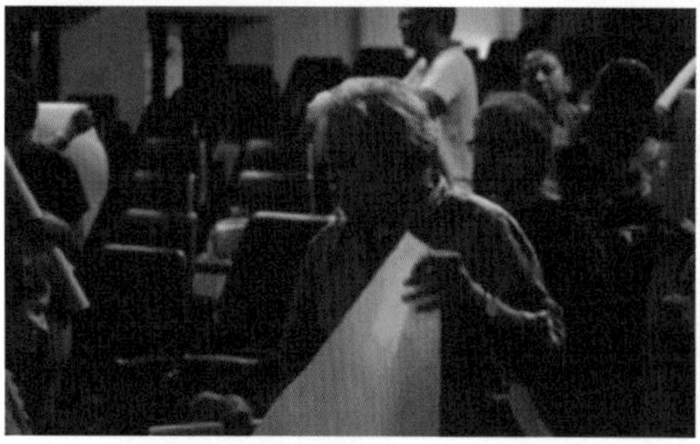
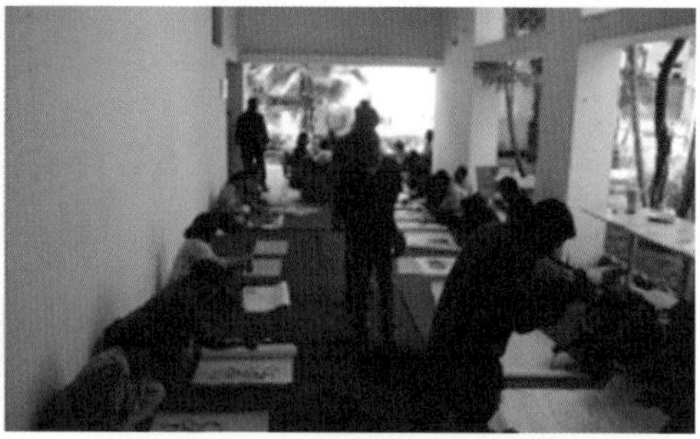
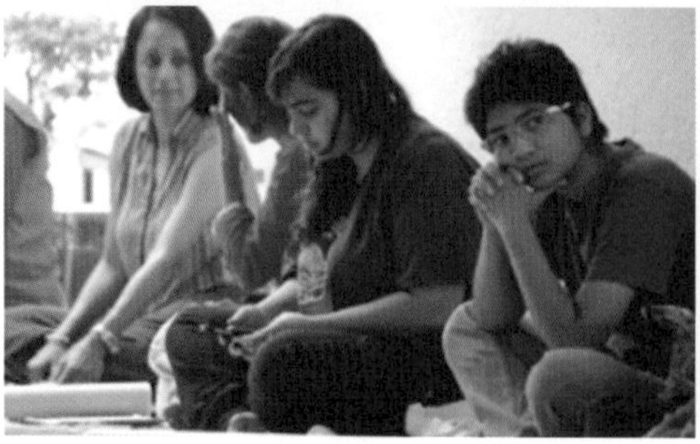
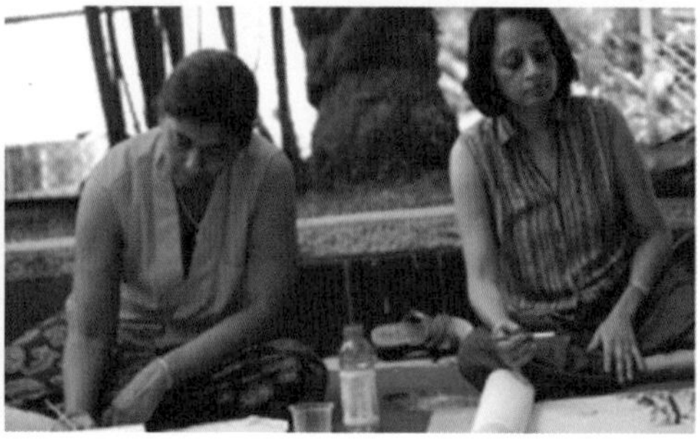

제 2 장

이론적 논의

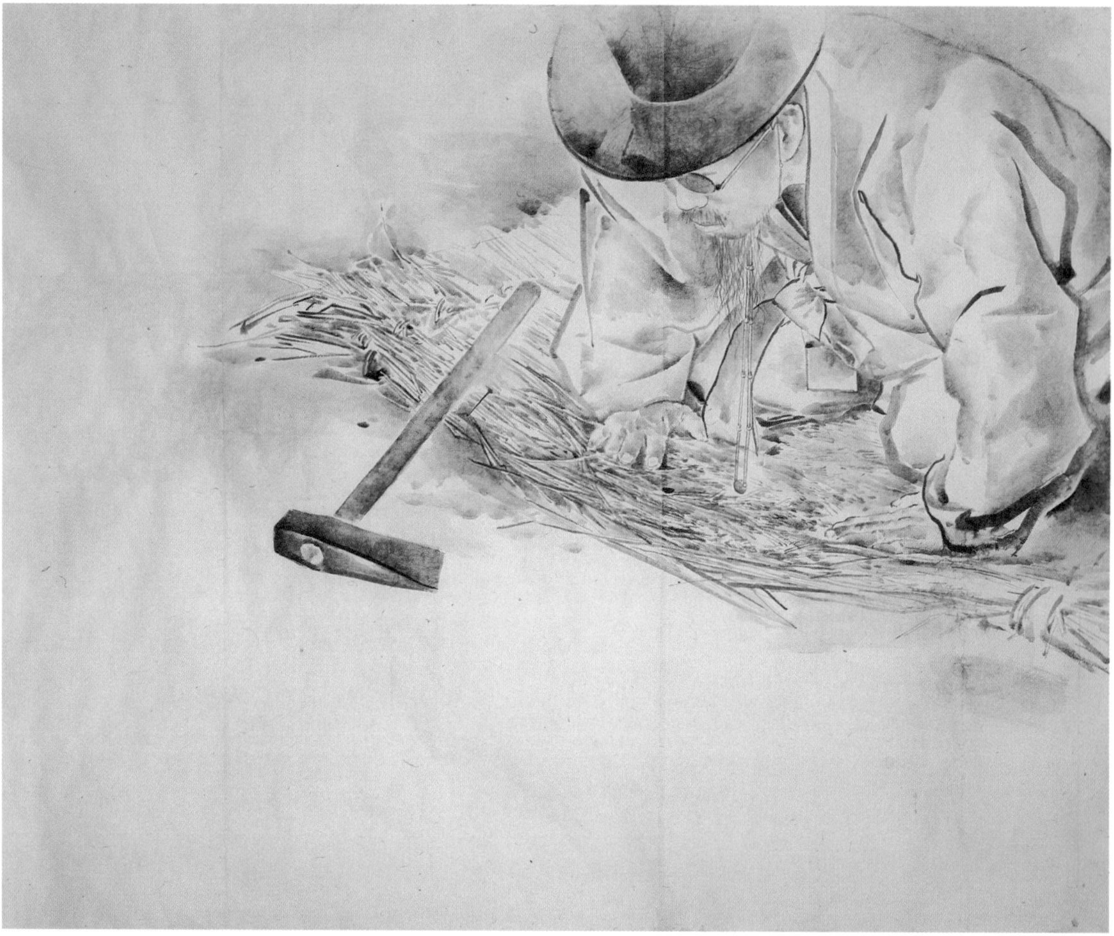

도끼상소, 123×189cm, 한지에 수묵채색, 1996

제1절 전통문화의 개념과 정책

1. 전통문화의 정의

1948년 제1호 대한민국 헌법부터 1987년 10월 29일 전부개정 되어 1988년 2월 25일부터 시행 중인 현행 제10호 헌법에 이르기까지 헌법 조문에 등장하는 '문화', '전통문화', '민족문화' 명문화 사례를 살펴보기로 한다. 1948년 제1호 헌법부터 1972년 제8호 헌법에서는 전문과 조문에 "문화"라는 용어만 있다. 헌법 전문에 '문화', 헌법 조문에 '전통문화', '민족문화'가 명문화한 때는 1980년 제9호 헌법부터다. 1988년 2월 25일부터 시행 중인 현행 대한민국 헌법 전문에는 "유구한 역사와 전통에 빛나는 우리 대한민국은 3·1운동으로 건립된 대한민국 임시정부의 법통과 불의에 항거한 4·19 민주 이념을 계승하고, 조국의 민주개혁과 평화적 통일의 사명에 근거하여 정의·인도와 동포애로써 민족의 단결을 공고히 하고, 모든 사회적 폐습과 불의를 타파하며, 자율과 조화를 바탕으로 자유민주적 기본질서를 더욱 확고히 하여 정치·경제·사회·'문화'의 모든 영역에 있어서 각인의 기회를 균등히 하고, 능력을 최고도로 발휘하게 하며, 자유와 권리에 따르는 책임과 의무를 완수하게 하여, 안으로는 국민 생활의 균등한 향상을 기하고 밖으로는 항구적인 세계평화와 인류공영에 이바지함으로써 우리와 우리들의 자손의 안전과 자유와 행복을 영원히 확보할 것을 다짐하면서 1948년 7월 12일에 제정되고 8차에 걸쳐 개정된 헌법을 이제 국회의 의결을 거쳐 국민투표에 따라 개정한다."고 되어 있다. 여기에 '문화'가 포함되어 있다.

또한, 제1장 총강 제9조에는 "국가는 '전통문화'의 계승·발전과 '민족문화'의 창달에 노력하여야 한다"를, 제2장 국민의 권리와 의무 제11조 제1항에는 "모든 국민은 법 앞에 평등하다. 누구든지 성별·종교 또는 사회적 신분에 의하여 정치적·경제적·사회적·'문화'적 생활의 모든 영역에 있어서 차별을 받지 아니한다"고 했으며, 제4장 정부 제1절 대통령 제69조에는 "대통령은 취임에 즈음하여 다음의 선서를 한다. 나는 헌법을 준수하고 국가를 보위하며 조국의 평화적 통일과 국민의 자유와 복리의 증진 및 '민족문화'의 창달에 노력하여 대통령으로서의 직책을 성실히 수행할 것을 국민 앞에 엄숙히 선서합니다."로 규정하고 있다.

'전통(tradition)'이라는 말은 예부터 있었던 우리말이 아니다. 그것은 조선 말기 영어와 불어 번역이 시작되면서 만들어졌다. 조지훈(1963)은 "전통은 물론 역사적으로 형성되는 것이므로 그 역사적 경과에 있어 자연히 인습과는 피와 살의 관계에 있는 것이 사실이어서 쉽사리 놓기는 힘들다"고 하면서, "전통은 인습과 엄격히 구별되어야 한다. 인습은 역사의 대사기능에 있어 부패한 자로 버려질 운명에 있고, 또 버려야 할 것이지만, 전통은 새로운 생명의 원천으로서 좋은 뜻으로 살려서 이어받아야 할 풍습이요, 방법이요 눈인 것"이라고 했다. 방필주(1976)는 '전통'을 "역사적으로 생성된 살아있는 과거이지만, 그것은 과거를 위해서가 아니라 도리어 현실의 가치관과 미래의 전망을 위해서만 의의가 있다"고 설파했다. 관습(custom)은 무의식적으로 전해져 왔던 것이지만 '전통'은 그것을 계속하고 싶은 막연한 가치 판단으로 나타난 하나의 관념을 내포하고 있다고 하면서, [그림 1]과 같이 '전통'의 개념도를 제시했다.

여석기(1981)는 "전통이란 일생 생활과 문화 전반에 걸친 전래적 양식이며 그것은 거기 속해 있는 구성원의 사고와 행동의 특유한 방식까지도 포함하는 것으로 보았다. 전통이 성립되기 위해서는 한 사회의 세대 전달과 계승이라는 시간적·역사적 지속이 전제되어야 하며 고유한 것이라는 개별적 특수성이 강조된다"고 했다.

[그림 1] **전통의 개념도**

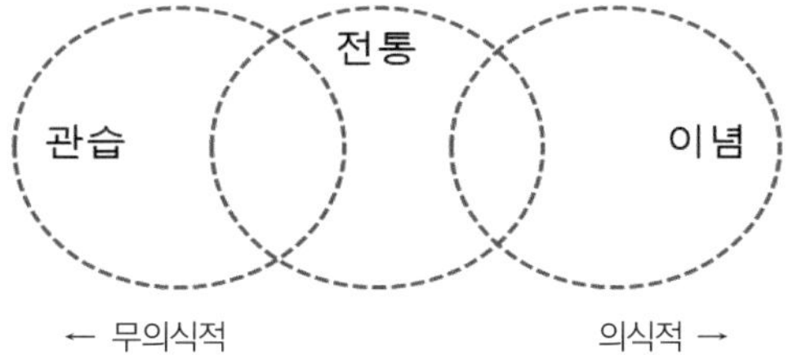

※ 자료출처 : 민족문화창달의 기본방향(방필주, 1976)

김태길(1999)은 '전통'을 "앞의 시대로부터 전해 내려오는 생활양식, 사고방식, 가치 관념, 예술의 수법, 그리고 학설 또는 사상 등의 유산 가운데서, 현재의 생활과 문화의 존속 또는 발전에 대하여 적극적 영향력을 가진 것을 묶은 것"이라고 했다.

'문화(culture)'라는 용어는 다양한 의미로 사용되고 있다. 정종섭(2014, 2022)은 "대체로 '문화'는 사회를 형성하는 구성원으로서의 인간이 획득하는 지식, 예술, 신앙, 도덕, 법칙, 관습, 풍속, 기타의 재능을 포함하는 인간집단의 생활양식의 복합적 총체로 보는 총체론적 관점이 통용되지만, 이와 달리 사회구성원들의 생활양식이 기초하고 있는 관념체계라고 보고 구체적인 행동에 이르게 만드는 기준, 표준, 규칙을 문화라고 하는 관념론적 관점도 있다."고 파악했다.

박광무(2010)는 "광의로는 인류적 보존의 가치를 지닌 제반 정신적 · 물질적 창조성을 바탕으로 한 행위와 결과적인 산물 일체를, 협의로는 정신적 가치를 추구하는 정신문화의 영역과 예술적, 심미적인 상상력과 과학 기술을 조합한 창조행위와 예술적 창조성을 기반으로 창조적 부가가치를 산출하는 행위를 포함한 삶의 제반 양식과 수단으로서의 과정과 결과"라고 규정했다.

'전통문화'에 관한 학자들의 견해는 같지 않지만, 많은 학자의 공통점 중 하나는 전통문화를 현대나 현대문화와의 관계 속에서 이해해야 한다는 것이다. 즉 전통문화를 단순히 상호관계 속에서 소극적으로 이해하려 하지 않고 현대에서의 새로운 전통이나 전통문화의 창조라는 관점에서 이해해야 한다는 것이다.

한편, 전통문화의 계승과 보존은 다른 개념이므로 엄격히 구분할 필요가 있다. 이기백(1997)은 "구석기시대의 타제석기나 신석기 시대의 마제석기를 계승해서 사용할 필요를 조금도 느끼지 않는다면서 그러나 이런 이유로 그들을 버리고자 하는 사람은 없으며 그들 석기를 박물관에 보관하고 전시하고 연구하는 것을 하나의 민족적 의무로 생각한다"고 했다.

전통문화가 오늘날의 실생활에 그대로 사용하기에는 적합하지 않더라도 그 전통문화가 민족적인 긍지를 심어주기도 하므로 그 창조적 정신을 계승해서 발전시킬 필요가 있다는 논리다. 정갑영(1995)은 "'전통문화'라는 개념을 과거의 문화라는 개념으로 이해하기보다는 현재 우리의 삶 속에 기능하고 있는 문화라고 보는 것이 타당하다"고 했다.

2. 문화국가와 문화정책

문화를 창조하는 인간이라는 측면에서 본다면 문화국가의 개념은 아주 오래전으로 거슬러 올라갈 수 있다. 하지만 문화와 국가가 문화국가라는 말로 처음으로 연결된 것은 19세기 초 독일의 피히테(J. G. Fichte)에 의해서라고 알려져 있고, 문화국가에 대한 개념의 새로운 학문적 논의는 후버(E. R. Huber[5])의 문

5 Huber는 문화를 자율적인 '인격도야재' 내지 '고양재'로 이해하고 있다. 그는 문화국가라는 개념 속에 전제된 '문화의 자율성이 어떻게 보장될 수 있고 문화와 국가의 통일적 존재가 획득될 수 있는가?' 라는 문제를 제기하면서 문화국가의 개념적 요소를 분석하고 있다. 그는 문화와 국가의 상호관계를 중심으로 문화국가 개념의 의미를 '문화의 국가적 자유', '문화에의 국가적 기여(문화

화국가 개념으로부터 영향을 받았다는 것이 일반론이다. 역사적으로 살펴보면 영국과 미국에서는 문화를 '시민문화' 차원에서 사적인 영역으로 보고 사회의 자율에 맡기는 경향이 주를 이루었다. 따라서 문화국가보다는 시민문화를 구성하는 많은 하위문화와 대중문화 등이 발전한 형태로 볼 수 있다. 이에 비해 독일을 비롯한 유럽에서는 문화를 가치개념으로 파악하여 국가형성과 국민통합의 과제와 결부시켜 이해하고 있다. 따라서 문화와 국가 관계의 고찰을 통한 문화국가 논의가 이루어지는 것은 자연스러운 현상으로 이해할 만하다.

[그림 2] **문화국가의 개념도**

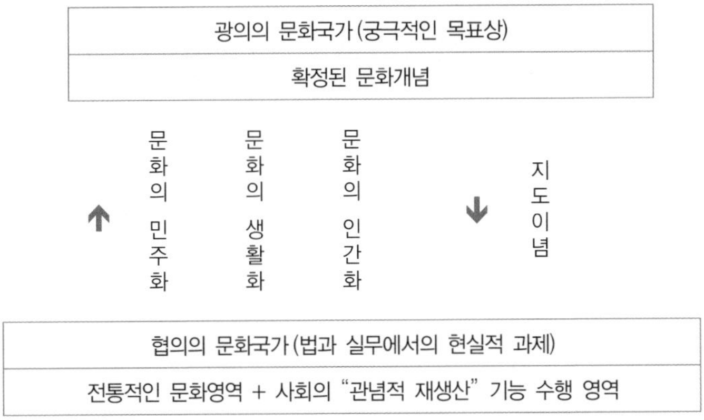

문화에는 전통적으로 '문화'라고 여겼던 생활영역 이외에 사회의 관념적 재생산 기능을 통해 국민에게서 '문화적인' 것으로 간주하는 개방성을 가지고 있다. 김수갑(1995)은 현실에 있어서 구체적인 실천과제로서의 협의의 문화국가

보호, 문화 관리, 문화 전승, 문화 진흥)', '국가의 문화 형성력(문화와 비문화의 구별, 문화의 차별화, 문화권의 문제)', '문화의 국가 형성력', '문화 현상으로서의 국가' 등 다섯 가지로 분류하고 있다.(E. R. Huber, a. a. O.(Anm. 15), S. 125ff).

는 전통적인 문화영역과 사회의 관념적 재생산 기능을 수행하는 영역에서 문화의 민주화, 문화의 생활화, 문화의 인간화 기능을 수행함으로써, 궁극적으로는 [그림 2]와 같이 '인간의 삶과 생활양식의 총체'를 그 대상으로 하는 광의의 문화국가로 나가게 된다고 보았다. 우리나라의 문화국가는 헌법의 문화 관련 조항을 통해 확인될 뿐만 아니라 이러한 조항은 각종 문화정책 수립에 규범적 근거를 제공한다.

문화정책이 무엇인지에 대해서는 학자 간에 다양한 견해가 존재한다. 일반적으로 문화정책은 문화와 정책을 합친 말로서 문화라는 목적을 달성하기 위해 정책이라는 수단을 동원하여 이루어지는 공공활동으로 이해된다. 국내 학자들의 견해를 살펴보면 다음과 같다. 김수갑(1995)은 문화국가 원리는 문화국가 조항이 없더라도 헌법의 기타 문화 관련 조항과 헌법 내재적인 국가과제로도 인정될 수 있는 원리지만 헌법에 문화국가 조항을 명시함으로써 전통적인 국가의 과제영역(정치, 경제, 사회)에 절대로 뒤지지 않는 과제를 발생시키는 임무 영역을 명확히 할 것이라는 점에서 긍정적인 평가를 할 수 있다고 파악했다. 또한, 헌법 제9조의 문화국가 조항은 헌법 문화 관련 조항들의 지원 및 보충규정으로서 내실 있고 일관성 있는 문화정책의 지침으로서 역할 해야 한다고 주장했다.

김수갑(2004)은 우리나라에서의 문화국가 조항은 일반적인 문화국가 원리의 선언이라는 의미 외에 우리나라의 특수한 사정을 반영한 의의를 내포하고 있는 것으로 해석될 수 있다고 하면서 '민족문화' 창달과 '전통문화' 계승·발전을 강조하는 형태로 규정한 것은 외래문화의 영향으로 인한 우리 문화의 동질성 파괴에 대한 위기의식에서 나온 것이라 이해했다. 즉 민족 동질성을 느낄 수 있는 과거의 문화를 북돋우고 그 문화를 미래에 이어 주는 데 목적이 있다고 보았다. 또한, 문화국가 조항의 신설은 우리 민족의 통일에 대비하여 '통일문화 형성'에 대한 국가적 과제를 암시한다는 점에 그 의의가 있다고 보았다.

정종섭(2006, 2014, 2022)은 헌법 제9조의 국가는 전통문화의 계승·발전과 민족문화의 창달에 노력하여야 한다는 규정과 헌법 제69조 대통령 취임 선서에서 '민족문화의 창달에 노력한다'라는 규정과 관련하여, "이는 사회의 변화에 따라 문화가 변하는 과정에서 보존하고 가꿀 가치가 있는 전통문화와 민족문화가 소멸하거나 무시되는 것을 방지하기 위한 규정"이라고 하면서, "문화에는 다양한 영역이 있고, 대한민국에도 외국인들이 생활하는 일이 빈번해지고 인종이나 민족에서는 다르지만 대한민국의 국적을 가진 사람들이 점점 늘어나는 상황에서는 전통문화와 민족문화의 지나친 강조가 오히려 문화의 자율성을 저해하고 폐쇄성을 초래할 우려가 있음을 유의할 필요가 있다"고 했다. 또한, "전통문화의 계승·민족문화의 창달에 관한 헌법 규정이 과거의 전통과 충돌하는 입법이나 행정조치, 재판을 방해하는 것은 아니다"고 부연했다. 예컨대, "대통령이 민족문화의 창달에 노력하기는 하지만, 기존에 민족문화라고 이해되어온 것이 국가와 사회발전에 장애가 될 때는 이를 극복하는 새로운 조치를 할 수 있다. 이런 점에서 헌법 제9조와 제69조의 해당 내용은 국가를 적극 기속하지 않는다"고 파악하였다.

한편, 이성무(1985)는 "전통문화의 계승·발전은 현대 산업사회의 문제점을 해결하는 데 큰 도움을 줄 수 있다"고 했다. 즉 "한국은 1960년대부터 고도성장 정책을 추구하여 경제는 급속도로 발전을 하였지만, 농촌사회가 해체되고, 인구가 도시로 집중되며, 각종 공해가 심해지고, 극도의 개인주의·황금만능주의에 의한 인간 부재의 현상이 드러나게 되었다"고 진단했다. 또한 "전통에 너무 집착하면 국수주의에 빠지거나 진부해지기 쉽고, 전통을 저버리면 주인 없는 문화를 창출할 위험이 있다면서, 어느 쪽으로 지나치게 치우침이 없게 적의 조절한다면 새 문화 창조의 길은 쉽게 열릴 수 있을 것"이라고 보았다.

박광무(2010)는 "문화정책이란 문화주의에 입각한 문화예술의 본질적인 진흥과 국민의 문화적 삶의 증진을 도모하고 창조적인 문화 활동과 그 결과로서의 문화적 가치 창출을 돕는 정책의 활동을 말한다"고 규정했다. 아울러, "문화예술과 창조적 활동의 산물로서의 부가가치를 창출하는 산업적 진흥의 대상을 포함하고 나아가 문화 다양성을 지향하는 인류적 문화가치의 보존과 발전을 도모하는 제반 활동을 포함하는 정부의 정책대상과 과정을 말한다. 실질적으로는 정부의 직제에서 규정한 문화체육관광부의 문화 관련 부서의 업무들이 이에 해당한다."고 규정했다.

이흥재(2014)는 문화정책과 문화 행정을 비교하면서, '문화 행정'은 공공단체가 법률·명령·법규의 범위 안에서 수행하는 업무지만, '문화정책'은 정부의 행동방침으로서 공공부문이 주로 행동하며 공공목적과 미래지향적 방향성을 만들어가는 것으로, 결국 문화 행정과 비교해 문화정책은 더 장기적·미래지향적인 관점에서 사업을 추진하는 점이라고 구분했다. 그는 문화정책의 특징을 다음과 같이 네 가지로 구분하여 제시하였다.

첫째, 다양한 정책 수단을 끌어내서 고유가치라고 하는 숭고한 목적을 달성하도록 추진하고, 단체·집단·나라 사이의 상호이해를 도와주는 징검다리 역할을 한다. 둘째, 개인은 물론 국민의 평균적 수준의 삶의 질을 조성하여 사회적 질을 높인다. 셋째, 문화 창조 활동을 보장하며 고유문화 전통과 문화유산을 이어가고 다른 세부정책들과 서로 연결되고 순환되도록 조정한다. 넷째, 다양한 문화자원을 서로 결합하는 융합융화의 가능성이 매우 넓다.

3. 전통문화 관련 법률의 주요 내용

일반적으로 전통문화 정책은 법안을 통해 구현되게 마련이다. 본 연구는 우리나라 문화정책에서 큰 변화를 가져온 노태우 정부[6] 때를 중심으로 시작하여

---

6 배관표, 이민아(2013)는 "노태우 정부 이전의 정권에서도 문화 전담부처가 있었지만, 문화재의

1988년 이후부터 2022년 5월 문재인 정부까지 정부와 국회의 제안으로 제정, 개정되어 국회 본회의에서 의결된 문화예술진흥법 등 14개 전통문화 관련 103개 법률안을 분석했다. 1962년 제정된 문화재보호법 및 1972년 제정된 문화예술진흥법과 같은 일부 법률은 제정 당시의 연혁부터 살펴보았다.

14개 법률 중에서 전통문화 관련 일반법은 문화예술진흥법 등 3개이며 전통문화 관련 개별법은 태권도 진흥 및 태권도공원 조성 등에 관한 법률 등 11개이다. 14개 법률 현황은 다음 [표 2]와 같다.

[표 2] 전통문화 관련 일반 및 개별 법률 현황

구 분	법률명	제정 년도	최근 개정	소관부처
일반 법률	문화예술진흥법	1972	2022	문화체육관광부
	문화재보호법	1962	2021	문화재청
	무형문화재 보전 및 진흥에 관한 법률	2015	2022	문화재청
개별 법률	「태권도 진흥 및 태권도공원 조성 등에 관한 법률」	2007	2021	문화체육관광부
	「전통무예진흥법」	2008	2021	문화체육관광부
	「전통주 등의 산업진흥에 관한 법률」	2010	2020	농림축산식품부
	「김치산업 진흥법」	2011	2020	농림축산식품부
	「씨름진흥법」	2012	2021	문화체육관광부
	「한옥 등 건축자산의 진흥에 관한 법률」	2014	2017	국토교통부
	「차 산업 발전 및 차 문화 진흥에 관한 법률」	2015	–	농림축산식품부

보존·관리의 제한된 임무를 수행하거나 정권을 정당화하는 수단으로 전용됐다. 1990년 1월에야 비로소 문화부가 설치되고 3백 명의 전문가 의견과 3천 명의 관계자 의견을 취합한 〈문화발전 10개년 계획〉이 발표되었다. 이때 '모든 국민에게 문화를'이라는 문화정책의 큰 방향이 제시됐다"고 보았다.

구 분	법률명	제정 년도	최근 개정	소관부처
개별 법률	「공예문화산업진흥법」	2015	–	문화체육관광부
	「서예진흥에 관한 법률」	2018	–	문화체육관광부
	「바둑진흥법」	2018	2021	문화체육관광부
	「한식진흥법」	2019	–	농림축산식품부

※ 출처 : 국회 의안정보시스템, 최근 개정에서 타법개정 사항은 제외

문화예술진흥법은 전통문화와 관련된 최초의 일반법률로서 1972년 8월 제정됐다. 이 법률의 주요 내용은 다음과 같다.

첫째, 제정 목적을 문화예술의 진흥을 위한 사업과 활동을 지원함으로써 전통문화예술을 계승하고 새로운 문화를 창조하여 민족문화 창달에 이바지하는 데 두었다. 둘째, "문화예술"을 문학, 미술(응용미술 포함), 음악, 무용, 연극, 영화, 연예(演藝), 국악, 사진, 건축, 어문(語文), 출판 및 만화로 정의했다. 셋째, 국가와 지방자치단체가 문화예술 진흥에 관한 시책을 강구하고, 국민의 문화예술 활동을 권장·보호·육성하며, 이에 필요한 재원을 적극적으로 마련하도록 규정했다.

한편, 제1차 문예 중흥 5개년계획을 경제개발 5개년 계획의 모델을 문화예술에 적용한 것으로 보는 견해가 있다. 정갑영(2016)은 정부에서는 1972년 문화예술진흥법 제정, 그리고 1973년 민족문화 중흥 선언을 통해 민족문화에 대한 의지를 밝힌 데 이어 1974년에는, 더욱더 구체적인 계획을 제시하게 되었고, 정치적 불안정 속에서 경제발전 5개년 계획의 모델을 문화예술에 적용한 것이 제1차 문예 중흥 5개년 계획이라고 보았다.

문화예술진흥법 [표 3]은 김영삼 정부 때는 2회에 걸쳐 개정되었다. 즉 문화예술진흥기금지원대상에서 미술 장식의 범위에 공예를 추가했으며, 공연장 등

의 운영자에 대해 모금 대행 의무 이행을 확보하기 위한 제도적 장치를 마련했다.

[표 3] 문화예술진흥법 제·개정 현황

법안명	의안 번호	제안 일자	의결 일자	의결 결과	발의	정부
문화예술진흥법	2114214	'21.12.20	'21.12.31	원안 가결	의원	문재인 정부
	2103949	'20.09.16	'20.12.02	원안 가결	의원	
	2100273	'20.06.08	'20.11.19	수정가결	의원	
	2020573	'19.05.22	'20.50.20	수정가결	의원	
	2015122	'18.08.29	'19.10.31	원안 가결	의원	
	2013455	'18.05.04	'18.09.20	원안 가결	의원	
	2008695	'17.08.25	'18.05.28	원안 가결	의원	
	2004014	'16.11.30	'16.12.01	원안 가결	의원	박근혜 정부
	1918362	'15.12.30	'15.12.31	원안 가결	의원	
	1900964	'12.07.31	'13.06.25	원안 가결	의원	이명박 정부
	1814320	'11.12.28	'11.12.29	원안 가결	의원	
	1811588	'11.04.26	'11.04.29	원안 가결	의원	
	175887	'06.12.29	'07.12.28	원안 가결	의원	노무현 정부
	175574	'06.12.06	'07.03.06	수정가결	정부	
	171197	'04.12.24	'04.12.29	원안 가결	의원	
	171002	'04.11.30	'05.03.02	원안 가결	의원	
	161775	'02.10.07	'03.04.29	원안 가결	의원	김대중 정부
	161030	'01.10.17	'01.12.20	수정가결	의원	
	152344	'99.11.19	'99.12.07	수정가결	의원	
	141284	'95.11.03	'95.11.17	원안 가결	의원	김영삼 정부
	140928	'94.11.17	'94.12.16	수정가결	의원	

김대중 정부 때는 3회 개정이 이루어졌다. 대형건축물을 건축할 때 의무적으로 설치하는 미술 장식의 설치기준을 완화하고, 문화예술진흥기금 모금제를 폐지했고, 문화산업의 정의 규정에 문화예술의 제작·공연·전시·판매 외에 기획 분야도 범주에 포함했다.

노무현 정부 때는 4회 개정되었다. 도서 문화상품권 인증제도를 마련하고 한국문화번역원의 설립 근거를 명문화했으며, 장애인의 문화예술 증진에 관한 법적 근거를 마련하기도 했다.

이명박 정부 때는 3회 개정했다. 건축주가 건축물에 미술 작품을 직접 설치하는 대신에 문화예술진흥기금으로 납 할 수 있도록 선택권을 부여했고, 문화예술의 개념에 문학, 미술, 음악, 무용, 연극, 영화, 연예, 국악, 사진, 건축, 어문, 출판에 이어 만화를 추가했다.

박근혜 정부 때는 2회 개정되었다. 지방재정법 개정에 맞춰 문화예술단체에 대한 보조금의 법적 근거를 마련했으며, 문화시설의 종류에 창작공간으로써 다중이용에 제공되는 시설을 추가했다.

문재인 정부 때는 7회 개정했다. 미투(Me too) 운동 확산을 계기로 장려금 지급 대상에서 성범죄의 형이 확정된 자를 제외했으며, 건축주에게 미술 작품의 안전관리의무를 부과하고 건축주의 미술 작품 선정과 관련된 규정을 개정했다.

문화재보호법 [표 4]는 1962년 2월에 제정되었다. 이 법의 주요 내용은 다음과 같다.

첫째, 이 법의 제정 목적을 문화재를 보존하여 민족문화를 계승하고, 이를 활용할 수 있도록 함으로써 국민의 문화적 향상을 도모함과 아울러 인류문화의 발전에 이바지하겠는데 두었다. 둘째, '문화재'를 인위적이거나 자연적으로 형성된 국가적·민족적 또는 세계적 유산으로서 역사적·예술적·학술적 또는 경관적 가치가 큰 것으로 보았으며, 유형문화재를 건조물, 전적(典籍: 글과 그림을 기록하여 묶은 책), 서적, 고문서, 회화, 조각, 공예품 등 유형의 문화적 소산으로서 역사적·예술적 또는 학술 가치가 큰 것과 이에 따르는 고고자료(考古資料)로, 무형문화재는 여러 세대에 걸쳐 전승되어 온 무형의 문화적 유산으로 규정했다. 셋째, 문화재의 보존·관리나 활용은 원형 유지를 기본원칙으로 한다. 넷째, 국가는 문화재의 보존·관리나 활용을 위한 종합적인 시책을 수립·추진하고, 지방자치단체는 국가의 시책과 지역적 특색을 고려하여 문화재의 보존·관리나 활용을 위한 시책을 수립·추진하도록 했다.

[표 4] 문화재보호법 제·개정 현황

법안명	의안 번호	제안 일자	의결 일자	의결 결과	발의	정부
문화재 보호법	2115276	'22.04.14	'22.04.15	원안 가결	의원	문재인 정부
	2114221	'21.12.30	'21.12.31	원안 가결	의원	
	2105551	'20.11.19	'21.04.29	수정 가결	의원	
	2105495	'20.11.18	'20.11.19	원안 가결	의원	
	2103592	'20.09.08	'20.12.02	원안 가결	의원	
	2024972	'20.05.20	'20.05.20	원안 가결	의원	
	2023236	'19.10.30	'19.10.31	원안 가결	의원	
	2013790	'18.05.28	'18.05.28	원안 가결	의원	
	2012655	'18.03.26	'18.09.20	원안 가결	의원	
	2010060	'17.11.08	'17.11.09	원안 가결	의원	
	2005908	'17.02.28	'17.03.02	원안 가결	의원	박근혜 정부
	2004259	'16.12.08	'18.12.07	수정 가결	의원	
	2003065	'16.10.28	'16.12.01	수정 가결	의원	
	1918352	'15.12.30	'15.12.31	원안 가결	의원	
	1914122	'15.03.03	'15.03.03	원안 가결	의원	
	1908889	'13.12.30	'13.12.31	원안 가결	의원	
	1908569	'13.12.13	'14.05.02	수정 가결	의원	

법안명	의안 번호	제안 일자	의결 일자	의결 결과	발의	정부
문화재 보호법	1814315	'11.12.28	'11.12.29	원안 가결	의원	이명박 정부
	1812253	'11.06.17	'11.06.23	원안 가결	의원	
	1811776	'11.05.11	'11.08.23	원안 가결	의원	
	1811056	'11.03.09	'11.03.10	원안 가결	의원	
	1807232	'09.12.29	'09.12.30	원안 가결	의원	
	178359	'08.05.21	'08.05.22	원안 가결	의원	
	178224	'08.02.19	'08.02.06	수정 가결	의원	노무현 정부
	175805	'06.12.21	'06.12.22	원안 가결	의원	
	175575	'06.12.06	'07.03.06	수정 가결	의원	
	173498	'05.11.30	'05.12.01	원안 가결	의원	
	171198	'04.12.24	'04.12.29	원안 가결	의원	

법률 제·개정 과정을 살펴보면, 김영삼 정부 때 2회 개정되었는데 매장문화재를 공사의 시공자가 발굴하는 경우 소요경비를 공사 시공자가 부담하고 있는 불합리함을 개선하기 위해 문화체육부 장관이 직접 발굴하거나 지정하는 자가 발굴하는 경우에는 소요경비를 국가가 부담하도록 했다.

김대중 정부 때는 4회 개정했다. 국가지정문화재의 소유자·관리자 등에 대한 행정명령권 일부를 지방자치단체에 부여했고, 문화재가 매장된 것으로 판정된 지역의 개발사업은 문화관광부 장관과 사전협의하도록 했다. 건설공사 시행자는 사업계획수립 시 문화재 지표조사를 시행하도록 했고 천연기념물의 보호·관리를 강화했다.

이명박 정부 때는 6회 개정하였다. 유네스코 아-태무형문화유산 국제정보네트워킹센터 설립의 법적 근거를 마련했으며, 지정문화재의 소방시설과 재난방지시설 또는 도난방지 장치를 유지·관리하는 자에게 소요 비용을 보조할 수 있도록 했다. 문화재청장이 국외 소재 문화재 환수 및 활용에 관한 기본계획을 수립하도록 했고, 국외 소재 문화재 환수 및 활용을 위해 자문위원회 설치 근거를 마련했다.

박근혜 정부 때는 7회 개정했다. 숭례문의 경우, 관리 감독 소홀로 방화 소실되어 복구공사 중인 사례처럼 관리단체에 전적으로 관리를 맡기기 어려운 특정 국가지정문화재에 대해서는 문화재위원회가 의결로써 문화재청장에게 요청하거나, 문화재청장이 필요하다고 인정할 경우, 국가가 직접 관리할 수 있도록 하고 필요한 경비를 국가가 부담하도록 했다. 문화재의 국외 반출 또는 반출 기간 연장의 세부기준을 마련했다. 국외 소재 문화재의 현황, 실태에 관한 조사 연구하도록 했고, 국외 소재 문화재의 보호 환수를 위해 기관·단체 육성 및 전문가 의견을 청취하도록 했다.

문재인 정부 때는 10회 개정했다. 시·도지정문화재와 문화재자료에 대해서도 국가지정문화재의 권리·의무 승계 규정을 준용하도록 했다. 국보, 보물 등 국가지정문화재의 보존에 영향을 미칠 우려가 있는 촬영행위가 무엇인지 대통령령에서 구체적으로 정하도록 했으며, 문화재 관련 시설 및 구역에서의 감염병에 등에 대한 위생·방역 관리 사항을 문화재 기본계획에 포함하도록 했다.

2015년 3월 제정되어 2016년 3월 시행된 무형문화재 보존 및 진흥에 관한 법률 [표 5]는 박근혜 정부 때 2회 개정되었다.

이 법률의 주요 내용은 다음과 같다. 첫째, 이 법률의 제정 목적을 무형문화재의 보존과 진흥을 통하여 전통문화를 창조적으로 계승하고, 이를 활용할 수 있도록 함으로써 국민의 문화적 향상을 도모하고 인류문화의 발전에 이바지하는데 두었다. 둘째, 무형문화재의 보존 및 진흥에 있어 전형 유지를 기본원칙으로 했으며, 민족 정체성 함양, 전통문화의 계승 및 발전, 무형문화재의 가치 구현과 향상을 포함하도록 했다. 셋째, 국가가 무형문화재의 보존 및 진흥을 위한 종합적인 시책을 수립하고 시행하고, 지방자치단체는 국가의 시책과 지역적 특색을 고려하여 무형문화재의 보존 및 진흥을 위한 시책을 수립·추진하도록 책무를 부여했다.

[표 5] 무형문화재 보존 및 진흥에 관한 법률 제·개정 현황

법안명	의안 번호	제안 일자	의결 일자	의결 결과	발의	정부
무형 문화재 보존 및 진흥에 관한 법률	2111868	'21.08.02	'21.12.31	수정 가결	의원	문재인 정부
	2103285	'20.08.26	'20.12.02	원안 가결	의원	
	2100266	'20.06.08	'20.11.19	수정 가결	의원	
	2019978	'19.04.23	'20.05.20	수정 가결	의원	
	2012452	'18.03.13	'18.12.07	수정 가결	의원	
	2005177	'17.01.20	'17.11.24	수정 가결	의원	박근혜 정부
	2002149	'16.09.05	'16.12.01	원안 가결	의원	

문재인 정부 때는 5회 개정되었다. 국가무형문화재 전수교육조교 중에서 전승을 위한 공헌이 있는 경우에 명예 보유자로 인정하도록 하고 긴급 보호 무형문화재 지정 및 전수 교육학교 선정 시에 위원회의 심의를 거치지 않도록 했다. 유네스코 아시아·태평양 무형문화유산 국제정보네트워킹센터의 제반 사업을 위해 기부 금품을 받을 수 있도록 근거를 신설했다.

한편, 2022년 6월 현재 전통문화 관련 개별법률은 2007년에 제정된 태권도 진흥 및 태권도공원 조성 등에 관한 법률 [표 6], 가장 최근인 2019년에 제정된 한식진흥법 등 총 11개이다. 개별법률별의 제·개정 내용을 살펴보면 다음과 같다. 태권도 진흥 및 태권도공원 조성 등에 관한 법률 [표 6]은 2006년 2월 노무현 정부 때 제안이 이루어졌다. 국회 의결을 거쳐 2007년 12월 제정되고 2008년 6월부터 시행됐다.

이 법률의 주요 내용은 다음과 같다. 첫째, 이 법률의 제정 목적을 우리 민

족 고유 무도(武道)인 태권도를 진흥하고 전 세계 태권도인들의 성지인 태권도 공원을 조성하여 국민의 심신단련과 자긍심을 고취하고 나아가 태권도를 세계적인 무도 및 스포츠로 발전시켜 국위 선양에 이바지하는 데 두었다. 둘째, 국가 및 지방자치단체에서는 태권도 진흥을 위하여 필요한 시책을 생각하며, 국민의 자발적인 태권도 활동을 보호하도록 책무를 부여했다. 셋째, 문화체육관광부 장관이 태권도의 체계적인 보존 및 진흥을 위하여 태권도 진흥 기본계획을 5년마다 수립·시행하고 문화체육관광부 장관의 요청이 있을 때는 지방자치단체, 관계 기관, 법인 또는 단체는 이에 협조하도록 했다. 넷째, 태권도에 대한 국민의 관심을 제고하고 태권도 보급을 도모하기 위하여 매년 9월 4일을 태권도의 날로 정했다.

[표 6] 태권도 진흥 및 태권도공원 조성 등에 관한 법률 제·개정 현황

법안명	의안 번호	제안 일자	의결 일자	의결 결과	발의	정부
태권도 진흥 및 태권도 공원 조성 등에 관한 법률	2106430	'20.12.14	'21.03.24	원안 가결	의원	문재인 정부
	2103093	'20.08.20	'20.12.02	수정 가결	의원	
	2016043	'18.10.23	'18.12.07	원안 가결	의원	
	2012298	'18.03.05	'18.03.30	원안 가결	의원	
	2007012	'17.05.24	'19.10.31	수정 가결	의원	
	2005566	'17.02.10	'17.11.24	원안 가결	의원	박근혜 정부
	2004667	'16.12.28	'17.03.03	원안 가결	의원	
	1918488	'16.01.22	'16.05.19	수정 가결	의원	
	1914561	'15.04.02	'15.12.31	수정 가결	의원	
	1903236	'13.01.03	'14.02.20	수정 가결	의원	이명박 정부
	1806657	'09.11.20	'10.02.18	수정 가결	의원	
	173917	'06.02.15	'07.11.22	수정 가결	의원	노무현 정부

이명박 정부 때는 2회에 걸쳐 개정됐다. 민간사업자에게 국·공유 재산을 수의계약으로 매각하거나 임대할 수 있도록 하고 임대의 경우 영구시설물 축조 및 원상회복 반환하도록 했다. 임대료는 대통령령 또는 조례로 감면할 수 있도록 했다.

박근혜 정부 때는 4회에 걸쳐 개정됐다. 태권도 지도자의 정의에 국기원 승단 심사를 거친 4단 이상의 단증을 보유하고 있는 사람을 포함했다. 태권도 진흥재단의 시설·운영 및 사업수행에 필요한 경비를 지원할 수 있도록 했다.

문재인 정부 때는 5회에 걸쳐 개정됐다. 태권도 지도자 중에서 태권도 명인을 지정할 수 있도록 하고, 태권도 명인에 대해 지원할 수 있도록 했다. 전통무예진흥법 [표 7]은 노무현 정부 때 법안 제안이 있었다. 국회 의결을 거쳐 2008년 3월 제정되고, 2009년 3월부터 시행됐다.

[표 7] 전통무예진흥법 제·개정 현황

법안명	의안 번호	제안 일자	의결 일자	의결 결과	발의	정부
전통 무예 진흥법	2100431	'20.12.14	'21.03.24	원안 가결	의원	문재인 정부
	2103092	'20.08.20	'20.12.02	수정 가결	의원	
	1024976	'20.05.20	'20.05.20	원안 가결	의원	
	2003840	'16.11.24	'17.11.09	수정 가결	의원	박근혜 정부
	172907	'05.10.12	'08.02.26	수정 가결	의원	노무현 정부

이 법의 주요 내용은 다음과 같다. 첫째, 이 법의 제정 목적을 문화적 가치가 있는 전통 무예를 진흥하여 국민의 건강증진과 문화생활 향상 및 문화국가 지향에 이바지하는 데 두었다. 둘째, "전통 무예를 국내에서 자생하여 체계화되었거나 외부에서 유입되어 국내에서 독창적으로 정형화되고 체계화된 무(武)

적 공법·기법·격투 체계로서 국가적 차원에서 진흥할 전통적·문화적 가치가 있다고 인정되는 것으로 정의했다. 셋째, 문화체육관광부 장관이 전통 무예의 체계적인 보존 및 진흥을 위하여 전통 무예에 관한 종합적인 기본계획을 5년마다 수립·시행하도록 했다.

박근혜 정부 때는 「유네스코 산하 청소년 발달과 참여를 위한 국제무예 센터에 대한 데 대한민국 정부와 유네스코 간의 협정」 이행을 장려하고 세계 전통 무예의 보존 및 진흥을 위해 국제무예 센터 설립의 법적 근거를 마련했다.

문재인 정부 때는 3회에 걸쳐 개정됐다. 지방자치단체가 전통춤에 단체에 운영비를 지원할 수 있는 법적 근거를 마련했으며 전통춤에 진흥 기본계획 수립 주기를 5년으로 규정했다.

전통주 등의 산업진흥에 관한 법률 [표 8]은 이명박 정부 때 법안이 제안됐고 국회 의결을 거쳐 2010년 2월에 제정되어 2010년 8월부터 시행됐다. 이 법률의 주요 내용은 다음과 같다.

[표 8] 전통주 등의 산업진흥에 관한 법률 제·개정 현황

법안명	의안 번호	제안 일자	의결 일자	의결 결과	발의	정부
전통주 등의 산업 진흥에 관한 법률	2024010	'19.11.28	'20.01.29	원안 가결	의원	문재인 정부
	2023876	'19.11.18	'19.11.19	원안 가결	의원	
	2004354	'16.12.13	'17.03.30	수정 가결	의원	박근혜 정부
	1901958	'12.09.25	'13.02.26	수정 가결	의원	이명박 정부
	1805262	'09.06.24	'09.12.30	수정 가결	의원	

첫째, 이 법률의 제정 목적을 전통주 등의 품질향상과 산업진흥에 필요한 사항을 정하여 경쟁력을 강화하고 농업의 부가가치를 높여 농업인의 소득증대와

국가 경제발전에 이바지하는데 두었다. 둘째, 농림축산식품부 장관이 전통주 등의 산업진흥과 건전한 술 문화 조성을 위하여 관계 중앙행정기관의 장과 협의하여 5년마다 전통주 등의 산업 발전 기본계획을 수립·시행하도록 했다. 셋째, 시·도지사는 전통주를 제조하려는 자에 대하여 국세청장에게 주류제조면허를 추천할 수 있도록 했다.

박근혜 정부 때는 1회 개정되었다. 전통주의 소비 및 수출 촉진에 관한 사항을 명문화했고 전통주의 산업진흥을 위한 기본계획상 건전한 음주문화 조성은 법 취지에 맞지 않기 때문에 전통주 문화 조성으로 변경했다.

문재인 정부 때는 2회 개정되었다. 전통주 등의 산업진흥 기본계획과 시행계획의 수립 주기 및 협의 절차를 명시했다.

김치산업진흥법 [표 9]는 이명박 정부 때인 2010년 12월 제안되어 국회 의결을 거쳐 2011년 7월 제정 및 2012년 1월 시행됐다.

[표 9] 김치산업진흥법 제·개정 현황

법안명	의안 번호	제안 일자	의결 일자	의결 결과	발의	정부
김치 산업 진흥법	2023759	'19.11.13	'20.04.29	원안 가결	의원	문재인 정부
	2022391	'19.09.06	'20.01.09	수정 가결	의원	
	1009294	'17.09.12	'18.01.30	수정 가결	의원	
	1912983	'14.12.09	'15.07.06	수정 가결	의원	박근혜 정부
	1908300	'13.12.04	'14.12.29	수정 가결	의원	
	1810105	'10.12.02	'11.06.23	수정 가결	의원	이명박 정부

이 법률의 주요 내용은 다음과 같다. 첫째, 이 법의 제정 목적은 김치의 품질향상과 김치 문화의 계승·발전 등 김치산업의 진흥에 필요한 사항을 정하여

김치산업의 경쟁력을 강화하고 김치의 세계화를 촉진하며 농어업의 부가가치를 높여 농어업인의 소득증대와 국가 경제발전에 이바지하는 데 있다. 둘째, "김치"를 배추 등 채소류를 주원료로 하여 절임과 양념혼합공정을 거쳐 그대로 또는 발효시켜 제조한 것으로 정의했다. 셋째, 농림축산식품부 장관은 김치산업의 진흥과 김치 문화의 계승·발전을 위하여 5년마다 김치산업진흥 종합계획을 수립·시행하도록 했다.

박근혜 정부 때는 2회에 걸쳐 개정되었다. 김치산업 전문인력 양성기관 지정을 취소하거나 업무 정지의 근거를 마련했다.

문재인 정부 때는 3회에 걸쳐 개정되었다. 김치의 날 제정 근거를 신설했다. 김치산업 종합계획에 '수입 김치 실태조사'를 추가했고 '수입 김치 모니터링' 조항을 신설했다.

씨름진흥법 [표 10]은 이명박 정부 때인 2011년 8월 제안되어 국회 의결을 거쳐 2012년 1월 제정됐고 2012년 4월 시행됐다.

[표 10] 씨름진흥법 제·개정 현황

법안명	의안 번호	제안 일자	의결 일자	의결 결과	발의	정부
씨름 진흥법	2106435	'20.12.14	'21.03.24	원안 가결	의원	문재인 정부
	2103124	'20.08.20	'20.12.02	수정 가결	의원	
	1812887	'11.08.16	'11.12.30	수정 가결	의원	이명박 정부

이 법의 주요 내용은 다음과 같다.

첫째, 이 법의 제정 목적을 우리 민족 고유의 문화이자 체육활동인 씨름의 진흥에 필요한 사항을 정함으로써 국민의 체력증진과 건강한 정신함양 및 씨름의 세계화에 이바지하는데 두었다. 둘째, 국가 및 지방자치단체가 씨름의 진흥을 위하여 필요한 시책을 마련하고 국민의 자발적인 씨름 활동을 보호하도록 했다. 셋째, 문화체육관광부 장관이 씨름의 체계적인 보존 및 진흥을 위하여 씨름 진흥 기본계획을 5년마다 수립·시행하도록 했다. 넷째, 씨름에 대한 국민의 관심을 제고하고 씨름 진흥을 도모하기 위하여 매년 단오(음력 5월 5일)를 씨름의 날로 정했다.

문재인 정부 때, 2회에 걸쳐 개정되었다. 코로나바이러스 감염증(코로나 19) 발생을 계기로 씨름 시설·단체의 감염병 방역 관련 사항을 씨름 진흥 기본계획에 포함했고 씨름 진흥 기본계획 수립 주기를 5년으로 규정했다.

한옥 등 건축자산의 진흥에 관한 법률 [표 11]은 박근혜 정부 때인 2013년 4월 제안되어 국회 의결을 거쳐 2014년 6월 제정됐고 2015년 6월 시행됐으며 2017년 3월과 6월에 개정 제안이 이루어졌다.

[표 11] 한옥 등 건축자산의 진흥에 관한 법률 제·개정 현황

<table>
<tr><th>법안명</th><th>의안 번호</th><th>제안 일자</th><th>의결 일자</th><th>의결 결과</th><th>발의</th><th>정부</th></tr>
<tr><td rowspan="3">한옥 등 건축자산의 진흥에 관한 법률</td><td>2007168</td><td>’17.06.01</td><td>’17.11.09</td><td>원안 가결</td><td>의원</td><td>문재인 정부</td></tr>
<tr><td>2006095</td><td>’17.03.09</td><td>’17.07.18</td><td>수정 가결</td><td>의원</td><td rowspan="2">박근혜 정부</td></tr>
<tr><td>1904461</td><td>’13.04.10</td><td>’14.04.29</td><td>수정 가결</td><td>의원</td></tr>
</table>

이 법률의 주요 내용은 다음과 같다.

첫째, 이 법률 제정의 목적을 한옥 등 건축자산을 보전·활용하거나 미래의 건축자산을 조성하는 데 필요한 사항으로 정함으로써 국가의 건축문화 진흥 및 경쟁력 강화 기여에 두었다. 둘째, ‘한옥’을 주요 구조가 기둥·보 및 한식 지붕틀로 된 목구조로서 우리나라 전통양식이 반영된 건축물 및 그 부속 건축물로 정의했다. 셋째, 국토교통부 장관이 건축자산의 진흥을 위하여 5년마다

건축자산진흥 기본계획을 수립·시행하도록 했다. 넷째, 국토교통부 장관이 국가한옥센터 설립 또는 공공기관을 국가한옥센터로 지정하며. 국가 및 지방자치단체는 한옥 관련 산업 육성 및 한옥 건축양식 확산을 위해 노력·지원하도록 했다.

문재인 정부 때는 1회에 걸쳐 개정됐다. 소방시설 설치·유지 및 안전관리에 관한 법률이 화재 예방, 소방시설 설치·유지 및 안전관리에 관한 법률로 제명이 개정된 내용을 반영했다.

차 산업 발전 및 차 문화 진흥에 관한 법률 [표 12]는 박근혜 정부 때인 2013년 4월 제안됐고 국회 의결을 거쳐 2015년 1월 제정 및 2016년 1월 시행됐다. 이 법률의 주요 내용은 다음과 같다. 첫째, 이 법률의 제정 목적을 차 산업을 발전시켜 농업인의 소득증대에 기여하고 차 문화 보급을 통하여 국민의 건강한 생활에 이바지하는데 두었다. 둘째, "차 산업"을 차의 원료가 되는 식물을 재배하거나 차를 생산, 가공, 조리, 포장, 보관, 유통 또는 판매하는 산업을 말한다고 정의했다. 셋째, 국가와 지방자치단체가 차 산업의 발전 및 차 문화의 진흥을 위하여 필요한 시책을 수립·시행하도록 했다.

[표 12] 차 산업 발전 및 차 문화 진흥에 관한 법률 제·개정 현황

법안명	의안 번호	제안 일자	의결 일자	의결 결과	발의	정부
차 산업 발전 및 차 문화 진흥에 관한 법률	1904549	'13.04.17	'14.12.29	수정 가결	의원	박근혜 정부

공예문화산업진흥법 [표 13]은 2013년 1월 이명박 정부 때 제안되었다. 2015년 4월 국회 의결을 거쳐 2015년 5월 제정되었고 2015년 11월부터 시행됐다.

이 법의 주요 내용은 다음과 같다. 첫째, 이 법의 제정 목적을 공예문화산업

의 지원 및 육성에 필요한 사항을 규정함으로써 공예문화산업 발전의 기반을 조성하고, 이를 통하여 국민의 문화적 삶의 질 향상과 국민경제의 발전에 이바지하는데 두었다. 둘째, "공예"를 문화적 요소가 반영된 기법, 기술, 소재(素材), 문양(文樣) 등을 바탕으로 기능성과 장식성을 추구하여 수작업(부분적으로 기계적 공정이 가미된 것을 포함한다)으로 물품을 만드는 일 또는 그 능력으로 정의했다. 셋째, 문화체육관광부 장관이 공예문화산업의 진흥을 위하여 공예문화산업진흥 기본계획을 5년마다 수립·시행하도록 했다. 넷째, 공예문화산업진흥 기본계획수립에 관한 의견 제출 및 심의를 위해 공예문화산업진흥위원회를 두었다.

[표 13] 공예문화산업진흥법 제·개정 현황

법안명	의안 번호	제안 일자	의결 일자	의결 결과	발의	정부
공예문화산업 진흥법	1903240	'13.01.03	'15.04.30	수정 가결	의원	이명박 정부

서예진흥에 관한 법률 [표 14]는 문재인 정부 때인 2017년 11월 제안됐고 국회 의결을 거쳐 2018년 12월 제정됐고 2019년 6월 시행됐다.

이 법률의 주요 내용은 다음과 같다.

첫째, 이 법률의 제정 목적을 서예진흥에 관하여 필요한 사항을 정하여 서예의 예술성 발전과 서예 교육을 통한 국민의 인성 함양을 도모하고, 문자 영상 시대에 서예를 통한 민족문화 창달에 이바지하는 것에 두었다. 둘째, "서예"를 문자를 중심으로 종이와 붓, 먹 등을 이용하여 미적 아름다움을 표현하는 시각예술로 정의했다. 셋째, 국가와 지방자치단체가 서예진흥을 위하여 필요한 시책을 마련하고 시행하도록 했다. 넷째, 문화체육관광부 장관이 서예진흥을 위하여 관계 중앙행정기관의 장과 협의하여 서예진흥 기본계획을 5년마다 수립·시행하도록 했다.

[표 14] 서예진흥에 관한 법률 제·개정 현황

법안명	의안 번호	제안 일자	의결 일자	의결 결과	발의	정부
서예진흥에 관한 법률	2010462	'17.11.29	'18.11.23	수정 가결	의원	문재인 정부

바둑진흥법 [표 15]는 문재인 정부 시기인 2018년 3월 제안됐고 국회 의결을 거쳐 2018년 4월 제정됐으며 2018년 10월 시행됐다. 이 법의 주요 내용은 다음과 같다.

첫째, 이 법의 제정 목적을 바둑의 진흥 및 바둑 문화 기반조성에 필요한 사항을 정함으로써 국민의 여가선용 기회 확대와 건강한 정신함양 및 바둑의 세계화에 이바지하는데 두었다. 둘째, 국가와 지방자치단체가 바둑의 진흥을 위하여 필요한 시책을 마련하여야 하며, 국민의 자발적인 바둑 활동을 보호하도록 책무를 부여했다. 셋째, 문화체육관광부 장관이 바둑의 체계적인 보존 및 진흥을 위하여 바둑진흥 기본계획을 5년마다 수립·시행하도록 했다. 넷째, 바둑에 대한 국민의 관심을 제고하고 바둑 보급·전승을 도모하기 위하여 매년 11월 5일을 바둑의 날로 정했다.

[표 15] 바둑진흥법 제·개정 현황

법안명	의안 번호	제안 일자	의결 일자	의결 결과	발의	정부
바둑 진흥법	2106434	'20.12.14	'21.03.24	원안 가결	의원	문재인 정부
	2012766	'18.03.29	'18.03.30	원안 가결	의원	

한식진흥법 [표 16]은 문재인 정부 시기인 2018년 11월 제안됐고, 국회 의결을 거쳐 2019년 8월 제정됐으며 2020년 8월 시행됐다.

이 법의 주요 내용은 다음과 같다. 첫째, 이 법의 제정 목적을 한식(韓食) 및 한식 산업의 진흥과 발전에 필요한 사항을 정하여 한식 산업의 경쟁력을 강화함으로써 국민의 삶의 질 향상과 국가 경제발전에 이바지하는데 두었다. 둘째, "한식"을 우리나라에서 사용되어 온 음식 재료 또는 그와 유사한 음식 재료를 사용하여 우리나라 고유의 조리 방법 또는 그와 유사한 조리 방법을 이용하여 만들어진 음식과 그 음식과 관련된 유형·무형의 자원·활동 및 음식문화로 정의했다. 둘째, 농림축산식품부 장관이 한식 및 한식 산업의 진흥과 발전을 위한 실태조사 및 연구·개발, 한식 정보체계의 구축, 전문인력 양성, 국제교류 및 협력의 촉진, 한식의 발굴·복원과 계승·발전, 제도개선과 재원 확보, 한식과 농어업의 연계 강화 등에 관한 계획과 시책을 종합적으로 수립·시행하도록 했다. 셋째, 국가와 지방자치단체가 시책을 시행하는 데 필요한 사업비 전부나 일부를 예산의 범위에서 지원할 수 있도록 근거를 마련했다.

[표 16] 한식진흥법 제·개정 현황

법안명	의안 번호	제안 일자	의결 일자	의결 결과	발의	정부
한식진흥법	2016871	'18.11.28	'19.08.02	수정 가결	의원	문재인 정부

4. 전통문화정책의 변천

전통한지는 우리나라의 대표적인 전통문화 중 하나다. 따라서 전통한지를 잘 이해하고 깊이 있게 연구하기 위해서는 전통문화정책의 변천 과정을 살펴보는 게 필요하다. 정갑영(2000)은 전통문화 정책을 "국가와 지방자치단체 및 공공기관이 전통문화의 이상적 목표를 달성하기 위해 공공수단을 동원해 수행하는 것"이라고 했다. 한국이 영화와 케이팝(K-POP) 분야에서 세계적으로 두각을 나타내는 현재 시점에서 1948년 정부 수립 이후 중앙정부와 지방자치단체 등이 추진했던 전통문화정책의 변천 과정을 살펴보는 것은 의미가 크다.

우선 전통문화정책의 시대별 변천 과정을 이해하기 위해 앞선 연구자들의 구분을 살펴보았다. 오양열(1995)은 한국 문화 행정의 구조와 기능의 변천 과정을 ① 1·2공화국 ② 3공화국 ③ 4공화국 ④ 5공화국 ⑤ 6공화국 ⑥ 김영삼 정부로 구분했다. ① 1·2공화국은 문교부에 의한 문화 행정, 문화정책의 무위 방임 시기, ② 3공화국은 문화재관리국과 문화공보부의 발족, 공보행정 절대우위의 예산편성, 법체계의 확립과 규제 위주, ③ 4공화국은 과거 직제로의 복귀와 문화행정부서의 통합, 문예 진흥을 위한 제도적 기틀 마련 및 민족문화 창달과 민족주체성 확립 강조 시기, ④ 5공화국은 문화 부문 예산의 대폭적인 증가, 문화정책 수립의 본격화 및 주체성 확립과 시설 확충, ⑤ 6공화국은 문화 분야 전담 독립행정부처의 발족, 장기문화발전계획의 수립 및 생활문화와 통일문화의 강조, ⑥ 김영삼 정부는 문화체육부의 발족과 문화산업국의 신설, 공공부문과 민간부문의 문화투자 증대 및 문화창달 5개년 계획을 꼽았다.

정갑영(2000)은 우리나라 전통문화정책의 전개 과정과 그 내용을 정리한 자료에서 우리나라 전통문화정책을 ① 60·70년대 ② 5공화국 ③ 6공화국 ④ 문민정부로 구분했다. ① 60·70년대는 전통문화계승, 민족문화 창조 및 문예 중흥으로 설명했고, ② 5공화국은 전통문화의 계승발전과 과거 문화유산의 보존을, ③ 6공화국은 민족문화 창달, 전통문화의 활성화 및 생활 속의 전통문화로, ④ 문민정부는 전통 생활문화 및 민족정기의 확립을 주요 문화정책으로 파악하였다.

그동안 전통문화정책을 시기별로 구분하려는 논의에서는 오양열(1995)의 경우와 같이 대통령 교체에 따른 정부별로 구분한 측면이 있었다. 하지만 본 연구는 새롭게 정책이 전환되었다거나 추진체계의 전면 개편 등 실질적으로 전통문화정책의 변화가 이루어졌는지에 따라 구분하고자 했다. 선행연구와 문화체육관광부 자료 및 법률안 제·개정 과정에서 논의된 사항을 토대로 살펴본 결과는 다음과 같다. 즉 1972년의 문화예술진흥법의 제정으로 문화정책에 큰 변화가 있었다. 또한, 1990년 문화부가 설치되면서 독립된 차원에서 문화정책이 이루어졌다. 이상열(2018)은 "전통문화 산업은 1990년대에 전통문화 산업화 정책이 대두되면서 문화재 정책의 틀을 넘어서 정책적 관심을 받기 시작했고 2000년대에 들어서 전통문화에 대한 일반의 관심 증가 및 한스타일 정책 추진으로 주목을 받기 시작했다"고 파악하고 있다.

본 연구는 1972년 문화예술진흥법 제정, 1990년 문화부 설치, 2007년 한류의 등장, 2013년 한스타일 육성종합계획 시행을 주축으로 하여 전통문화 정책을 시기별로 구분했다. 제1기를 문화예술진흥법 제정 이전(1948~1972년), 제2기를 문화예술진흥법 제정 이후(1972~1990년), 제3기를 문화부 설치 이후(1990~1997년), 제4기를 한류 등장 이후(1997~2007년), 제5기를 한(韓) 스타일 육성종합계획 이후(2007~2013년), 제6기를 한스타일 육성종합계획 성과분석 이후(2013~2021년) 까지로 구분했다.

[표 17] 전통문화정책 변천 과정

제1기	제2기	제3기	제4기	제5기	제6기
문화예술 진흥법 제정 이전 (1948~1972)년	문화예술 진흥법 제정 이후 (1972~1990년)	문화부 설치 이후 (1990~1997년)	한류 등장 이후 (1997~2007년)	한스타일 육성 종합계획 이후 (2007~2013년)	한스타일 육성종합계획 성과분석 이후 (2013~2021년)
이승만·윤보선·박정희 정부	박정희·최규하·전두환·노태우 정부	노태우·김영삼 정부	김영삼·김대중·노무현 정부	노무현·이명박·박근혜 정부	박근혜·문재인 정부

※ 자료출처 : 기존 연구사례를 바탕으로 문화체육관광부 발간자료 및 제·개정 법률 등을 참고하여 작성함.

① 제1기 문화예술진흥법 제정 이전 (1948~1972년)
(이승만 · 윤보선 · 박정희정부)

1948년 대한민국 정부 수립 이후 1972년 문화예술법이 제정되기 이전까지의 시기이다. 일제강점기 일제의 전통문화 말살 정책의 영향을 받아 광복 후에는 민족의 주체성을 회복하는 것이 국민적인 목표이고 민족적 자긍심 회복이 정책적으로 중요한 의미가 있다. 민족문화에 대한 중요성을 인식하고 문화정책을 추진한 사례는 이승만 정부에서부터 찾을 수 있다. 전쟁 중인 1952년에 제정되어 1988년 폐지된 문화보호법에 그 자취가 남겨져 있다. 제정된 문화보호법 제1조에는 "이 법은 학문과 예술의 자유를 보장하고 과학자와 예술가의 지위를 향상함으로써 민족문화의 창조·발전에 공헌함을 목적으로 한다"고 규정하고 있다.

정갑영은 "민족문화에 대한 언급과 문화정책은 박정희정부에만 있는 독특한 것이 아니었다. 이미 이승만 정부는 한국전쟁 시기인 1950년 피난지였던 부산에서 국립국악원을 개원할 정도로 국악을 비롯한 전통예술 보존에 전력했으며 해방 이후 좌우 모두에서 언급되고 강조됐던 민족문화는 한국전쟁 이후 제도화의 움직임이 나타났는데 문화보호법은 그 사례이다."라고 했다.

1968년 문화공보부가 발족하면서 종합적인 문화정책 기반을 조성하는 한편 문화 행정을 체계적으로 추진하기 시작했다. 1968년에는 한글 전용화 정책을 시행했다(이용주, 1988). 한글 전용화 정책의 과정을 살펴보면 특정한 문화정책이 시행되기까지는 오랜 시간과 노력이 필요함을 알 수 있다. 1968년 10월 대통령은 구체적인 한글전용 촉진 7개 사항을 지시했고 이어서 같은 해 12월 국무총리는 한글전용에 관한 총리 훈령을 발표함으로써 한글전용이 실현되었다. 물론 그 이전에도 큰 노력이 있었다. 1948년 10월 "대한민국의 공용문서는 한글로 쓴다. 다만, 얼마 동안 필요할 때는 한자를 병용할 수 있다."는 내용의 「한글전용에 관한 법률」이 법률 제6호로 제정·공포되었고 이승만 대통령은 수차례에 걸쳐 한글전용을 촉구하는 담화를 했다. 그런데도 한자 사용은 달라지지 않았다.

1957년 12월 제6117회 국무회의에서는 한글전용 적극 추진에 관한 건이 의결되었다. 1961년 9월에는 정부 공문서 규정을 마련했고 1962년부터 1963년까지 한글전용 특별심의위원회의 활동이 있었다. 1968년 한글전용 정책이 실현될 수 있었던 것은 대통령 지시로서 1948년의 「한글전용에 관한 법률」에서 다만 얼마 동안 필요할 때는 한자를 병용할 수 있다. "라는 단서를 빼고 1970년 1월부터 한글전용을 하기로 했고 국무총리 훈령 등을 통해 실천으로 뒷받침했기 때문이다. 1966년에는 한국고전번역원이 고전국역사업(이계황, 1980)을 통해 국역서를 출간하는 등 1960년대 말에는 전통문화에 대한 대대적인 조사연구사업이 이루어졌고 우리 고유의 가치와 민족의식을 강화하고자 했다.

이 시기에는 문화재보호법이 1962년 2월에 제정되었다. 제1조 목적 조항에서는 "이 법은 문화재를 보존하여 이를 활용함으로써 국민의 문화적 향상을 도모하는 동시에 인류문화의 발전에 기여함을 목적으로 한다"고 규정했다. 제2조 문화재의 정의에서는 문화재를 '건조물, 고문서와 같은 고고자료, 음악, 공예기술과 같은 문화재, 패총, 사적지와 같은 기념물, 의식주, 신앙과 같은 민속자료'라고 규정했다.

② **제2기 문화예술진흥법 제정 이후** (1972~1990년)
(박정희 · 최규하 · 전두환 · 노태우정부)

이 시기는 1972년 문화예술진흥법이 제정된 이후 1990년 문화부가 설치되기 이전까지이다. 1972년 문화예술진흥법 제정과 1974년 제1차 문예 중흥 5개년 계획 수립 등을 통해 체계적이고 장기적인 계획들이 수립되기 시작했다. 이 시기는 민족교육과 더불어 전통문화교육을 정책적으로 강조하는 경향이 지속했고 충효 사상과 상무 정신을 강조했다. 문예 중흥 5개년 계획의 내용은 다음 [표 18]과 같다.

[표 18] 문예 중흥 5개년 계획

정책 기조 또는 방향	정책목표	정책 수단
전통문화의 계승과 이를 바탕으로 한 새로운 민족문화의 창조	올바른 민족사관의 정립	문화유산 전승 · 계발사업
	새로운 민족예술의 창조	민족예술 창작지원사업
	국민의 문화 수준 향상	예술의 생활화, 대중화 및 문예 진흥기반 조성사업
	문화 한국의 국위 선양	문화예술 국제교류사업

※ 자료출처 : 한국의 문화 행정체계 50년(오양열, 1995)

민족주의 이념이 바탕이 된 전통문화정책은 1980년대 들어서도 지속했다. 1986년 서울아시안게임과 1988년 서울올림픽 게임은 전통문화가 일반 국민의 관심 대상으로 부상하는 계기가 됐다.

1972년 8월 제정된 문화예술진흥법의 제1조 목적 조항에는 "문화예술의 진흥을 위한 사업과 활동을 지원함으로써 우리나라의 전통적인 문화예술을 계승하고 새로운 문화예술을 창조하여 민족문화의 중흥에 기여함을 목적으로 한다"고 했다. 문화예술진흥법은 전통문화 예술의 계승과 새로운 문화예술 창조를 통해 민족문화의 중흥에 기여하기 위해 제정한 것으로 알려져 있다. 정갑영(2016)은 정부에서는 1972년 문화예술진흥법 제정, 그리고 1973년 민족문화 중흥 선언을 통해 민족문화에 대한 의지를 밝힌 데 이어 1974년에는, 더욱더 구체적인 계획을 제시하게 되었고, 정치적 불안정 속에서 경제발전 5개년 계획의 모델을 문화예술에 적용한 것이 제1차 문예 중흥 5개년 계획이라고 보았다.

③ 제3기 문화부 설치 이후 (1990~1997년) (노태우 · 김영삼 정부)

이 시기는 1990년 문화부 설치 시기부터 1997년 한류의 등장 이전까지이다.

1990년에는 문화공보부가 문화부와 공보처로 분리되고 문화 행정을 전담하는 독립부처로 문화부가 설치됐다. 오양열(1995)은, 문화부의 발족에 대해 "1987년 대선 공약사항의 하나로 언급되었던 문화부 창설은 90년대를 맞이하는 새해에 이루어졌다. 1968년 문화공보부가 발족하는지 21년 만에 문화계의 숙원이었던 문화 분야 전담 독립 행정부처인 문화부가 탄생(1990년 1월 3일)한 것은 문화계의 경사이자 쾌거로 불렸다"고 정리했다. 문화부의 발족으로 장기적인 문화발전계획을 수립하게 되었다. 문화부에서는 국민의 문화 향수권 및 참여권 제고와 문화복지 실현을 위해 '문화발전 10개년 계획'을 수립했다. 그 내용은 [표 19]와 같다.

[표 19] 문화발전 10개년 계획

기본방향	정책과제	추진전략
문화복지국가 실현을 위한 다섯 가지 문화의 틀 구축		최소의 힘으로 최다의 움직임을 낳는 파문 효과
① 마음의 풍요를 지향하는 '복지문화의 틀'	국민의 문화 향수 확대 문화 매개 기능의 확충	문화환경 조성을 통해 문화 창조와 수용의 여건을 개선하는 지열 효과
② 갈등 구조를 푸는 '화합 문화의 틀'	문화창조력의 제고	문화의 자율성을 돕는 '바람개비 효과'
③ 환태평양시대를 주도하는 '민족문화의 틀'		문화 활동의 무대·시장·기술을 제공하는 '통발 효과'
④ 후기산업 시대에 적응하는 '개방문화의 틀'	국제문화교류의 증진	부정적 요인을 긍정적 문화로 발전시키는 '인화효과'
⑤ 남·북한 협력 시대를 준비하는 '통일문화의 틀'		다목적·다기능의 복합적 사업추진으로 이루는 '메아리효과'

※ 자료출처 : 한국의 문화 행정체계 50년 (오양열, 1995)

1990년대에는 정책적 차원에서 '한국문화의 세계화'를 천명했고 생활문화에 대한 정책적인 관심을 집중적으로 반영했다. 문화복지와 문화 향수권을 강조하는 한편 전통의 보전을 지향하면서도 적극적인 활용과 재창조를 강조했다. 1991년 지방자치제의 부활로 지역에서도 문화정책이 적극적으로 수립되기 시작한 시기이다. 또한, 문화가 산업적인 측면에서 강조되고 국가의 부를 창출할 수 있는 산업으로 인식되기 시작했다고 볼 수 있다. 김시범(2018)은 문화예술진흥법과 문화산업진흥기본법에서 규정한 '문화산업' 정의와 '문화산업'이라는 용어는 1994년 김영삼 정부에서 도입되었고 문화체육부에 문화산업국을 만들면서 국가적인 관심 사항이 되었다고 보았다.

김상욱(2014)은 한국의 문화콘텐츠산업은 정부가 1994년 '문화산업'이라는 개념을 도입한 이후 비약적으로 발전한 것으로 보았다. 1996년 3조5천억 원에 불과했던 산업매출액은 2011년에는 방송·광고를 포함하여 약 83조 원으로 증가했으며 콘텐츠 산업은 성장 가능성도 커 '창조산업'으로서 육성의 필요성이 더욱 강조된다고 했다. 이것은 콘텐츠 산업이 그 자체적으로 중요할 뿐만 아니라 제조업과의 협업을 통해 수출을 증대시키는 한편, 문화적 측면의 이미지 제고를 통해 관광 활성화 효과까지도 가져오기 때문으로 보았다.

1972년 2월 제정된 문화예술진흥법은 김영삼 정부 시기에는 문화예술진흥기금지원대상에서 미술 장식의 범위에 공예를 추가하는 등 2회에 걸쳐 개정했다. 1962년 2월 제정된 문화재보호법은 김영삼 정부 시기에는 매장문화재를 공사의 시공자가 발굴하는 경우 소요경비를 공사 시공자가 부담하고 있는 불합리함을 개선하기 위해 문화체육부 장관이 직접 발굴하거나 지정하는 자가 발굴하는 경우에는 소요경비를 국가가 부담하도록 하는 등 2회 개정되었다.

④ 제4기 한류 등장 이후(1997~2007년)
(김영삼 · 김대중 · 노무현정부)

이 시기는 1997년 한류가 등장한 시점부터 1997년부터 한스타일 종합육성 계획을 발표하기 이전까지다. 전통문화 정책의 변천에서 한류의 등장을 중요하게 여기는 것은 전통문화가 한류의 원동력이었고 한류가 전통문화 산업에 영향을 크게 미쳤기 때문이다. 중국을 중심으로 일본, 대만, 베트남, 홍콩 등 동아시아 지역에서 한국의 대중문화가 인기를 끌기 시작했다. 이러한 현상을 한류(韓流, Korean Wave)로 불렀다.

문화체육관광부(2013)에 의하면 한류라는 말 자체는 1997년에 대만의 〈중국시보(中國時報)〉에서 먼저 사용한 기록이 있다. 이때는 한국의 대중문화가 아닌 '한국 기업이나 제품'을 의미했는데, 가수 클론, 에이치오티(H.O.T) 등이 중화권에서 인기를 끌자, '유행하는 대중문화의 흐름'을 가리키는 것으로 의미가 변했다. 한편, 중국 내 한류 열풍에 결정적인 역할을 한 것은 2000년 2월 북경 공인체육관에서 열린 아이돌 그룹 에이치오티 공연이다. 이 공연을 두고 국내 언론에서 한류라는 용어를 본격적으로 사용했다. 1999년 11월 〈북경청년보(北京青年報)〉에서 기사화한 한류를 한국인들 스스로가 인지하기 시작한 시점이기도 하다.

한류는 1990년대 후반에서 2000년대 초반에 중국, 대만, 베트남 등지에서 본격화되었으며 가족, 휴머니티, 순애보 같은 사랑을 주제로 한 드라마가 아시아인에게 공감을 불러일으켰고 역동적인 댄스음악이 청소년들을 열광시킴으로써 시작되었다. 2002년과 2003년에 잠시 주춤했던 한류는 2004년 일본에서 〈겨울연가〉가 방영되면서 폭발적인 인기를 끌어냈다. 음악에서는 1998년 대만에서 시작된 클론의 인기가 중국으로 확산하였고 2000년 에이치오티 북경공연 이후 대중가요가 한류를 선도하기 시작했다.

이후 동남아 유럽, 미국에 진출했다. 1990년대 중반에 시작된 한류는 계속해서 진화하면서 세계인과 교감하는 케이컬처(K-Culture), 한국적 스타일을 의미하는 케이스타일(K-Style)로 확장되었다. 문화체육관광부(2013)는 한류의 개념을 콘텐츠의 내용, 시점, 주요 소비자, 그리고 진출지역을 고려하여 다음 [표 20]과 같이 정리했다.

[표 20] 한류의 개념

구분	한류 1.0	한류 2.0	한류 3.0
시기	1997년~ 2000년대 중반	2000년대 중반~ 2010년초반	2010년대 초반 이후
특징	한류의 태동 영상 콘텐츠 중심	한류의 확산 인기 연예인 중심	한류의 다양화
핵심장르	드라마	K-Pop	K-Culture
장르	드라마, 영화, 가요	대중문화, 일부 문화예술	전통문화, 문화예술, 대중문화
대상국	아시아	아시아, 유럽 일부, 아프리카, 중동, 중남미, 미국 일부	전 세계
주요 소비자	소수 마니아	10~20대	세계시민
주요매체	케이블 TV, 위성TV, 인터넷	유튜브, SNS	모든 매체

2003년 참여정부 출범 당시부터 한류는 문화정책의 주요 의제가 됐다. 이병민(2007)은 참여정부(노무현정부)에서는 문화산업 정책과 관련, "법제도, 미래비전, 중장기 전략, 인프라 기반구축 등 종합적 지원체계를 마련하였으며, 기초예술이나 전통문화 부문에 국한되어 있던 문화 콘텐츠를 산업화하고 실생활에 활용하기 위한 기본토대를 마련하였다. 구체적으로는 문화 콘텐츠의 산업화에

필요한 각 부문의 법·제도 정비, 중장기 발전전략, 인프라 기반구축 등을 문화부 주도의 미래 청사진 속에서 지속해서 추진하여, 종합적인 지원체계를 구축하였다"고 했다. 노무현정부 국가과학기술위원회에서는 2001년 국가 6대 핵심기술 중 씨티(CT : Culture Technology) 분야를 선정해 발표했으며, 2005년에는 '미래국가 유망기술 21' 중에서 감성형 문화 콘텐츠를 선정해 발표했다. 또한, 2006년 산업자원부에서는 '2020년 미래 유망산업 14' 중에서 문화 콘텐츠 산업을 선정 발표하는 등 지속적인 노력을 전개했다.

1972년 8월 제정된 문화예술진흥법은 김대중 정부 때는 대형건축물을 건축할 때 의무적으로 설치하는 미술 장식의 설치기준을 완화하고 문화예술진흥기금 모금제를 폐지하는 등 3회 개정하였고, 노무현정부 때는 도서 문화상품권 인증제도를 마련하고 한국문화번역원의 설립 근거를 명문화하고 장애인의 문화예술 증진에 관한 법적 근거를 마련하는 등 4회 개정하였다.

1962년 2월 제정된 문화재보호법은 김대중 정부 때는 국가지정문화재의 소유자·관리자 등에 대한 행정명령권 일부를 지방자치단체에 부여했고 문화재가 매장된 것으로 판정된 지역의 개발사업은 문화관광부 장관과 사전협의하도록 했다. 건설공사 시행자는 사업계획수립 때 문화재 지표조사를 시행하도록 했고, 천연기념물의 보호·관리를 강화하는 등 4회 개정하였다. 노무현정부 시기에는 문화재 임시지정 대상을 보물, 국보급 문화재까지 확대했고, 문화재매매업을 신고제에서 허가제로 전환했다. 문화재매매업자의 자격요건과 결격사유를 신설했으며 지정문화재와 도난물품 또는 유실물인 사실이 공고된 문화재 등의 거래행위는 민법상 선의취득에 관한 규정 적용에서 제외하는 등 5회 개정하였다.

태권도 진흥 및 태권도공원 조성 등에 관한 법률은 2006년 2월 노무현정부에서 제안이 이루어졌다. 국회 의결을 거쳐 2007년 12월 제정되고 2008년 6월부터 시행됐다. 주요 내용은 태권도의 날 지정 조항을 두었다. 태권도 단체 및 태권도 시설에 대해 지원 근거를 마련했다. 태권도공원 조성지를 전라북도 무주군으로 명시했다. 태권도공원 조성사업 시행자의 범위에 민간사업자도 포함했다. 공원 개발 및 민자유치 활성화 등을 위해 기본계획·실시계획 승인 등을 규정했다.

전통무예진흥법은 노무현정부 시기에 법안 제안이 있었다. 국회 의결을 거쳐 2008년 3월 제정되고 2009년 3월부터 시행됐다. 주요 내용은 전통 무예를 진흥하여 국민의 건강증진과 문화생활 향상 및 문화국가 지향에 이바지함을 목적으로 명시했다.

⑤ 제5기 한(韓) 스타일 육성종합계획 이후 (2007~2013년) (노무현 · 이명박 · 박근혜 정부)

이 시기는 2007년 한스타일 육성종합계획을 수행한 이후부터 2013년 성과평가를 하기 이전까지다. 전통문화의 산업화 정책은 노무현정부 때에 문화산업 5대 강국 실현을 목표로 설정한 창의 한국(문화관광부, 2004) 이후 본격화되었다. 문화관광부는 2005년에 전통문화 콘텐츠를 발굴하여 산업화·세계화하기 위한 「한 브랜드(Han Brand) 화 지원전략」을 수립함으로써 2007년 2월 「한(韓) 스타일 육성종합계획」으로 계승되어 추진될 수 있도록 토대를 마련했다. 문화체육관광부(2007)는 2007년 5월 한 스타일 육성 종합계획(2007~2011)을 발표하면서 우리 문화의 원류로서 상징성을 띠는 한국 고유문화의 6대 분야(한글, 한식, 한복, 한옥, 한지, 한국음악)를 브랜드화하고 체계적으로 육성하기로 했다.

우리 고유문화를 생활화, 산업화, 세계화하여 세계적인 문화명품으로 만들기 위한 사업이었다. 이 사업에서 제시한 정책 비전은 "전통문화의 산업화를 통한 경제적 부가가치 및 일자리 창출과 함께, 한국문화의 이미지 제고를 추구해서 현재 세계 10위 수준인 국가지명도 가치(8,659달러, '06년 산업정책연구원)를 2011년까지 세계 8위 수준으로 달성"하는 것이었다. 이 「한(韓) 스타일 육성종합계획」은 [표 21]과 같이 7개 분야별 40개 핵심 추진과제를 선정했다.

[표 21] 한스타일 종합계획 분야별 추진과제

구분	40개 핵심과제	
한스타일 기반구축 사업	① 한스타일 제도적 기반, 추진체계 확립 ② 한스타일 홍보 및 인식이고 ③ 한스타일 문화행사 개최	④ 전통문화 기초 실태조사 및 통계구축 ⑤ 전통문화의 과학성 연구 및 홍보
한글	⑥ 해외 세종학당 개설 및 운영 지원 ⑦ 국내외 한글 전문가 양성 및 초청 교육 ⑧ 해외실정에 맞는 맞춤형 한글 교육 자료 개발보급	⑨ 이주민 대상 한글 교육 ⑩ 한글 디자인 상품 공모 및 개발사업 ⑪ 한글 전자 학습 체계 구축
한식	⑫ 한식 조리법 표준화 및 인프라 구축사업 ⑬ 해외 한식당 인증제 및 경쟁력 제고 사업 ⑭ 한식 해외조리사 및 경영주 교육훈련 사업	⑮ 국내 방문 외국인 한식체험지원 사업 ⑯ 한식·식문화 홍보 및 저변확대사업 ⑰ 재외공관 한식조리사 파견 프로그램 지원
한복	⑱ 한복 생활화 사업 ⑲ 한복 디자인 연구개발 지원 및 공모사업 ⑳ 한복 진흥 산학연계 체제 구축	㉑ 전통이미지를 접목한 패션제품 개발 ㉒ 재외공관 한복교체 지원사업 ㉓ 세계 4대 패션쇼 참가 및 한복 해외진출 지원 확대
한옥 (한국적 주거문화)	(한국적 주거문화) ㉔ 전통 한옥건축의 보전·관리 및 활용 ㉕ 한옥건축 활성화를 위한 법·제도의 정비 ㉖ 한옥건축 전문인력의 양성 및 관리	㉗ 공공시설 한옥디자인 보급 확대 ㉘ 한옥의 관광자원화 및 한국식 정원모델 개발
한지	㉙ 한지산업 종합지원센터 건립지원 ㉚ 한지 장인 후계자 양성 ㉛ 한지 공공소비 활성화 지원	㉜ 한지 상품 국제 교류 지원 ㉝ 한지 문화상품 및 기능성 한지 개발 ㉞ 한지 산업의 현대화 지원
한국음악	㉟ 국가브랜드 공연작품 개발 및 국제교류 프로그램 확대 ㊱ 창작 대중국악 및 생활음악곡 개발 지원 ㊲ 어린이, 청소년, 가족단위 국악체험 프로그램 운영	㊳ 전통예술 디지털 종합정보센터(아카이브) 구축 ㊴ 궁중연례악 및 전통 연희의 관광자원화 ㊵ 전통예술 소재 문화상품 개발

※ 자료출처 : 문화체육관광부(2007.2.15.) '한(韓)스타일' 육성 종합계획(개요), 전통문화 콘텐츠의 생활화, 산업화, 세계화(2007~2011). 14p.

또한, [그림 3]과 같이 '한스타일 분야별 단계분석'을 통해 국내기반 수준과 세계화 진전단계를 구분하고, 분야별로 차별화된 전략을 통해 목표 수준에 도달하도록 유도한다는 전략을 세웠다.

[그림 3] **한 스타일 분야별 단계분석**

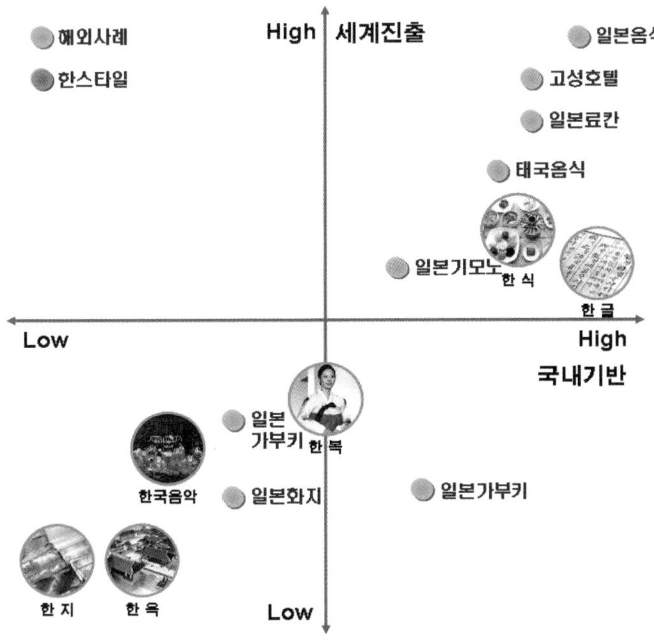

※ 자료출처 : 문화체육관광부(2007)

위 [그림 3]의 한스타일 분야별 단계분석을 살펴보면 첫째, 국내기반에서는 한글과 한식이 높고, 한복은 보통이며, 한국음악과 한옥은 약간 낮으며 한지는 가장 낮다. 둘째, 세계화 진전단계에서는 한식과 한글은 보통 이상이며 한복과 한국음악은 약간 낮은 편이며, 한지와 한옥은 가장 낮다. 셋째, 한지와 한옥은 한스타일 6대 브랜드 중에서 국내기반과 세계진출 진전단계에서 가장 낮다. 따라서 한지와 한옥을 비교하는 것은 큰 의미가 있을 것으로 판단된다.

1972년 2월 제정된 문화예술진흥법은 이명박 정부 때는 전문예술법인·단체 지정대상을 비영리법인 또는 단체로 한정했다. 건축주가 건축물에 미술 작품을 직접 설치하는 대신에 문화예술진흥기금으로 낼 수 있도록 선택권을 부여하였고 문화예술의 개념에 문학, 미술, 음악, 출판 등에 이어 만화를 추가하는 등 3회 개정하였다.

1962년 2월 제정된 문화재보호법은 이명박 정부 때는 유네스코 아-태무형문화유산 국제정보네트워킹센터 설립의 법적 근거를 마련하고 문화재청장이 국외 소재 문화재 환수 및 활용에 관한 기본계획을 수립하도록 하는 등 6회 개정하였다.

공예문화산업진흥법은 2013년 1월 이명박 정부 때 제안되었다. 2015년 4월 국회 의결을 거쳐 2015년 5월 제정되었고 2015년 11월부터 시행됐다. 주요 내용은 문화체육관광부 장관이 공예문화산업진흥 기본계획을 5년마다 수립·시행하도록 했고 기본계획 수립에 관한 의견 제출 및 심의를 위해 공예문화산업진흥위원회를 두었다.

태권도 진흥 및 태권도공원 조성 등에 관한 법률은 이명박 정부 때는 민간사업자에게 국·공유 재산을 수의계약으로 매각하거나 임대할 수 있도록 하고 임대의 경우 영구시설물 축조 및 원상회복 반환하도록 했다. 임대료는 대통령령 또는 조례로 감면할 수 있도록 하는 등 2회 개정하였다.

전통주 등의 산업진흥에 관한 법률은 이명박 정부 때 법안이 제안됐고 1회 개정됐다. 술에 대한 정의를 정립하는 한편 술의 원산지 표시 등 품질관리를 규정했다. 제조면허 추천 근거를 마련하는 한편, 건전한 술 문화 조성 및 통계조사와 전문인력 양성 등 조항을 두었다.

김치산업진흥법은 이명박 정부 때 2010년 12월 제안되어 국회 의결을 거쳐 2011년 7월 제정 및 2012년 1월 시행됐다. 주요 내용은 농림수산식품부 장관은 5년마다 김치산업진흥 종합계획을 수립·시행하고 김치산업진흥심의위원회를 두어 김치산업진흥에 관한 사항을 심의하도록 했다. 정부는 김치의 날 기념행사를 개최하는 한편, 국가와 지방자치단체 및 공공기관에서는 품질인증 받은 김치를 우선구매 하도록 했다.

씨름진흥법은 이명박 정부 때인 2011년 8월 제안되어 국회 의결을 거쳐 2012년 1월 제정됐고 2012년 4월 시행됐다. 주요 내용은 국가 및 지방자치단체는 필요한 시책을 마련하고 지원을 하며, 문화체육관광부 장관은 씨름 기본계획을 수립·시행하도록 했다. 단오(음력 5월 5일)를 씨름의 날로 정하도록 했다.

공예문화산업진흥법은 이명박 정부 때인 2013년 1월 제안됐고 국회 의결을 거쳐 2015년 5월 제정됐으며 2015년 11월 시행됐다. 주요 내용으로는 문화체육관광부 장관은 공예문화산업진흥 기본계획을 5년마다 수립·시행하고, 정기적인 실태조사와 분석보고서를 발간하며, 창업과 제작 지원 및 전문인력 양성사업을 지원하고, 품질향상 및 기술개발을 지원하도록 했다.

⑥ 제6기 「한(韓)스타일육성종합계획」 성과분석 이후 (2013～2021년) (박근혜 · 문재인 정부)

이 시기는 문화체육관광부가 2013년 한스타일 육성종합계획의 성과를 평가한 후 전통문화진흥을 위해 새로운 방안을 모색한 박근혜 정부부터 문재인 정부까지이다. 문화체육관광부에서 한스타일 육성종합계획 추진성과를 평가했던 2013년과 전통문화진흥 종합계획 수립연구 보고서를 발간한 2021년 2월은 전통문화 정책변천에서 중요한 전환점이 되었다.

⑥-1. 한스타일 육성사업 성과 평가 (2013. 5월)

'한 스타일 육성사업'의 성과평가는 2013년 5월 한국문화관광연구원에서 문화체육관광부에 제출한 전통문화정책의 성과와 반성에서 찾을 수 있다. '한스타일 육성사업의 성과와 한계'에 의하면 종합평가와 분야별 전문가 평가로 나눌 수 있다. 먼저 문화체육관광부의 종합평가 내용은 다음과 같다.

첫째, 추진체계 구성과 부처 간 협력에 관해서는 한스타일 육성계획에서는 부처 간 협력을 위해 '한 스타일 지원협의회'를 구성하고 그 아래에 5개 분과위원회를 설치하기로 계획했지만 2007년 2월에 한스타일 육성계획이 발표된 후에는 한스타일 사업 담당 부서 개편, 정부조직 개편 등의 이유로 한스타일 지원협의회가 개최되지 못했음을 지적했다.

둘째, 제도적·조직적 기반구축에 관해서는 전반적으로 한글, 한식, 한옥, 한국음악 분야는 별도의 종합계획을 수립하여 추진하는 등 일정 정도 성과를 거두었지만 한지와 한복의 제도적·조직적 기반구축은 미완의 상황으로 평가했다. 인력양성 측면에서도 한글과 한국음악, 한옥, 한식에 비해 한지와 한복은 취약한 것으로 보고하고 있다.

셋째, 국내외홍보 및 인식 제고에 관해서는 관련부처 협력으로 중점 추진된 사업은 해외 문화행사와 박람회 개최인데 한스타일 해외 문화행사는 2007~2009년 일본 동경, 중국 상해, 영국 런던 등에서 개최하지만 2010년 부처 해당 사업이 분야별로 진행되면서 종합적으로 홍보하는 데 한계가 있었음을 지적했다. 또한, 한스타일 박람회의 경우에는 2006~2010년까지 네 차례 개최하여 전통문화에 대한 언론과 국민의 관심, 그리고 관련 전통문화사업체의 참여를 끌어내는 데 이바지했지만 예산 미확보로 2011년 이후에는 개최되지 못했음을 지적했다.

넷째, 단계별 목표추진 및 4대 핵심가치에 관해서는 다음과 같이 종합평가를 했다. 한스타일 육성계획에서는 5개년 계획(2007~2011년)뿐만 아니라 장기적인 관점에서 총 4단계로 나누어 추진 방향을 설정했다. 즉, 1단계(2006~2008년)는 제도와 추진체계 정비, 한스타일 사업홍보 및 저변 확대 등의 국내 기반 조성을 통해 전통문화 생활화, 2단계(2009~2011년)는 한스타일 상품개발 촉진,

지역거점 조성 등을 통해 해외진출 및 산업화 기반조성, 3단계(2012~2014년)는 유교 문화권을 중심으로 해외진출 활성화, 4단계는 그 범위를 유럽, 미주 등 전 세계로 넓히고 해외진출을 활성화하는 것이었다.

하지만 추진체계에서 한스타일 지원협의회가 원활히 작동되지 못한 것처럼, 제도적 기반구축을 위한 법령의 제·개정은 한식과 한옥 등 일부 분야에서만 이루어졌고, 전통문화의 생활화 사업이 잘 이루어지지 못했다. 더욱이 산업화 기반을 구축하기 위해서는 체계적인 실태조사가 매우 중요함에도 2011년에 일부 전통 식품, 전통 한옥, 전통 복식, 전통공예에 대한 실태조사가 있었지만, 기초작업들이 제대로 이루어지지 못했음을 지적했다.

'한스타일 육성사업의 성과와 한계'에서 전문가의 분야별 평가는 다음과 같다. 첫째, 한식(정혜경)은 해외 한식 경쟁력 증진을 위해 추진한 해외 한식당 인증제는 기초조사 용역만 마친 채 미완료 했음을 지적했다. 또한, 한식 체험을 할 수 있는 공공체험관이 부족했고, 재외공관 한식조리사 파견은 조리사 교육은 시행했으나 파견된 한식조리사가 많지 않았다고 평가했다.

둘째, 한복(이상은)은 한복의 생활화를 위한 캠페인을 전개했지만, 한복의 국내 저변 확대 사업이 미진했다고 평가했다. 한복산업화 기반구축을 위해 추진했던 산학연계 데이터베이스 구축, 전문인력 양성 및 마케팅 시스템 구축의 미흡을 지적했다.

셋째, 한옥(이강민)은 전통 한옥의 원형을 보존하는 것과 관련, 현재의 주거기능과 절충하기 위한 근본적인 성찰과 노력이 부족했음을 지적했다. 한옥건축의 세계화 추진과 관련해서는 한옥을 숙박시설로만 보는 시각을 넘어 한국문화를 담는 종합 그릇이라는 인식의 전환이 요구된다고 했다. 넷째, 한지(전 철)는 한지 공공소비 활성화를 위해 조선왕조실록 복본화사업을 했으나 열화의 원인이 되는 도포 처리 방식으로 출력·인쇄했음을 지적했다. 한편 기계 한지는 주원료가 목재펄프이므로 한지의 범주에 넣어서는 안 되며, 한지상품 디자인 공모전에서 수입 닥종이를 사용한 점도 지적했다. 국산원료로 초지 해야만 한지의 가치를 부여받을 수 있다는 점도 강조했다. 한국음악(주재근)은 국악의 생활화 및 대중화와 관련 국악 음원 접근성 개선이 필요하다고 했다. 국악 콘텐츠 활용 문화상품 개발 및 산업화가 관련 '화선 김홍도' 등 대표 국가지명도 공연으로 호평을 받았지만, 국악 문화상품개발은 성공을 거두지 못했다고 했다.

⑥-2. 전통문화 진흥 종합계획 수립 (2021.2월)

2021년 2월 문화체육관광부에서는 전통문화진흥 종합계획 수립연구 보고서를 발간했다. 전통문화진흥 종합계획의 5가지 전략은 다음과 같다. 첫째, 전통문화의 창조적 계승이다. 고리타분한 향토문화가 아니라 우리 삶의 과거에서 현재까지 축적된 유무형의 생활양식과 정신문화이므로 생활문화로 발전시킨다. 둘째, 전문성 제고 및 일자리 창출이다. 전통문화 산업의 특성을 고려하여 연계산업 활성화, 인력재교육과 창업지원 및 새로운 비즈니스모델을 개발한다. 셋째, 전통문화 제작/유통 개선이다. 영세규모의 가내 생산, 장인의 고령화 및 전근대적인 유통구조의 한계 등을 고려하여 마케팅 측면에서 민간을 연계한다. 넷째, 연계 협력 생태계 구축이다. 중앙정부와 지자체 간의 협력과 역할분담 및 민·관 협력방안을 모색한다. 해외거점을 마련하고 한국 전통문화 홍보 채널을 통합한다. 다섯째, 전통문화 정책 기반구축이다.

[표 22] 전통문화 진흥 종합계획 전략별 핵심 및 세부과제 내역

분야	핵심과제	세부과제
1. 전통문화의 창조적 계승	1-1. 전통 생활문화의 계승발전	전통 생활문화 압축보관
		전통 생활문화 해설인력 양성(전통문화 코디네이터)
		민간소장 전통 생활사 자료번역 활성화

분야	핵심과제	세부과제
1. 전통문화의 창조적 계승	1-2. 일상 속 전통문화 수요 창출	전국 전통문화 융합콘텐츠 경연대회
		전통문화 상품에 실용성과 현대적 디자인 접목
		전통문화 기술개발(R&D) 시장진입 촉진
2. 전문성 제고 및 일자리 창출	2-1. 전통문화 전문인력 교육 및 일자리 매칭	전통문화 관련 인력 종합 DB 구축 및 일자리 매칭
		경영관리 교육 및 전통문화 사업체 현장경험 확대
	2-2. 전통문화 창업지원 및 사업체 성장 촉진	전통문화 관련 창업 성장단계별 패키지 지원
		전통문화 분야 창업기업 투자유치 활성화(모태펀드)
	2-3. 전통문화 활용 비즈니스모델 개발	장인－기업 간 의견교환 및 협력 지원
		전통문화 메세나 활성화
3. 전통문화 제작/유통 개선	3-1. 장인－청년 기업 승계 활성화	장인－청년 가업 승계자 경영 교육 및 입점 지원
		100년 장인 기업 인증제도 도입
	3-2. 한류연계 홍보·마케팅 지원	영향력자를 통해 전통문화 상품 노출
		전통문화 해외 간접광고(PPL) 지원
4. 연계 협력 생태계 구축	4-1. 지자체 전통문화 포괄 보조 도입	지자체 지역특화 전통문화 계획에 포괄적 재정지원
		지자체 전통문화 정책 컨설팅
	4-2. 전통문화 해외확산 거점 조성 및 통합프로그램	문화원 등 해외거점 조직 역할 확대
		해외 문화권별 전략적 한국문화 홍보
5. 전통문화 정책 기반구축	5-1. 전통문화정책 법제화	전통문화정책 종합계획의 근거 법률 제정
		전통문화정책 추진체계 정비
	5-2. 전통문화 실태조사 및 연구기능 강화	전통문화산업 특수분류체계 개발 및 전통문화 실태조사
		전통문화 트렌드 및 소비자 수요 연구

※ 자료출처 : 문화체육관광부(2021.2월), 전통문화진흥종합계획수립연구, 한국문화관광연구원, p.229.

한편, 2022년 5월 10일 출범한 윤석열 정부는 전통문화 정책에 관심이 많은 것으로 주목된다. 윤석열 정부 110대 국정과제(제20대 대통령직인수위원회, 2022) 중에서 문화 분야가 7개이며 이 중에서 56번 과제 "일상이 풍요로워지는 보편적 문화복지 실현"에는 전통문화산업 육성, 전통문화산업 진흥을 위한 법 제정, 연구개발 등 기반조성 및 향유촉진, 홍보 지원 등의 내용이 포함되어 있다. 특히 62번 과제 전통문화유산을 미래 문화자산으로 보존 및 가치 제고에는 60년간 유지된 문화재 체제를 국가유산 체제로 전환하는 한편, 전통문화유산 보존·전승 강화를 위해 전통문화 유산의 보수·정비 지원을 단계적으로 확대하고 단절 위기에 처한 무형문화유산의 안정적 전승 기반을 다진다는 내용을 담고 있다.

정부 수립 이후 최초로 대통령 취임사를 전통한지로 제작[7]함으로써 전통문화의 계승·발전을 위한 노력과 더불어 전통한지 진흥정책에 대한 기대가 크다.

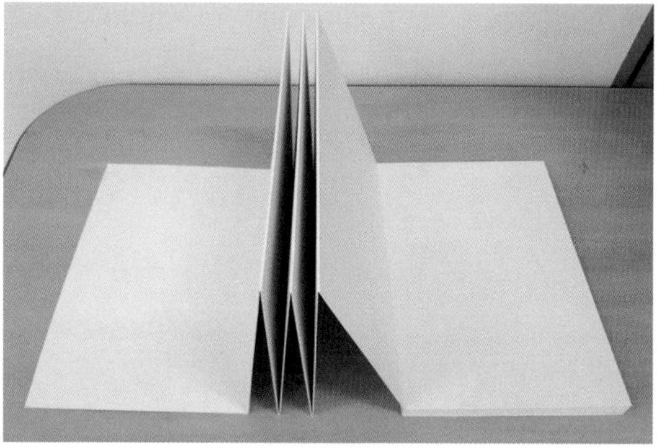

2022년 5월 10일 대통령취임사 작성에 쓰일 한지로 만든 서첩

7 2022년 5월 10일 자 언론 보도는 다음과 같다. 대통령 취임사는 최초로 전통한지와 전통형식을 참작한 서첩 형태로 만들었다. 표지는 6합지 한지에 소나무를 붙였으며 내지는 4합지 한지로 구성한 총 18쪽 분량의 병풍형 책자다. 취임식 준비위 측은 "한국 고유문화를 존중하려는 대통령의 의지를 담았다"라며 "특히 '전통문화의 계승, 발전과 민족문화의 창달에 노력하여야 한다'라는 헌법 정신을 구현했다"고 말했다.

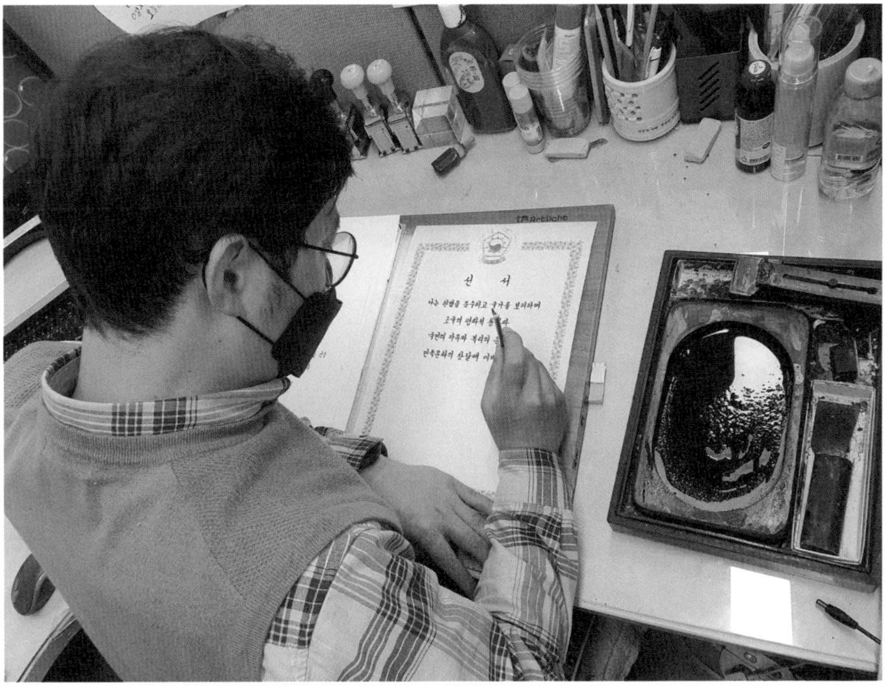

2022년 5월 4일 한지에 대통령 취임식 선서문을 작성하는 행안부 상훈담당관실 곽상혁 서훈팀장

제2절 전통한지의 개념과 정책

1. 전통한지와 한지의 정의

전 철(2012)은 최초로 '한지'라는 명칭이 사용된 곳은 1952년에 내무부 통계국이 발간한 대한민국통계연감이라고 했다. 고인희 외3(2017)은 한지의 우수한 물리적 특성과는 별개로 '한지'라는 단어 자체의 정의도 없는 실정이라고 했다. 장세길(2014)은 등록된 KS에서 가장 큰 문제점은 한지의 정의가 통일되어 있지

않은 점이라고 했다. 고인희 외3(2017)은 "한국산업표준(KS)에서는 한지 관련 규격이 창호지, 서화 용지, 장판지 3건으로 서화 용지에서는 가둠 뜨기와 흘림 뜨기를 전통 방식으로 표기하였고, 창호지는 수록한지와 기계 한지를 섬유 조성에 따라 급수를 규정하고 있으며, 장판지는 제조방식이 언급되지 않고 섬유의 조성에 따라 급수를 규정하고 있다"고 했다. 이처럼 한국산업표준에서도 명확하지 않으며, 학자마다 견해를 달리하고 있다.

여기서는 '전통한지'와 '한지'를 구분하여 살펴보겠다. 전 철(2012)은 토착한지와 전통한지 등으로 구분한 후, 토착한지란 우리나라에서만 생산된 닥나무 인피섬유 만으로나 혹은 화본과류 섬유를 혼합해 원료로 이용하고 원료처리 공정이나 초지 방법이 우리의 토착식 공정(동력과 화공약품을 전혀 사용하지 않는 공정, 1882년 이전 방식)에 따라 원료를 고해한 후 외발 뜨기 방식이나 두 사람이 초지(장판지의 경우)한 한지라고 하면서 "전통한지는 원료와 제조방식은 토착한지와 같고 단지 원료처리 공정에서 동력이 가해지고 건조공정에서 열을 가해 건조한 한지"라고 정의했다. 김호석 외 3인(2019)은 조선총독부가 한지 제조방식을 변형시켰다는 문서(제지원료조사급시험보고, 1911)를 확인하고, "전통한지는 일제강점기에 왜곡·변형되기 이전의 한지·조선지 제작방식으로 만든 종이"라고 했다. 행정자치부(2015)는 전통한지의 재현에서 "재료에서는 100% 국산닥, 천연잿물 및 황촉규를, 도구에는 촉새 발, 제조방식에는 흐르는 물속에 넣어 일광표백, 닥 방망이를 이용한 두드림, 화학물질 미첨가, 식물성 분산제 사용, 외발 뜨기, 일광 건조 및 후처리(도침) 기술"을 적용했다고 밝혔다.

전주시 한지산업 육성 및 지원 조례(2016년 제정)는 "전통한지란 국내산 닥나무 인피섬유를 주원료로 이용하고 반드시 목재 및 기타 펄프는 사용하지 않아야 하며 각 제조공정을 전통식 방법에 따르되 고해와 건조공정만 동력을 이용해 제조한 한지"를 말한다고 했다. 의령 전통한지 육성·지원 조례(2017년 제정)는 "전통한지란 국내산 닥나무 인피섬유를 주원료로 이용하고 반드시 목재 및 기타 펄프는 사용하지 않아야 하며, 각 제조공정을 전통식 방법으로 따르되 고해, 건조, 도침 공정만 동력을 이용해 제조한 한지"를 말한다.

안동시 한지산업 육성 및 지원 조례(2018년 제정)는 "전통한지란 국내산 닥나무 인피섬유를 주원료로 이용하고 반드시 목재나 그 밖의 펄프는 사용하지 않아야 하며 각 제조공정을 전통식 방법에 따르되 고해와 건조공정만 동력을 이용해 제조한 한지"를 말한다고 규정했다.

다음은 '한지'에 관한 정의이다. 이승철(2002)은 "한지는 주로 닥나무 껍질의 인피섬유를 원료로 하여 사람이 직접 손으로 뜬 수부지이다"고 했다. 원주시(2006)는 "한지는 오랫동안 우리 풍토와 기후 속에서 자라나는 원료들〔저피(楮皮)·상피(桑皮)·마피(麻皮)〕을 가지고 우리의 기구를 사용해 손으로 만든 종이를 말한다"고 했다. 2008년 제정된 원주시 옻·한지산업 육성 및 지원 조례에서는 "한지산업이란 한지 및 한지를 이용한 관련 제품의 생산·가공·유통사업, 한지 관련 창업·보육·연구사업, 한지원료 생산사업, 닥나무 재배 및 닥나무를 이용한 제품의 생산사업과 이와 관련된 부가가치 창출 산업으로 시장이 인정하는 것을 말한다"고 했다.

전 철(2012, 2020)은 한지를 인피섬유나 화본과류 섬유만으로 초지 하거나, 혹은 목재펄프나 리사이클 섬유를 혼합해 초지한 종이라고 규정하고 토착한지, 전통한지, 개량한지, 수록한지, 반자동기계 한지, 기계 한지로 구분했다. 문화체육관광부 한국공예디자인진흥원(2013)은 "우리나라 고유의 제조법으로 만든 종이를 말한다"고 했다. 한지라는 용어는 국가의 개념이 강조되는 근대 이후 생긴 말로 그 이전에는 전통적으로 종이, 조히 등으로 불렸으며 재료, 용도, 색채, 산지, 크기 및 두께, 종이의 질 등에 따라 매우 다양한 이름으로 불렸다고 했다. (사)한국무형유산진흥센터(2016)는 "한지는 껍질인 인피섬유를 주원료로 하여 우리나라에서 우리나라 사람이 우리의 재료와 방식으로 만든 종이를 지칭한다"고 했다.

국민대 산학협력단(2016)은 한지 유네스코 등재를 위한 용역에서 국립국어원 표준국어대사전의 “한지는 우리나라 고유의 제조법으로 만든 닥나무 껍질 따위의 섬유를 원료로 하는 종이”라는 정의와 위키피디아(Wikipedia)의 “한지 또는 닥종이는 한국 고대의 종이로 중국의 제지술을 도입하여 이를 더욱 발전시켰고, 품질 또한 매우 우수하다. 삼지닥나무·피나무·닥나무·뽕나무 등의 수피(樹皮)의 섬유를 뜬 것으로 용도에 따라 창호지, 복사지, 화선지, 태지로도 분류할 수 있다.”고 한 정의를 원용했다.

지금까지 연구자들의 전통한지와 한지의 정의에 관한 특징은 첫째, 재료와 제조방식을 중심으로 전통한지와 한지의 개념을 명확하게 제시하고 있지 못하고 있다. 둘째, 전통한지와 한지를 구분하려는 시도를 발견할 수 없었다. 셋째, 원료에서 수입 닥을 사용하거나 제조방식에서 기계장치를 사용하는 경우를 명확하게 판단하지 않고 있음을 발견할 수 있다.

가. 문화체육관광부 한지실태조사 및 재정지원과 한지 정의

최근 10년 동안 문화체육관광부가 한국공예디자인문화진흥원을 통해 추진한 한지 실태조사에서 나타난 한지 생산량은 [표 23]과 같다. 세 차례에 걸친 한지 실태조사 결과는 수입 닥과 목재펄프를 재료로 만든 종이까지도 한지에 포함한 것으로서 편차가 심하게 나타나고 있다.

[표 23] 최근 10년간 한지 실태조사의 한지 생산량

과제명	발주 및 수행기관	생산량
한지 유네스코 등재 연구용역(2016.2)	(재)한국공예디자인문화진흥원 / 국민대학교 산학협력단	4,130,300장
한지 실태조사 및 품질표시제 연구(2020.1)	(재)한국공예디자인문화진흥원 / 메가리서치(주)	21개 수록한지 업체 96,761장 10개 기계 한지 업체 1,667t

과제명	발주 및 수행기관	생산량
한지 유네스코 등재 연구용역(2021.12)	(재)한국공예디자인문화진흥원 / 한국자치경제연구원	14개 업체 평균 157,000장

※ 출처 : 정보공개 포털 정보공개, 문화체육관광부 전통문화과-2231(2021.08.10.), 한국공예디자인문화진흥원 전략기획팀648(2022.3.23)

첫째, 2016년 2월, 문화체육관광부 한국공예디자인문화진흥원의 '한지 유네스코 등재 연구용역'을 살펴보면 한지 생산량을 413만300장이라고 파악했다. 산림청의 임산물 생산조사에 의하면 2015년 국내산 닥 생산량은 1만3,619kg에 이어 2016년 국내산 닥 생산량은 1만9,496kg이었다. 2016년 생산한 국내산 닥 1만9,496kg을 모두 한지에 투입한다고 하여도 12만1,850장이다[8]. 실태조사에서의 한지 생산량과 임산물 생산조사에서의 국내산 닥을 한지로 환산한 생산량이 일치하지 않고 있다.

둘째, 2020년 1월, 2019년 '한지 실태조사 및 품질표시제 연구'는 연간 총생산량을 21개 수록한지 업체는 9만6,761장이라고 했으며, 10개 기계 한지 업체는 총 1,667t이라고 했다. 여기서 주원료로는 국산 닥, 수입 닥, 목재펄프가 사용되었다고 했다. 즉, 수입 닥을 원료로 만든 종이와 목재펄프를 원료로 만든 종이마저도 한지에 포함했다. 하지만 이 연구용역보고서에서는 수입 닥과 목재펄프로 만든 종이를 한지에 포함하거나 제외할지에 대한 검토내용은 없었다. 결국, 수입 닥과 목재펄프를 사용하여도 한지라는 전제하에 실태조사를 한 것으로 보인다. 또한, 이 조사에서는 한지를 '순지', 보수지, 운용지, 벽지, 창호지 등으로 나누어 설명하고 있다. 한지산업지원센터에 의하면 '순지'는 국내 산이든 외국산이든 구분하지 않고 닥이 들어간 종이를 말하기 때문에 화선지도 포

8 연구자가 재단법인 한국전통문화전당 한지산업지원센터의 조언을 받은 추정값임

함된다고 규정했다. 그러므로 순지를 한지에 포함하여 실태조사를 한 것은 적정하지 않은 것으로 판단된다. 왜 순지를 왜 포함했는지 검토내용이 들어있지 않다.

셋째, 2021년 12월, 2021년 '한지 유네스코 등재 연구용역'의 한지 실태조사 결과를 살펴보면 2016년 2월과 2019년 2회에 걸친 실태조사 모두 문제점을 드러냈다. 14개 한지 공방을 대상으로 한 조사에서 2019년에는 총생산량이 가장 많은 곳은 72만 장, 가장 적은 곳은 3천 장, 평균 15만7천 장으로 조사했다. 14개 업체에서 15만7천 장씩 생산한다면 총 219만8천 장에 이른다. 2020년에는 총생산량이 가장 많은 곳이 40만 장, 가장 적은 곳이 2천2백 장, 평균은 7만1천 장이다. 14개 업체에서 7만1천 장씩이면 연간 총 99만4천 장이다. 2021년 실태조사에서는 순지를 한지에 포함했고 한지원료에서 국내산 닥 이외에 수입 습윤 펄프(포대닥), 수입 건조 백닥 및 목재펄프까지도 포함했다. 한지에 대한 명확한 개념 정립을 토대로 하여 한지실태조사 및 기초 통계조사부터 새롭게 해야하는 것은 당연한 일이다.

이처럼 정부가 실시한 세 번의 실태조사에서 한지 생산량의 편차가 심하다. 이런 이유는 수입 닥으로 만들거나 기계장치로 만든 종이도 한지에 포함하여 조사했기 때문이 아닌가 의문이 든다. 한지에 대한 기초 통계조차 부실한 상황을 볼 때, "전통한지"와 "한지"의 정의에 대한 명확한 개념 정립이 시급한 시점이다.

한지 업체는 전국 1996년 64개소였으나 2021년 말 19개소에 불과하다. 매년 1~2개 업체씩 패업이 이루어져 25년 동안 45개 업체가 폐업했다. 앞에서 언급한 것처럼 2017년 1월부터 2021년 6월 말까지 중앙부처에서 한지 관련 국고보조금을 지원한 금액이 109억 원에 이르며, 같은 기간 한지 업체를 1개 이상 보유한 전국 11개 시 · 군에서 지방비를 집행한 금액이 231억 원이다. 국고보조금과 지방비로 한지 관련 지원예산이 총 340억 원이다. 하지만 19개 업체에 종이를 사들여 주거나 시설 · 장비를 지원해주는 등의 금액은 7억 원에도 미치지 못한다는 것을 확인 할 수 있다. 제4장 전통한지 정책도구 유형 분석(지원정책)에서 상세하게 살펴보겠다. 정부 부문의 국고보조금이나 지방비예산 중에서 19개 전통한지업체에 직접 지원되는 금액이 적은 것은 한지의 개념 정립 등 기본적인 관심과 태도 등과도 관련 있다고 본다.

나. 전주시 및 의령군 한지 업무 관련 사례와 한지 정의

전주시의 한지 해외 홍보 사례는 '한지의 정의'와 관련 있어 참고할 필요가 있다. 2019년 6월 전주시에서는 전주한지를 매개로 국제 문화 협력 교류 행사의 목적으로 크로아티아 풍경 사진 전시회를 개최했다(전북일보, 2019). "동유럽 크로아티아도 매료시킨 전주한지: 전주한지로 인화한 크로아티아 풍경 사진 전시회 개막"이라는 머리기사로 언론의 주목을 받은 바 있다. 독자들은 전주한지가 유럽에서도 크게 주목받은 것으로 이해했을 것이다. 당시에 사용된 종이의 특성을 알아보기 위해 정보공개 청구한 결과는 [표 24]와 같다.

[표 24] 크로아티아 풍경 사진 전시회에 사용된 종이 현황

소재지	업체 종류	종이 종류	주원료
전주 소재 업체	전통한지 : 4개 업체 전통 · 기계 한지 : 1개 업체 기계 한지 : 1개 업체	수록지(손으로 만든), 기계 한지(기계장치로 만든) 혼용	수입 태국닥

※ 전주시의 정보공개 결과(전주시 전통문화유산과-7941(2022. 9.15))를 재정리함.

이 종이들은 수입 닥(태국)을 주원료로 하였고 일부는 기계장치로 만든 종이였다. 그런데 수입 닥(태국)을 주원료로 하여 기계장치로 만든 종이를 한지라고 한 것은 공감하기 어렵다. 하지만, 전주시 한지산업 육성 및 지원 조례(16.5.30

제정) 제2조(정의) 제2호에 의하면 "전주한지"란 '전주지역에 주된 사무소를 둔 한지 제조업체가 닥나무 인피섬유를 이용해서 생산, 가공한 종이를 말한다'고 규정하고 있다. 이 조례에 따르면 수입 닥을 이용하고 기계장치를 이용하더라도 전주한지가 아니라고 확정할 근거가 약한 편이다.

특이한 점은 같은 조 제1호에는 "전통한지"란 국내산 닥나무 인피섬유를 주원료로 이용하고 반드시 목재 및 기타 펄프는 사용하지 않아야 하며, 각 제조공정을 전통식 방법에 따르되 고해, 건조, 도침 공정만 동력을 이용해 제조한 한지를 말한다고 규정한 점이다. 전통한지와 전주한지의 정의를 달리하고 있다는 점은 이해하기 어려운 상황이다.

갈수록 한지 업체 수가 감소하는 상황에서 중앙정부나 지방자치단체 차원의 한지업체 지원은 절실하다. 문화체육관광부는 2021년 4월 〈2021년 한지 문화산업 육성을 위해 지원사업 강화한다. : 한지 수요 활성화 사업 함께 할 지자체 8곳 선정〉이라는 보도자료를 배포했다. 연구자는 이와 관련 사례연구를 하기 위해 의령군에서 한지제품을 구입한 내역에 대해 정보공개를 청구했다. 그 결과는 아래 [표 25]와 같다.

[표 25] 의령군 한지 제품 구매 지출 금액

년도	연번	지원(지출) 사유(목적)	업체명	지원(지출)금액
			총 계	96,754,700
2017년	1	전통한지 홍보물(명함) 제작 구매	○○피앤디	308,000
	2	전통한지 홍보물(명함 사례 등) 구매	○○한지사랑연구소	1,190,000
	3	전통한지전시관 전시 물품 구매	○○○한지연구소	1,617,000
	4	전통한지전시관 전시 물품 구매	○○○한지연구소	2,992,000
	5	전통한지 홍보물(명함 사례 등) 제작 구매	○○와 나전이야기	340,000

년도	연번	지원(지출) 사유(목적)	업체명	지원(지출)금액
2017년	6	전통한지 홍보물(명함 사례 등) 제작 구매	○○한지사랑연구소	700,000
	7	전통한지 홍보물(명함 사례 등) 제작 구매	○○○한지연구소	330,000
	8	전통한지 홍보물(명함) 제작 구매	○○피앤디	440,000
	9	전통한지 상장(임명장) 제작 구매	○○피앤디	2,310,000
	10	전통한지 홍보물(명함) 제작 구매	○○피앤디	215,600
	11	전통한지 홍보물(탁상용 명함 사례) 제작 구매	○○한지사랑연구소	400,000
	12	전통한지전시관 전시 물품 구매	○○○한지연구소	990,000
	13	전통한지 홍보물(명함 사례 등) 제작 구매	○○○한지연구소	330,000
	14	전통한지전시관 전시 물품 구매	○○○한지연구소	556,600
	15	전통한지전시관 전시 물품(한지모형:홍의장군 등) 제작 구매	○○한지사랑연구소	3,740,000
	16	전통한지(홍보물 보기 제작용 등) 구매	신현세전통한지	1,650,000
	17	제10회 의령 한지 축제 전통한지 홍보 부스 전시용 전통한지 구매	신현세전통한지	715,000
	의령군에서는 17회에 걸쳐 1,882만4,200원의 제품을 구매, 전국 19개 전통한지업체로부터 사들인 것은 총 2건 236만5,000원 규모임			
2018년	1	전통한지 홍보물(한지 명함) 제작 구매	○○피앤디	484,000
	2	전통한지 홍보물(탁상용 명함 사례) 제작 구매	○○한지사랑연구소	800,000
	3	전통한지 홍보물(명함 지갑) 제작 구매	○○○한지연구소	990,000
	4	전통한지전시관 전시 물품(한지 투구) 구매	○○의 전통갑주	10,000,000
	5	전통한지 홍보물(명함 지갑) 제작 구매	○○○한지연구소	660,000
	6	전통한지 홍보물(명함 지갑) 제작 구매	○○○한지연구소	990,000

년도	연번	지원(지출) 사유(목적)	업체명	지원(지출)금액
2018년	7	보기 제작용 전통한지 구매	신현세전통한지	2,530,000
	8	문화재 사용 전통한지 구매	신현세전통한지	4,400,000
	의령군에서는 8회에 걸쳐 2,085만4,000원의 제품을 구매, 전국 19개 전통한지업체로부터 사들인 것은 총 2건 6백93만원			
2019년	1	전통한지 홍보물(명함 지갑) 제작 구매	○○○한지연구소	990,000
	2	의령 전통한지 체험관 사용 물품 제작 구매(건조기)	○○건업	1,200,000
	3	의령 전통한지 옥새 문진 제작 · 구매	㈜○○코리아	380,000
	4	전통한지 홍보물(명함 지갑) 제작 구매	○○○한지연구소	1,980,000
	5	의령 전통한지 체험관 사용 물품 제작 구매(한지 물통 등)	○○목공소	3,190,000
	6	의령 전통한지 수제도장 구매	○○낭돌	40,000
	7	전통한지 홍보물(천연염색 한지 부채) 제작 구매	○○○한지연구소	4,400,000
	8	의령 한지 홍보물(한지 양말) 제작 구매	○○한지	2,480,500
	9	전통한지 홍보물(명함 지갑) 제작·구매	○○○한지연구소	1,980,000
	10	의령 한지 홍보물(한지 양말) 제작·구매	○○한지	2,783,000
	11	전통한지 홍보물(한지 부채) 제작·구매	○○특수지주식회사	5,610,000
	의령군에서는 11회에 걸쳐 2,503만3,500원의 제품을 구매, 전국 19개 전통한지업체로부터 사들인 것은 없음			
2020년	1	전통한지 홍보물(명함 지갑) 제작·구매	○○○한지연구소	4,950,000
	2	관광 기념품(한지 명함집) 제작 구매	○○○한지연구소	4,400,000
	3	관광 기념품(한지 명함집) 제작 구매	○○○한지연구소	4,400,000
	4	전통한지 홍보물(명함 지갑) 제작·구매	○○○한지연구소	4,950,000
	5	전통한지 홍보물(명함 지갑) 구매	○○○한지연구소	4,950,000

년도	연번	지원(지출) 사유(목적)	업체명	지원(지출)금액
2020년	6	의령 한지 홍보물(한지 양말) 구매	○○한지	2,783,000
	7	전통한지 홍보물(한지 부채) 구매	○○특수지주식회사	5,610,000
	의령군에서는 7회에 걸쳐 3,204만3,000원의 제품을 구매, 전국 19개 전통한지업체로부터 사들인 것은 없음			

※ 의령군의 정보공개 결과(의령군 문화관광과-20108(2021.9.15.))를 정리

의령군은 2017년부터 2020년까지 4년간 총 43회에 걸쳐 약 9천 675만 원의 한지 제품을 사들였지만, 전국 19개 전통업체 중 하나인 관내 전통한지업체에서 직접 한지를 사들인 것은 4회 929만 5,000원에 불과했고, 이마저도 2019년과 2020년에는 전혀 없는 것으로 나타났다. 아래 [표 26]을 보면 의령군이 사들인 상당수의 한지 제품은 전통한지업체가 만든 제품이 아닌 것으로 나타났다.

[표 26] 의령군 한지 제품 구입처 현황 분석

구분	계	전국 19개 전통한지업체	기타(기계 한지, 개량한지 등) 업체
건수	43건	4회	39회
금액	9,675만 원	929만 원(9.6%)	8,746만 원(90.4%)

의령군 전통한지 육성·지원 조례(17.04.12 제정) 제2조(정의) 제2호에는 "의령 전통한지"란 '의령지역에 주된 사무소를 둔 한지 제조업체가 닥나무 인피섬유를 이용해서 생산, 가공한 종이를 말한다'고 규정하고 있다. 이 조례 규정을 살펴보면 의령지역에 주된 사무소를 둔 업체가 국내산 닥이 포함되지 않은 수입닥을 사용하거나 국내산 닥을 일부만 함유하여 기계장치로 공산품을 만든 경우라 하더라도 "의령 전통한지"가 아니라고 단정하기 어려운 측면이 있다.

특이한 점은 전주시에서 "전통한지"와 "전주한지"를 다르게 정의한 것과 마찬가지로 의령군의 조례 제2조 제1호에도 "전통한지"란 국내산 닥나무 인피섬유를 주원료로 이용하고, 반드시 목재 및 기타 펄프는 사용하지 않아야 하며, 각 제조공정을 전통식 방법으로 따르되 고해, 건조, 도침 공정만 동력을 이용해 제조한 한지를 말한다"고 규정했다는 점이다. 즉 "전통한지"와 "의령 전통한지"의 정의를 달리하고 있다.

따라서 중앙정부 소관의 한지 개별법률에 한지의 개념을 명확히 하고, 한지 업체를 보유한 시·군에서도 한지의 개념을 명확히 하는 방향으로 조례를 제정하거나 개정할 필요가 있다. 수입 닥을 주원료로 만들거나 국내산 닥을 일부 함유하여 기계장치만으로 종이를 만들면 한지가 아니라는 점을 명확히 할 필요가 있다. 상세한 내용은 제7장에서 살펴보겠다.

2. 전통한지와 한지의 새로운 개념 모색

가. 수입 닥과 기계장치로 만든 종이에 대한 논의

본 연구는 지금까지 이루어진 한지 실태조사의 연구 대상과 연구범위가 모호한 측면이 있다는 점에 주목했다. 연구 대상과 범위가 모호한 것은 전통한지와 한지의 개념이 명확하지 못했던 데 원인이 있다고 보았다. 이런 이유로 전통한지와 한지의 개념을 새로이 정립하고자 한다. 즉 수입 닥과 기계장치만을 이용하여 만든 종이는 한지와 관련 있는 유사 종이일 수는 있어도 한지는 아니라고 보고, 연구 대상과 범위에서 제외했다.

일반적으로 '기계 한지[9]'는 수입 닥과 목재펄프를 혼합한 섬유를 주재료로

9 전 철은 "기계 한지는 주원료가 목재펄프이므로 한지의 범주에 넣어서는 안 된다"고 했다(문화체육관광부(2013), 『전통문화정책의 성과와 반성』).

하여 기계장치로 만든 공산품으로 이해된다. 문화체육관광부나 산림청 등 보도자료, 연구보고서 등에는 기계 한지라는 용어를 사용하고 있다. 이는 한지실태조사에도 포함돼 있다. 하지만 기계 한지에 대한 정의는 정립되어 있지 않은 상황이다[10].

나. '전통한지'와 '한지'의 새로운 정의

여석기(1981)는 '전통'의 정의를 설명하면서 "전통이 성립되기 위해서는 한 사회의 세대 전달과 계승이라는 시간적·역사적 지속이 전제되어야 하며 고유한 것이라는 개별적 특수성이 강조된다"고 했다. 이런 관점을 받아들여 "시간적·역사적 지속이 전제되고 고유한 경우" 인지 여부로 "전통한지"와 "한지"를

---

10 기계한지의 정의와 재료 및 제조방법에 관해 문화체육관광부와 산림청에 정보공개 청구한 결과는 다음과 같다. 문화체육관광부(전통문화과－2920(2022.11.10))는 "기계한지 정의는 관련 법이 없어 답변드리기 어렵습니다. 다만, 한지 관련 도서(출처: 전철, 『한지의 이해』, 도서출판 한글, 2012, 295쪽)에서 정의한 내용을 참고로 알려 드립니다. '기계한지는 기본 목재펄프 초지설비에 칼비이터로 처리한 닥섬유를 공급해 초지할 수 있는 단망이 구비되어 있어 닥섬유를 flow 타입으로 목재펄프와 혼합되도록해 초지하는 특수지로서 롤 상으로 제조되는 특수지이다.'"라고 했으며 "기계한지의 주재료는 닥섬유이며 원료는 원산지와 무관합니다. 현재 기계한지에는 주로 수입산 닥섬유가 사용되고 있는 것으로 파악되고 있습니다., 기계한지는 롤 형태로 생산(하루 생산량 2~4톤)되고 있습니다."라고 했다. 산림청(목재산업연구과－1367(2022.11.9))은 KS M 7301(창호지)에서 언급한 기계한지의 의미와 재료 및 제조방법 설명에서 "기계한지의 경우 사람의 손이 아닌 기계설비를 사용하여 제조한 한지를 총칭합니다. 현재 기계한지에 대한 정의를 규정하고 있는 표준은 없습니다. 한지 제조를 위한 기계설비의 종류에 따라서 한 장씩 초지할 수 있고 두루마리 형태로 제조할 수 있으므로 모두 기계한지에 해당됩니다."라고 했으며 "닥섬유는 국내산 및 수입산 닥섬유 모두가 해당된다고 볼 수 있습니다."라고 했다.

한편, '기계 한지'는 한국산업규격(KS) 서화 용지(Hanji Traditional Paper) 제정(2006), 한지품질표시제 보도자료(2013년 4월), 전통문화진흥 종합계획수립연구(2021년 2월) 및 2021 한지 유네스코 등재를 위한 연구용역(2022년 3월) 등에 등장하며 세 번에 걸쳐 실시한 문화체육관광부(발주: 한국공예디자인문화진흥원)의 한지실태조사 시 이 기계한지를 포함하여 조사를 실시했다. 권오훈 외(2012)는 '닥 섬유 혼합 비율에 따른 기계한지의 물리적 특성 및 인쇄성에 관한 연구'에서 목재펄프와 태국산 닥섬유를 혼합한 것을 기계 한지라고 정의했다.

구분하고자 한다.

그동안 한지정책에 관해서는 연구가 미흡했다. 문화체육관광부가 세 번에 걸쳐 시행한 한지실태조사를 포함한 연구용역에서도 한지의 개념을 새롭게 정립하려는 노력이 없었다. 당연히 한지에 대한 정확한 실태조사가 이루어져야 적정한 정책을 수립할 수 있다. 한지 업체의 현황과 생산량 등 기본적인 통계조차 확보하지 못한 상태에서는 의미 있는 정책을 수립하고 실행하여 성과를 달성하기 어렵다.

광복 70주년을 맞이하여 행정안전부가 훈장증에서 사용할 전통한지를 재현했던 2015년 당시까지도 전통한지에 대한 개념 정립이 뚜렷하지 않았다. 2016년 2월에 제출된 한지 실태조사에는 사전용어를 소개하는 정도에 불과했다. 2015년 행정안전부가 실시한 훈장 용지 개선을 통한 전통한지 원형재현사업에서는 한지의 개념을 정립하기 위한 노력이 있었다. 행정안전부는 이 사업을 통해 1920년 전후 조선총독부가 한지 제조방식을 변형시켰다는 사실을 문서[11]로 확인했다. 이를 근거로 '전통한지는 일제강점기에 왜곡·변형되기 이전의 한지·조선지 제작방식으로 만든 종이'라는 전통한지 개념을 정했다.

이와 함께 전통 방식의 한지는 재료와 도구에서는 100% 국산닥, 천연잿물(메밀대 등) 및 황촉규, 촉새 발 등 전통적인 재료와 도구를 최대한 사용하도록 했다. 제조방식에서는 백닥을 흐르는 물속에 넣어 일광표백, 닥 방망이를 이용한 두드림, 화학물질 미첨가, 식물성 분산제 사용, 전통적인 외발 뜨기 및 일광건조 등을 의무화했다. 특히, 한지 원형 재현의 관건은 인쇄할 수 없었던 한지를 인쇄가 가능한 한지로 혁신시킨 후처리(도침) 기술의 재현이라고 보고 있다.

11 조선총독부의 「제지원료조사급시험보고서, 1911년」 등 문헌 확인을 통해 한지 제조방법이 일제강점기에 조선식에서 일본식으로 변형되었음을 확인했다. 이는 1935년 일제가 지도한 '닥에 펄프를 섞어 한지를 만드는 제지법' 등에도 나타난다.

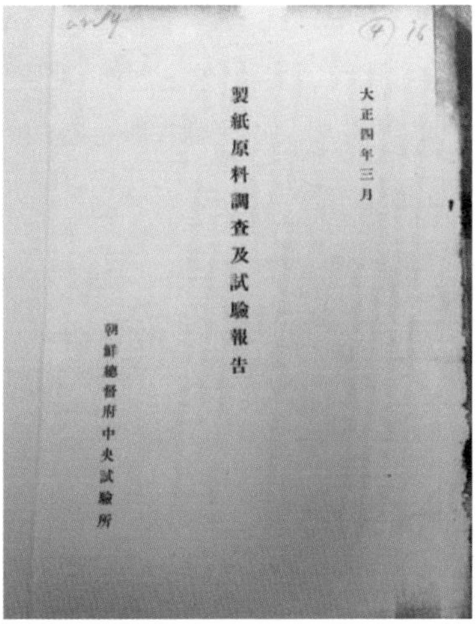

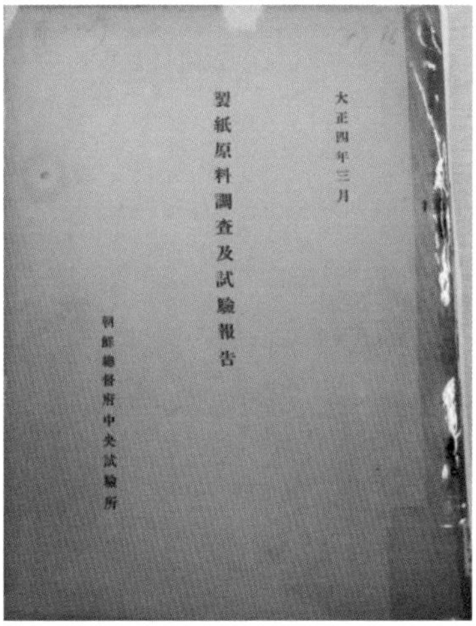

2015년 11월 29일 국립중앙박물관 소장 제조원료조사급시험보고(1911년) 관련자료

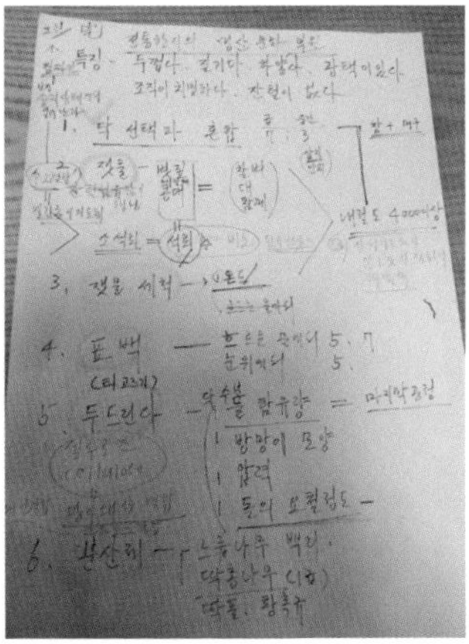

2015년 12월 김호석자문위원의
한지 연구 노트

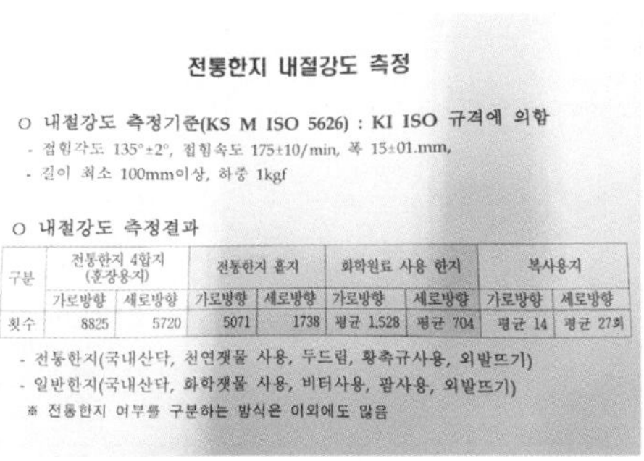

전통한지 내절강도 측정

○ 내절강도 측정기준(KS M ISO 5626) : KI ISO 규격에 의함
- 접힘각도 135°±2°, 접힘속도 175±10/min, 폭 15±01.mm,
- 길이 최소 100mm이상, 하중 1kgf

○ 내절강도 측정결과

구분	전통한지 4합지 (혼장용지)		전통한지 홑지		화학원료 사용 한지		복사용지	
	가로방향	세로방향	가로방향	세로방향	가로방향	세로방향	가로방향	세로방향
횟수	8825	5720	5071	1738	평균 1,528	평균 704	평균 14	평균 27회

- 전통한지(국내산닥, 천연잿물 사용, 두드림, 황촉규사용, 외발뜨기)
- 일반한지(국내산닥, 화학잿물 사용, 비터사용, 팜사용, 외발뜨기)
※ 전통한지 여부를 구분하는 방식은 이외에도 많음

2016년 9월 9일 서울 코엑스 세계기록총회 전시장에서
내절강도 측정 결과(안동한지)

한지의 정의는 정책 당국과 학계·연구자들이 치열하게 논쟁을 펼쳐 결론을 도출해야 하는 핵심 사항이다. 분명한 점은 한지의 정의에서 양보할 수 없는 두 가지다. 즉 주재료로 '국내산 닥'을 사용하는 부분과 제조과정에서 수작업

중심으로 만든 '수록한지(손 한지)'인가 여부다. 한지의 정의를 어떻게 하느냐에 따라서 실태조사 내용이 달라지고 한지 현황이 달라진다. 그러므로 한지의 정의를 신중하게 정립할 필요가 있다. 다만, '전통한지'와 '한지'에 대한 정의가 학자마다 다른 이유는 고려지·조선지의 재료와 제조방식을 정확하게 알 수 없기 때문이다.

지금까지의 내용을 종합하여 '전통한지'와 '한지'를 새롭게 정의하면 다음과 같다.

첫째, "전통한지"는 역사적으로 일제강점기 이전에 사용하던 재료와 제조방식으로 만든 종이'라고 말할 수 있다. 구체적으로는 '국내산 닥, 천연잿물과 식물성 분산제를 사용하며 닥 방망이 고해, 티 고르기, 일광 유수 세척 및 표백, 전통 뜨기 등 초지, 자연 일광 건조 및 도침 등의 전통 방식으로 만든 종이'"라고 설명할 수 있다[12].

둘째, "한지"는 국내산 닥을 주재료로 사용하여 손으로 뜬 종이라고 할 수 있다. 사실상 전통한지 또는 한지는 시설을 갖춘 국내 19개 수록한지 업체[13]가 국내산 닥으로 만든다고 볼 수 있다.

셋째, 일각에서는 고해 과정에서 비트 기계장치를 사용하거나 사람이 손으로 초지 하기 어려운 대형 종이를 만드는 과정 등에 일부 기계장치를 사용하여

---

12 21대 국회에서 발의된 「전통한지 문화산업의 육성 및 발전에 관한 법률안」에서는 전통한지를 "닥나무 인피섬유를 주원료로 사용하여 제조한 우리 고유의 종이"라고 정의했는데 닥나무를 국내산으로 한정하지 않고 있으며, 손으로 만든 것으로 한정하지 않은 문제점이 있다.

13 전주시 소속 재단법인 한국전통문화전당 한지산업지원센터의 자료에 의하면 19개 수록한지 업체는 경기 가평군의 장지방, 강원 원주시의 원주한지·원주전통한지, 충북 괴산군의 괴산신풍한지마을, 전북 전주시의 고궁한지·대성한지·전주전통한지·성일한지·용인한지·천양피앤비(주)·천일한지, 전북 완주군의 대승한지마을, 전북 임실군의 청웅전통한지·덕치전통한지, 경북 문경시의 문경전통한지, 경북 안동시의 안동한지, 경북 청송군의 청송한지, 경남 의령군의 신현세전통한지, 경남 함양군 이상옥전통한지 등이다.

한 장씩 한 장씩 초지 하는 경우에는 기계장치를 일부 사용한 한지로 분류할 필요가 있다고 주장하기도 한다. 이 점은 논의할 만한 가치가 있다.

종이의 주원료가 국내산 닥, 수입품인지 구분은 매우 중요하다. 닥나무(섬유원료)를 수입에 의존하는 상황은 이미 일반화됐다. 2013년에도 순수한 국내 닥나무를 원료로 만든 한지는 거의 찾아볼 수 없었다(노컷뉴스, 2013). 한지산업지원센터(2014)가 조사한 자료에 의하면 한지 생산에 필요한 닥나무는 연간 8백37t 정도로 국산 닥나무는 필요 수량 전체의 약 27%에 해당하는 2백30t 정도에 불과한 것으로 추산된다. 따라서 나머지 대부분 부족 물량은 태국, 베트남, 라오스 등 해외에서 껍질을 벗긴 1차 가공상태에서 수입품으로 메우는 실정이다.

전 철 외2(2001)는 1998년 4월 6일부터 5월 5일까지 전국 60개 한지제조업체(강원1, 경기3, 충북5, 경북5, 경남13, 전남2, 전북31)를 대상으로 한지 제조 시 사용하는 섬유질 원료를 조사했다. 그 결과, 대다수 한지 제조업체는 국내산 닥의 원료 공급이 원활하지 않고 가격이 높아 많은 양을 수입 닥에 의존하고 있는 것으로 밝혀졌다. 오로지 국내산 닥 만을 이용한 업체는 고작 1개 업체였다. 당연히 이에 따른 문제점도 나타나고 있다. 화선지 제조 시 혼합하는 단섬유 원료로 목재펄프 대신 값이 싼 폐지를 많이 혼합함으로써 종이 질이 저하되어 수지 반점, 발묵 불량, 강도 저하 및 황변 현상 등이 나타났다. 2022년 6월 현재 국내산 닥 대비 수입 닥의 공급량은 정확히 파악되지 않고 있다. 수록한지(손 한지) 업체 수는 1996년 64에서 2021년 말 19개로 감소하였다. 25년간 45개 업체가 폐업하는 등 여건이 나빠지고 있다.

일반적으로 동남아 국가에서 수입되는 수입 닥은 국내산 닥과 비교해 품질이 떨어진다. 수입 닥에 관해서는 제6장 전통한지 진흥 관련 제반정책 고찰에서 상세하게 분석하기로 하겠다. 과연 수입 닥으로 만든 종이가 석가탑에서 1,300년 이상 보존된 무구정광대다라니경 한지에 사용된 닥만큼 보존성이 있을지 의문시된다. 요컨대 수입 닥과 국내산 닥에 관해 비교 분석한 과학적인 데이터 근거를 탐색할 필요가 있다. 수입 닥의 보존성이 국내산 닥과 유사하더라도 수입 닥으로 만든 종이를 한지라고 주장하는 것은 설득력을 얻을 수 없다.

3. 전통한지 정책의 목표

정부가 추진한 전통한지정책의 문제점이 무엇인지를 알아보기 위해서는 기준이 필요하다. '제4장 전통한지정책 도구 유형 분석'은 정부가 실시한 전통한지정책을 정책도구유형에 따라 규제정책, 지원정책 및 정보정책으로 분류하고 정책 집행이 적절하게 이루어졌는지를 분석하는 데 있다.

전통한지정책 유관부처에 정보공개청구를 하여 전통한지정책의 목표를 제시하는 경우에는 이를 활용할 예정이며, 그렇지 못하면 주요 한지정책과 사업의 내용을 살펴본 후 전통한지정책의 목표를 설정하고자 한다. 전통한지정책의 목표는 '제6장 전통한지 진흥 관련 제반 정책 고찰'에도 중요한 판단기준이 될 것이다.

문화체육관광부를 비롯한 중앙정부에서 전통한지정책의 목표가 무엇인지 명시적으로 규정한 내용은 찾아보기 어려웠다. 한지에 대한 개별법이 없으므로 전통한지정책의 목표를 규정한 법률도 없는 실정이다. 여기서는 정보공개청구[14]를 통해 전통한지정책의 목표에 대해 문의한 결과를 토대로 각종 문헌자료나 기존 시행사업을 중심으로 살펴보겠다.

전통한지정책의 목표를 알아보기에 앞서, '정책'과 '정책목표'의 개념을 살펴

---

14 문화체육관광부에 '2021년 한지문화산업 육성을 위한 지원사업 계획' 세부내용 및 한지업무 추진 시 '정책목표 또는 정책 추진방향'을 정보공개 청구한 결과는 다음과 같다. "1.2021년 한지분야육성지원사업(사업예산 14억 5천만원)의 추진목적은 한지의 수요증진 및 활성화를 위한 지역단체와의 협업 및 지원체제 마련, 2.한지업무 추진 시 '정책목표 또는 정책 추진방향'은 1을 참고"(문화체육관광부-2919(2022.11.10))

보기로 한다. 정책과 정책목표의 개념에 대해서는 학자마다 다양하게 견해를 제시하고 있다. 정정길 외(2016)는 "정책은 바람직한 사회상태를 이룩하려는 정책목표와 이를 달성하는 데 필요한 정책 수단에 대하여 권위 있는 정부 기관이 공식적으로 결정할 기본방침"이라고 정의했고 "정책목표는 정책을 통해 이룩하고자 하는 바람직한 상태"라고 부연해 설명했다. 또한, 정책목표의 종류를 다음과 같이 두 가지로 나누었다. 즉, 정책 문제가 발생하지 않았던 상태로 되돌아가는 자유적·소극적 목표와 과거에 경험해 보지 않은 새로운 상태를 창조하려는 창조적 목표다. 이와 더불어 정책목표의 역할은 사회의 상태를 바람직한 방향으로 변화시키려는 기능과 정책 과정상의 제 활동에 대해 길잡이 또는 목표물이라고 파악했다. 즉, "한지 정책의 목표는 한지 정책을 통해 이룩하고자 하는 바람직한 상태"라고 유추할 수 있다.

이런 관점에서 정부가 추진한 대표적인 전통한지정책과 사업이라고 볼 수 있는 한지품질표시제, 한지 산업규격(KS) 및 조선왕조실록 복본화사업의 목표를 살펴보았다. 그 내용은 다음과 같다.

첫째, 한지품질표시제의 목표는 2013년 4월 15일 문화체육관광부가 발표한 '한지품질표시제 본격 시행 : 닥 섬유 함량 및 제조 방법 등 표시, 한지품질표시제 포장지 지원'에서 찾을 수 있다. 이 자료에 의하면 한지품질표시제의 목표는 한지의 신뢰성을 회복하고, 한지 보급 활성화를 유도하고 있음을 엿볼 수 있다.

둘째, 한국산업규격(KS)의 목표는 산업표준화법 제4조, 제5조 및 제11조 등에서 찾을 수 있다. 적정하고 합리적인 산업표준을 제정·보급하고 품질경영을 지원하여 광공업품 및 산업활동 관련 서비스의 품질·생산효율·생산기술을 향상하고 거래를 단순화·공정화하며 소비를 합리화함으로써 산업 경쟁력을 향상하고 국가 경제를 발전시키기 위해서다.

셋째, 조선왕조실록 복본화사업의 목표는 2009년 4월 10일 전주시 발표 '조선왕조실록 전주사고본 복본 제작 본격 착수', 2012년 7월 31일 전주시 발표

'전주시, 조선왕조실록 전주사고본(태조~명종) 복본화 사업 완료', 2014년 2월 26일 전주시가 발표한 '조선왕조실록(선조~인조) 완료 보고회 및 특별전'에서 찾아볼 수 있다. 이 자료에 의하면 조선왕조실록 복본화사업의 목표는 한지의 새로운 수요 창출과 12개 전통한지업체의 소득증대, 전통한지 제조기술의 계승 발전 등과 관련돼 있다.

문화체육관광부에 정보공개 청구한 결과와 위 세 개의 한지정책과 사업이 지향하는 목표를 종합하면 "한지의 신뢰 회복, 한지 수요 창출, 한지 보급 활성화 및 업체의 소득증대 그리고 전통한지 제조기술 계승·발전"으로 줄일 수 있다. 이를 바탕으로 여기서는 전통한지 정책의 목표를 "한지 수요 창출과 한지 제조기술의 계승발전"으로 설정하고자 한다.

4. 전통한지에 관한 개별법 제정 추진

한지 육성과 진흥에 관한 법률은 별도로 제정되지 않고 있다. 2022년 현재 국가법령정보센터(https://www.law.go.kr)에 의하면 한지의 육성과 진흥에 관한 법률은 없는 실정이다. 2017년 3월 28일 김광수 의원 등이 발의한 한지 문화산업진흥법안(의안 번호 2006423)은 2020년 5월 29일 제20대 국회 임기 만료로 폐기됐다. 2021년 5월 7일 김형동 의원 등이 발의한 전통한지 문화산업의 육성 및 발전에 관한 법률안(의안 번호 2109943)은 문화체육관광위원회 심사, 계류 중이다. 위 법률안은 제안 이유를 다음과 같이 적고 있다.

전통한지(韓紙, Korean paper)는 닥나무(paper mulberry) 인피섬유를 주원료로 하여 만든 우리 고유의 종이로서 주로 정보저장 기록재료로 사용됐으며, 그 우수성을 세계적으로 널리 인정받고 있다. 그런데 전통한지는 친환경 실내장식 소재, 인체 친화형 섬유 소재와 같은 고부가가치를 창출하는 미래형 소재로 가능성을 인정받고 있는바, 앞으로 산업적 가치 역시 무궁무진하다고 할 수 있다. 이에 전통한지 문화산업의 육성 및 발전에 필요한 사항을 규정함으로써 전통한지 문화산업 진흥의 기반을 조성하고 전통한지의 세계화에 이바지하려는 것이라고 적고 있다.

주요 내용은 다음과 같다. 이 여덟 가지 사항은 이전보다 상당히 진전된 것으로 전통한지 문화산업에 대한 구체적인 비전을 담고 있는 것으로 이해할 수 있다. 정책시행적 측면에서 분석한다면, 처음 두 가지는 해당 규정과 정책적 시안을 마련하는 것이고, 두 번째 세 가지는 주무 부처인 문광부장관 지원을 요청하는 것이고, 세 번째로 네 가지는 국가와 지방자치단체의 한지산업 진흥 독려에 관한 내용을 담고 있다.

첫째, 전통한지 문화산업의 육성 및 발전에 필요한 사항을 규정함으로써 전통한지 문화산업 진흥의 기반을 조성하고 전통한지의 세계화에 이바지함을 목적으로 한다. 둘째, 국가와 지방자치단체는 전통한지 문화산업의 진흥을 위하여 필요한 정책을 수립·시행하여야 한다.

셋째, 문화체육관광부 장관은 전통한지 문화산업의 진흥을 위하여 5년마다 전통한지 문화산업진흥 기본계획을 수립·시행하도록 한다. 넷째, 문화체육관광부 장관은 전통한지 문화산업의 진흥을 위한 정책의 수립·시행을 위하여 전통한지 문화산업에 관한 실태조사를 할 수 있도록 한다. 다섯째, 문화체육관광부 장관은 전통한지 문화산업에 관한 창업을 촉진하고 창업자의 안정적인 성장·발전을 위하여 필요한 지원을 할 수 있도록 한다.

여섯째, 국가와 지방자치단체는 전통한지 문화산업 진흥을 위하여 닥나무 재배, 전통한지 디자인 및 상품화, 전통한지의 활용 관련 연구개발 등에 필요한 지원을 할 수 있으며, 문화체육관광부 장관은 이러한 사업을 효율적으로 실시하기 위하여 전담기관을 지정할 수 있도록 한다. 일곱째, 국가와 지방자치단체는 전통한지 문화산업의 진흥을 위해 전통한지전시관 또는 전통한지체험관 등을 설치·운영하는 자에게 대통령령으로 정하는 바에 따라 필요한 지원을 할 수 있도록 한다.

여덟째, 국가와 지방자치단체는 전통한지 문화산업의 국제협력 및 해외시장 진출을 추진하기 위해 전통한지 문화산업의 관련 기술·인력 및 정보의 국제교류, 전통한지 문화산업 관련 전시회의 개최, 전통한지 문화산업 관련 해외 마케팅 및 홍보 활동 등의 사업을 추진할 수 있도록 한다. 아홉째, 국가와 지방자치단체는 전통한지 문화산업의 진흥에 관한 사업을 활성화하기 위하여 관련 활동을 수행하는 민간단체를 지원하고 육성할 수 있도록 한다.

제3절 한지정책에 대한 선행연구

1. 중앙정부의 한지 연구 동향

중앙정부에서 추진한 한지 연구사례는 두 가지 방법을 통해서 수집했다. 먼저, 문화유산조사연구(R&D) 사업 목적으로 공동연구한 고인희 외(2017)의 '한지에 관한 국내연구 동향 분석'[표 27]이다. 이 보고서는 1993년부터 2016년까지 수행한 총 22건의 한지 관련 연구사업 목록을 담고 있다.

[표 27] 중앙정부에서 수행한 한지 관련 연구사업 목록

주관부처	연도	연구 제목
1. Ministry of Science and Technology	1993	A Preliminary Study for the Modern Applications of the Korean Indigenous Technology
2. Ministry of Science and Technology	1994	Studies on the Practical Use of the Korean Indigenous Technology(Hanji)

주관부처	연도	연구 제목
3. Ministry of Science and Technology	1995	Development of New Uses by Mechanization of Korean Indigenous Paper(Hanji) Technology (I)
4. Ministry of Science and Technology	1996	Development of New Uses by Mechanization of Korean Indigenous Paper(Hanji) Technology (II)
5. Korea Science and Technology Foundation	1996	A Study on the Internationalization of Indigenous Technology in Korea - Korean hand - made Paper
6. Ministry of Culture, Sports and Tourism	2006	Studies on the Based technologies of culture commercialization of Korean paper(Hanji)
7. National Cultural Properties Research Institute	2006	Study of restoration technique for the bee wax treated annals of Joseon Dynasty
8. National Science Museum	2007	Scientific Analysis and Specialization for the Superiority of Traditional Hanji Paper making Technique - Premium Goods through Embodying the Prototype of Traditional Hanji -
9. National Cultural Properties Research Institute	2007	Study on the Standardization of Indigenous Handicraft Manufacturing Technique
10. Ministry of Culture, Sports and Tourism	2008	A Study on the Development Method of Korean Traditional Hanji certification system and Functional Hanji:Hanji Industrial Development Strategy and High Value Added Value Plan
11. Ministry of Culture and Tourism	2009	Development of High Performance Materials for Cultural Properties Conservation and Storage using Natural Dyed
12. Korean Traditional Paper (Hanji) Ministry of Culture, Sports and Tourism	2010	Report on the technical support project for the promotion of the Korean paper industry
13. Ministry of Education, Science and Technology	2011	Investigation of reproduction technique of natural dyed Korean traditional papers (Hanjis)
14. National Archives	2011	Standardization of the Hanji Certification for Restoration Works

주관부처	연도	연구 제목
15. Cultural Heritage Administration, National Cultural Properties Research Institute	2011	A study on the application and efficiency of traditional Hanji Small and Medium Business Administration 2012 Development of Hanji Paperboard using anufacturing Consistency System
16. Ministry of Culture, Sports and Tourism	2013	Wonju Hanji Industrial Revitalization Project
17. Ministry of Knowledge Economy	2013	Development and standardization of handicraft Hanji materials using manufacturing method of traditional Hanji
18. National Archives	2014	Traditional Hanji production Technique standardization and Optimized restoration Hanji development for each documentary type of Joseon Dynasty-in reproduction and surface processing
19. Ministry of Commerce, Industry and Energy, National Technology Standards Agency	2014	Studies on the standard of clothing and Korean Traditional Hanji thread
20. Cultural Heritage Administration, National Cultural Properties Research Institute	2015	A Study on the Restoration Technique of Traditional Korean Tapping Process
21. Ministry of Government Administration and Home Affairs, National Archives	2015	Development of Korean paper prototype for marking long-term preservation documents for public records.
22. Security Administration	2016	Development of Conservational Machine-made Colored Hanji for Archives Document Cover

※ 출처 : 고인희 외3(2017)의 『한지에 관한 국내 연구 동향 분석』
이 논문은 문화재청 복원기술연구실 전문가들이 R&D 사업으로 추진한 것으로 "Table 4. List of research projects related to Hanji conducted by government department"라는 영문 표기 제목 및 목록으로 작성됐다. 연구자는 문화재청에 한글본 자료를 요청했지만, 문화재청 복원기술연구실에서는 별도 한글본을 작성하지 않았다고 밝혔다(문화재청 복원기술연구실-1525 (2022.10.26.). 이에 영문 목록 그대로 싣는다.

중앙정부는 위 [표 27]과 같이 1993년 과학기술처가 실시한 '한국 전통기술의 특화를 위한 사전연구기획 사업'을 시작으로 2016년까지 총 22회연구사업을 실시했다. 하지만 연구내용은 한지 제품 개발, 한지 표준화 및 한지 제조기법 등이 주를 이룬다. 부분적으로 '원주한지 산업 활성화 사업'과 같이 특정 지역 대상 연구는 있었으나, 국가적 차원의 정책연구는 아니었다. 한편 문화체육관광부, 국토부, 문화재청이나 산림청 4개 부·청을 대상으로 2015년부터 2021년 8월 현재까지 한지 관련 연구용역 사업실적은 다음과 같다. [표 28]과 같이 3개 부·청에서 추진한 총 6건의 한지 관련 연구용역이다.

[표 28] 중앙정부의 연구용역

과제명	중앙정부	수행기관	연구 기간	비고
한지 유네스코 등재 연구용역	문화체육관광부	(재)한국공예디자인문화진흥원 / 국민대학교 산학협력단	2015.8~ 2016.2	공개
2019 한지 실태조사 및 품질표시제 연구	문화체육관광부	(재)한국공예디자인문화진흥원 / 메가리서치(주)	2019.9.~ 2020.1	공개
한지 유네스코 등재 연구용역	문화체육관광부	(재)한국공예디자인문화진흥원 / 한국자치경제연구원	2021.5~ 2021.12	공개
문화재 복원용 전통한지 관련 고문헌 조사	문화재청	국립문화재연구소	2017. 5. 10	공개
문화재 복원용 전통한지의 품질기준 연구	문화재청	국립문화재연구소	2017년	비공개
제조법 미전수 한지 복원	산림청	국립산림과학원	2020년	비공개

※ 출처 : 정보공개 포털 정보공개, 문화체육관광부 전통문화과-2231(2021.08.10.), 문화재청 국립문화재연구소복원기술연구실-1474(2021.08.10.), 산림청 산림 바이오소재연구소-2069 (2021.08.06.)

한지 유네스코 등재 연구용역은 2015년 8월부터 2016년 2월까지 실시했음에도 2021년 5월부터 2021년 12월까지 비슷한 내용으로 재추진되었다. '2019

한지 실태조사 및 품질표시제 연구'에서 제조업체뿐만 아니라 유통업체 등을 대상으로 다양하게 설문으로 조사한 점은 유의미하다고 본다.

2. 학계의 한지 연구 동향

고인희 외(2017)는 한지에 관한 향후 연구의 방향성을 제시하기 위해 1965년부터 2016년까지(51년간) 12개 학회지에 실린 연구논문을 대상으로 분석했다. 한지 관련 논문은 [표 29]와 같이 총 140편이다.

[표 29] 12개 학회지 분야별 연구논문 현황

계	임학 분야	문헌 정보학	자연과학 일반	역사학	생활과학	화학
140편	87편	17편	14편	13편	6편	3편

학문 분야별로 구분하면 임학 분야가 87편으로 가장 많았고 이어서 문헌정보학 분야가 17편, 자연과학 일반분야는 14편을 차지했다. 자연과학 일반분야의 14편에는 문화재 보존과학의 '실험'이 10편, '문화재'가 3편, '재현'이 1편이었다. 역사학 분야는 13편, 생활과학 분야는 6편, 화학 분야는 3편이었다. 행정학이나 정책학 분야는 없었다.

고인희 외(2017)는 후속 연구에 대해 다음과 같은 제언을 했다. 첫째, 정부 부처별 연구사업의 진행에 따라 연구논문 발표의 빈도수가 증가하는 경향이 있다. 정부의 연구사업이 진행되지 않으면서도 한지 연구가 지속해서 이루어질 필요가 있다. 둘째, 한지와 관련된 연구는 임학 이외에 화학, 생활과학 및 자연과학 등 여러 분야에서 다양한 관점의 질적 연구가 필요하며 물성 평가뿐만 아니라 관찰, 분석, 상태조사 및 보존처리 등의 연구 방법 다각화가 요구된다. 셋째, 한지는 어느 학문에만 속해 있는 것이 아닌 복합분야이므로 다양한 전공에서 융·복합적인 시각으로 연구가 이루어져야 한다.

한편 한지 관련 박사학위 논문은 아래 [표 30]과 같이 총 41편으로 확인됐다(국회 전자도서관, 2021). 임학·임산공학·펄프 제지 공학 분야가 14편으로 가장 많았고, 미술·공예·디자인 분야가 13건, 섬유 분야가 3건, 공학 분야가 5건(화학공학 2, 건축공학 1, 토목공학 1, 인쇄공학 1), 기타 6건(문화재 과학 1, 경영학 1, 과학교육학 1, 한약자원학 1, 미기재 2)으로 나타났다.

한지에 관한 최초의 박사학위 논문은 화학공학 분야의 한지 제조의 과학적 고찰과 관련된 참느릅나무 근점액 연구(임제빈, 인하대학교 대학원, 1983)이고, 임학에서는 닥나무를 이용한 새로운 전통한지의 제조(최태호, 충북대학교 대학원, 1994)다.

한지에 대한 선행연구는 주로 임학 및 임산공학 분야와 미술 및 공예 디자인 분야에 편중되었고, 주로 물성학·형태학적 연구에 집중하여 진행됐다. 한지에 관한 행정학, 정책학 부문의 논문은 없었고 경영학 분야 1편이 다소 연관성이 있었다.

[표 30] 한지 관련 박사학위 논문

연번	논문 제목	대학명	저자	연도	학과 전공
1	현대 한국화의 도시풍경 표현연구 : 본인 작품을 중심으로	동덕여자 대학교 대학원	장은우	2021.8	미술학 회화
2	생태학적 미술의 방법론 고찰 : 먹과 한지의 제조과정을 중심으로	전북대학교 대학원	고은지	2021.2	미술학
3	현대미술로서 수묵의 가능성 연구 : 연구자의 작품을 중심으로	동덕여자 대학교 대학원	구모경	2019.8	미술학 회화
4	지류문화재 보존·복원용 전통한지의 특성평가	충북대학교 대학원	김순관	2019.8	문화재과학

연번	논문 제목	대학명	저자	연도	학과 전공
5	평면 회화의 한지 오브제 연구 : 본인 작품을 중심으로	숙명여자 대학교 대학원	주 희	2018.8	조형예술학 한국화
6	한지의 특성을 이용한 현대장신구의 오브제 표현 연구	대구대학교 대학원	박찬희	2018.2	미술·디자인 공예 디자인
7	지역축제의 서비스 품질이 방문객의 행동의도에 미치는 영향 : 축제 관여도의 조절 효과 중심으로	호서대학교 벤처대학원	조봉석	2018.2	정보경영학 융합서비스 경영
8	옻칠과 밀랍을 활용한 한지표현 연구	홍익대학교 대학원	이정신	2017.2	디자인·공예학 섬유미술
9	청대분말을 이용한 한지염색에 관한 연구	원광대학교 대학원	전홍자	2015.8	임학
10	한지를 이용한 화훼공간 디스플레이	대구가톨릭 대학교 대학원	이수화	2015.8	원예학
11	한지 제조용 새로운 고점도 닥나무 인피펄프의 제조 및 특성	충북대학교 대학원	이상현	2015.2	임산공학 펄프·제지공학
12	한지 합연사를 활용한 니트 개발에 관한 연구	한양대학교 대학원	이성이	2014.8	섬유패션 디자인
13	한지산업의 실태분석과 발전 방안에 관한 연구	전북대학교 대학원	김동훈	2013.2	경영학
14	밀랍한지의 열화메커니즘과 형질복원에 관한 연구	전북대학교 대학원	김강재	2013.2	임산공학
15	조선시대 조각보의 미적 개념이 한국 현대 한지공예에 미친 영향 연구	원광대학교 대학원	한오경	2012.8	조형미술학
16	컬러디자인을 위한 인체생리신호반응 및 인지측정의 정량적 분석 연구 : 컬러 한지환경시스템의 컬러자극을 중심으로	전북대학교 대학원	진혜련	2012.8	디자인 제조공학
17	한지 수의 디자인 연구	홍익대학교 대학원	전양배	2012.2	공예학 의상디자인
18	천연염색 한지의 염색성과 기능성 향상	충북대학교 대학원	유승일	2012.2	임산공학 펄프·제지공학

연번	논문 제목	대학명	저자	연도	학과 전공
19	광촉매 TiO2의 구조와 기능성TiO2 한지의 특성 연구	전북대학교 대학원	전종술	2010.8	과학교육학
20	쪽 염색을 이용한 한지직물의 물리적 특성 및 기능성에 관한 연구	건국대학교 대학원	우현리	2010.2	텍스타일 디자인
21	한지의 변통성에 의한 물화적 표현 연구	홍익대학교 대학원	유윤빈	2010.2	동양화
22	약용식물을 이용한 오방색의 한지염색에 관한 연구	중부대학교 대학원	최석진	2009.2	한약자원학
23	배접된 한지의 인공열화에 의한 보존 특성 연구	중부대학교 대학원	최성근	2008.8	인쇄공학
24	한국 전통 복식 조형미를 한지직물에 응용한 에코(ECO)패션디자인 연구	성신여자 대학교 대학원	최은경	2007.8	의류학
25	한지 실의 역학적 특성 및 기능성에 관한 연구	전북대학교 대학원	김현철	2007.2	섬유공학
26	잿물 성분이 한지 제조용 인피섬유의 자숙 및 초지 특성에 미치는 영향	원광대학교 대학원	진영문	2006.8	임학
27	한지 및 닥섬유를 이용한 전통 식품 포장 소재 개발에 관한 연구	원광대학교 대학원	이유라	2006.8	조형미술학
28	천연염료를 이용한 한지염색에 관한 연구	원광대학교 대학원	안영환	2006.2	임학
29	한지 패션 소재 개발 및 조형적 활용 연구	대구가톨릭 대학교 대학원	김영은	2005.2	예술학
30	건축재료로서의 한지가 실내환경에 미치는 영향에 관한 연구	부산대학교 대학원	이종원	2004.8	건축공학
31	황벽염색처리가 한지의 항균성 및 광 변색 특성에 미치는 영향	강원대학교 대학원	박수안	2004.2	임산공학
32	화선지 및 한지 장판지의 품질 특성에 관한 연구	전북대학교 대학원	강석근	2004.2	화학공학
33	한지폐수의 화학적/생물학적 처리 특성 및 공정운영인자에 관한 연구	전북대학교 대학원	박인숙	2003.2	토목공학

연번	논문 제목	대학명	저자	연도	학과 전공
34	대용 섬유 자원으로써 어저귀의 한지 제조 특성	충북대학교 대학원	정선화	2001.2	임산가공
35	한지의 미적 특질에 관한 연구: 천연 염료실험을 중심으로	한양대학교 대학원	김의정	1997.2	미기재
36	펄프화 조건에 따른 수록한지의 특성 변화에 관한 연구	동국대학교 대학원	김성주	1997.2	임학
37	수록한지의 열화특성에 관한 연구	동국대학교 대학원	이명기	1997.2	임학
38	닥나무를 이용한 새로운 전통한지의 제조	충북대학교 대학원	최태호	1994.2	임학
39	한지 엔드래핑처리 원판의 감압건조응력 분포모형 및 앤드래핑스의 건조결함 예방효과	서울대학교 대학원	이남호	1990.8	임산가공학
40	미역 점액의 한지 초지성에 관한 연구	전북대학교 대학원	전병영	1987.8	미기재
41	한지제조의 과학적 고찰과 관련된 참느릅나무 근점액의 연구	인하대학교 대학원	임제빈	1983.2	화학공학

※ 국회전자도서관https://dl.nanet.go.kr/자료 기준으로 정리(2022.6.30)

3. 선행연구의 비판적 검토

한지에 관한 정책연구를 하기에 앞서 선행연구 결과는 다음과 같다.

첫째, 중앙정부에서는 1993년부터 2016년까지 총 22회에 걸친 한지 연구사업을 시행했지만 한지 활성화를 위한 정책연구는 없었다.

둘째, 문화체육관광부 및 문화재청 등은 2015년부터 2021년 8월 현재까지 총 6건의 한지 연구를 수행하고 있지만, 종합적인 정책연구는 없었다. 셋째, 학계에서는 1965년부터 2016년까지 총 140편의 한지 관련 논문을 12개 학회지에 등재했지만, 행정학 또는 정책학 분야는 찾기 어려웠다.

넷째, 국회 전자도서관에 등록된 한지 관련 박사학위 논문은 총 41편이다. 임학·임산공학·펄프 제지공학 14편, 미술·공예·디자인 13편 등과 같이 한지의 물성과 디자인 연구가 중심이었다. 한지 활성화 관련 분야로 확대하여, 김동훈(2013)의 한지산업의 실태분석과 발전 방안에 관한 연구(경영) 논문 1편이 나왔다. 요컨대 중앙정부와 학계 모두 한지의 물성이나 디자인 위주로 이루어져 왔고 정책연구는 거의 없었다.

한편, 국회 전자도서관에 등록된 한옥에 관한 박사학위 논문은 총 30편으로 한지 관련 41편에 비해 적었다. 하지만 한옥의 경우에는 정미영(2017)의 전통주 거지역 문화관광 정책연구(문화콘텐츠학 전공), 김용희(2016)의 한옥개발 조례의 개선에 관한 연구 : 이해관계자별 중요도 및 만족도 평가를 중심으로(문화콘텐츠학), 이홍원(2011) 한옥의 산업화 방안에 관한 연구 : 한·일 목조주택의 구법을 중심으로(건축계획), 송영태(2009)의 서울 북촌한옥마을 보전방안에 관한 연구 : U-city 적용사례(U-건축), 김영수(2007)의 기술·의장 중심의 역사 경관 보존 방안 연구 : 서울의 한옥 지역을 중심으로(건축설계) 등 한옥 활성화 관련 논문은 5편이었다.

그동안 정부에서는 규제정책 분야에서는 한국산업규격(KS) 및 한지품질표시제를 도입했고 지원정책 분야에서는 국고보조금 사업과 지방비 예산사업을 추진했으며 정보정책 분야에서는 한지 해외 홍보 및 한지장 지정 등 정책과 사업을 추진해 왔다. 하지만 이러한 노력에 비해 성과는 미흡한 편이다. 그렇기 때문에 정부가 추진하는 한지정책과 사업의 품질을 높이는 한편 신규 사업을 발굴하기 위해서는 다양한 관점의 한지 정책 연구가 필요하다. 이런 의미에서 정책도구론에 기반하여 유형별로 정책과 사업을 살펴보는 연구는 현 단계에서 적정한 모색과 지향이라고 판단된다.

제3장

정책도구 이론과 연구 문제 도출

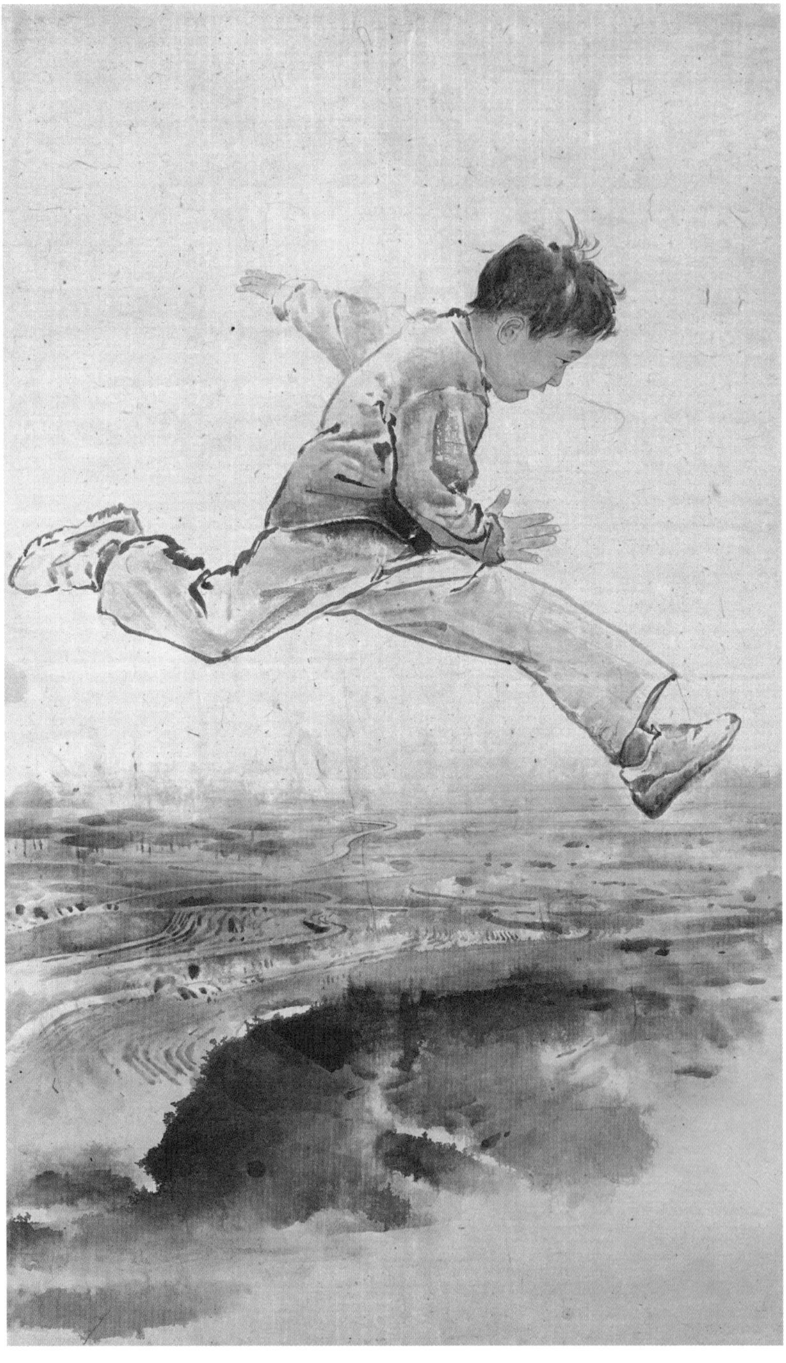

도약, 94×56cm, 한지에 수묵채색, 1996

제1절 정책도구 이론

먼저 정책도구의 정의부터 살펴보기로 한다. 정책도구(policy tools)에 대한 합의된 정의는 없다.[15] Schneider & Ingram(1997)은 정책도구를 공적 문제를 해결하기 위하여 정책대상 집단의 행동을 변화시키려는 의도를 가진 정책설계의 요소들(elements in policy design)로 정의한 바 있다. Vedung(1998)은 정부가 사회변화에 영향을 미치기 위하여 활용하는 기법(techniques)으로 정의했다. Howlett & Ramesh(2003)는 정책 집행을 위하여 정부가 사용 가능한 실제 수단 및 장치라고 했다.

Doern & Phidd(1992)는 정책행위자가 특정 목적을 달성하기 위하여 사용하는 모든 것으로 정의했으며, Salamon(2002)은 공적 문제에 접근하기 위하여 집합적 행동이 구조화되는 판별 가능한 방법(identifiable method)이라고 했다. 정정길 외(2016)는 정부의 개입 수단, 변화를 위한 정책설계의 요소, 사회변화 기법, 실제의 정책 수단과 장치라고 파악했다.

엄성진(2008)은 정책 목표 달성을 위한 것으로 개인 혹은 집단들이 공공정책에 부응한 결정을 내리거나 행동을 취하도록 유도하는 목적 지향성을 갖는 제도적 장치라고 정의했다. 오민수·김재일(2009)은 특정 목적을 달성하기 위해 정부가 대상 집단과 개인에게 영향을 미치는 직접적이며, 간접적인 수단이라 정의했다.

권혁주(2009)는 목적 달성을 위한 최적의 도구를 찾는 하부적 과정이라고 정의했다.

15 정책 수단(policy instruments), 혹은 통치 도구(governing instruments)라는 이름으로 지칭하기도 한다.

[표 31] 정책도구의 개념 정의

학자	정의
Schneider & Ingram(1997)	공적 문제를 해결하기 위하여 정책대상 집단의 행동을 변화시키려는 의도를 가진 정책설계 요소들
Vedung(1998)	정부가 사회변화에 영향을 미치기 위하여 활용하는 기법
Howlett & Ramesh(2003)	정책 집행을 위하여 정부가 사용 가능한 실제 수단 및 장치
Doern & Phidd(1992)	정치행위자가 특정 목적을 달성하기 위하여 사용하는 모든 것
Salamon(2002)	공적 문제에 접근하기 위하여 집합적 행동이 구조화되는 판별 가능한 방법
엄석진(2008)	정책 목표 달성을 위해 공공정책에 부응한 결정을 내리거나 행동을 취하도록 유도하는 제도적 장치
오민수 · 김재일(2009)	특정 목적 달성을 위해 정부가 대상 집단과 개인에게 영향을 미치는 직접적 간접적인 수단
권혁주(2009)	목적 달성을 위한 최적의 도구를 찾는 하부적 과정
정정길 외(2016)	정부의 개입 수단, 변화를 위한 정책설계의 요소, 사회변화 기법, 실제의 정책 수단과 장치

※ 출처 : 선행연구를 토대로 분류, 정리

이처럼 국내·국외 학자들의 정의를 종합하면 "정책도구란 정부 또는 정책결정자가 정책목표 달성을 위하여 활용할 수 있는 구체적인 도구들을 말하며 정부에서 정책을 집행할 때 실제 활용할 수 있는 수단 또는 장치"라고 요약할 수 있다.

정책도구이론이 등장하게 된 배경을 살펴보면 다음과 같다. 정책도구가 행정학계에서 다뤄진 적 없는 새로운 주제는 아니다(문명재, 2008). 과거부터 많은 학자가 규제, 보조금, 바우처, 민간위탁, 계약, 정보제공 등 개별 정책 수단들을 연구한 바 있다. 개별적 접근으로 분석되던 것들이 최근 종합적으로 재논의되고 있으며 정책도구의 혼합(mix)으로 주목받고 있다.

정책도구에 대한 최근의 논의들은 신 공공 관리(New Public Manage ment)와 민관협력 국정 관리(New Governance)라는 새로운 행정 패러다임의 영향을 받은 것이다(조성한 2006, 조성한 2008). 새로운 행정 패러다임 속에서 정부의 규모와 기능은 축소를 지향하며 정부의 직접적 도구를 대체하는 대안적 도구를 모색하는 방향으로 정책도구 연구가 활발하게 이뤄지고 있다(문명재, 2008).

20세기 초반까지 정책도구 유형을 분류하는 정책도구론에 대한 연구가 활발하게 진행된 바 있다. Hood(1983)는 정책도구를 중심형(nodality), 권위형(authority), 재원형(treasure), 조직형(organization) 등 넷으로 분류하고, 첫 글자를 따서 "NATO"라 명명하였다.

중심형은 정보 자원(information resources)을 의미한다. 이후 연구자들의 분류 역시 Hood(1983)와 크게 다르지 않다. 대표적으로 Vedung(1998)은 정책도구를 규제(regulation), 경제적 도구(economic means), 정보(information)로 분류했다. 각 유형은 강제성에서 차이가 있는데, 규제는 회초리(stick)로, 경제적 도구는 당근(carrots)으로, 정보는 설교(sermons)와 같다고 은유적으로 부연하고 있다. Salamon(2002)은 정책도구를 직접적 도구와 간접적 도구로 분류하였는데, 간접적 도구에는 Hood(1983)의 조직형에 해당하는 공기업(government corporations)을 비롯한 대안적 도구들이 포함하고 있다.

[표 32] 정책도구의 유형적 분류

학자	분류
Hood (1983)	중심형(nodality), 권위형(authority), 재원형(treasure), 조직형(organization)
Vedung (1998)	규제(regulation), 경제적 도구(economic means), 정보(information)

학자	분류
Salamon (2002)	직접적 정책도구 : 전통적인 정부 소비, 경제적 규제, 직접 대출 간접적 정책도구 : 사회적 규제, 계약, 보조금, 대출 보증, 공적보험, 조세지출, 사용료 및 과징금, 손해책임법, 공기업, 바우처
하연희 · 문명재 (2007)	직접도구 : 정부 직접 공급, 정보제공 간접도구 : 사회적 규제, 보조금, 조세지출, 정부보험, 민간보험
전영한 (2007b)	직접규제, 준직접규제, 간접규제 / 직접유인, 준직접유인, 간접유인 / 직접정보, 준직접정보, 간접정보

※ 출처 : 선행연구를 토대로 분류, 정리

하연희 · 문명재(2007)는 Salamon(2002)의 정책도구 유형 분류 기준 중 직접성(directive ness)에 적극성(proactiveness)을 더해 정책도구 유형을 만들었다. 직접도구 중에서 정부의 적극성이 높은 경우에는 정부 직접 공급이, 낮은 경우에는 정보제공 정책도구가 적합하다. 간접도구 중에서는 사회적 규제와 바우처는 정부개입 정도가 크고, 보조금, 조세지출, 정부보험, 민간보험은 적극성 정도가 중간이다.

전영한(2007)은 Vedung(1998)의 유형론을 비롯한 기존의 유형론을 통합하여 정책도구를 강제성과 직접성을 기준으로 구분하여 시선을 끌고 있다. 강제성의 측면에서 규제와 유인, 그리고 정보를 나누고, 직접성의 측면에서 직접적 도구, 준직접적 도구, 간접적 도구를 구분하여 [표 33]과 같이 총 9개의 정책도구 유형을 제시했다.

정책도구이론은 국방과 같은 일부 분야에는 설명하기 어렵다는 한계가 있다(권혁주, 2009). 하지만 망라성(exhaustiveness), 배제성(mutual exclusiveness), 적용 가능성(empirical workability) 및 이론적 기여도(theoretical fruitfulness)의 측면에서 장점이 있다. 정책도구이론은 어떤 정책을 정책도구 차원에서 종합적으로 살펴보고자 할 때 유용하다. 이 연구는 전영한(2007)의 유형을 기반으로 하되, 분석틀을 단순화시켜 구성하기로 했다.

[표 33] 강제성과 직접성에 의한 정책도구 유형

구분		강제성		
		높음	중간	낮음
직접성	높음	직접규제	직접유인	직접정보
	중간	준직접규제	준직접유인	준직접정보
	낮음	간접규제	간접유인	간접정보

※ 출처 : 전영한 (2007b)

정책도구 연구는 다양한 주제로 이루어지고 있다. 전형원(2002)은 정책도구에 관한 인식이 이론적인 차원을 넘어 개별적인 단일 정책도구의 적용보다 복수의 정책도구를 혼용해서 사용할 때 효과성이 더 높다고 보았다. 국내에서는 2007년경부터 본격적으로 정책도구의 개념과 유형에 관한 연구들이 나오고 있는 편이다. 정책도구의 개념 및 정책도구의 기술과 유형에 대한 연구(전형원, 2002 ; 문명재, 2008), 정책도구 중 보조금의 개별적 정책도구에 관한 연구(권오성 · 박민정, 2009), 인구정책 수단 변화를 살펴본 연구(하연희 · 문명재, 2007), 생활체육 정책에서의 정책 수단 유형 연구(이용식, 2010) 등이 이어지고 있다.

최근 하은희(2016)는 서울특별시 보육 바우처를 중심으로 정책도구로서 바우처의 선택과 경쟁이 서비스 질과 만족도에 미치는 영향을 연구했고, 이기령(2017)은 출산율 제고라는 정책목표 달성이 미흡한 원인을 정책도구 선택과 적용에 있다는 문제 인식에서 천착한 바 있다. 즉 학문 분야별로 정책도구 연구가 활발하게 이루어지고 있다.

이 연구는 정부가 추진한 전통한지 정책을 정책 도구이론을 토대로 규제정책, 지원정책 및 정보정책으로 구분하여 살펴보기로 하겠다.

제2절 연구 문제의 도출

이 연구는 '과연 지금까지의 전통한지 정책은 적정했는가?' 하는 의문에서 출발하였다. 여기에 수반되는 정책공급자와 정책수요자가 선호하는 전통한지 활성화 요인은 무엇이며, 앞으로 전통한지를 활성화하기 위해 추진해야 할 정책은 무엇인지를 살펴보기로 하겠다. 본 연구의 연구 문제는 다음 [그림 4]와 같이 설정하였다.

[그림 4] **연구문제 도출 구성도**

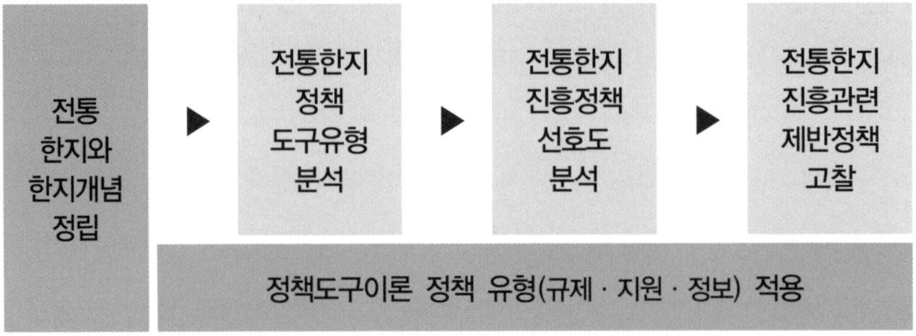

첫째, 정책도구이론을 적용하여, 지금까지 중앙정부의 한지 관련 규제·지원·정보 정책은 어떻게 추진되었는가?

둘째, AHP분석을 활용하여, 정책공급자와 정책수요자가 선호하는 전통한지 진흥정책은 무엇인가?

셋째, 2개 연구를 토대로, 향후 전통한지 진흥을 위해 추진해야 할 정책은 무엇인가?

위 세 가지 연구 과정에서는 '제2장 이론적 논의-제2절 전통한지의 개념과 정책'에서 살펴본 '전통한지'와 '한지' 개념을 엄격히 적용했으며, 지금까지 추진했던 정책의 문제점이 무엇인지를 파악한 데서부터 시작하여 문제 해결 방안을 찾고자 했다. 연구자는 시종일관 정책도구 관점에서 그 해답을 모색하고자 했다.

제4장 전통한지정책 도구유형 분석에서는 정책도구이론을 적용하여 지금까지 중앙정부가 추진한 한지 정책을 규제정책, 지원정책 및 정보정책으로 구분하여 살펴보고, 아울러 적정하게 시행되었는지 알아보고자 한다. 이 연구는 지금까지 정부가 추진한 정책과 사업들을 정책도구이론에 따라 유형을 분석했다. 모든 정책은 도구이론에 따라 유형 분류가 가능하다. 예를 들면 규제정책은 법률 제정, 법정의무나 규칙, 지침 및 조례 등을 떠올릴 수 있다. 지원정책(경제적 도구)에는 소비지출, 포상, 표창, 국고보조금 사업, 지방비 예산사업 등이 속한다. 정보정책에는 국내외 협력, 교육, 전시, 연구용역, 관계 기관 정보공유 등이 해당한다.

제5장 전통한지 진흥정책 선호도 분석에서는 정책공급자와 정책수요자를 대상으로 어떻게 하면 전통한지를 활성화 할 수 있는지에 대한 설문조사를 실시하여 분석하는 것이다. 여기서 정책공급자는 중앙정부 및 지방자치단체 공무원, 학계 등 연구자가 해당한다. 정책수요자는 19개 전통한지업체 한지장이 해당한다. 연구 방법에서는 계층분석법(AHP)을 적용할 계획이다.

제6장 전통한지 진흥 관련 제반 정책 고찰에서는 앞선 두 연구를 통합적 관점에서 살펴보고 정책대안을 제시하는 것이다. 전통한지를 진흥시키기 위해 중앙정부와 지방자치단체가 먼저 추진해야 할 정책이 무엇인지 구체적으로 제시하고자 한다. 이 과정에서는 유사 사례로 간주하는 한옥 정책[16]을 참고하여

16 2007년 2월 문화체육관광부의 「한(韓) 스타일 육성종합계획」에서 발표한 한 스타일 분야별 단계 분석에 의하면 한옥 부문은 전통문화 6대 브랜드(한글, 한식, 한복, 한옥, 한지, 한국음악) 중에서

비교하고자 한다.

이와 함께 현재 국회에 발의된 전통한지 문화산업의 육성 및 발전에 관한 법률 제정 시 반영되어야 할 사항에 어떤 것이 포함되어야 하는지 알아보겠다. 아울러 원주시, 전주시, 안동시 및 의령군 등 4개 시·군의 한지 육성 및 지원 조례 개정 또는 다른 시·군의 한지 육성 관련 조례 제정 때 포함해야 할 사항에 관해서도 검토의견을 개진하고자 한다.

제3절 분석대상 및 자료

먼저 '전통한지정책 도구 유형'의 분석대상은 다음과 같다. 첫째, 한지정책과 사업을 대상으로 했다. 하지만 제6장 전통한지 진흥 관련 제반 정책 고찰에서 객관성을 높이기 위해 일부분에서는 한옥정책과 비교연구를 시도했다. 여기서는 한옥 정책에 대한 자료와 분석이 포함되기도 한다. 둘째, 시간적 연구범위를 2017년 1월부터 2021년 6월 말까지로 했다. 다만, 필요한 경우에는 2017년 이전과 2021년 6월 이후 사례도 포함했다. 셋째, 중앙정부의 한지·한옥 정책을 기본 대상으로 했으나 한지·한옥 조례와 같은 자치법규와 지방비 한지·한옥 사업 등 일부 지방 사례도 포함했다. 넷째, 연구 대상 한지는 국내산 닥으로 만든 종이에 한정했다. 일반적으로 '전통한지'는 '수록한지(손 한지)'라고 불린다.[17] 즉 전통한지와 한지의 정의를 신중하게 검토하여 수입 닥을 원료로 만든

국내기반과 세계진출 진전단계에서 가장 수준이 낮았다.

17 한지산업지원센터(2022)에서는 수록한지와 같은 의미로 '손 한지'라는 용어를 사용함.

종이나 기계장치를 이용하여 만든 종이는 범위에서 제외했다. 기계장치로 만든 종이는 한지의 고유 특성을 간직하기 어려울 뿐만 아니라 한지의 정체성과 거리가 있기 때문이다.

제4장 전통한지정책 도구 유형 분석에서의 분석자료를 수립하기 위해 다양한 경로를 통해 노력을 기울였지만, 한지정책과 사업의 전체 자료를 확보하기에는 어려움이 있었다. 그 대안으로 정보공개포털의 원문공개, 문화체육관광부나 문화재청에서 공개한 보도자료, 국가재정정보원 국고보조금통합관리시스템, 지방재정365(지방재정통합공개시스템)등을 활용했다. 이를 통해 정보공개포털 원문공개 11건, 중앙부처 보도자료 6건, 국고보조금 사업 100건, 지방비 예산집행 사업 96건 등 총 213건의 한지정책과 사업 목록을 확보했다. 한옥 정책 관련해서는 국고보조금 사업 449건, 원문공개 19건, 보도자료 19건 등 총 487건의 목록을 확보했다.

이어 제5장 전통한지 진흥정책 선호도 분석에서의 분석대상과 자료는 다음과 같다.

첫째, 같은 설문을 정책공급자와 정책수요자 두 그룹으로 나누어 실시했다. 둘째, 정책공급자는 문화체육관광부 업무 담당 국장 등 중앙부처 공무원 4명, 전통한지 19개 업체를 1개 이상 보유한 전라북도 전주시 등 11개 기초자치단체 공무원 11명, 대학교수 등 한지 분야 전문가 4명을 대상으로 선정했다. 설문에 응한 19명 전원에게서 회신을 받았다. 셋째, 정책수요자는 한지산업지원센터로 명단을 받은 전국에 소재하는 19개 전통한지업체 한지장 19명을 대상으로 했고, 19명 전원으로부터 회신 받았다. 넷째, 설문내용은 전통한지 활성화 요인에 대한 설명이 포함되어 있으며, 9점 척도를 이용하여 2개 요소를 상호 비교하는 쌍대비교 방법을 사용했다. 넷째, 설문 기간은 2022년 7월 30일부터 2022년 10월 9일까지 이루어졌다. 다섯째, 설문조사 방법으로는 정책공급자를 대상으로 한 설문에서는 방문 면담, 전화 및 E-mail을 통해 진행했고, 정책수요자를 대상으로 한 설문은 18개 업체 방문 면담 형식으로 실시하였다. 한지 소비실태와 초지방법 등에 대해서는 한지 소비자 및 한지장 등과 인터뷰도 실시했다. 한지 업체 중에서 1개 업체는 E-mail을 통해 자료를 보낸 다음 전화 설문을 시행했다. 회수된 자료를 바탕으로 Excel 프로그램을 통해 AHP 분석을 시행했다.

제6장 전통한지 진흥 관련 제반 정책 고찰에서는 앞선 두 가지 연구에서 사용한 분석대상 및 자료와 같다. 다만, 종합적으로 검토 분석했다는 데 차이가 있다.

제 4 장

전통한지정책 도구유형 분석

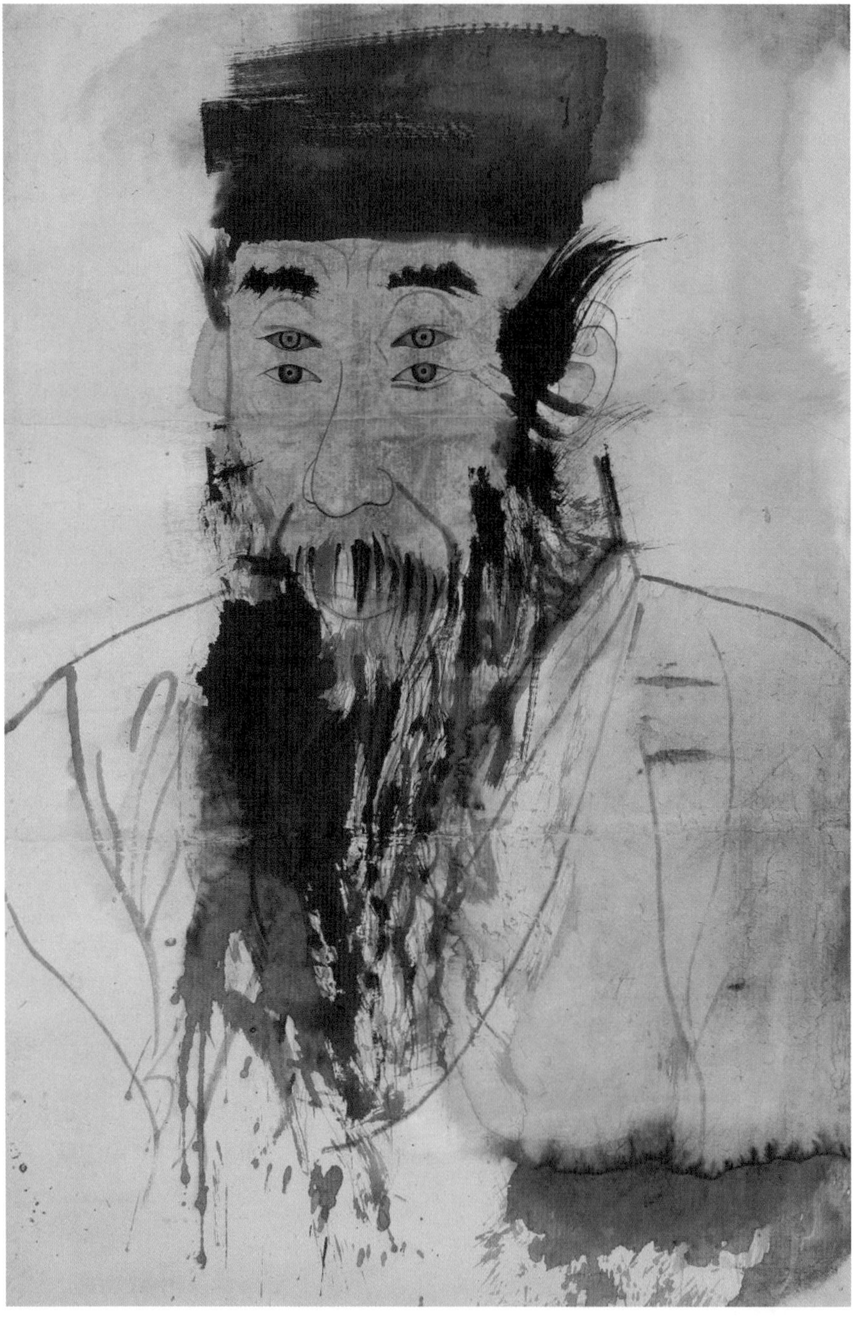

황희 정승, 135×100cm, 한지에 수묵채색, 1988

제1절 연구 목적

제4장의 연구 목적은 Vedung의 정책도구이론을 적용해서 지금까지 중앙정부가 한지정책과 사업을 어떻게 추진해 왔는지 살펴보는 데 있다. 전통한지 산업의 당면 위기를 타개하기 위해서는 그 어느 때보다 정부의 적극적 개입이 요청된다. 정부가 개입하려면 먼저 전통한지 활성화를 위한 정책이 준비되어 있어야 한다. 실효성 있는 유용한 정책과 사업을 준비하려면 선행연구가 중요한 시사점을 제공할 수 있다.

안타깝게도 전통한지 정책 분야 선행연구는 매우 미흡한 실정이다. 6개 중앙부처에서 1993년부터 2016년까지 실시한 22건의 연구사업, 문화체육관광부 등 3개 부 · 청에서 2015년부터 2021년까지 추진한 6건의 연구, 학계에서 1965년부터 2016년까지 12개 학회지 등재 관련 논문 140편, 18개 대학의 박사학위논문 41편에서도 전통한지 정책에 관한 논문은 없었다. 특히 행정학을 포함한 정책학적 접근과 모색은 부분적으로도 찾아볼 수 없었다.

한옥이나 한복, 한식에 관한 여타 전통문화 부분의 정책연구들이 활발히 진행되고 있는 데에 반해 한지정책에 관한 연구는 매우 미흡한 실정이다. 이에 전통한지 정책에 대한 기초연구가 시급하며, 이를 바탕으로 후속 연구들이 필요한 시점이다.

이에 본 연구는 전통한지 정책에 대한 기초연구로서 정책도구적 관점에서 접근하여 현황과 문제점을 분석해보고자 한다.

본 연구는 전체적으로 세 가지로 구성하고 있다. 첫째, 전통한지정책 도구유형 분석, 둘째, 전통한지 진흥정책 선호도 분석, 셋째, 전통한지 정책 대안 제시로 구성한다. 이 중 제4장 정책도구 유형 분석은 매우 중요한 의미를 담고 있다. 왜냐하면, 정책도구 유형 분석을 통해 현재의 한지 정책을 들여다볼 뿐만 아니라, 정책도구 유형 분석을 토대로 전통한지 진흥정책 선호도 조사를 하며, 활성화를 위한 실효성 있는 정책을 찾아내야 하는 데 초점이 두어지기 때문이다.

제2절 연구설계

1. 연구의 분석틀

제4장에서 수행할 전통한지정책 도구유형분석에서는 정책도구 단위에서 정책을 분석하기 위하여, 기존 정책도구론을 확장하여 아래와 같이 분석틀을 구성했다.

분석틀은 크게 2가지 단계로 구분된다. 첫 번째 단계는 정책기반에 관한 법적 근거를 살펴보았다. 정책도구는 정책대상의 이익을 침해하는 침익적 행정행위이거나 이익을 부여하는 수익적 행정행위이므로 법적 근거가 중요하다는 판단에서다. 중앙정부뿐만 아니라 지방정부 차원에서 어떠한 법적 근거가 있는지 확인할 것이며, 법률에서 정한 정책도구의 범위와 내용도 살펴보고자 한다. 법적 근거는 포괄성과 구체성의 측면에서 비판적으로 살펴, 정책도구의 현황을 객관적으로 확인하고 합리적인 개선방안을 도출하기 위한 기초자료로 삼고자 한다.

이어 정책도구는 규제, 지원, 정보로 나눠 살펴보겠다. 규제, 지원, 정보로 구분하는 것은 Vedung(1998)과 전영한(2007)을 비롯한 정책도구이론가들의 전형적인 구분과 일맥상통하기 때문이다. 규제는 정책대상자의 권리를 제한하고

[그림 5] **연구의 분석틀**

정책도구의 정책기반
법률, 조례 등 분석

정책도구의 세부현황	
규제	표준화, 의무화 등 분석
지원	보조금, 포상금 등 분석
정보	연구, 개발, 홍보 등 분석

의무를 부과하는 것이며, 지원은 정책대상자에게 물질적 자원을 제공하는 것이다. 정보는 연구를 통해 정보를 생산하고 홍보를 통해 정보를 제공하는 것을 의미한다.

규제에는 규제강화와 규제 완화가 있고, 지원에는 지원 확대와 지원 축소가 있다. 정보에서도 정보 확대와 정보축소가 있을 수 있다. 정책도구는 시계열 분석이 중요하다. 각각의 정책도구는 목표와 상황에 따라 그것이 충분할 수도, 충분하지 못할 수도 있다. 많은 종류의 정책도구가 있다고 하여 정책목표에 더 근접한다고 말할 수 없다. 요컨대 정책도구를 분석할 때는 목표와 상황에 걸맞은 해석이 요청된다.

2. 연구자료

이 연구는 정책도구에 관한 연구이므로 기본적으로 정부의 공식적 문헌 자료를 수집하여 검토하기로 했다. 중앙부처의 국고보조금 사업 자료는 한국재정정보원 국고보조금통합관리시스템에서 입수하고, 지방정부의 예산사업 자료는 ‘지방재정정보365’ 지방재정통합공개시스템에서 입수했다. 정보공개 포털을 통해 [표 34]와 같은 ‘원문공개’ 자료를, 문화체육관광부나 문화재청의 홈페이지를 통해 [표 35] 수집했다.

[표 34] 문화체육관광부 및 문화재청 한지 관련 원문공개 현황

부처명	제목	부서명	일자	유형
문화체육관광부	보존처리용 한지구입	국립 한글 박물관 전시운영과	19.11.21	지원
	전주한지 보존과 한지산업 활성화를 위한 업무협약 체결	학예연구실	18.3.16	정보
	중국 도주 박물관 교류전 “한국의 전통종이 전주한지” 개최	학예연구실	17.8.3	정보
문화재청	국가무형문화재 한지장 보유자 인정예고	무형문화재	21.5.8	정보
	이탈리아 문화재 복원재료 활용을 위한 한지 인증 시험 결과 보고	국립문화재연구소 복원기술연구실	19.8.2	정보
	한-이탈리아 한지인증시험 관련 부서 간 업무 조정 보고	국립문화재연구소 문화재보존과학센터	18.12.28	정보
	한-이탈리아 한지 인증시험 관련 부서 간 업무조정 알림	국립문화재연구소 문화재보존과학센터	18.12.28	정보
	한지 학술 심포지엄 개최 계획	국립문화재연구소 문화재보존과학센터	18.11.29	정보
	공무국외 출장 결과 보고 (한지의 문화재 복원재료 인증 행사 참석)	국립문화재연구소 문화재보존과학센터	18.11.7	정보
	문화재 복원용 전통한지 관련 고문헌 조사나 연구자료 집성 용역계획 보고	국립문화재연구소 복원기술연구실	17.5.10	정보
	공무 국외여행 결과 보고(한지의 문화재 복원재료 공식인증 기념행사 참석)	국립문화재연구소 문화재보존과학센터	17.1.16	정보

※ 2017.1월부터 2021.6월 말까지 추진한 사항을 정보공개 포털에 원문 공개한 내용임

[표 35] 문화체육관광부 및 문화재청 한지 관련 보도자료 현황

부처명	제목	부서명	일자	유형
문화체육관광부	2021년 한지 문화산업육성을 위해 지원사업 강화한다. - 한지수요 활성화 사업 함께할 지자체 8곳 선정	전통문화과	21.4.27	지원
	문체부장관 명의 표창장과 상장, 전통한지로 제작 - 전통한지 수요 창출과 한지산업 활성화를 위해 공공부문에 한지 사용 확산 -	전통문화과 운영지원과	21.2.16	지원
	전통한지 산업화·융합 중심, 한지 문화산업센터 개관 - 지역 공방과 협력, 전통한지 전시와 홍보, 판로 개척 등 지원 -	전통문화과	20.5.20	정보
문화재청	「한지장」 보유자로 김삼식, 신현세, 안치용 씨 인정예고 - 문화재청, 전통 종이 제조기술 보유 장인 '국가무형문화재 인정예고'	무형 문화재과	21.5.26	정보
	전통한지의 우수성과 가능성에 대하여 주제로 한지 학술 심포지엄 - 국립문화재연구소·국회 문화관광산업연구포럼 공동 주최 / 12.13. 국립고궁박물관	국립문화재연구소	18.12.10	정보
	한지, 이탈리아에서 문화재 복원재료로 인증받는다. - 대통령 방문 계기로 16일 이탈리아 로마에서 인증 행사 개최	국립문화재연구소	18.10.17	정보

※ 2017년 1월부터 2021년 6월 말까지 추진사항을 홈페이지에 게재한 내용임

이와 함께, 한지 업체에 관한 정보는 한지산업지원센터의 통계자료를 활용하기로 했다. 국내산 닥 생산량은 산림청 임산물 생산조사자료를 참고했다. 한지품질표시제 등 사업 관련 정부는 문화체육관광부와 한지산업지원센터 자료에서 확인하기로 한다. 인터넷에 공개되어 있지 않은 정부 자료는 정보공개제도를 활용하여 정보를 입수했다. 예를 들어, 한지의 산업표준(KS) 정보, 4대 궁궐 창호지를 한지로 보수한 실적 및 이탈리아에 문화재 복원재료로 한지를 수

출한 실적 등은 정보공개 청구를 통해 입수했다. 한편 법률 제정 현황은 국가법령정보센터(https: //www.law.go.kr)에서 확인하고 조례 제정 현황은 자치법규 정보시스템(https: //www.elis.go.kr)을 활용하였다. 이 외에 정부 및 관련 기관의 홈페이지에서도 정보를 입수하여 분석했다.

3. 분석 방법

정책 유형을 법률과 조례와 같은 정책기반에 관한 사항, 그리고 Vedung의 정책도구이론을 적용하여 규제정책, 지원정책 및 정보정책으로 나눈 다음 전통한지정책의 목표를 달성하는 데 기여했는지를 살펴보고자 한다. 앞서 전통한지 정책의 목표를 '전통한지 수요 창출과 전통한지 제조기술 계승·발전'으로 설정했다. [그림 6]과 같이 전통한지정책의 목표로 설정한 '전통한지 수요 창출과 전통한지 제조기술 계승·발전'을 기준으로 지금까지 추진한 정책이 목표달성에 기여했는지를 살펴보고자 한다.

[그림 6] **전통한지 정책의 목표와 분석기준**

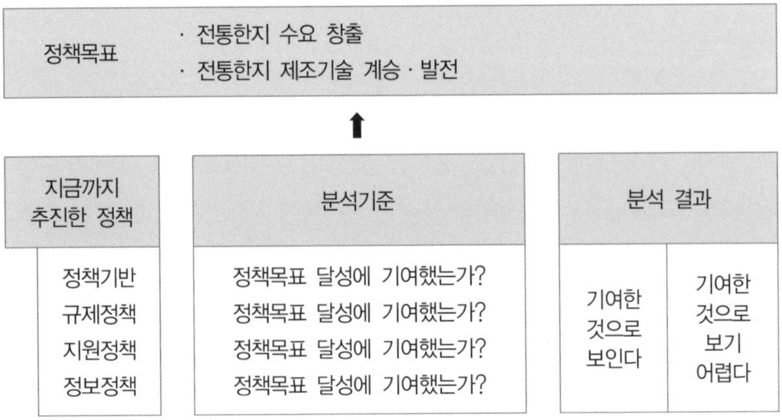

제3절 분석 결과

1. 정책기반

행정가는 행정 목적을 달성하기 위해 수단으로서 정책도구를 사용한다. 이런 정책도구는 정책대상자에게 이익을 침해하는 침익적 행정행위거나 이익을 부여하는 수익적 행정행위로 작용하게 마련이다. 침익적·수익적 행정행위에서의 법적 근거는 중요하다. 이에 한지 정책을 추진하는 정책기반으로서 중앙부처와 지방자치단체의 법적 근거를 분석하기로 한다.

전통한지는 우리가 올곧게 계승하고 보전해야 할 전통문화 중 하나이다. 대한민국 헌법 제9조는 “국가는 전통문화의 계승·발전과 민족문화의 창달에 노력하여야 한다”고 정하고 있다. 이러한 취지를 받들어 전통문화 보존 및 계승·발전을 위해 다양한 법률이 제정되어 시행되고 있다.

「문화예술진흥법」, 「문화재보호법」 등을 예로 들어보자. 「문화예술진흥법」 제1조는 “문화예술의 진흥을 위한 사업과 활동을 지원함으로써 전통문화예술을 계승하고 새로운 문화를 창조하여 민족문화 창달에 이바지함을 목적으로 한다”고 정하고 있다. 「문화재보호법」 제1조는 “문화재를 보존하여 민족문화를 계승하고, 이를 활용할 수 있도록 함으로써 국민의 문화적 향상을 도모함과 아울러 인류문화의 발전에 기여함을 목적으로 한다”고 정하고 있다. 이외에 「공예문화산업 진흥법」, 「무형문화재 보전 및 진흥에 관한 법률」 등의 법률도 전통문화와 관련되어 있다. 다만, 전통문화 관련 개별법의 제정 현황은 전통문화 종류에 따라 다르다.

전통한지에 관한 개별법은 존재하지 않는다. 현재까지는 「공예문화산업진흥법」에 근거하여 사업들이 시행되고 있는데, ‘공예품’을 “공예의 결과물로서 실용적·예술적 가치가 있는 물품"으로 정의하고, 우리 민족 고유의 전통적인 기술·기법이나 소재 등에 근거하여 제작한 전통공예의 제품을 포함한다고 규정하고 있다.

이에 따라 전통한지 제품을 공예품으로 간주하고 있다. 한편 20대 국회에서 「한지 문화산업 진흥법안」이 발의되었으나 임기 만료로 폐기되었으며, 21대 국회에서는 「전통한지 문화산업의 육성 및 발전에 관한 법률안」이 발의되어 있다. 제1조는 법률의 목적을 "전통한지 문화산업의 육성 및 발전에 필요한 사항을 규정함으로써 전통한지 문화산업 진흥의 기반을 조성하고 전통한지의 세계화에 이바지함을 목적으로 한다"고 정하고 있다. 법률은 17개 조문으로 구성되어 있는데, 전통한지 문화산업진흥 기본계획의 수립 및 시행에 관한 조항, 실태조사, 창업 및 제작 지원, 원재료 생산 및 시설 등의 지원, 전통한지의 연구개발 촉진 등의 내용을 담고 있다.

전주시의 「한지산업 육성 및 지원 조례」등 9개 지방정부에서 12개의 한지 관련 조례를 제정했다(자치법규 정보시스템, 2022). 내용별로는 한지산업 육성·진흥 관련 조례가 8개, 산업 특구 특례·테마파크 체험박물관 등 설치·운영 관련이 4개이다. 지방정부 별로는 2개 광역 지방정부(전라북도, 경상북도)와 7개 기초지방정부(원주시, 괴산군, 전주시, 완주군, 안동시, 의령군, 종로구)에 한지 조례가 제정되어 있다.

전통한지업체를 1곳 이상 보유한 전국 11개 시·군 중에서 한지 관련 조례를 제정한 곳은 6개 시·군에 불과하다는 점이다. 지방정부의 '한지' 관련 조례 제정 현황은 [표 36]과 같다. 전주시 한지산업 육성 및 지원 조례 등 9개 지방정부가 한지 관련 12개의 조례를 제정했다. 이 중 한지 육성 관련 조례는 원주시, 전주시, 의령군, 안동시 4개 시군에만 있다.

[표 36] 지방정부 한지 관련 조례 제정 현황

구분	시군 명*	한지산업 육성·진흥 관련 조례	산업 특구 특례, 테마파크·체험박물관 등 설치·운영
	11개 시군	4개 시군, 조례수 5개	4개 시군, 조례수 4개
1	경기 가평군	-	-
2	강원 원주시	원주시 옻·한지산업 육성 및 지원 조례	원주 옻·한지산업 특구에 관한 규제 특례조례 원주한지 테마파크 설치 및 운영 조례
3	충북 괴산군	-	괴산군 한지체험박물관 운영 및 관리 조례
4	전북 전주시	전주시 한지산업 육성 및 지원 조례	-
5	완주군	-	완주군 대승한지마을 관리 운영 조례
6	임실군	-	-
7	경북 안동시	안동시 한지산업 육성 및 지원 조례	-
8	문경시	-	-
9	청송군	-	-
10	경남 의령군	의령 전통한지 육성·지원 조례, 의령전통 한지 사용 촉진 조례	-
11	함양군	-	-

※ 기타 지방정부 한지 육성·진흥 관련 조례 – 전라북도 한지산업 육성 및 지원에 관한 조례, 경상북도 한지산업 진흥 조례, 서울특별시 종로구 한지 문화산업 진흥에 관한 조례 등 3개

* 시군 명(11개) – 19개 수록한지(손 한지) 업체 중에서 1개 이상 업체를 보유한 11개 시·군

※ 출처 : 자치법규 정보시스템(https://www.elis.go.kr)을 검색하여 정리(2021년 6월 말 기준)

2. 정책도구

가. 규제정책

① 서화 용지(Traditional Hanji Paper) 국가표준(KS) 재정 운영

전통한지에 관한 법률은 없을 뿐만 아니라 이와 관련한 제도적 장치를 찾기는 쉽지 않다. 문화체육관광부의 보도자료와 재단법인 한국전통문화전당 한지산업지원센터 등의 자료를 종합해 보면 2006년 제정된 서화 용지(Traditional Hnaji Paper)의 국가표준인 한국산업규격(Korean Industrial Standards, KS)과 2013년 시작된 한지품질표시제 정도가 있을 뿐이다.

우리나라는 국가표준[18]과 산업표준[19]을 제정하여 운영하고 있다. 창호지(Paper for window : Changhoji)와 장판지(Paper for ondol : Jang panji)는 1978년 8월 국가표준을 제정한 후 수 회에 걸쳐 개정하여 현재에 이르고 있다. 서화용지는 2006년 10월에 처음으로 국가표준을 정했다. 위 창호지와 장판지의 경우 닥 섬유 사용에 관한 내용을 담고 있으나 한글 또는 영문 명칭 및 내용 전

---

18 국가표준기본법 제1조(목적), 제3조(정의) 및 제4조(국가 등의 책무)에 의하면 국가표준은 국가사회의 모든 분야에서 정확성, 합리성 및 국제성을 높이기 위하여 국가적으로 공인된 과학적·기술적 공공기준으로서 측정표준·참조표준·성문표준·기술 규정 등 법에서 규정하는 모든 표준을 말한다. 국가표준 제도를 운용하는 것은 과학 기술의 혁신과 산업구조 고도화 및 정보화 사회의 촉진을 도모하여 국가경쟁력 강화 및 국민복지 향상에 이바지하는 데 목적이 있다. 요컨대 정부는 국가표준제도의 확립을 위하여 국가표준의 개발과 활용을 촉진하고, 그 기반을 조성하기 위한 각종 시책을 수립하며, 이에 따른 법제상, 재정상, 그 밖에 필요한 행정상의 조치를 하고 지방자치단체는 국가표준에 맞게 조례 등 자치법규를 제정·집행하도록 노력해야 한다.

19 산업표준화법 제4조(산업표준심의회), 제5조(산업표준의 제정 등) 및 제11조(산업표준의 고시) 등에 의거 적정하고 합리적인 산업표준을 제정·보급하고 품질경영을 지원하여 광공업품 및 산업활동 관련 서비스의 품질·생산효율·생산기술을 향상하고 거래를 단순화·공정화(公正化)하며 소비를 합리화함으로써 산업 경쟁력을 향상하고 국가 경제를 발전시키기 위해 산업표준을 제정·운영한다. 같은 법 제12조(한국산업표준)에 따라 고시된 산업표준을 한국산업표준(KS－Korea Industrial Standards)이라고 한다.

반에 '한지'로 한정할 만한 요건이 부족하다. 한편, 본 고는 주로 전통한지를 다루고 있으므로 영문 명칭 및 내용면에서 한지와 관련성이 깊은 서화 용지만 살펴보고자 한다.

서화 용지에 대한 산업표준은 2006년 10월 최초로 제정되었고 2011년 12월 개정되었으며, 2016년 12월에는 영문명을 'Tradition Paper'에서 'Traditional Hanji Paper'로 변경하고, '수록지'를 '수초(록)지'로 변경, 개정했다. 2006년 10월 처음으로 서화 용지에 대한 산업표준을 정한 이유는 합리적인 산업표준의 제정과 보급을 통해 생산기술을 향상하고 소비를 합리화함으로써 산업 경쟁력을 높이고 국가 경제를 발전시키는 데 있었다. 서화 용지 또는 전통한지에 대한 국가표준을 정하는 취지는 바람직한 조치로 보인다.

2016년 12월 서화 용지 영문명을 'Tradition Paper'에서 'Traditional Hanji Paper'로 개정함으로써 서화 용지가 '전통한지'임을 보다 명확히 했다고 볼 수 있다. 그런데도 펄프·제지전문위원 회의 원안 작성 협력 및 산업표준심의회의 심의를 거친 위 서화 용지 국가표준은 전통한지와는 거리가 있어 보인다. 산업 측면에서 필요한 경우 다양한 종류의 '한지 표준'을 제시하는 것도 의미는 있겠지만 '전통한지 표준'이라면 전통한지에 적합한 재료와 제작방식을 준수해서 만들어 새롭게 표준을 제시할 필요가 있다.

위 서화 용지 국가표준(KS)은 다음과 같은 측면에서 문제점을 지적할 수 있다. 첫째, 전통 방식의 한지 제조에서는 화학적인 재료를 사용하지 않아야 한다. 따라서 현재 화학-종이·펄프로 분류한 것은 재검토가 필요하다. 현행 국가표준은 (A) 기본, (B) 기계 … (M) 화학 … (Z) 기타로 분류된다. 서화 용지는 (M) 화학-(M15 종이 · 펄프)로 분류되어 있다. 즉, (A) 기본-(A15 문화)로 변경하는 등의 합리적 조정이 필요하다.

둘째, 주원료를 닥 섬유에서 국내산 닥 섬유로 변경할 필요가 있다. 국내산 닥과 비교해 3~16배 이상 저렴한 가격인 동남아산 닥을 전통 방식으로 매끄럽게 처리하다 하면 보풀이 심하고 품질이 떨어지는 것으로 알려져 있다. 또한, 수입 닥으로 만든 제품을 전통한지로 볼 것인지에 대한 논란도 있으므로 주원료는 국내산 닥으로 정하는 방안이 필요하다.

셋째, 부원료를 명시해야 한다. 주원료인 닥 섬유 이외에도 정해(닥 삶기) 단계에서 사용되는 잿물은 반드시 천연잿물을 사용하도록 하고 초지(종이 뜨기) 단계에서 사용되는 분산제(닥풀)는 황촉규나 느릅나무와 같은 식물 별점 물약을 사용하도록 정해야 한다.

넷째, 섬유를 구해(두드림) 단계에서 칼비터 또는 동등한 설비를 이용하도록 했는데 이는 전통 방식이 아니므로 닥 방망이를 사용하거나 이와 동등한 설비를 사용하는 게 옳다. 다섯째, 인쇄적성 향상에 관한 보다 구체적인 방법의 제시가 필요하다. 인쇄적성 향상을 위해 수록지에 일력이랑(calendering)을 할 수 있도록 하면서 보존성에 영향이 있는 물질을 사용하지 않도록 했다. 카렌더링은 물의 흡습성을 증가시키고 종이에 광택을 부여해 주는 광내기 작업이라고 볼 때 전통 방식의 도침을 염두에 둔 것 같다. 앞서 언급한 바와 같이 행정안전부에서 인쇄 가능한 한지를 구할 수 없어 유사한지를 훈장증에 사용했던 것을 볼 때 2015년 행정안전부가 시행한 사업 이전에는 일반적으로는 보존성에 영향이 있는 물질을 사용하지 않으면서 인쇄가 가능한 전통한지를 제작하는 것이 불가능했다. 즉 더 구체적인 방식을 제시해야 한다.

여섯째, 포장마다 표시하도록 한 사항 중에 제조국 명이 있다. 일반적으로 전통한지는 한국에서 생산된 원료를 사용하고 전통적인 제작방식으로 만든다. 외국에서 제조하는 한지를 포함해야 할 것인지에 대한 설명이 부족하다. 일곱째, 한국산업규격(KS)의 목표는 생산효율·생산기술을 향상하고 거래를 단순화·공정화하며 소비를 합리화함으로써 산업 경쟁력을 향상하는 데 있다. 서화용지 한국산업규격(KS)의 성과적 측면에서 검토할 때 목표를 달성했다고 보기 어렵다.

② 한지품질표시제 시행

문화체육관광부가 2013년도에 추진한 '한지품질표시제'는 한지 제품의 인지도를 높이고 신뢰성을 확보하기 위해 생산자, 제조 방법 및 원산지 등 제반 사항을 표기하는 제도다. 생산자에게는 좋은 한지의 생산을 유도하고 소비자에게는 신뢰를 주기 위해 마련되었다. 이 사업은 한지 생산자의 자긍심 고취 및 한지의 가치향상과 브랜드화를 목적으로 추진됐다. 문화체육관광부가 후원하고 전주시 소재 한지산업지원센터가 품질표시제를 운영하는 한편 한국공예디자인문화진흥원이 홍보와 참여업체 지원을 맡았다. 내용으로는 생산자, 취급자와 더불어 주원료, 보조원료, 증해 방법, 표백 방법, 초지 방법, 건조 방법, 도침, 무게 달기 종류 및 용도를 표시했다. 포장지는 닥 섬유 함량에 따라 국산닥 100%는 자색, 100% 미만은 청색, 기계지는 녹색으로 표시했다.

하지만 한지품질표시제도는 다음과 같은 문제점을 지적할 수 있다. 첫째, 정보공개 청구 결과 2017년 한지품질표시제 등록업체 수가 41개, 2018년 41개, 2019년 12개였지만, 2020~2021년에는 정보 자체가 없었다. 2019년 실태조사에 따르면 수록업체 21곳 중 7곳만이 한지품질표시제를 수행하고 있다고 답했으며 제도에 대한 만족도도 상당히 낮았다. 둘째, '한지품질표시제'는 한지의 보존성과 밀접한 관련이 있는 내절강도 등의 표시가 없으며 한지 제조공정의 핵심기술인 도침을 어떻게 하는지에 대한 기준이 없는 점 등을 볼 때 표준화나 전통한지 제작 표준 명세서의 용도로 활용하기에는 부족하다는 한계를 지적할 수 있다.

셋째, 1996년 전국 수록한지 업체 수가 64개소에 이르던 것이 2012년에는 28개소로 감소했으며 2013년 한지품질표시제 시행 이후에도 계속 줄어들어 2021년 12월 현재에는 19개 업체에 불과하다. 게다가 문화체육관광부나 문화재청 등의 문화재 수리, 복원사업에서도 '한지품질표시제'를 준수하는 품질관리를 명확하게 하고 있지 않다. 이런 점에 비춰 한지품질표시제는 문화체육관광부가 제시한 '한지의 신뢰성을 회복하고, 한지 보급 활성화를 유도한다'라는 정책목표를 달성했다고 보기 어렵다.

넷째, 이 사업은 추진체계에 있어 문화체육관광부가 후원하고 한지산업지원센터와 재단법인 한국공예디자인문화진흥원이 추진함으로써 문화체육관광부나 문화재청 등 중앙부처는 물론 전라북도와 전주시 등 지방자치단체가 중심적인 역할을 하지 못했으며 이로 인해 추진 동력이 약화한 것으로 파악된다. 다섯째, 수요 확대 측면에서 볼 때 한지품질표시제 정착을 위해서는 한지의 안정적인 수요처 확보가 전제돼야 했다. 하지만 그동안 한지정책에서는 신규수요 창출을 이끌지 못했기 때문에 한지품질표시제가 정착하기 어려웠다. 한지산업의 진흥을 위해서는 한지의 품질개선 → 신뢰 향상 → 소비촉진 → 생산증가 및 품질개선으로 순환되어야 한다. 생산자 관점에서 표준을 준수하더라도 여전히 수요가 없고 정부나 지방자치단체 등에서도 제값을 주고 구매하지 않는 상황이 지속한다면 소비촉진 → 생산증가 → 품질개선을 기대하기는 어렵다.

여섯째, 한지품질표시제 사후 관리 측면에서는 허위 표시 여부를 확인하고 발견될 경우 제재하는 장치가 없어 신뢰성을 높이는 데 한계가 있다. 국산 닥이 아닌 저품질의 수입 닥 사용, 천연잿물 대신에 양잿물 사용, 두드리는 고해작업 대신에 비터 사용, 황촉규 등 식물 분산제를 사용하는 대신 팜 사용, 저온건조가 아닌 고온 건조를 하는지에 대한 검증기능이 사실상 없다.

일곱째, 소비자 관점에서 볼 때 직사광선을 피하고 한지로 포장해서 간접적으로 공기를 유통하도록 하고, 습기가 없는 장소에서 무거운 것으로 눌러 평활도를 좋게 하도록 하는 등의 보관 및 사용 방법에 대한 안내가 부족했다.

③ 지류문화재의 수리·복원에 사용되는 한지의 품질기준

지류문화재의 수리·복원에 사용되는 한지도 품질기준이 없는 실정이다[20]. 2016년 국회에 제출한 문화재 수리·복원용 한지규격에 의하면 닥 섬유, 외발,

가로, 세로, 무게, 무게 달기, 밀도에 관한 품질기준만이 있을 뿐이다. 국립문화재연구소(2016)의 한지규격은 행정안전부(2015)가 정립한 훈장 등 정부포상증서 제작용 한지 품질 규격과 국가기록원(2017)의 한지구입 입찰공고문의 규격에 비해서도 자세하지 못하다. 지류문화재의 수리·복원에 사용하는 한지의 품질기준에서 천연잿물, 황촉규와 같은 재료, 표백, 고해, 건조 및 도침과 같은 제조방식, pH(수소이온농도)조차 명시돼 있지 않은 점은 문제이다. 국립문화재연구소와 행정안전부, 국가기록원의 한지규격을 비교하면 아래 [표 37]과 같다. 행정안전부 한지규격이 가장 구체적인데, 재료, 제조방식, 규격 및 품질을 엄격히 적용하여 공개 경쟁을 통해 전통한지를 사들인 후 전통적인 방식의 도침(표면처리)을 실시하여 훈장 증서를 제작하고 있다.

[표 37] 국립문화재연구소·국가기록원 등 한지규격

구분		문화재청 국립 문화재연구소 (2016년 7월)	국가기록원 입찰공고문 (2017년 3월)	행정안전부 훈장증서 제작용 한지 (2015년 12월)
재료	1. 닥 섬유	○ (닥 섬유)	○ (국내산 닥)	○ (국내산 닥)
	2. 증해(천연잿물)		○	○
	3. 분산제(황촉규 등)		○ (황촉규, 소다회)	○ (황촉규, 식물성)

20 문화재 수리 및 복원에 사용하는 한지에 관한 규정이 없는 것과 관련하여 문화재청 문화재보존과학센터에 질의한 결과, "문화재 수리 및 복원에 사용하는 한지는 대상 문화재의 두께, 재질, 보존상태 등을 복합적으로 고려하여 사용한다"라며, "문화재 수리 및 복원에 사용하는 한지에 관한 규정은 현재 없다."고 답변받았다. 문화재보존과학센터가 문화재 수리 및 복원에 사용하는 한지는 대상 문화재의 두께, 재질, 보존상태 등을 복합적으로 고려하여 사용한다는 견해에 전적으로 공감한다. 하지만 질의 회신을 통해 밝힌 바와 같이 문화재 수리 및 복원에 사용하는 한지에 관한 규정이 없다는 부분은 문제이며, 한지의 주원료, 부원료 등 재료와 제조방식 및 pH 등의 내용을 기준으로 하는 규정도 조속히 마련할 필요가 있다. 문화재청 국립문화재연구소 문화재보존과학센터－2481(2018.10.22)

구분		문화재청 국립 문화재연구소 (2016년 7월)	국가기록원 입찰공고문 (2017년 3월)	행정안전부 훈장증서 제작용 한지 (2015년 12월)
제조방식	4. 외발	○	○	○
	5. 표백(일광유수)		○ (일광)	○ (일광유수)
	6. 고해(두드림)		○	○
	7. 건조		○	○
	8. 도침(표면처리)		○	○
규격및품질	9. 평량	○	○	○
	10. 두께	○	○	○
	11. 밀도	○	○	○
	12. 내절강도			○
	13. 투기도			○
	14. 평활도			○
	15. pH(수소이온농도)		○	○
	16. 잡티 · 이물질	×	○	○

※ 출처 : 문화재청 국립문화재연구소 문화재보존과학센터 – 2482(2018. 10. 22.) 정보공개, 행정자치부 『훈포장증서 등 품격향상 추진 성과보고서』(의정 담당관 – 5100(2015. 12. 8)

④ 30년 이상 보존기록물 기록재료

공공기록물 관리에 관한 법률 시행규칙 제38조에 의하면 [표 38]과 같이 30년 이상 보존해야 하는 기록물의 기록재료에는 한지류 등 종이를 사용하도록 근거가 마련돼 있다. 하지만 보다 구체적인 기준이 없어 한지 소비로 연결되지 못하고 있다. 기록재료 관련 규정[21]에 보다 상세한 내용이 없다.

21 기록물 재료 관련 규정은 다음과 같다. 공공기록물 관리에 관한 법률 제29조(기록 매체 및 용품 등) ② 중앙기록물 관리기관의 장은 기록물 관리에 사용되는 기록 매체 · 재료 등에 관하여 보존

[표 38] 30년 이상 보존기록물 기록재료 기준

구분	재료 기준	비고
종이	- 문서의 작성은 한지류 및 보존 용지 1종인 보존복사 용지, 보존 백상지, 보존 아트지로 작성 - 문서의 보관은 보존용 판지로 제작된 장기 보존용 표지 또는 보관 용기에 보관	- 보존 용지 1종 규격 화학펄프 100%, pH7.5 이상, 탄산칼슘 2% 이상 - 보존용 판지 규격 pH7.0 이상, 산소 제거 칼슘 3% 이상
잉크	- 먹, 탄소형 · 안료형잉크, 보존용잉크 사용	- pH7.0이상, 내광성 4호 이상, 산 · 알칼리 용액(표백제 포함)에 무변화
필기구	- 사무용프린터용 토너, 탄소형 사인펜, 흑색 안료형 필기구류 및 보존용 필기구류	- pH7.0이상, 내광성 4호 이상, 산 · 알칼리 용액(표백제 포함)에 무변화

※ 공공기록물 관리에 관한 법률 시행규칙 제38조 [별표15]

전통한지 규제정책을 살펴보면 구체적이지 못하다. 즉, 전통한지정책의 목표인 "한지 수요 창출과 한지 제조기술의 계승·발전"에 이바지했다고 보기 어렵다. 국가표준의 제정이나 한지품질표시제의 실시는 산업의 역동성을 떨어트리지 않으면서 산업을 활성화할 수 있는 규제 수단으로서 필요성이 인정되며 한지 보급 활성화에 이바지할 것이라는 기대가 컸다(문화체육관광부, 2021). 한국산업규격 마크와 포장지 색상의 사용을 제한함으로써 한지의 품질 및 가격에 대한 소비자들의 신뢰도를 높여 소비자들의 전통한지 구매를 도울 수 있다.

에 적합한 규격을 정하여야 하며, 그 규격의 제정·관리 및 인증 등에 필요한 사항은 대통령령으로 정한다. 공공기록물 관리에 관한 법률 시행령 제61조(기록 매체 및 재료규격 제·개정 등) ① 법 제29조 제2항에 따라 중앙기록물 관리기관의 장이 기록 매체 및 재료의 규격을 제·개정, 폐지하고자 할 때는 국가기록관리위원회의 심의를 거쳐야 한다. 이 경우 표준 관련 사항은 전문위원회에 사전 심의를 의뢰할 수 있다. ② 중앙기록물 관리기관의 장은 제1항에 따라 확정된 규격을 관보 또는 정보통신망을 통하여 고시하여야 한다. ③ 기록 매체 및 재료규격 등의 인증은 중앙기록물 관리기관에서 시행하되, 전문적인 시험이 필요한 경우에는 인증업무의 일부 또는 전부를 공인된 전문시험·검사기관에 의뢰하여 실시할 수 있다.

그러나 한국산업규격의 내용은 전통한지의 요건과는 거리가 멀고 한지품질 표시제는 강제성이 크지 않아 유통업체의 순응도가 낮았다. 상당 시간이 흘렀는데도 두 제도가 자리 잡지 못하자 소비자들은 유통업체를 통한 고가의 전통한지 구매를 꺼리는 것으로 알려져 있다. 생산자를 직접 찾아 구매하는 일이 빈번해지는 등 전통한지 보급에 한계를 드러내고 있다. 전통한지의 정확하고 자세한 기준을 세우고, 일정 규제를 지원과 연계시킴으로써 실효성을 확보하는 방안을 찾아야 할 시점이다.

나. 지원정책

① 중앙정부의 국고보조금 사업과 지방정부의 지방비 사업

중앙정부의 전통한지 국고보조금 사업은 [표 39]와 같다. 전통한지 지원사업은 전통 한옥보다는 규모가 작지만, 그렇다고 작다고 말할 수 없는 수준이다. 2017년 1월부터 2021년 6월까지 문화체육관광부가 14억 5천만 원의 예산으로 추진한 〈2021년 한지 분야 육성지원사업(한국공예디자인문화진흥원)〉을 비롯하여 7개 중앙부처의 총 100개 사업에 109억 6,300만 원의 국고보조금 사업이 시행됐다.

[표 39] 중앙정부 한지 지원정책(국고보조금 사업)

사업명(개)	보조사업자(개)		사업비(백만 원)					비고
	민간 이전	출자 출연·지자체	국고	지자체	자기 부담	기타 부담금	합계	
2021년 한지 분야 육성지원(한국공예디자인문화진흥원, 14억5천만 원) 등 4개 부처 18개 사업	8	10	2,351	208	2		2,562	2021

사업명(개)	보조사업자(개)		사업비(백만 원)					비고
	민간 이전	출자 출연·지자체	국고	지자체	자기부담	기타 부담금	합계	
2020년 한지 분야 육성지원(한국공예디자인문화진흥원, 10억 원) 등 4개 부처 19개 사업	12	7	1,718	135	–	1,800	3,653	2020
2019년 한지 분야 육성지원(한국공예디자인문화진흥원, 11억3천만 원) 등 2개 부처 20개 사업	17	3	2,418	96	56		2,570	2019
전통한지생산시설구축사업(전주시, 9억2천만 원) 등 3개 부처 21개 사업	15	6	2,731	363	3		3,098	2018
2017년 한지 분야 육성지원사업(한국공예디자인문화진흥원, 5억 원) 등 문체부 22개 사업	13	9	1,745	371	95		2,211	2017
100개 사업	65	35	10,963	1,173	156	1,800	14,094	

※ 출처 : 한국재정정보원 국고보조금통합관리시스템에서 취합하여 정리함.

한국재정정보원*의 국고보조금통합관리시스템(e나라도움) – 통계센터 – 보조사업 현황 – 보조사업별 – (회계연도 · 중앙부처 · 보조사업"한지") – 보조사업목록

※ 설립 근거 : 한국재정정보원법(2016.5.23. 시행, 2016.3.22. 제정)

65건은 민간 이전으로 35건은 출자·출연기관과 지방정부를 통해 사업을 추진했다. 2021년도 사업 현황은 [표 40]과 같다.

[표 40] 2021년 중앙정부 부처별 한지 관련 국고보조금 사업 현황

사업명	주관 부처	보조사업자	사업비(천원)			
			국고	지자체	자부담	합계
한국 전통 향(香)을 담은 '한지 아로마스	행안부	조이조이	4,000	3,000		7,000
무형문화재 전수 교육학교 운영지원사업(한지장)	문화재청	충북대학교 산학협력단	100,000			100,000
의령의 꿈 "꽃 피워라 한지"	여가부	의령군 청소년 수련관	9,200			9,200
박물관 문화가 있는 날 ('우리의 색 한지'–민화 화첩 병풍 만들기)	문체부	옛터민속 박물관	5,000			5,000
연수 단원 시각예술 사단법인 한지개발원	문체부	사단법인 한지개발원	18,300		1,830	20,130
지역 한지 수요 활성화 지원사업	문체부	전라북도 전주시	20,000			20,000
지역 한지 수요 활성화 지원사업	문체부	(재)한국 전통 문화전당	20,000			20,000
한류연계 협업콘텐츠(한지) 기획개발지원	문체부	한국공예 디자인 문화진흥원	500,000			500,000
한지 분야 육성지원	문체부	한국공예 디자인 문화진흥원	1,450,000			1,450,000
한지 분야 육성지원사업	문체부	대승 한지마을 한옥 전통문화 체험관	30,000	30,000		60,000

사업명	주관 부처	보조사업자	사업비(천원)			
			국고	지자체	자부담	합계
Sound of Hanji (사운드 오브 한지)	문체부	사단법인 한지개발원	4,600			4,600
지역 한지수요 활성화 지원	문체부	경상북도 문경시	20,000	20,000		40,000
전통한지 수요 활성화 지원사업	문체부	경기도 가평군	40,000	40,000		80,000
지역 한지 수요 활성화	문체부	전라북도 완주군	30,000	30,000		60,000
한지 체험시설 및 닥나무 단지 조성	문체부	충청북도 괴산군	20,000	20,000		40,000
한지 문화예술 씨앗 심기	문체부	사단법인 한지개발원	20,000	20,000		40,000
한지 문화제 육성	문체부	강원도 원주시	40,000	41,175		81,175
한지 테이블 인형극	문체부	고마아토 주식회사	20,000			20,000
합 계			**2,351,100**	**204,175**	**1,830**	**2,557,105**

※ 출처: 한국재정정보원 국고보조금통합관리시스템(e나라도움) – 통계센터 – 보조사업 현황 – 보조사업별 – (회계연도 · 중앙부처 · 보조사업"한지") – 보조사업 목록〈2021.6.30 기준〉

지방정부에서도 한지 관련 사업을 시행하고 있다. 원주시를 비롯한 11개 지방자치단체가 96개 사업에 총 231억 6,100만 원의 지방비예산을 편성하여 사업을 추진했다. 국고보조금 사업까지 합치면 196개 사업에 총 341억 2,400만 원에 이른다[표 41].

[표 41] 11개 지방정부 한지사업 현황

년도	사업명	예산현액(백만 원)					
		국비	지방비			기타	합계
			소계	시도비	시군비		
21	원주시 대한민국 한지대전 지원사업 총 21개 사업	1,057	**7,243**	1908	5,335	1,679	9,980
20	전주시의 전주한지 산업대전 등 총 20개 사업	1,572	**3,775**	27	3,748	1,800	7,147
19	원주시의 한지 문화제 육성 등 총 16개 사업	1,522	**5,007**	25	4,982		6,529
18	전주시의 전주한지 문화축제 등 총 17개 사업	1,158	**3,884**	15	3,869		5,042
17	원주시의 중국 한지 문화 교류 지원 총 22개 사업	356	**3,252**	145	3,107		3,608
계	총 96개 사업	5,665	**23,161**	2,120	21,041	3,479	32,306

※ 출처 : 연구자가 지방재정 365 지방재정통합공개시스템에서 취합하여 정리

중앙정부와 지방자치단체는 2017년 1월부터 2021년 6월 말까지 한지와 관련, 총 341억 2,400만 원의 국비와 지방비예산을 투입하였음에도 불구하고, 전통한지업체에는 도움이 크지 않았던 것 같다. 중앙부처나 지방자치단체는 경영난을 겪고 있거나 실제로 폐업 위기에 직면해 있는 전통한지업체들을 대상으로 시설·장비 구축이나 수리지원 및 종이구입 등 직접적으로 재정지출을 한 경우는 드물었다.

문화체육관광부와 전통한지업체를 1개 이상 보유한 11개 지방자치단체를 대상으로 19개 전통한지업체에 직접 지원하거나 종이구입 등으로 비용을 지출한 현황을 정보공개 청구했다. 그 결과, 2017년 1월부터 2021년 7월말까지 19

개 전통한지(수록한지) 업체에 직접적으로 재정을 지원하거나 종이구입 등에 비용을 지출한 금액은 [표 42]와 같이 총 46건 6억 6,900만 원에 불과했다.

[표 42] 전통한지업체 직접 지원 및 비용지출 현황

구분	계	문화체육관광부	가평군	원주시	괴산군	전주시	완주군	임실군	문경시	안동시	청송군	의령군	함양군
건수	46	없음	3	없음	예정	30	없음	2	없음	없음	10	1	없음
금액(백만원)	669	없음	13	없음	–	170	없음	359	없음	없음	97	30	없음

※ 출처 : 2017년 1월부터 2021년 7월까지 전통한지업체에 작업장 수선, 닥나무 재배 및 종이구입 등 직접 지원 또는 직접 비용을 지출한 실적임

② 조선왕조실록 복본화 사업과 한지 수요 창출

전주시는 2008년부터 2016년까지 문화체육관광부의 예산지원 등 총 33억 원을 들여 '조선왕조실록 복본화사업'을 실시했다. 이 사업은 "전통한지의 대량 수요를 창출하고 찬란했던 기록유산을 바탕으로 전통한지 제조기술을 계승하는 한편 전통한지를 세계적인 문화재 복원 용지로 키워나간다."는 목적으로 시행했다. 전국의 22개 전통한지업체가 참여했고 전통한지 수매량은 4만여 장에 이르렀으며 전통한지 구입비로 총 8억여 원이 지출되었다. 사업 결과 얻게 된 조선왕조실록 복본은 국내외 각종 행사에 전시되었으며 복본 전시를 통해 국민에게 복본의 중요성을 알리고 한지 수요 창출의 필요성을 인식시키는 데 크게 이바지했다.

하지만 당시 수록한지 업체로부터 사들인 한지는 기계에 걸려 인쇄가 불가했다. 이에 현대식 프린팅 기술을 접목했다. 이 기술[22]은 동물 가죽에서 나오

는 콜라젠을 가열하여 형성한 젤라틴을 물에 희석하고 희석된 수용액에 한지를 담갔다가 건조 시키는 방법이었다. 당시 일부 전문가들은 이 경우 콜라젠의 단백질 성분이 한지에 남게 되어 한지의 가장 중요한 특성인 보존성을 약화한다는 등의 견해[23]를 내놓았다. 또한, 고품질의 한지를 사들이고서도 전통 방식의 표면처리를 하지 못함으로써 한지를 다른 종이로 변질시켰다는 주장도 제기됐다. 소비촉진 차원에서는 조선왕조실록 복본화사업은 일회성에 그쳤다는 문제점을 꼽을 수 있다.

전주시 자료에 의하면 조선왕조실록 복본화사업의 목표는 한지의 새로운 수요 창출과 12개 전통한지업체의 소득증대 및 전통한지 제조기술의 계승발전 등이었다. 일회성에 그친 이벤트성으로 목표 달성에 이바지했다고 보기는 어려운 측면이 있으나 한지 소비 활성화에 기여했다는 평가가 나왔다.

③ 정부 부문에서의 한지구입 및 소비

중앙정부, 지방정부 및 공공기관 등 정부 부문에서의 한지구입 및 소비가 절실한데도 정부 부문에서는 소비가 이루어지지 않고 있다.

종전 문화재청에서는 유네스코 세계문화유산에 등재된 창덕궁을 비롯한 경복궁, 창덕궁, 덕수궁, 창경궁 등 4대 궁궐의 창호지에 대부분 수입 닥을 사용했다. 2020년 11월에서야 전부 한지를 사용하기로 했다. 한지를 사용하지 않는 것은 문화재청만이 아니다. 조달청 나라장터를 통해 2014년부터 2018년까지

---

22 인쇄용 한지 제조 방법(특허등록 1005153970000, 2005. 9. 8.)

23 전 철, (2013)은 "조선왕조실록 제작 당시의 한지는 정성을 들여 일광 및 흐르는 물에서 표백했기 때문에 백색도가 50±5% 정도를 나타내는 것으로 일반적이고, 도침이라는 가공 기법만을 이용한 것이다. 그러나 복본용으로 사용된 원지의 상태를 보면 표백을 세척에만 의존한 탓에 백색도가 너무 낮고, 사이징 개념이 아닌 출력 및 인쇄할 수 있도록 도포 처리하였다. 도포제는 직접 열화의 원인이 된다는 것을 간과하였다"고 했다.

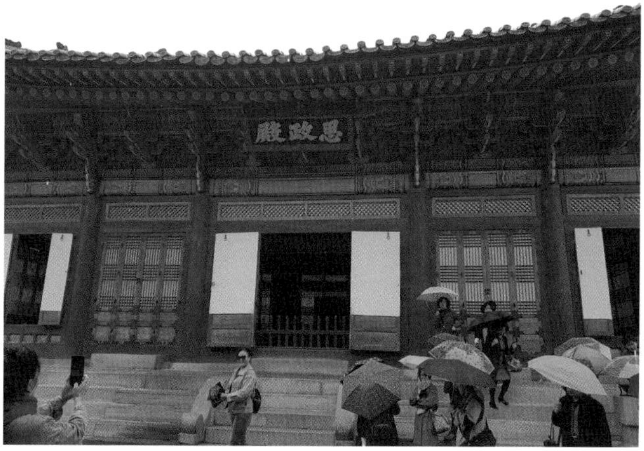

2019년 4월 10일 경복궁 창호지

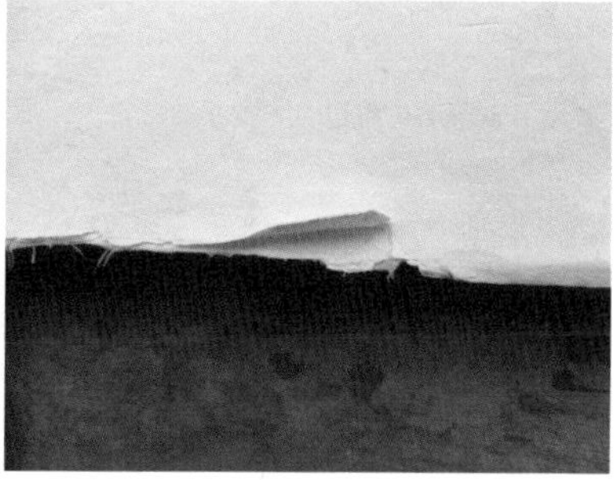

2019년 4월 10일 경복궁 창호지

세계일보

2019년 11월 02일 토요일 014면 문화

4대 궁궐에도 쓰지않는 '위기의 전통한지'

日 식민시대 거치며 거의 일본화
"한국에 전통 한지는 없다" 확인

김호석화백 등 분야별 전문가 4인
신라~조선 이어온 한지 원형 탐구
"전통기법 복원 급선무" 문제 제기

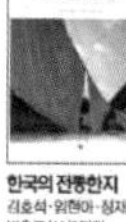

한국의 전통한지
김호석·임현아·정재민·박후근/선/2만원

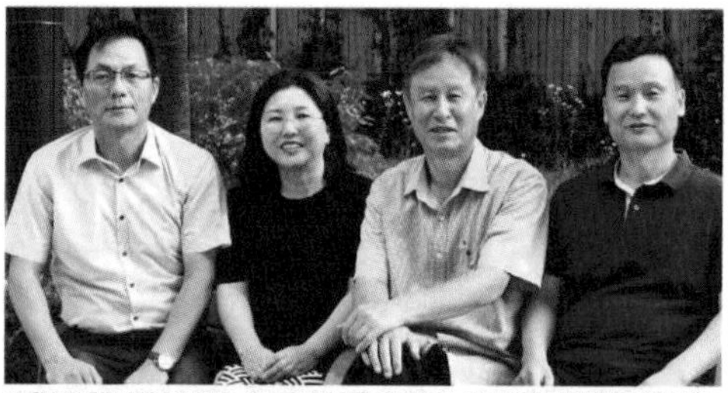

'전통한지' 제조기법의 근원을 찾아낸 저자들. 왼쪽부터 정재민 산림청 국립수목원 박사, 임현아 한지산업지원센터 연구개발실장, 수묵화가 김호석 화백, 박후근 국가기록원 행정지원과장.

박태해 선임기자 pth1228@segye.com

한지는 우리나라를 대표하는 전통문화 유산 중 하나다. 한지는 닥나무 껍질인 인피섬유를 원료로 제조한 우리 고유의 종이를 말한다. 일반종이의 원료인 목재펄프에 비해 조직 자체의 강도가 뛰어나고 섬유와 결합도 강해 질긴 종이를 만들 수 있다. 한지라면 어릴 적에 부모님이 깨끗한 새 한지로 방문과 창문을 바르던 창호지를 떠올리는 사람이 많다. 또 옛날부터 아기를 낳으면 처마 밑에 새끼줄로 금줄을 치고, 금줄에 한지 조각을 끼워놓았다. 한지가 길지리고 부르는 옛 민음에 기인한다. 그만큼 쓰임이 많았다.

하나 언제부터인가 한지에 대한 일반의 관심은 싸늘하다. 오죽하면 국내 유일의 국가무형문화재 한지장이 "인간문화재는 영광이지만 한지를 한 장도 안 사가서 서운하다"고 토로할 정도다.

'한국의 전통한지'는 잊혀가고 있는 전통한지 원형에 대한 연구 결과물이라 할 수 있다. 성철스님, 법정스님, 노무현 전 대통령 안불화로 유명한 수묵화가 김호석 화백이 분야별 한지 전문가들과 출간한 노작이다. 김 화백은 40여년간 수묵화의 재료인 전통한지를 연구했으며 한국 고유의 한지를 사용하여 작품을 하는 몇 안 되는 화가 중 한 명이다. 그는 특히 조선시대 후기부터 1910년 사이에 사라진 것으로 확인된 한지 표면처리 방법을 가진 세계 유일한 전문가이다.

공동저자 임현아는 한지 전문 연구기관인 전주 한국전통문화전당 한지산업지원센터 연구개발실장, 정재민은 나무 연구 분야 국내 최고 전문가로 산림청 국립수목원 박사, 박후근은 공공정책 분야에서 한지정책을 연구하는 국가기록원 행정지원과장이다. 이들은 '기록용 한지 연구모임'을 만들어 4년여 기간 동안 문헌연구와 더불어 현장답사 및 장인 인터뷰 등을 통해 철저하게 고증을 거쳐 이 책을 펴냈다. 신라시대부터 조선 시대까지 면면히 이어 내려온 전통문화의 원형을 찾아내고, 현대적 감각을 덧붙여 '19가지 도침 과정'을 처음 공개했다.

저자들에 따르면 '한국에는 한국 고유의 전통한지가 없다'는 것을 확인했다. 한지를 만드는 재료와 기법이 한국 고유의 것과 관계가 멀었다. 대부분이 일본 식민지 시대에 일본화된 것이었다. 특히 현재 국가 중요 무형문화재가 만든 종이와 조선시대에 만든 종이를 비교해보니 현대에 만든 한지의 품질이 현저하게 떨어졌다.

이에 따라 이들은 전통적인 기법을 복원하는 것이 급선무라는 문제의식을 갖게 됐다. 전통 한지 원형을 정립하고 이를 토대로 산업화하는 것이 중요한 과제로 여겼다. 일제강점기에 훼손된 기법으로 산업화한다는 것은 뿌리도 근거도 없는 것이며 일본화한 한지 제작 방식과 품질 등에 대한 면밀한 분석이 필요하다는 데 연구의 필요성을 느꼈고 전통한지의 원형을 찾아서 가능한 방법을 최대한 찾는 데 주력했다.

책은 그간의 발간된 시중의 한지 관련 책자와 다른 특징이 있다. 첫째, 닥나무의 원형을 찾았다. 닥나무는 우리나라의 특산수종이라고 할 수 있는데, 중국에는 분포하지 않으며, 일본에서는 자생지가 확인되지 않고 재배됐다. 닥나무가 꾸지나무와 애기닥나무의 자연교잡에 의한 잡종이라는 사실을 형태적 및 분자유전학적 연구를 통해 확인했다.

둘째, 한지 제조방법을 정확하게 서술해 어디까지가 한국적인 요소인지를 연구의 출발점으로 설정했다. 셋째, 인쇄 가능한 전통한지 표면처리(도침) 기술을 국내 최초로 공개했다. 넷째, 한지를 살리기 위해 국가가 어떻게 행정적으로 배려해야 하는지를 종전 사례를 들면서 향후 적용할 지침을 제시했다는 점이다.

책을 통해 이들은 위기에 직면한 한국의 전통한지 산업의 아픈 현실을 가감 없이 지적하고 있다. 경복궁·창덕궁·덕수궁·창경궁 4대궁궐 창호지의 한지 사용 여부를 확인한 결과 대부분이 수입닥 또는 펄프를 혼합했다는 것이다. 1996년 64곳이던 전통한지 업체수가 2019년 9월 말 현재 21곳에 불과하다. 그동안 매년 2곳 정도가 폐업했다고 볼 수 있다. 또 중국 선지는 2009년에 일본 화지는 2014년에 유네스코 인류무형문화유산에 등재했지만 한지는 등재를 하지 못하고 있다. 무엇보다 한지로 만들어진 문화재의 수리·복원에 전통한지를 사용해야 한다는 의무 규정이 없다. 중앙부처와 지방자치단체는 전통한지를 구매·사용하려는 노력도 부족했다.

2019년 11월 2일 세계일보 4대궁궐에도 쓰지않는 '위기의 전통한지'

5년 동안 한지를 사들인 내역을 검색했다. [표 43]과 같이 5년간 4개 기관 7건 3억 7,415만 원에 불과했다. 국가기록원이 4건 1억 8,125만 원으로 거의 절반 수준인 48.4%를 차지했다. 국가기록원 외에는 한지구입 실적이 거의 없다.

[표 43] 정부 부문의 한지(닥피 포함) 구입 내역

기관명	연월	예산액 (만원)	사업명	내용	비고
국가기록원	18.7	1,325	하반기 복원 복제용 종이류 재료 구매	복제용 수록한지	한지
국립문화재 연구소	18.6	6,290	시험분석용 한지구입	흘림 뜨기 · 가둠. 뜨기, 황촉규 · 팜 사용 등 시험분석용	한지
화천군	17.12	5,500	한지 벽지 제조 및 체험시설(닥나무껍질)	닥나무껍질 구매	닥껍질
국가기록원	17.3	2,900	2017년 기록보존복원센터 복원 · 복제 한지 구매	의궤 복제용, 실록 복제용	한지
재단법인한국 국학진흥원	16.10	7,500	삼국유사 목판 사업인출 제본용 한지구입	삼국유사 인출용 한지구입	한지
국가기록원	14.10	3,300	2014년 하반기 기록물 복원 복제용 한지 및 보수용	복원 복제용 한지구입	한지
국가기록원	14.5	10,600	2014년 기록물 복원 복제용 한지 및 보수용 종이구매	기록물 복원 복제용 한지구입	한지
국가기록원 등 4개 기관 7건 3억 7,415만 원					

※ 출처 : 2014년 1월~2018년 12월 말까지 5년간 조달청 나라장터의 입찰공고 중 '한지'를 검색한 결과임(한지 섬유 패션 부분은 제외).

④ 행정안전부의 정부포상 증서에 전통한지 도입

정부 포상증서 종이의 재질을 살펴보면 다음과 같다. 1948년 8월에는 백색

모조를 사용했고, 1969년 12월에는 황색 모조로 변경했으며, 1999년 2월부터는 응용한지를 사용했다. 정부포상증서에 전통한지를 도입한 경과는 [표 44]와 같다. 2006년 11월 노무현 대통령 재임 기간 중앙인사위원회에서 공무원의 임명장을 전통한지로 개선하려는 노력이 있었고, 이를 계기로 포상증서에도 전통한지를 사용하고자 시도했다. 그 결과 2009년 3월부터는 한지(닥70%)를 사용하기로 했고, 2010년 8월에는 상훈법 시행령 별지 서식에 한지를 포함했다. 하지만 닥 펄프와 목재펄프를 혼합한 당시의 종이는 전통한지로 볼 수 없다.

[표 44] 정부포상증서 전통한지 도입 경과

구 분	내용	추진 시기
노무현 정부	임명장을 전통한지로 개선하려는 노력	2006년 11월
이명박 정부	상훈법시행령 별지 훈장증 서식에 한지 포함	2009년 3월
박근혜 정부	독립유공 훈장 등 정부포상증서 전통한지 사용	2015년 12월
문재인 정부	정부포상증서 전통한지 사용 확대 및 체계화	2020년 12월

※ 2020 행정 안전백서를 참고하여 재정리

2015년 행정안전부(당시 행정자치부)에서 훈장 등 정부포상 증서 작성에 전통한지를 도입하게 되는 과정을 소개하면 다음과 같다.[24] 2015년은 광복 70주년을 맞이한 해로 독립유공자에게 수여하는 훈장 등 정부포상 증서의 영예성을 높이기 위한 노력이 전개됐다. 그리하여 행정안전부(당시 행정자치부)는 문화재청장에게 훈장증서용으로 사용할 전통한지를 제작해 달라고 요청 했다. 문화재청에서는 불가능하다고 답변했다. 이에 행정안전부는 매끄럽게(표면처리) 한

24 연구자가 행정자치부(2015) 성과보고서 및 보도자료, 행정안전부(2021) 행정안전백서 등을 참고해서 작성했다.

한지에 성철·법정 스님, 정약용, 노무현 대통령 등 인물화를 그려온 김호석 수묵화가를 자문위원으로 위촉하여 직접 정부포상 증서용 한지개발에 나섰다.

행정안전부는 2015년 6월 착수하여 12월 초 100% 전통한지로 훈장 증서를 만드는 데 성공했다. 12월 8일 그 결과를 국무회의에 보고한 이후 2016년부터 2019년까지 독립유공자 등에게 수여하는 훈장 및 포장 등 매년 평균 1,890점의 정부포상 증서(훈장 및 포장)를 전통한지로 제작하게 됐다. 2015년 12월 행정자치부가 '훈장 용지 개선을 통한 전통한지 원형 재현 사업'을 성공하기 이전까지는 전통한지는 인쇄할 수 없다는 것이 공식적인 견해였다. 조선왕조실록 복본화사업의 사례[25]가 이를 증명한다.

행정안전부는 2020년, 2016~2019년의 전통한지 사용 사례를 참고하여 품질과 절차 측면에서 보다 내실 있게 하는 한편 대상을 확대했다. 먼저, 참여를 희망하는 모든 업체에 훈장 증서용 전통한지를 납품할 기회를 부여했다. 그 결과 전국 전통한지업체 21곳 중에서 14개 업체가 참여했고 전주에 있는 한지산업지원센터와 협업을 통해 과학적인 데이터 분석을 비롯한 철저한 검증을 거쳐 최종 4개 업체의 제품을 선정했고 직접 후처리(도침[26])을 실시하여 포상증서

25 전주시는 2008년부터 2016년까지 문화체육관광부의 예산지원 등 총 33억 원을 들여'조선왕조실록 복본화사업'을 실시했다. 이 사업은 "전통한지의 대량 수요를 창출하고 찬란했던 기록유산을 바탕으로 전통한지 제조기술을 계승하는 한편 전통한지를 세계적인 문화재 복원용지로 키워나간다."는 목적으로 시행했다. 전국의 22개 전통한지업체가 참여했고, 전통한지 수매량은 4만여 장에 이르렀으며, 전통한지 구입비로 총 8억여 원이 지출되었다. 사업 결과 얻게 된 조선왕조실록 복본은 국내외 각종 행사에 전시되었으며 복본 전시를 통해 국민에게 복본의 중요성을 알리고 한지 수요 창출의 필요성을 인식시키는 데 이바지했다. 하지만 당시 수록한지 업체로부터 사들인 한지는 기계에 걸려 인쇄할 수 없었다. 이에 현대식 프린팅 기술을 접목했다. 전 철(2013)은 문화체육관광부, 전통문화 정책의 성과와 반성(발간등록번호 11-137 1000-000503-01)에서 한지 공공소비 활성화를 위해 조선왕조실록 복본화사업을 했다고 의미를 부여하면서도 열화의 원인이 되는 도포 처리 방식으로 출력·인쇄했다는 점을 지적했다.

26 표면처리를 하는 것을 의미하며 고려지, 조선지가 광택이 나는 종이라는 평가를 받는 이유이기도 하다. 일본과 중국의 종이 제조에서는 없는 기술이다.

용 전통한지를 완성했다. 또한, 전통한지로 제작하는 정부포상의 대상을 확대했다. 2016년부터 2019년까지는 퇴직자 포상을 제외한 일반포상 약 9,000여 점 중에서 매년 평균 1,890점 4천 4백만 원(4년간 총 7,560점, 176백만원)의 훈장 및 포장을 대상으로 했으나 2020년에는 일부 대통령 표창을 포함하여 2,100점으로 확대했고, 한지구입비로 8천3백만 원을 집행했다.

2021년에는 정부포상 증서에 전통한지 사용을 확대했고, 품질향상을 위한 노력을 지속하는 한편, 한지를 안정적으로 구입할 수 있도록 제도적 장치를 마련했다. 정부포상 증서 중에서 총 3,347점을 전통한지로 만들었고 147백만원을 종이구입비로 집행했다. 2021년 10월~11월에는 2016년 3월부터 정부포상 증서에 전통한지를 사용하기로 한 후 처음으로 한지 제조업체 현지 실사를 시행하여 정부포상 증서에 사용하는 전통한지의 품질관리를 엄격히 했다. 또한, 재단법인 한국전통문화전당 한지산업지원센터에서 정부포상 증서에 사용하는 전통한지를 조달청 문화상품에 등록함으로써 안정적으로 구입할 수 있는 여건을 만들었다.

2015년 정부포상 증서용 전통한지 개선사업의 의미는 다음과 같다.

첫째, 재료와 제조방식 등에서 정조 간찰 수준에 상당하는 전통한지를 재현하는 데 성공(밀도, 내절강도 등에서 아직은 훨씬 미치지 않음)했다. 둘째, 도침(표면처리) 기술의 성공으로 그동안 불가능했던 인쇄용 한지의 제조가 가능하게 했다. 셋째, 한지의 안정적인 수요처 확보와 경쟁력 강화의 토대를 마련했다. 넷째, 한지에 대한 정확한 현실 인식의 계기를 마련했다. 즉, 현재의 기술로는 조선왕조실록과 왕실 의궤에 사용된 품질 수준의 종이를 만드는 것이 불가능하다는 점을 인식하도록 했다.

행정안전부 훈장증에서 전통한지를 적용한 이후 품질개선 성과를 살펴보면 다음 [표 45]와 같다. 과학적인 데이터 분석 결과, 품질이 획기적으로 개선되었다. 2015년 시작점에서는 조선왕조실록 복본용지와 큰 차이가 없었으나, 2022

년 6월 현재는 물성 면에서 월등한 차이를 보인다. 정부 한지정책과 사업의 모델이 될 수 있을 것으로 기대한다.

[표 45] 정부포장증서용 전통한지 품질 비교

시기별	밀도 (g/㎤)	내절도(횟수)		인장강도(kN/m)	
		MD	CD	MD	CD
2015년 (조선왕조실록 복본용지)	0.36	1,974	1,347	5.02	4.32
2015년 정부포상 증서용 전통한지 사업 완료 때	0.35	2,911	2,498	4.86	3.65
2022년 6월 (정부포상증서용 전통한지)	0.44	4,937	5,417	12.80	14.19

※ MD(Machine direction, 세로, 긴 방향), CD(Cross direction, 가로, 짧은 방향)
※ 한지산업지원센터가 최종 선정된 종이를 대상으로 데이터 분석한 결과, 산출된 평균값임

그간의 지원정책은 한지 수요 창출과 한지 제조기술의 계승·발전에 충분히 이바지했다고 보기 어렵다. 먼저 국고보조금을 살펴보면, 정부는 전통한지 지원정책에서 중앙정부의 국고보조금 사업과 지방정부의 지방비 사업을 시행하여 약 5년간 340억 원의 예산을 집행했지만 19개 전통한지업체에 집행된 금액은 7억 원에도 미치지 못했다. 조선왕조실록 복본화사업을 실시하여 한지 수요 창출에 어느 정도 이바지했지만, 일회성에 그치고 말았다.

정부 부문에서는 일부 전통한지를 사용하기도 했지만, 국가기록원을 제외하면 거의 사용하지 않았다. 그나마 행정안전부가 훈장 등 정부포상 증서에 전통한지를 사용하고 있다는 점은 긍정적이다. 정부포상증서에 전통한지 도입은 2015년에 '훈장 용지 개선을 통한 전통한지 원형재현 사업'의 성공 이후, 2022년 현재까지 지속해서 품질개선이 이루어지고 있으며 전통한지 사용 규모도 확대되고 있다.

다. 정보정책

전통한지와 관련해서 2017년 1월부터 2021년 6월 말까지 문화체육관광부와 문화재청의 정보공개 포털 '원문공개[표 34]' 및 홈페이지 '보도자료[표 35]'을 통해 한지 정책 관련 자료를 수집하여 분석한 결과에 의하면 총 14건의 정보정책을 수단으로 활용했다. 분야별로 문화재 복원재료 해외 진출 6건이며, 지역한지 활성화 국내외 협력 2건, 연구 및 학술 심포지엄 3건, 한지장 지정 2건, 전시 홍보 관련이 1건이었다. 정부가 전통한지 홍보에 상당히 적극적으로 활동하고 있음을 확인했다.

① 한지의 해외진출 및 해외 홍보

이와 같은 한지의 해외진출 및 해외 홍보 노력에도 불구하고 이탈리아 등을 대상으로 한 문화재 수리·복원용 한지 수출 성과는 크지 않은 것으로 확인됐다. 2011년부터 약 10년간 이탈리아와 루브르에서 한지를 인정했다는 내용의 언론 기사[27]는 100건 이상 실렸고 문화재청에서는 2016년 12월 15일과 2018년 10월 17일 "한지 이탈리아에서 문화재 복원재료로 인증받는다."는 제목의 보도자료[28]을 배포하기도 했지만 이렇다 할 수출 실적은 없었다(문화체육관광부 2021, 문화재청 2021).

---

27 2021년 7월 14일 인터넷포털 네이버에 "이탈리아 · 루브르 한지"를 검색한 결과, 2011년 6월 2일 강원일보의 "원주한지 이탈리아 간다" 및 2020년 12월 7일 KBS의 "전주시-이탈리아 전주한지 세계기록유산 보존·복원 협약" 등 100건 이상이 확인됐다.

28 문화재청은 보도자료 2회(2016년 12월 15일, 2018년 10월 17일) 배포. 정보공개 포털을 통해 문화재청에서 알고 있는 2017년부터 2021년 7월까지 이탈리아와 루브르에 문화재 수리·복원용으로 한지 수출 실적을 공개해 달라고 요청했다. 수출 면장이 있는 경우에는 공개 시 관련 내용을 포함하도록 요청했다. 이에 대해 문화재청에서는 "생산, 접수, 관리하는 정보에 해당하지 않아 정보 부존재 결정하오니 양지해 주십시오"라고 했고, 문화체육관광부는 자료를 보유하고 있지 않다고 답변 해왔다.

한편 이러한 사실은 (재)한국공예·디자인문화진흥원이 추진한 '2019한지실태조사 및 품질표시제 연구'에서도 확인된다. 한지의 해외수출과 관련 "한지 수출 시장은 복본용지의 수요가 많다고 홍보되고 있으나, 실제로는 복본용지 시장은 좁고, 수요도 많지 않은 편임"이라고 했다(한국공예디자인문화진흥원, 2020). 해외 진출과 해외 홍보는 한지 판매 실적을 올릴 수 있는 정보정책으로 전환이 필요하다.

② 중앙정부의 연구용역

한편 중앙정부가 연구용역을 7건 실시하기도 했는데 유네스코 등재와 관련이 2건, 한시실태조사 및 품질표시제 연구 1건이 있었다. 품질기준이나 한지 복원 등에 관한 연구도 시행되었는데 비공개[29] 상태였다. 한국공예디자인문화진흥원은 전통한지 진흥 사업에 관한 연구는 특별히 하지 않고 있었다. 앞으로는 전통한지의 원형을 되찾고 품질을 향상하기 위한 연구용역이 필요하다. 현재 제조한 한지의 품질이 조선 시대에 만들어진 한지의 품질에 비해 현저히 떨어지기 때문이다. 한지산업지원센터는 행정안전부(당시 행정자치부가)가 광복 70주년을 맞이해 추진한 '훈장증서 개선을 통한 전통한지 원형재현사업'에서 과학적인 데이터 분석 결과[30]로 이를 입증했다. 즉, 한지의 품질개선 노력이 절실하다.

전통한지 진흥을 위해 필요한 것 중 하나가 닥나무 연구다. 닥나무 연구는 산림청에서 담당하고 있는데 활발하지 않다. 산림청은 2020~2021년 〈제조법

---

29 문화재청 국립문화재연구소 복원기술연구실-1474(2021.8.10)

30 2백 년 이상 지난 정조 친필편지는 밀도(g/㎤)가 0.74, 내절강도(회)는 3,525에 이르는 것으로 알려져 있다. 하지만 전통한지 11개 업체가 경쟁하여 우수 5개 업체의 한지를 사들인 후, 직접 표면처리(도침) 하는 등 최고 기술력을 투입했음에도 밀도(g/㎤)가 0.48~0.67, 내절강도(회)는 1,969~2,984에 불과한 것으로 나타났다.

미전수 한지 복원〉에 관한 연구용역을 2회째 실시하고 있다. 2021년 8월 현재, 연구용역 결과를 공개하지 않아[31] 내용 파악을 정확하게 확인하기는 어렵지만, 2020년 6월 21일 YTN 보도 '아름다운 전통한지 태지... 1백 년 만에 부활'과 2020년 6월 22일 TV조선 '루브르도 반환한 지…. 이번엔 국내 최고의 한지 태지 복원 성공'의 내용이 있다. 이를 바탕으로 추정하면 조선시대 고문서에 나오는 태지를 재현한 것과 관련 있을 것으로 짐작할 수 있다. 그런데 닥나무의 종류나 분포, 섬유 특성에 따른 한지에 관한 연구 결과를 찾기는 어렵다.

닥나무 연구 외에도 연구가 시급한 분야가 있다. 전통한지 제조에서는 분산제로 쓰이는 황촉규다. 일반적으로 사용되는 황촉규는 온도가 영상 15도 이상 올라가면 점성이 약해져 제 기능을 발휘하지 못한다. 그러므로 황촉규를 대체할 분산제인 느릅나무와 윤노리나무 등에 관한 연구도 필요하다. 이러한 한계와 더불어 정보정책도 전통한지 정책목표인 '한지 수요 창출과 제조기술의 계승·발전'에 크게 이바지했다고 보기 어렵다.

제4절 소결

제4장에서는 전통한지정책의 현황과 문제를 정책 수단 차원에서 살펴보았다. 먼저 한지 정책을 추진하는 데 있어 정책기반으로서 법적 근거를 알아보았다. 현재 전통한지에 관한 개별 법률이 없다.

다만, 전주시의 한지산업 육성 및 지원 조례 등 9개 지방자치단체에서 12개

31 산림청 산림바이오소재연구소-2069(2021.8.6)

의 한지 관련 조례를 제정했을 뿐이다. 전국 19개 전통한지업체를 1개 이상 보유한 11개 시군 중에서 한지 관련 조례를 제정한 곳은 6개에 불과하며, 이 중 한지 육성 관련 조례가 있는 경우는 원주시, 전주시, 의령군, 안동시 4개 시군이다.

이어 전통한지정책의 현황과 문제를 정책도구 차원에서 검토하여 분석한 결과, 미흡한 부분들을 살펴보면 다음과 같다. 첫째, 규제정책에서는 한지에 관한 개별법이 없는 상황에서 한국산업규격(KS)이 제정되고 한지품질표시제가 시행됐지만 품질 표준화 수준에는 이르지 못했다. 수입 닥원료를 표시하는 부분도 흐지부지되었고 한지 사용 의무화도 이루지 못했다. 둘째, 지원정책에서는 그 예산 규모가 절대 작지 않음에도 불구하고 전통한지업체들은 그 효과를 실감하지 못하고 있다.

전통한지 진흥을 위한 전달체계가 효율적으로 구축되지 못한 채 문화체육관광부, 문화재청, 산림청 그리고 지방자치단체들이 저마다 사업을 개별적으로 진행하고 있기 때문이다. 한지 업체의 시설·장비를 개선하기 위한 노력이 부족했고, 업체가 생산한 한지의 구입도 미흡했다. 한지장에게 자긍심을 고취하려는 노력도 뚜렷해 보이지 않았다.

셋째, 정보정책에서는 닥나무 등 한지원료 연구는 물론 초지 및 표면처리 등 제조기술에 연구가 체계적으로 이루어지지 못했다. 또한, 해외를 대상으로 하는 전통한지 홍보 활동이 있었으나 정책연구와 실태조사는 여전히 부족했다. 정책과 산업 동향을 공유하는 부분도 실적이 눈에 띄지 않았다. 앞서 전통한지정책과 사업이 지향하는 목표를 '한지의 신뢰 회복, 한지 수요 창출, 한지 보급 활성화 및 업체의 소득증대 그리고 전통한지 제조기술 계승·발전'으로 설정했다.

이 기준으로 볼 때, 2017년 1월부터 2021년 6월 말까지 정부가 추진한 정책과 사업은 목표 달성에 미흡한 실정이다. 또한, 종전부터 이루어져 왔던 한지

산업규격(KS) 및 한지품질표시제도 성과가 미흡했다. 다만 조선왕조실록 복본화사업은 인쇄 방식이 전통방식이 아니라는 문제점이 있었지만, 수요 창출에 기여한 측면은 있다.

전통한지는 자랑스러운 전통문화 중 하나이다. 따라서 헌법에서 정한 바와 같이 국가는 전통한지의 계승과 발전, 전통한지를 활용한 민족문화의 창달을 위해 노력하여야 한다. 이를 위해서는 무엇보다 전통한지 진흥을 위한 법률 제정이 필요하다. 정책기반으로서 법적 근거가 확실해야 전달체계가 자리를 잡을 수 있고, 정책 수단들이 효과를 발휘할 수 있다.

제5장

전통한지 진흥정책 선호도 분석

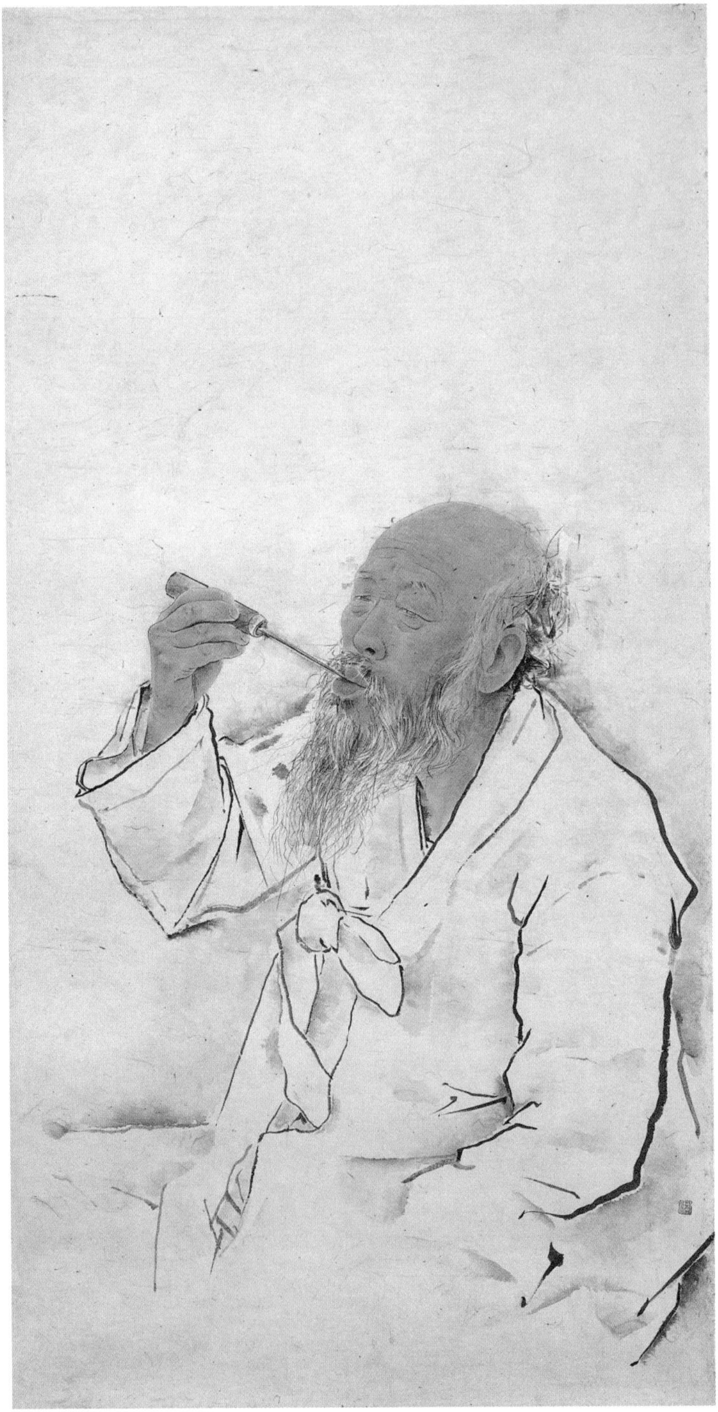

칼에 묻은 꿀, 143×74cm, 한지에 수묵채색, 2001

제1절 연구 목적

제5장은 정책공급자와 정책수요자를 대상으로 실태조사를 시행함으로써 앞으로 전통한지 활성화를 위해 추진해야 할 바람직한 정책 방향은 무엇인지 시사점을 얻는 데 연구 목적을 두었다.

제4장에서 적용한 것처럼 규제, 지원, 정보 세 가지 정책도구 유형을 기반으로 하여 연구를 수행했다. 이를 위해 중앙정부 및 지방자치단체 공무원, 학계, 연구자 등 19명을 정책공급자로 선정했고, 전국에 소재하는 19개 전통한지업체 한지장을 정책수요자로 선정했다. 총 38명을 대상으로 설문조사를 실시했다.

정부 부문과 민간부문을 막론하고 독점상태가 지속한다면 재화나 서비스에 관한 사항을 독점적 공급자가 결정할 수 있는 구조가 된다. 따라서 소비자는 선택권에 제한을 받게 된다(Friedman and Friedman, 1980). Jones and Pickering (1979)은 소비자의 권리가 감소한 원인을 생산자의 지배력 행사, 객관적 정보 부재 및 생산자에 불만을 전달하고 배상을 받기 어려운 점 등을 들었다. 경제학 분야를 중심으로 논의됐던 공급자 중심의 독점상태에 대한 문제는 1970~80년대 이후 다양한 분야로 확대되었다. 공공정책 부문에서도 이러한 문제점들이 유사하게 나타났다. 이 때문에 다수 정책이 추진될 때 독점상태를 해결하기 위한 노력이 있었고, 그 과정에서 '수요자 중심의 정책'이라는 구호가 붙기도 했다.

그러나 정부가 수행한 정책 연구 결과를 살펴보면 여전히 공급자 중심으로 시행되고 있다(고재학, 2008; 김태운, 2012; 임성근 외, 2019). 일부 연구를 통해 정부의 서비스에 대한 정책공급자와 수요자의 인식 차이에 성찰이 있었지만, 전통한지 정책을 대상으로 공급자와 수요자의 인식 차이를 연구한 사례는 찾아보기 어렵다.

한지는 보존성 등에서 국내외로부터 좋은 평가를 받아왔고 중앙정부와 지방자치단체는 한지품질표시제, 한국산업규격(KS) 및 국내외홍보 등 다양한 정책과 사업을 추진해 왔다. 그런데도 한지산업에 관한 통계적 수치들은 위기로 인식해야 할 만큼 부정적이다. 한지제조업체 수가 1996년 64개에 이르던 것이 2021년 말에는 19개소로 감소했다. 2017년부터 2021년 6월 말까지 총 3백41억 원의 예산을 한지 분야에 집행했음에도 19개 전통한지업체에 지원된 금액은 7억 원에도 미치지 못했다.

정부와 학계는 한지에 관한 다양한 연구를 해오고 있지만, 한지 정책연구는 기초연구마저도 돼 있지 않음을 확인할 수 있다. 제6장 '전통한지정책 도구유형분석'이 전통한지가 처해 있는 현상에 대한 체계적인 분석을 목표로 한 것이다. 이에 비해 제5장 '전통한지 진흥정책 선호도 분석'은 전통한지를 활성화하기 위해 향후 정책적으로 우선순위를 무엇에 두어야 할지에 관한 분석이다.

본 연구는 정책공급자와 정책수요자 관점에서 각각 전통한지 진흥정책에 대한 선호도를 파악하고자 했다. 또한, 두 그룹의 선호도 차이가 어느 정도인지 해석을 통해 정책공급자 중심의 하향식 관점(top-down)과 정책수요자 중심의 상향식 관점(bottom-up) 간의 균형점을 제시하고자 한다. 이는 전통한지 정책의 대안을 제시하는 데 균형자 역할을 할 수 있으리라는 판단 때문이다.

제2절 연구 설계

1. 계층구조 설정 및 구성요소 도출

제5장 전통한지진흥정책 선호도 분석에서는 정책공급자와 정책수요자를 대상으로 정책선호도 조사를 시행할 계획이다. 즉, 정책공급자인 중앙·지방정부

공무원, 자문 교수 등 전문가와 정책수요자인 전통한지 제조업체 한지장을 대상으로 앞으로 전통한지를 활성화하기 위해 가장 시급하게 추진해야 할 정책이 무엇인지에 대해 설문조사 하는 것이다. 전통한지 진흥을 위한 정책은 주원료인 닥나무 생산부터 종이를 만드는 초지 과정은 물론, 서화용 및 문화재 수리·복원용 등의 용도로 소비되기까지 다양한 분야의 복잡한 과정과 관련되어 융·복합적인 성격을 지니고 있다.

이런 이유로 본 연구는 AHP 분석을 사용하고자 한다. AHP(Analytic Hierarchy Process)는 Saaty(1980)에 의해 처음 개발됐다. 기본적으로 복잡하고 비구조화된 문제들을 여러 가지 하위 구성 요소들로 분해하고 각 계층 내의 구성 요소들을 쌍대비교 방식(pairwise compari son method)에 의해 가중치를 할당한다. 가중치의 일관성을 검토한 후 전체 요소들에 대한 복합 가중치(composite weights)를 계산하는 기법이다(Saaty, 1982).

전통한지 진흥정책 선호도를 조사하기 위해서는 정책공급자와 정책수요자가 선택할 수 있는 전통한지 진흥정책이 있어야 한다. 이 연구는 Vedung의 정책도구 이론에 따라 전통한지 정책도구유형 분석, 전통한지진흥정책 선호도 분석 및 전통한지정책 대안을 제시하기로 한다(그림5, 연구 문제 도출 구성도). 따라서 계층구조 설정과 구성 요소 도출에도 정책도구이론에 따라 한지 정책 유형을 1계층에서는 규제정책, 지원정책 및 정보정책으로 구분했다. 2계층에서는 이를 세분화하여 9개 하위정책으로 구성했다. 하위정책을 도출하는 기준은 전통한지 정책의 목표인 '전통한지 수요 창출과 전통한지 제조기술 계승·발전'에 두었다.

계층구조를 설정하고 구성 요소를 도출하기 위해 문헌 조사와 전문가 논의 및 설문조사를 거쳤다. 먼저 41편의 박사학위 논문을 살펴보았고, 최근 10년 동안 정부 부문에서 실시한 연구용역의 정책제언을 참고했다. 그리고 국내 유일 정부 부문의 한지 연구기관이라고 할 수 있는 한지산업지원센터 전문가, 대학교수 및 현장에서 활동 중인 문화재수리복원 전문가 등의 논의를 거쳐 구성

요소를 도출했다.

먼저 전통한지를 활성화하기 위한 요인으로 1계층에서는 규제정책 요인, 지원정책 요인 및 정보정책 요인 등 세 가지 요인으로 구분했다. 이어 규제정책 요인은 전통한지 품질 표준화, 공공부문 전통한지 사용 의무화 및 닥 원료 원산지 표시로 구분했다. 지원정책 요인으로는 전통한지업체 시설·장비 구축 지원, 전통한지업체가 생산한 한지구입 및 전통한지 한지장 자긍심 고취로 구분했다. 정보정책 요인으로는 닥나무 등 전통한지 재료와 제조기술 연구·개발 및 기술지도, 전통한지 국내외홍보, 정책·산업 동향 업체에 정보제공으로 구분했다.

AHP 분석 구조는 [그림 7]과 같다.

[그림 7] **AHP 분석 구조**

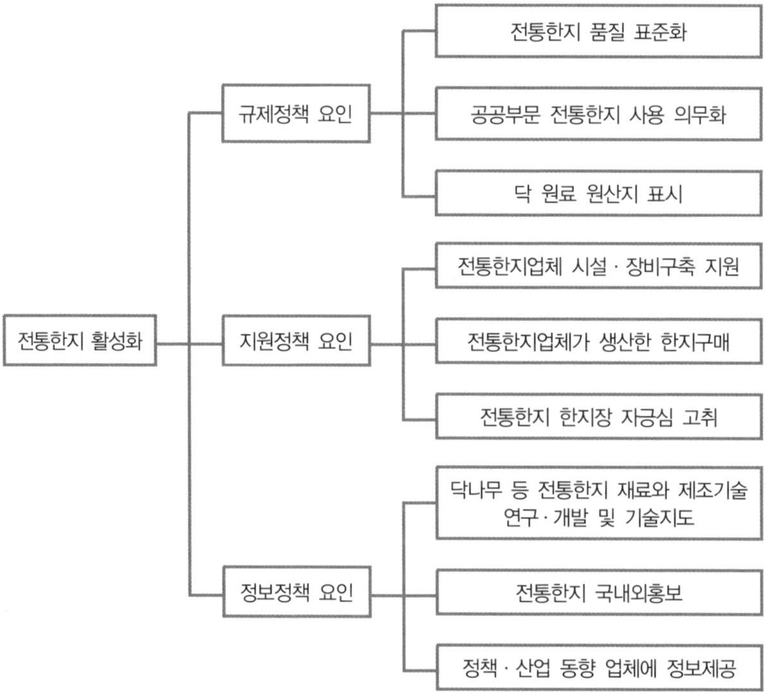

① 김동훈(2013)의 "한지산업의 실태분석과 발전 방안에 관한 연구"

지금까지의 한지 연구는 한지에 관한 물성학·형태학적 연구 위주로 진행됐고 행정학 또는 정책학에 관한 선행연구는 거의 없었다. 한지 활성화와 관련된 경영학 논문으로서 김동훈(2013)이 "한지산업의 실태분석과 발전 방안에 관한 연구"에서 제시한 문제점을 참고했다.

[표 46] 한지산업의 문제점

1. 한지장인 들의 사업적 마인드와 마케팅 측면
(1) 사업화에 대한 절박감이나 강한 열정이 떨어짐
(2) 수동적이고 정부 및 지자체 지원에 의존
(3) 고객의 욕구를 충족시켜주는 제품이 많지 않으며 제품을 판매하는 방법과 사업화에 대한 지식과 경험 부족
(4) 디자인의 중요성에 대한 인식이 부족하여 혁신적인 디자인의 신상품 개발을 위한 도전 의식 미약
(5) 상품화를 위한 전통의 재해석 능력과 창의적 상상력 부족
(6) 고객이 원하는 디자인 및 예술작품 개발 역량을 갖춘 장인정신과 열정 및 도전정신이 뛰어난 한지공예인 부족
2. 생산시설과 사업 환경적 측면
(1) 한지 제조 시설의 현대화와 규모화를 통해 경쟁력을 확보해야 하지만 그렇지 못함
(2) 사업화를 위한 전통 공예산업 단지의 클러스터화가 부재하다 보니 창의와 혁신을 촉진할 수 있는 다양한 예술의 융합화를 할 수 있는 환경조성이 부족
(3) 한지 생산기술의 현대화 및 표준화 기술개발이 미흡
(4) 젊은 디자이너 공예예술가들이 작품 활동을 할 수 있는 공간이 부족하여 젊은 층의 참여를 가로막는 요인이 됨

3. 고객 측면

(1) 생활 속에서 사용되는 한지의 양이 적어 관심도가 떨어짐.
옛날 종이나 서예용 한지로 인식되어 부정적 이미지 강함.
지역별 한지의 품질경쟁이나 지역별 브랜드 인지도나 파워 육성이 무용지물이고 시장 자체가 없으며 젊은 세대가 한지 외면

(2) 한지산업에는 고객들의 환심이나 관심을 끌 수 있는 스타가 없음

(3) 전통 공예나 기술의 중요성에 대한 가치 인식이 부족, 초등학생과 청소년의 참여를 유도하는 교육프로그램 및 공모전 부족

4. 상품 측면

(1) 고객 욕구를 충족시켜주는 상품(디자인) 개발력이 떨어짐

(2) 고객이 원하는 현대 감각에 맞는 디자인과 예술적 감각이 뛰어난 한지 장인의 부재로 전통기술 재현 중심의 상품 생산에 머물고 있음

(3) 한지 장인마다 거의 차별화된 특색이 없는 전통 기술 보존형 작품을 생산

(4) 지역별 특화된 상품 없이 무의미한 품질경쟁

(5) 일반인의 관심과 주목을 끌어내고 뉴스 스포트라이트를 받을 수 있는 제품 또는 브랜드 육성에 실패

5. 가격 측면

(1) 저가의 중국산, 대만산, 태국산, 라오스산 제품의 유입에 따른 가격 경쟁력을 극복할 수 있는 상품 기획력의 부재와 고객의 시선을 끌 수 있는 생활소품이나 한지 제품 없음

6. 홍보 측면

(1) 전통기술의 보존과 한지장인 중심의 홍보에 따라 혁신적인 디자인과 상품 중심의 작품 전시회 부족

(2) 전통과 현대의 퓨전 공예작품 대회를 개최하여 국민의 관심과 주목을 끌어낼 수 있는 이벤트 프로그램 없음

(3) 창의적 홍보 및 광고역량 부족

7. 인적 자원 측면

(1) 젊고 창의적인 디자이너의 체계적인 발굴과 육성 전략이 없음

(2) 도제제도에 따른 기술 전수로 후계자 양성에 어려움 많음

(3) 마케팅 및 경영 철학을 갖춘 전통 한지공예인 이 부족

8. 사회문화적 측면

(1) 전통문화 하면 낡은 패러다임의 고루한 것이라는 부정적인 인식이 강함

(2) 전통의 중요성과 가치에 대한 교육프로그램이 부족하다 보니 교사교육과 교재 개발이 부실하여 초등학교부터 체계적인 교육이 이루어지지 않음

(3) 전통문화와 예술의 뿌리는 전통음악과 예술이라는 인식이 강하여 한지 문화를 활성화하는데 어려움이 많음

9. 기술 및 연구 측면

(1) 전통기법에 의존하여 장인 도제형식의 기술 대물림으로 전수됨

(2) 한지의 기능성 활용 연구부족으로 새로운 수요 창출에 성공하지 못함

(3) 한지의 쓰임새가 전통문화로만 국한되고 학문적 체제가 미흡한 실정

(4) 전문인력 양성체제 미비로 전통 재창조에 한계가 있음

10. 경제적 측면

(1) 한지산업은 생산의 영세성 미 전통적 방식에 의한 생산으로 인건비 상승 및 그로 인한 효율성 악화로 시장 경쟁력이 하락

(2) 외국 닥의 저가 공세 및 외국 종이의 약진으로 경쟁력 상실

(3) 원료 수급의 불안정성과 고가 원료 공급으로 한지 경쟁력을 저하하고 있지만 한지의 수요가 제한적인 경향

11. 판매와 유통 측면

(1) 한지생산업자 영세성으로 인한 시장 파워 상실, 선매 후지급 방식, 소비자 등의 품질에 대한 인식 부족, 중간 상인의 이윤, 수입 저가 한지의 무분별한 유통으로 인한 생산 의욕 상실

(2) 생산의 영세성으로 구조적인 복잡한 유통경로 걸림돌이 되고 있음
(3) 마케팅 전문가 부재로 인한 판촉 활동이 미비한 상황
(4) 한지 장인의 제품을 판매하는 대도시 지역의 전문 판매장 없음
(5) 경남 남해군 예술인 마을이나 강원도 화천군 소설가 이외수 감성 마을 등과 같이 전통한지 공예 작품과 한지 기반 작가 마을이나 한지 거리가 없음

※ 김동훈(2013)의 연구를 바탕으로 재구성

② 최근 10년간 정부 부문 연구용역에서의 정책제언

재단법인 한국공예디자인문화진흥원이 2020년도 및 2021년도에 추진한 두 차례의 연구용역에서 제시한 [표 47]의 내용을 참고했다.

[표 47] 연구용역 결과 정책제언

1. 한지 유네스코 등재 연구용역, 한국공예디자인문화진흥원/국민대학교 산학협력단 (2016.2월) : 전통한지 활성화와 관련된 정책제언은 없음
2. 한지실태조사 및 품질표시제 연구, (재)한국공예디자인문화진흥원 / 메가리서치(주) (2020.1월) : 향후 한지산업의 발전 방안과 관련, 문제점과 정책제언
(1) 전국 수록한지 제조업체 점점 줄어드는 추세, 2018년 26개에서 2019년 21개
(2) 기계 한지 제조업체보다는 실질적인 도움이 필요해 보이는 수록한지 제조업체에 집중적인 지원
(3) 제조업체 2018년 평균 매출액은 전년 대비 7,450만 원 감소
(4) 대부분 가족기업 형태의 개인 사업체로 영세하며, 자본 조달 어려움
(5) 국내 인건비의 상승으로 국내산 닥 원료 확보 어려우므로 대책 추진
(6) 수록한지 제조 인력 평균 4명, 평균 연령은 50 ~ 60대

(7) 전통문화 보존을 위해 정부의 지원을 통한 체계적인 후계자 양성

(8) 전통한지업체 21곳 중에서 자립할 수 있거나 도태된 업체를 제외한 중간층 10~15곳은 정부가 예산을 지원해서 전통한지의 명맥을 유지, 보존

(9) 후계자 양성이 가능하도록 일시적인 지원이 아닌 4~5년간 월 150만 원 정도 지원

(10) 지역 고유의 특징을 보유한 다양한 한지개발을 위해 R&D 개발 추진, 홍보 시행

(11) 제대로 된 지원센터 부재, 기존 한지 업체에 최적화된 지원제도 아니어서 활용능력 떨어짐

(12) 한지 시장 수요 없어 예측과 판매 계획이 불가한 상황

(13) 저가 중국상품 유입으로 한지 유통시장은 질서가 교란된 상태, 기준 없는 유통 이윤 부과도 문제

(14) 판매 및 유통은 일본 조합 등 성공사례를 교육하는 등 단계적으로 개선

(15) 현재 복본용지(한지 수출 시장은 복본용지의 수요가 많다고 홍보되고 있으나, 실제로는 복본용지 시장은 좁고, 수요가 많지 않음) 외 수출 수요가 거의 없으므로 새로운 판로 개척

(16) 자체적인 홍보 및 마케팅 여력 없으므로 활성화 방안 추진

(17) 한국의 이미지를 대표할 만한 특색있는 한지 공예품 개발 및 품질향상, 고급화

**3. 한지 유네스코 등재 연구용역, (재)한국공예디자인문화진흥원 /한국자치경제연구원(21. 12월)
: 한지 유네스코 인류무형문화유산 등재 추진을 위한 세부실행방안 제안**

(1) 한지 생산 장인과 종이를 포함한 한지 활용문화 등재로 추진하는 것에 대한 사회적 동의가 필요하므로 실행계획 필요

(2) 한국공예디자인문화진흥원, 장인커뮤니티, 활용문화 커뮤니티와 협력관계가 가능한 전담기구 지정하여 진행

(3) 한지 문화 다큐멘터리와 홍보영상 제작 및 SNS 홍보 활동, 국내외 한지 문화에 관한 논문 등재 및 한지 문화주관 국제행사 개최

(4) 다국어 한지 문화 홈페이지 구축 및 국제 엑스포와 박람회 등 가치 확산은 중기 실행계획으로 수행

(5) 한지문서, 공예 및 활용문화에 대한 데이터 구축, 전시 코너 운영 등을 장기과제로 진행하고 한지문서, 조선왕조실록 등 역사기록의 데이터 구축은 장기실행계획으로 추진
(6) 안동, 의령 등의 닥 생산 지역을 국가중요농업유산 및 세계 중요농업유산으로 등재 방법 모색을 차기 장기방법으로 추진

③ 1차 전문가 그룹 논의 – 활성화 요인 30개로 구성

이 연구에서 사용한 AHP 분석은 전통한지와 한지의 개념을 명확하게 정립한 바탕 위에서 전통한지 진흥을 위한 여러 가지 요인 중에서 정책의 공급자와 수요자가 인식하는 상대적 중요도를 파악하기 위한 방법론이다. 1계층은 Vedung(1998)과 전영한(2007)이 제시한 정책도구이론을 바탕으로 [표 48]과 같이 규제정책요인, 지원정책요인, 정보정책요인으로 구성했다.

[표 48] 1계층 요인(3개 유형)의 조작적 정의

1계층	조작적 정의
규제정책 요인	정책대상자의 권리를 제한하고 의무를 부과하는 것이다. 전통한지의 품질 표준화, 공공부문 전통한지 사용 의무화 및 닥원료 생산국가 표시로 전통한지업체의 경쟁력을 강화하는 요인이다.
지원정책 요인	정책대상자에게 물질적 자원을 제공하는 것이다. 전통한지 생산업체의 시설과 장비구축 · 수선 지원, 전통한지업체가 생산한 종이구입, 한지장에게 포상을 수여하거나 각종 행사에 초청함으로써 전통한지업체의 경쟁력을 강화하는 요인이다.
정보정책 요인	정보를 생산하고 홍보를 통해 정보를 제공하는 것을 의미한다. 한지 제조기술에 대한 연구개발, 한지의 국내외홍보 및 한지정책과 산업 동향 업체에 정보제공으로 전통한지업체의 경쟁력을 강화하는 요인이다.

※ Vedung과 전영한의 정책 도구이론을 참조하고 한지장인 면담 및 전문가 논의 등을 거쳐 작성

한지산업지원센터 등 연구기관 전문가, 한지 연구가, 자문 교수, 및 현장의 문화재 수리복원가로 활동 중인 전문가 그룹 등과 논의를 거쳐 [표 49]와 같이 30개의 전통한지 활성화 요인 기본안을 도출했다.

[표 49] 1계층 요인(3개 유형) 기본안 도출

1. 규제정책 요인
1) 전통한지 진흥에 관한 법률 제정이 필요하다.
2) 전통한지 진흥에 관한 조례 제정이 필요하다(원주, 전주, 안동, 괴산, 의령은 조례가 제정돼 있음).
3) 전통한지 품질 표준화가 필요하다(재료, 제조방식, 규격 등).
4) 기록물(30년 이상 보존 필요)에 한지 사용 의무화가 필요하다.
5) 한옥 양식 문화재(창덕궁을 비롯한 4대 궁궐 등) 창호지 등에 한지 사용 의무화가 필요하다.
6) 지류문화재(수리, 복원, 복제 등)에 한지 사용 의무화가 필요하다.
7) 국내산 닥과 수입 닥의 원산지 표시를 엄격히 해야 한다.
8) 기계장치를 이용하여 만드는 종이는 한지에 포함하지 않아야 한다.
9) 수입 닥으로 만든 종이는 한지에 포함하지 않아야 한다.
10) 목재펄프를 포함한 종이는 한지에 포함하지 않아야 한다.
2. 지원정책 요인
11) 중앙정부 국가보조금 한지 사업비를 늘려야 한다.
12) 지방비(도비) 한지 사업비를 늘려야 한다.
13) 지방비(시, 군비) 한지 사업비를 늘려야 한다.
14) 중앙정부나 도 및 시군의 19개 수록한지 업체에 대한 시설·장비 확충을 지원해주어야 한다.

15) 중앙정부나 도 및 시군은 19개 수록한지 업체가 생산한 전통한지를 적극적으로 사들여 주어야 한다.

16) 한지장에게 정부포상(훈장, 포장, 대통령 표창, 국무총리 표창)을 주어 자긍심을 높여 주어야 한다.

17) 한지장에게 시도지사 표창, 시장 군수 표창을 주어 자긍심을 높여 주어야 한다.

18) 한지 뜨기 등 경진대회를 실시하고 시상을 하여 자긍심을 높여 주어야 한다.

19) 중앙정부 문화행사에 한지 뜨기 시연 기회를 주어 자긍심을 높여 주어야 한다.

20) 지방자치단체 문화행사에 한지 뜨기 시연 기회를 주어 자긍심을 높여야 한다.

3. 정보정책 요인

21) 정부와 지방자치단체는 한지 제조 주원료인 닥나무의 품질을 높이고 공급을 늘리기 위한 연구를 강화해야 한다.

22) 정부와 지방자치단체는 한지 제조 부원료인 황촉규, 느릅나무 등 분산제의 품질을 높이고 공급을 늘리기 위한 연구를 강화해야 한다.

23) 정부와 지방자치단체는 한지 제조기술 지도를 강화해야 한다.

24) 정부와 지방자치단체는 한지의 국내 홍보를 강화해야 한다.

25) 정부와 지방자치단체는 한지의 해외 홍보를 강화해야 한다.

26) 정부와 지방자치단체는 한지정책 동향에 관한 정보공유를 강화해야 한다.

27) 정부와 지방자치단체는 한지산업 동향에 관한 정보공유를 강화해야 한다.

28) 한지산업지원센터(한지 문화산업의 종합적 · 체계적 연구개발과 교육 및 한지 관련 연구 · 개발을 추진하며 전시 · 체험 · 홍보 등)의 역할과 기능을 강화해야 한다.

29) 한국공예디자인문화진흥원(한지 문화산업센터 시범운영, 지역 한지 수요 활성화 지원 공모사업 및 국내 박람회 참가 운영 등)의 역할과 기능을 강화해야 한다.

30) 국립문화재연구원(한지 전통재료 특성 규명 및 적용성 평가 연구)의 역할과 기능을 강화해야 한다.

※ 대학교수, 현장에서 문화재 수리복원에 종사하는 전문가 등과 논의를 거쳐 도출한 내용을 정리

④ 2차 전문가 그룹 논의 - 활성화 요인 9개로 구성

한지산업지원센터, 자문 교수, 문화재 수리복원이 등 전문가 그룹 등과의 논의를 거쳐 선정한 30개의 전통한지 활성화 요인(규제정책요인 10개, 지원정책요인 10개, 정보정책요인 10개)을 토대로 정책공급자인 중앙·지방공무원, 자문 교수, 연구원 등과 정책수요자인 전통한지업체 한지장 등을 대상으로 심층적인 논의를 거쳐 전통한지 활성화 요인을 9개로 구성했다. 그 내용은 [표 50]과 같다.

[표 50] 2계층 요인(9개 유형)의 설정

1계층	2계층 요인 설명	요인 검토
규제정책 요인	전통한지 품질 표준화	한지산업지원센터 전문가, 대학교수 및 현장에서 문화재 수리복원가로 활동 중인 전문가 등과의 논의를 거쳐 선정
	공공부문 전통한지 사용 의무화	
	닥원료 원산지 표시	
지원정책 요인	전통한지업체 시설·장비 구축 지원	
	전통한지업체가 생산한 한지구입	
	전통한지 한지장에게 자긍심 고취	
정보정책 요인	닥나무 등 전통한지 재료와 제조기술 연구개발 및 기술지도	
	전통한지 국내외홍보	
	전통한지 정책 및 산업 동향을 업체에 정보제공	

※ 연구자가 전문가의 의견을 거쳐 작성

2. 계층분석법(AHP) 적용

AHP 분석과정은 네 가지 단계를 거치는 데 세부내용은 다음과 같다. 계층별 요소들의 가중치는 쌍대비교 행렬의 최대고유치에 대한 고유벡터를 사용하여 산정한다. $A \cdot W = \lambda_{max} \cdot W$의 관계식을 이용하는데, A는 쌍대비교로 얻어

진 정방행렬이며, λ max는 A의 최대고유치이고, W는 고유벡터이다. AHP 쌍대비교 행렬에서는 λ max≥n의 관계가 항상 성립하는데, 완벽한 일관성을 지니는 비교행렬의 경우는 λ max=n이며, 일관성이 클수록 λ max가 n에 가까워진다(최일용 · 한장엽, 2014).

일관성 비율(Consistency Ratio, 이하 CR로 명기)은 임의적 답변이라고 간주할 수 있는 비율로, 응답자가 쌍대비교 시 완전히 일관되게 답변하여야 하나, 일반적으로 CR 값이 10%보다 작으면 응답자가 상당히 일관성 있게 비교를 수행한 것으로 판단한다(Saaty, 1982). 일관성 지수(CI)는 CI(consistency index) =(λ max −n)/(n−1)로 계산되며, 일관성 비율 CR=(CI/RI) X 100%로 구할 수 있다. RI는 쌍대비교 행렬에 따라 달리 적용되는 임의지수로, 행렬이 많을수록 임의지수도 높다. 요인별 쌍대비교(AHP) 일관성은 다음 [그림 8]과 같이 설명할 수 있다.

[그림 8] **요인별 쌍대비교 일관성(CR) 검토**

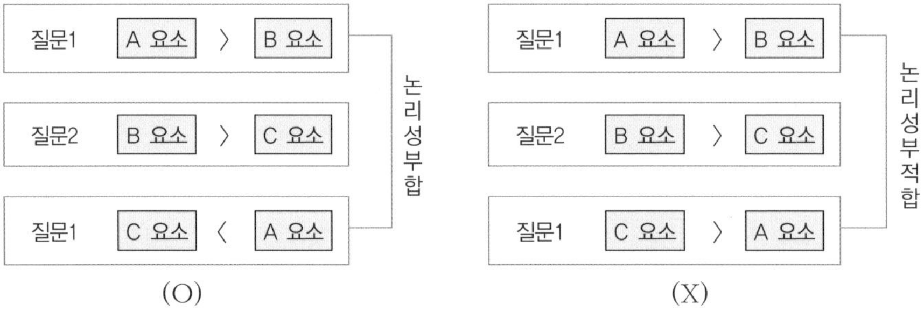

3. 연구자료 및 분석 방법 (상대적 가중치 종합)

본 연구는 같은 설문을 전통한지정책 공급자 그룹과 수요자그룹으로 구분해서 실시했다. 먼저 전통한지 정책공급자 그룹은 문화체육관광부 등 중앙부처 공무원 4명과 전통한지업체를 1개 이상 보유한 11개 지방자치단체 공무원 11

명, 한지산업지원센터 전문가 1명, 자문 교수·연구자 2명, 문화재수리복원 전문가 1명 등 총 19명을 대상으로 했다. 전통한지정책 수요자그룹은 전국의 전통한지업체 한지장 19명을 대상으로 했다.

설문내용은 전통한지 활성화 요인에 9개 항목의 내용이 무엇인지에 대한 설명이 포함되어 있으며 9점 척도를 이용하여 2개 요소를 상호 비교하는 쌍대비교 방법을 사용했다. 이 쌍대비교는 응답자가 설문에서 제시된 2개 정책 중에서 전통한지 활성화를 위해 먼저 추진해야 할 정책이 무엇이며, 상대적으로 얼마나 더 중요한지 비교하는 것이다.

설문은 2022년 7월 23일부터 2022년 10월 9일까지 정책공급자와 정책수요자를 대상으로 한 이메일과 전화 및 직접 면담을 통해 진행했다. 회수된 자료를 바탕으로 EXCEL 프로그램을 통해 AHP 분석을 시행했다. 또한, AHP 분석 결과를 보다 다각적으로 해석하고 연구의 시사점을 도출하기 위해 설문 응답자와의 추가로 전화, 이메일 또는 대면 인터뷰를 병행했다. 설문조사에 응답한 정책공급자의 현황은 [표 51]과 같다.

[표 51] AHP 조사 대상(정책공급자)

구분	내용	인원	빈도수 (N=19)	비율(%)
성별	남성	12	12	63%
	여성	7	7	37%
연령	20대	1	1	5%
	30대	7	7	37%
	40대	4	4	21%
	50대	6	6	32%
	60대	1	1	5%
	70대 이상			

구분	내용	인원	빈도수 (N=19)	비율(%)
근속 (연구) 연수	5년 미만	4	4	21%
	5년 이상 10년 미만	6	6	32%
	10년 이상 20년 미만	4	4	21%
	20년 이상 30년 미만	3	3	16%
	30년 이상 40년 미만	1	1	5%
	40년 이상	1	1	5%
직무	정책기획 및 집행	13	15	79%
	연구 및 자문	4	4	21%

정책공급자는 남성이 12명(63%), 여성이 7명(37%)이다. 연령은 30대가 7명(37%), 50대가 6명(32%), 40대가 4명(21%), 20대와 60대가 각각 1명(5%)이다. 근속연수는 5년 이상 10년 미만이 6명(32%), 5년 미만과 10년 이상 20년 미만이 각각 4명(21%), 20년 이상 30년 미만 3명(16%), 30년 이상 40년 미만과 40년 이상이 각각 1명(5%)이다. 정책기획 및 집행이 16명(79%)이고 연구 및 자문이 4명(21%)이다.

[표 52] AHP 조사 대상(정책수요자)

구분	내용	인원	빈도수 (N=19)	비율(%)
성별	남성	18	18	95%
	여성	1	1	5%
연령	20대			
	30대			
	40대	2	2	11%
	50대	4	4	21%

구분	내용	인원	빈도수 (N=19)	비율(%)
연령	60대	8	8	42%
	70대 이상	5	5	26%
업무경력	10년 미만	1	1	5%
	10년 이상 20년 미만	1	1	5%
	20년 이상 30년 미만		2	11%
	30년 이상 40년 미만	3	3	16%
	40년 이상 50년 미만	7	7	37%
	50년 이상	5	5	26%
업체 형태	수록지	18	18	95%
	수록지 + 기계지	1	1	5%

설문조사에 응답한 정책수요자의 현황은 [표 52]와 같다. 정책수요자는 성별을 보면 남성이 18명(95%)이고 여성이 1명(5%)이다. 연령은 60대가 8명(42%), 70대 이상이 5명(26%), 50대가 4명(21%), 40대가 2명(11%)이다. 업무경력은 40년 이상 50년 미만이 7명(37%), 50년 이상이 5명(26%), 30년 이상 40년 미만이 3명(16%), 20년 이상 30년 미만 2명(11%), 10년 이상 20년 미만과 10년 미만이 각각 1명(5%)이다. 업체 형태는 수록지가 18명(95%), 수록지와 기계지가 1명(5%)이다.

$$C[1,k] = \prod_{i=2}^{k} B_i$$

$C[1,k]$: 첫 번째 계층에 대한 k번째 계층요소의 종합 가중치

B_i : 추정된 w벡터를 구성하는 행을 포함하는 $n-1 \cdot n_i$ 행렬

n_i : i번째 계층의 요소수

최상위 계층의 상대적 가중치 구성을 위해서는 각 계층의 우선순위를 결정하는 가중치를 종합해야 한다. 최상위 계층에 대하여 하위계층에 있는 종합중요도는 앞의 관계식을 통해 구할 수 있다.

AHP 분석은 계층구조를 설정하고 계층별 분석을 통해 의사결정 대안들의 가중치를 산출하고, 계층별 가중치를 종합하여 상대적 중요도를 계산하는 방식으로 진행된다. 본 연구에서는 [표 53]과 같은 과정으로 연구를 진행하고자 한다.

[표 53] 실증연구 진행 절차

순서	주요 내용	방법
1	계층구조의 설정 및 구성 요소 도출	문헌 조사, 전문가 논의
2	자료수집, 실증분석 및 결과도출	설문조사, 일관성 검증 및 MS Office Excel 활용

제3절 분석 결과

본 연구에서 정책공급자와 정책수요자를 대상으로 한 전통한지 활성화 요인 선호도 분석 결과는 2단계로 실시했다. 첫 번째 단계에서는 1계층 설문조사로서 상위정책 세 가시(규제정책, 지원정책, 정보정책)에 대한 선호도를 묻는 실문이다. 두 번째 단계에서는 규제정책, 지원정책, 정보정책 세 항목별로 각각 세 가지에 대한 선호도를 묻는 설문이다. 마지막 단계에서는 이 두 가지를 종합하여 분석하고자 한다. 분석 모형은 다음 [그림 9]와 같다.

[그림 9] **전통한지 활성화 요인 AHP분석 모형**

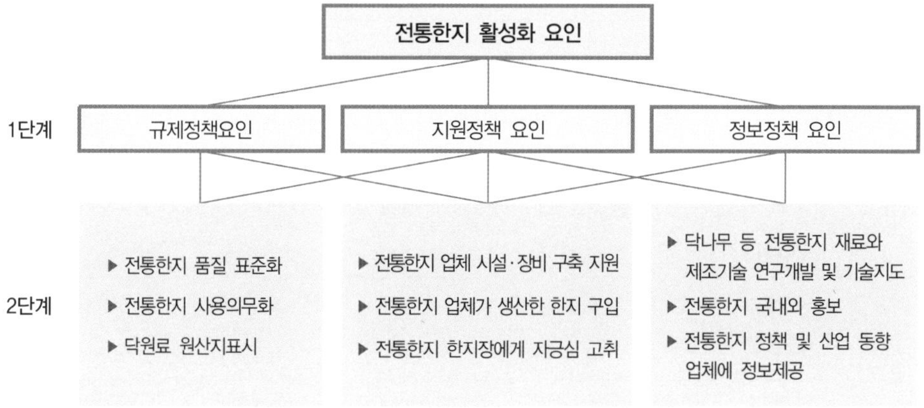

1. 1계층 설문조사(상위정책)

1계층 설문조사는 전통한지 활성화를 위해서 규제정책, 지원정책 및 정보정책 세 가지 중에서 먼저 추진해야 할 정책요인이 무엇인지에 관한 질문으로 구성했다.

가. 정책공급자 관점

중앙·지방정부 공무원, 연구원 및 자문 교수 등 정책공급자를 대상으로 한 설문조사와 AHP 분석 결과는 [표 54]와 같다.

[표 54] 정책공급자의 전통한지 활성화 요인 우선순위(1계층)

구분	전통한지 활성화 요인 우선순위 가중치			CR (일관성 비율)
	규제정책	지원정책	정보정책	
공급자1	0.4545	0.4545	0.0909	0.0000

구분	전통한지 활성화 요인 우선순위 가중치			CR (일관성 비율)
	규제정책	지원정책	정보정책	
공급자2	0.1782	0.7514	0.0704	0.0279
공급자3	0.0719	0.6491	0.2790	0.0625
공급자4	0.6923	0.2308	0.0769	0.0000
공급자5	0.0719	0.6491	0.2790	0.0625
공급자6	0.4545	0.4545	0.0909	0.0000
공급자7	0.6694	0.0879	0.2426	0.0068
공급자8	0.1047	0.6370	0.2583	0.0371
공급자9	0.0658	0.7854	0.1488	0.0773
공급자10	0.7143	0.1429	0.1429	0.0000
공급자11	0.4286	0.4286	0.1429	0.0000
공급자12	0.2000	0.6000	0.2000	0.0000
공급자13	0.4286	0.4286	0.1429	0.0000
공급자14	0.1429	0.4286	0.4286	0.0000
공급자15	0.1140	0.4806	0.4054	0.0279
공급자16	0.0719	0.6491	0.2790	0.0625
공급자17	0.0719	0.6491	0.2790	0.0625
공급자18	0.2583	0.6370	0.1047	0.0370
공급자19	0.4545	0.4545	0.0909	0.0000
종합(평균)	0.30	0.51	0.20	
우선순위	2	1	3	

중앙과 지방정부 공무원, 연구원 및 자문 교수 등 정책공급자를 대상으로 전통한지 활성화 요인 상위정책 우선순위에 대한 설문조사 결과, 지원정책이

0.51로 가장 높게 나타났고, 규제정책이 0.30으로 두 번째 순위였으며, 정보정책은 0.20으로 상대적으로 가장 낮았다.

나. 정책수요자 관점

19개 전통한지업체 한지장을 대상으로 한 설문조사와 AHP 분석 결과는 [표 55]와 같다.

[표 55] 정책수요자의 전통한지 활성화 요인 우선순위(1계층)

구분	전통한지 활성화 요인 우선순위 가중치			CR (일관성 비율)
	규제정책	지원정책	정보정책	
수요자1	0.4286	0.1429	0.4286	0.0000
수요자2	0.0719	0.6491	0.2790	0.0625
수요자3	0.1047	0.6370	0.2583	0.0371
수요자4	0.6370	0.1047	0.2583	0.0371
수요자5	0.2000	0.6000	0.2000	0.0000
수요자6	0.6370	0.2583	0.1047	0.0371
수요자7	0.2583	0.6370	0.1047	0.0370
수요자8	0.6370	0.2583	0.1047	0.0371
수요자9	0.2583	0.6370	0.1047	0.0370
수요자10	0.6370	0.2583	0.1047	0.0371
수요자11	0.1047	0.6370	0.2583	0.0371
수요자12	0.6370	0.2583	0.1047	0.0371
수요자13	0.2583	0.6370	0.1047	0.0370
수요자14	0.2583	0.6370	0.1047	0.0370
수요자15	0.0719	0.6491	0.2790	0.0625

구분	전통한지 활성화 요인 우선순위 가중치			CR (일관성 비율)
	규제정책	지원정책	정보정책	
수요자16	0.1047	0.6370	0.2583	0.0371
수요자17	0.0719	0.6491	0.2790	0.0625
수요자18	0.6370	0.2583	0.1047	0.0371
수요자19	0.1047	0.6370	0.2583	0.0371
종합(평균)	0.32	0.48	0.20	-
우선순위	2	1	3	

정책수요자인 19개 전통한지업체 한지장을 대상으로 전통한지 활성화 요인 상위정책 우선순위에 대해 설문조사를 실시한 결과, 지원정책이 0.48로 가장 높았고, 규제정책이 0.32로 두 번째로 나타났으며, 정보정책이 0.20으로 상대적으로 우선순위가 가장 낮았다.

다. 정책공급자와 정책수요자 관점(종합)

[표 56] 정책공급자와 정책수요자 전통한지 활성화 요인 순위(1계층)

구분	정책공급자(중앙 · 지방정부 공무원, 연구원, 자문 교수)			정책수요자 (19개 전통한지업체 한지장)		
	규제정책	지원정책	정보정책	규제정책	지원정책	정보정책
중요도	0.30	0.51	0.20	0.32	0.48	0.20
우선순위	2	1	3	2	1	3

정책공급자와 정책수요자를 대상으로 벌인 전통한지 활성화를 위해 먼저 추진해야 할 정책 우선순위에 대한 설문조사 결과는 [표 56]과 같다. 정책공급자와 정책수요자 모두 지원정책에 대한 선호도가 가장 높았으며(정책공급자 0.51,

정책수요자 0.48), 이어 규제정책이 뒤를 이었고(정책공급자 0.30, 정책수요자 0.32), 정보정책에 대한 선호도가 가장 낮은(정책공급자 0.20, 정책수요자 0.20) 것으로 나타났다. 결국, 정책공급자와 정책수요자 모두 상위정책(규제정책, 지원정책, 정보정책) 선호도는 지원정책이 가장 높다는 것을 확인했다.

2. 2계층 설문조사(하위정책)

2-1. 규제정책(품질 표준화, 사용 의무화, 원산지 표시) 우선순위

가. 정책공급자 관점

중앙·지방정부 공무원, 연구원 및 자문 교수 등 정책공급자를 대상으로 한 규제정책 내 우선순위 설문조사와 AHP 분석 결과는 [표 57]과 같다.

[표 57] 정책공급자 규제정책 활성화 요인 순위(2계층)

구분	전통한지 활성화 요인 우선순위 가중치			CR (일관성 비율)
	품질 표준화	사용 의무화	원산지 표시	
공급자1	0.6000	0.2000	0.2000	0.0000
공급자2	0.3333	0.333	0.333	0.0000
공급자3	0.6370	0.1047	0.2583	0.0371
공급자4	0.0658	0.1488	0.7854	0.0773
공급자5	0.1049	0.7986	0.0965	0.0065
공급자6	0.7778	0.1111	0.1111	0.0000
공급자7	0.7306	0.0810	0.1884	0.0625
공급자8	0.6370	0.2583	0.1047	0.0371
공급자9	0.1140	0.4806	0.4054	0.0279
공급자10	0.4545	0.4545	0.0909	0.0000

구분	전통한지 활성화 요인 우선순위 가중치			CR (일관성 비율)
	품질 표준화	사용 의무화	원산지 표시	
공급자11	0.1047	0.6370	0.2583	0.0371
공급자12	0.7306	0.0810	0.1884	0.0625
공급자13	0.4286	0.4286	0.1429	0.0000
공급자14	0.4286	0.4286	0.1429	0.0000
공급자15	0.3333	0.3333	0.3333	0.0000
공급자16	0.7471	0.1194	0.1336	0.0121
공급자17	0.6586	0.1562	0.1852	0.0281
공급자18	0.2583	0.1046	0.6370	0.0370
공급자19	0.7778	0.1111	0.1111	0.0000
종합(평균)	0.47	0.28	0.25	-
우선순위	1	2	3	

중앙정부와 지방정부 공무원, 연구원 및 자문 교수 등 정책공급자를 대상으로 전통한지 활성화를 위해 추진해야 할 규제정책(품질 표준화, 사용 의무화, 원산지 표시) 중에서 선호도가 가장 높은 정책을 질문한 결과, 품질 표준화에 대한 선호도가 0.47로 가장 높았으며, 이어 사용 의무화가 0.28로 높았고, 원산지 표시가 0.25로 가장 낮았다.

원산지 표시의 경우 품질 표준화나 사용 의무화와 연계하여 제도화 할 수도 있음에도 별도로 항목을 마련하여 설문조사를 실시한 것은 주요 변수로 보았기 때문이다. 비록 상대적으로 낮았지만, 원산지 표시는 지류문화재 수리복원, 창덕궁 등 4대 궁궐 창호지 및 국가의 중요기록물에 한지를 사용하도록 하는 '공공부문 한지 사용 의무화'에 버금갈 정도로 중요하게 인식하고 있는 것으로 파악했다.

나. 정책수요자 관점

19개 전통한지업체 한지장을 대상으로 한 규제정책 내 우선순위에 대한 설문조사와 AHP 분석 결과는 [표 58]과 같다.

[표 58] 정책수요자 규제정책 활성화 요인 순위(2계층)

구분	전통한지 활성화 요인 우선순위 가중치			CR (일관성 비율)
	품질 표준화	사용 의무화	원산지 표시	
수요자1	0.2790	0.0719	0.6491	0.0622
수요자2	0.6586	0.1562	0.1852	0.0281
수요자3	0.2583	0.6370	0.1047	0.0370
수요자4	0.6370	0.2583	0.1047	0.0371
수요자5	0.4286	0.4286	0.1429	0.0000
수요자6	0.1047	0.6370	0.2583	0.0371
수요자7	0.6370	0.1047	0.2583	0.0371
수요자8	0.1047	0.6370	0.2583	0.0371
수요자9	0.6370	0.1047	0.2583	0.0371
수요자10	0.2583	0.6370	0.1047	0.0370
수요자11	0.1047	0.2583	0.6370	0.0371
수요자12	0.6586	0.1562	0.1852	0.0281
수요자13	0.1047	0.2583	0.6370	0.0371
수요자14	0.6370	0.1047	0.2583	0.0371
수요자15	0.2583	0.1047	0.6370	0.0370
수요자16	0.6586	0.1562	0.1852	0.0281
수요자17	0.1047	0.2583	0.6370	0.0371
수요자18	0.6370	0.2583	0.1047	0.0371

구분	전통한지 활성화 요인 우선순위 가중치			CR (일관성 비율)
	품질 표준화	사용 의무화	원산지 표시	
수요자19	0.6370	0.2583	0.1047	0.0371
종합(평균)	0.41	0.29	0.30	–
우선순위	1	2	3	

정책수요자인 19개 전통한지업체 한지장을 대상으로 전통한지 활성화를 위해 추진해야 할 규제정책(품질 표준화, 사용 의무화, 원산지 표시) 중에서 가장 선호하는 정책이 무엇인지 질문한 결과, 품질 표준화에 대한 선호도가 0.43으로 가장 높았다. 이어 원산지 표시가 0.30으로 높았으며 상대적으로 한지사용 의무화가 0.27로 가장 낮았다. 한지를 생산하고도 판로가 어려운 한지 업체에서는 지류문화재 수리복원, 창덕궁 등 4대 궁궐 창호지 및 국가 중요기록물에 '한지사용을 의무화'하는 제도가 절실한 것으로 이해할 수 있다. 그런데도 전통한지업체 한지장은 공공부문 한지사용 의무화보다 닥원료 원산지 표시를 더 중요하게 인식하고 있었다.

다. 정책공급자와 정책수요자 관점(종합)

정책공급자와 정책수요자를 대상으로 전통한지 활성화를 위해 먼저 추진해야 할 규제정책 우선순위에 대한 설문조사 결과는 [표 59]와 같다. 정책공급자와 정책수요자 모두 품질 표준화에 대한 선호도가(정책공급자 0.47, 정책수요자 0.43) 가장 높았다. 두 번째부터는 정책공급자는 공공부문 한지사용 의무화(0.28) – 원산지 표시(0.25) 순인 데 비해, 정책수요자는 원산지 표시(0.30) – 공공부문 한지사용 의무화(0.27) 순이다. 이는 정책수요자인 한지장의 경우 수입 닥의 유통에 따른 심각성을 크게 느끼고 있기 때문으로 분석된다.

[표 59] 정책공급자와 정책수요자 규제정책 활성화 요인 순위(2계층)

구분	정책공급자(중앙·지방정부 공무원, 연구원, 자문 교수)			정책수요자 (19개 전통한지업체 한지장)		
	품질 표준화	사용 의무화	원산지 표시	품질 표준화	사용 의무화	원산지 표시
종합(평균)	0.47	0.28	0.25	0.41	0.29	0.30
우선순위	1	2	3	1	3	2

2-2. 지원정책(장비 수선지원, 한지구입, 자긍심 고취) 우선순위

가. 정책공급자 관점

중앙·지방정부 공무원, 연구원 및 자문 교수 등 정책공급자를 대상으로 한 지원정책 내 우선순위 설문조사와 AHP 분석 결과는 [표 60]과 같다.

[표 60] 정책공급자 지원정책 활성화 요인 순위(2계층)

구분	전통한지 활성화 요인 우선순위 가중치			CR (일관성 비율)
	장비 수선지원	한지구입	자긍심 고취	
공급자1	0.0810	0.7306	0.1884	0.0625
공급자2	0.2879	0.6554	0.0549	0.0772
공급자3	0.4054	0.4806	0.1140	0.0280
공급자4	0.2308	0.6923	0.0769	0.0000
공급자5	0.1884	0.7306	0.0810	0.0622
공급자6	0.4545	0.4545	0.0909	0.0000
공급자7	0.7514	0.1782	0.0704	0.0280
공급자8	0.2790	0.6491	0.0719	0.0622
공급자9	0.0909	0.8182	0.0909	0.0000

구분	전통한지 활성화 요인 우선순위 가중치			CR (일관성 비율)
	장비 수선지원	한지구입	자긍심 고취	
공급자10	0.0909	0.4545	0.4545	0.0000
공급자11	0.2583	0.6370	0.1047	0.0370
공급자12	0.1884	0.7306	0.0810	0.0622
공급자13	0.4286	0.4286	0.1429	0.0000
공급자14	0.1429	0.4286	0.4286	0.0000
공급자15	0.7143	0.1429	0.1429	0.0000
공급자16	0.4545	0.4545	0.0909	0.0000
공급자17	0.3879	0.5146	0.0975	0.0772
공급자18	0.2583	0.6370	0.1047	0.0370
공급자19	0.4545	0.4545	0.0909	
종합(평균)	0.32	0.54	0.14	–
우선순위	2	1	3	

중앙정부와 지방정부 공무원, 연구원 및 자문 교수 등 정책공급자를 대상으로 전통한지 활성화를 위해 추진해야 할 지원정책(장비 수선지원, 한지구입, 자긍심 고취) 중 추진 우선 정책을 질문한 결과, 한지구입에 대한 선호도가 0.54로 가장 높았으며, 이어 장비 수선지원 0.32, 자긍심 고취가 0.14로 나타났다.

나. 정책수요자 관점

19개 전통한지업체 한지장을 대상으로 한 지원정책 우선순위 설문조사와 AHP 분석 결과는 [표 61]과 같다.

[표 61] 정책수요자 지원정책 활성화 요인 순위(2계층)

구분	전통한지 활성화 요인 우선순위 가중치			CR (일관성 비율)
	장비 수선지원	한지구입	자긍심 고취	
수요자1	0.1488	0.7854	0.0658	0.0772
수요자2	0.2583	0.6370	0.1047	0.0370
수요자3	0.4054	0.4806	0.1140	0.0280
수요자4	0.1047	0.2583	0.6370	0.0371
수요자5	0.2583	0.6370	0.1047	0.0370
수요자6	0.2000	0.6000	0.2000	0.0000
수요자7	0.2583	0.6370	0.1047	0.0370
수요자8	0.2583	0.6370	0.1047	0.0370
수요자9	0.4054	0.4806	0.1140	0.0280
수요자10	0.2583	0.6370	0.1047	0.0370
수요자11	0.2583	0.6370	0.1047	0.0370
수요자12	0.4054	0.4806	0.1140	0.0280
수요자13	0.2583	0.6370	0.1047	0.0370
수요자14	0.2583	0.6370	0.1047	0.0370
수요자15	0.6370	0.1047	0.2583	0.0371
수요자16	0.2583	0.6370	0.1047	0.0370
수요자17	0.1047	0.6370	0.2583	0.0371
수요자18	0.6370	0.2583	0.1047	0.0371
수요자19	0.2583	0.6370	0.1047	0.0370
종합(평균)	0.30	0.55	0.15	-
우선순위	2	1	3	

정책수요자인 19개 전통한지업체 한지장을 대상으로 전통한지 활성화를 위해 추진해야 할 지원정책(장비 수선지원, 한지구입, 자긍심 고취) 중 먼저 추진해야 할 정책을 질문한 결과, 한지구입에 대한 선호도가 0.53으로 가장 높았으며, 이어 장비 수선지원이 0.30, 자긍심 고취 0.16으로 나타났다.

다. 정책공급자와 정책수요자 관점(종합)

정책공급자와 정책수요자를 대상으로 전통한지 활성화를 위해 먼저 추진해야 할 지원정책의 우선순위에 대해 설문 조사한 결과는 [표 62]와 같다. 정책공급자와 정책수요자 모두 한지구입에 대한 선호도가(정책공급자 0.54, 정책수요자 0.55) 가장 높았다. 이어 두 번째부터 선호하는 정책은 장비수선 지원(정책공급자 0.32, 정책수요자 0.30), 자긍심 고취(정책공급자 0.14, 정책수요자 0.15) 순으로 나타났다. 정책공급자와 정책수요자 모두 한지구입에 대한 선호도가 장비수선 지원과 자긍심 고취를 합한 것보다 높게 나타난 점은 지원정책 추진에서 주목할 필요가 있다.

[표 62] 정책공급자와 정책수요자 지원정책 활성화 요인 순위(2계층)

구분	정책공급자(중앙·지방정부 공무원, 연구원, 자문 교수)			정책수요자 (19개 전통한지업체 한지장)		
	장비수선 지원	한지 구매	자긍심 고취	장비수선 지원	한지 구매	자긍심 고취
종합 (평균)	0.32	0.54	0.14	0.30	0.55	0.15
우선순위	2	1	3	2	1	3

2-3. 정보정책(기술지도, 국내외홍보, 정보제공) 우선순위

가. 정책공급자 관점

중앙·지방정부 공무원, 연구원 및 자문 교수 등 정책공급자를 대상으로 한 정보정책 우선순위 설문조사와 AHP 분석 결과는 [표 63]과 같다.

[표 63] 정책공급자 정보정책 활성화 요인 순위(2계층)

구분	전통한지 활성화 요인 우선순위 가중치			CR (일관성 비율)
	기술지도	국내외홍보	정보제공	
공급자1	0.7854	0.0658	0.1488	0.0772
공급자2	0.4545	0.4545	0.0909	0.0000
공급자3	0.6370	0.2583	0.1047	0.0371
공급자4	0.6923	0.2308	0.0769	0.0000
공급자5	0.2897	0.6554	0.0549	0.0772
공급자6	0.7778	0.1111	0.1111	0.0000
공급자7	0.6694	0.2426	0.0879	0.0068
공급자8	0.1884	0.7306	0.0810	0.0622
공급자9	0.0629	0.6716	0.2654	0.0280
공급자10	0.0909	0.4545	0.4545	0.0000
공급자11	0.6370	0.2583	0.1047	0.0371
공급자12	0.6491	0.2790	0.0719	0.0625
공급자13	0.4286	0.4286	0.1429	0.0000
공급자14	0.6000	0.2000	0.2000	0.0000
공급자15	0.6370	0.2583	0.1047	0.0371
공급자16	0.7471	0.1336	0.1194	0.0121

구분	전통한지 활성화 요인 우선순위 가중치			CR (일관성 비율)
	기술지도	국내외홍보	정보제공	
공급자17	0.6370	0.2583	0.1047	0.0371
공급자18	0.6000	0.2000	0.2000	0.0000
공급자19	0.7778	0.1111	0.1111	0.0000
종합(평균)	0.55	0.32	0.14	
우선순위	1	2	3	

중앙정부와 지방정부 공무원, 연구원 및 자문 교수 등 정책공급자를 대상으로 전통한지 활성화를 위해 추진해야 할 정보정책(기술지도, 국내외홍보, 정보제공) 중 먼저 추진해야 할 정책을 질문한 결과, 기술지도에 대한 선호도가 0.55로 가장 높았으며, 이어 장비 국내외홍보 0.32, 정보제공 0.14로 나타났다.

나. 정책수요자 관점

19개 전통한지업체 한지장을 대상으로 한 설문조사와 AHP 분석 결과는 [표 64]와 같다.

[표 64] 정책수요자 정보정책 활성화 요인 우선순위(2계층)

구분	전통한지 활성화 요인 우선순위 가중치			CR (일관성 비율)
	기술지도	국내외홍보	정보제공	
수요자1	0.6370	0.2583	0.1047	0.0371
수요자2	0.6370	0.2583	0.1047	0.0371
수요자3	0.7143	0.1429	0.1429	0.0000
수요자4	0.2583	0.6370	0.1047	0.0370

구분	전통한지 활성화 요인 우선순위 가중치			CR (일관성 비율)
	기술지도	국내외홍보	정보제공	
수요자5	0.6370	0.2583	0.1047	0.0371
수요자6	0.1429	0.4286	0.4286	0.0000
수요자7	0.6370	0.2583	0.1047	0.0371
수요자8	0.1047	0.6370	0.2583	0.0371
수요자9	0.6370	0.2583	0.1047	0.0371
수요자10	0.6370	0.2583	0.1047	0.0371
수요자11	0.6370	0.2583	0.1047	0.0371
수요자12	0.6370	0.2583	0.1047	0.0371
수요자13	0.2583	0.6370	0.1047	0.0370
수요자14	0.6370	0.2583	0.1047	0.0371
수요자15	0.6370	0.1047	0.2583	0.0371
수요자16	0.1047	0.2583	0.6370	0.0371
수요자17	0.6370	0.1047	0.2583	0.0371
수요자18	0.2583	0.6370	0.1047	0.0370
수요자19	0.6370	0.2583	0.1047	0.0371
종합(평균)	0.50	0.32	0.18	-
우선순위	1	2	3	

정책수요자인 19개 전통한지업체 한지장을 대상으로 전통한지 활성화를 위해 추진해야 할 정보정책(기술지도, 국내외홍보, 정보제공) 중 먼저 해야 할 정책을 질문한 결과, 기술지도에 대한 선호도가 0.50으로 가장 높게 나타났으며, 이어 국내외홍보 0.32, 정보제공 0.18로 나타났다.

다. 정책공급자와 정책수요자 관점(종합)

전통한지 활성화를 위해 먼저 추진해야 할 정보정책의 우선순위에 대한 설문조사 결과 [표 65], 정책공급자와 정책수요자 모두 기술지도에 대한 선호도(정책공급자 0.55, 정책수요자 0.50)가 가장 높았다. 이어 두 번째부터는 국내외 홍보(정책공급자 0.32, 정책수요자 0.32), 정보제공(정책공급자 0.14, 정책수요자 0.18) 순으로 나타났다.

정책공급자와 정책수요자 모두 정보정책에서는 '닥나무 등 전통한지의 재료와 제조기술 연구개발 및 기술지도'를 시급히 처리해야 할 정책으로 인식하고 있음을 확인했다.

[표 65] 정책공급자와 정책수요자 정보정책 활성화 요인 순위(2계층)

구분	정책공급자(중앙·지방정부 공무원, 연구원, 자문 교수)			정책수요자 (19개 전통한지업체 한지장)		
	기술지도	국내외홍보	정보제공	기술지도	국내외홍보	정보제공
종합 (평균)	0.55	0.32	0.14	0.50	0.32	0.18
우선순위	1	2	3	1	2	3

3. 1~2계층 설문조사(종합)

가. 정책공급자 관점

중앙·지방정부 공무원, 연구원 및 자문 교수 등 정책공급자를 대상으로 한 설문조사와 AHP 분석 결과는 [표 66]과 같다.

[표 66] 정책공급자 2계층 요인 중요도 및 종합분석 순위

2계층 요인						종합분석	
정책 유형			정책 세부 유형	중요도	순위	복합 가중치	순위
구분	중요도	순위					
규제 정책	0.30	2	▸ 전통한지 품질 표준화	0.47	1	0.141	3
			▸ 전통한지 사용 의무화	0.28	2	0.084	5
			▸ 닥원료 원산지 표시	0.25	3	0.075	6
지원 정책	0.51	1	▸ 전통한지업체 시설·장비 구축 지원	0.32	2	0.163	2
			▸ 전통한지업체가 생산한 한지구입	0.54	1	0.275	1
			▸ 전통한지 한지장에게 자긍심 고취	0.14	3	0.071	8
정보 정책	0.20	3	▸ 닥나무 등 전통한지 재료와 제조기술 연구개발 및 기술지도	0.55	1	0.11	4
			▸ 전통한지 국내외홍보	0.32	2	0.064	7
			▸ 전통한지 정책 및 산업 동향을 업체에 정보제공	0.14	3	0.028	9

나. 정책수요자 관점

19개 전통한지업체 한지장을 대상으로 한 설문조사와 AHP 분석 결과는 [표 67]과 같다.

[표 67] 정책수요자 2계층 요인 중요도 및 종합분석 순위

2계층 요인						종합분석	
정책 유형			정책 세부 유형	중요도	순위	복합 가중치	순위
구분	중요도	순위					
규제 정책	0.32	2	▸ 전통한지 품질 표준화	0.41	1	0.131	3
			▸ 전통한지 사용 의무화	0.29	3	0.093	6
			▸ 닥원료 원산지 표시	0.30	2	0.096	5

2계층 요인						종합분석	
정책 유형			정책 세부 유형	중요도	순위	복합 가중치	순위
구분	중요도	순위					
지원 정책	0.48	1	▸ 전통한지업체 시설 · 장비 구축 지원	0.30	2	0.144	2
			▸ 전통한지업체가 생산한 한지구입	0.55	1	0.264	1
			▸ 전통한지 한지장에게 자긍심 고취	0.15	3	0.072	7
정보 정책	0.20	3	▸ 닥나무 등 전통한지 재료와 제조기술 연구개발 및 기술지도	0.50	1	0.1	4
			▸ 전통한지 국내외홍보	0.32	2	0.064	8
			▸ 전통한지 정책 및 산업 동향을 업체에 정보제공	0.18	3	0.036	9

다. 정책공급자와 정책수요자(종합)

19개 전통한지업체 한지장을 대상으로 한 설문조사와 AHP 분석 결과, 정책공급자와 정책수요자의 전통한지 활성화 요인에 대한 설문조사 결과, 종합순위는 위 [표 68]과 같다. 정책공급자와 정책수요자 모두 1순위－한지구입, 2순위－시설 · 장비 지원, 3순위－품질 표준화, 4순위－연구개발 · 기술지도 순으로 선호하고 있는 것으로 나타났다.

[표 68] 정책공급자와 정책수요자 전통한지 활성화 요인(종합)

2계층 요인 순위						종합순위	
정책 유형	정책 내용	공급자	수요자	공급자	수요자	공급자	수요자
규제 정책	▸ 전통한지 품질 표준화	2	2	1	1	3	3
	▸ 전통한지 사용 의무화			2	3	5	6
	▸ 닥원료 원산지 표시			3	2	6	5

2계층 요인 순위						종합순위	
정책 유형	정책 내용	공급자	수요자	공급자	수요자	공급자	수요자
지원 정책	▸ 전통한지업체 시설·장비 구축 지원			2	2	2	2
	▸ 전통한지업체가 생산한 한지구입	1	1	1	1	1	1
	▸ 전통한지 한지장에게 자긍심 고취			3	3	8	7
정보 정책	▸ 닥나무 등 전통한지 재료와 제조기술 연구개발 및 기술지도			1	1	4	4
	▸ 전통한지 국내외홍보	3	3	2	2	7	8
	▸ 전통한지 정책 및 산업 동향을 업체에 정보제공			3	3	9	9

제4절 소 결

제5장 전통한지 진흥정책 선호도 분석에서는 전통한지 진흥정책에 대한 정책공급자와 정책수요자의 선호도를 조사하는 설문을 시행했다. 2022년 7월 23일부터 10월 9일까지 진행된 설문조사에서는 문화체육관광부나 지방자치단체 공무원 등 19명의 정책공급자와 전국의 19개 전통한지업체 한지장 19명을 대상으로 했다.

한지 정책 9개(품질 표준화·사용 의무화·닥원료 원산지 표시·시설·장비구축 지원·한지구입·자긍심 고취·연구개발 및 기술지도·국내외홍보·산업 및 정책 동향 정보제공) 중에서 쌍대비교 방식으로 우선순위를 정했다. 설문조사 분석 결과는 다음과 같다.

첫째, 전통한지 활성화를 위한 상위정책의 유형 세 가지(규제정책, 지원정책 및 정보정책) 중에서 정책공급자와 정책수요자가 가장 선호하는 정책이 무엇인지를 살펴보았다. 정책공급자와 정책수요자 모두 지원정책에 대한 선호도가 가장 높았으며(정책공급자 0.51, 정책수요자 0.48), 이어 규제정책이 뒤를 이었고(정책공급자 0.30, 정책수요자 0.32), 정보정책 선호도가 가장 낮게(정책공급자 0.20, 정책수요자 0.20) 나타났다.

둘째, 전통한지 활성화를 위해 추진해야 할 규제정책을 대상으로 세 가지 하위정책(품질 표준화, 사용 의무화, 원산지 표시)에 대한 정책공급자와 정책수요자의 선호도를 살펴보았다. 모두 품질 표준화에 대한 선호도(정책공급자 0.47, 정책수요자 0.41)가 가장 높았다. 다음으로 선호하는 정책으로는 정책공급자는 사용 의무화(0.28)를, 정책수요자는 원산지 표시(0.30)를 선택했다. 이로써 정책수요자인 한지장이 정책공급자와 비교해 수입 닥의 유통에 따른 심각성을 크게 느끼고 있음을 알 수 있다.

셋째, 전통한지 활성화를 위해 추진해야 할 지원정책을 대상으로 세 가지 하위정책(시설 · 장비 수선지원, 한지구입, 자긍심 고취) 산지 표시)에 대한 정책공급자와 정책수요자의 선호도를 살펴보았다. 모두 한지구입에 대한 선호도(정책공급자 0.54, 정책수요자 0.55)가 가장 높았다. 이어 시설·장비수선 지원(정책공급자 0.32, 정책수요자 0.30), 자긍심 고취(정책공급자 0.14, 정책수요자 0.15) 순으로 나타났다. 특히, 정책공급자와 정책수요자 모두 한지구입에 대한 선호도가 장비수선 지원과 자긍심 고취를 합한 것보다도 높게 나타난 점은 향후 지원정책을 추진하는 데 있어 주목할 필요가 있다. 이는 한지 유통 판로의 어려움을 말해주는 것으로 분석된다.

넷째, 전통한지 활성화를 위해 추진해야 할 정보정책을 대상으로 세 가지 하위정책(연구개발 및 기술지도, 국내외홍보, 정보제공)에 대한 정책공급자와 정책수요자의 선호도를 살펴보았다. 정책공급자와 정책수요자 모두 연구개발과 기술지도에 대한 선호도가(정책공급자 0.55, 정책수요자 0.50) 가장 높았다. 이어 국내외

홍보(정책공급자 0.32, 정책수요자 0.32), 정보제공(정책공급자 0.14, 정책수요자 0.18) 순으로 선호하는 것으로 나타났다. 정책공급자와 정책수요자 모두 정보정책에서는 연구개발 및 기술지도를 중요하게 여기고 있었다. 닥나무 등 전통한지의 재료와 초지·표면처리 등 제조기술에 대한 연구개발과 기술지도를 시급히 해야 할 현안 정책으로 인식하고 있음을 확인할 수 있다.

다섯째, 정책공급자와 정책수요자 모두 ① 종이구매, ② 시설·장비 수선지원, ③ 품질 표준화, ④ 연구개발 및 기술지도를 1순위에서 4순위로 응답했다. 정책공급자와 정책수요자가 응답한 1~2계층 설문조사를 종합하여 선호도를 살펴보면 ① 종이구매, ② 시설·장비 수선지원, ③ 품질 표준화, ④ 연구개발 및 기술지도, ⑤ 공공부문 한지사용 의무화, ⑥ 수입 표시, ⑦ 국내외홍보, ⑧ 자긍심 고취 ⑨ 정보제공 순이다. 정책수요자는 ① 종이구입, ② 시설·장비 수선지원, ③ 품질 표준화, ④ 연구개발 및 기술지도, ⑤ 수입 표시, ⑥ 공공부문 한지사용 의무화, ⑦ 자긍심 고취, ⑧ 국내외홍보 ⑨ 정보제공 순으로 나타났다.

여섯째, 정책공급자는 ⑤~⑧이 공공부문 한지사용 의무화, 닥원료 원산지 표시, 국내외홍보, 자긍심 고취지만 정책수요자는 ⑤~⑧이 수입 표시, 공공부문 한지사용 의무화, 자긍심 고취, 국내외홍보이다. 정책공급자와 정책수요자 모두 정보제공에 대한 선호도가 가장 낮게 나타났다.

일곱째, 이 설문조사를 통해서 전통한지 진흥정책에 대한 정책공급자와 정책수요자와의 선호도 차이는 크지 않음을 알 수 있다. 이 설문조사 결과를 앞서 제4장 소결에서 "그동안 정부가 추진한 전통한지 정책과 사업을 도구유형 분석한 결과, 정책목표 달성에 기여한 것으로 보기 어렵다"고 정리한 내용에 적용시키면 다음과 같이 정리 할수 있다. 지금까지 정부가 추진한 정책과 사업이 정책목표 달성에 기여했다고 보기 어려운 결과를 가져온 원인은 정부가 정책공급자 위주의 한지정책을 추진한 데서 찾기 보다는 오히려, 정책공급자와 정책수요자가 모두 중요하다고 여기는 종이구입, 시설·장비 수선지원 및 한지

품질 표준화와 같은 정책과 사업 추진에 적극적이지 않았다는 데서 찾을 수 있다.

여덟째, 앞으로 전통한지 활성화 정책을 추진하는 경우 정책공급자와 정책수요자 양 측으로부터 선호도가 앞서는 정책유형인 종이구입(1순위), 시설·장비 수선지원(2순위), 한지 품질 표준화(3순위), 연구개발 및 기술지도(4순위) 등에 정책 우선순위를 두는 것이 의미가 있다고 본다.

제6장

전통한지 진흥 관련 제반 정책 고찰

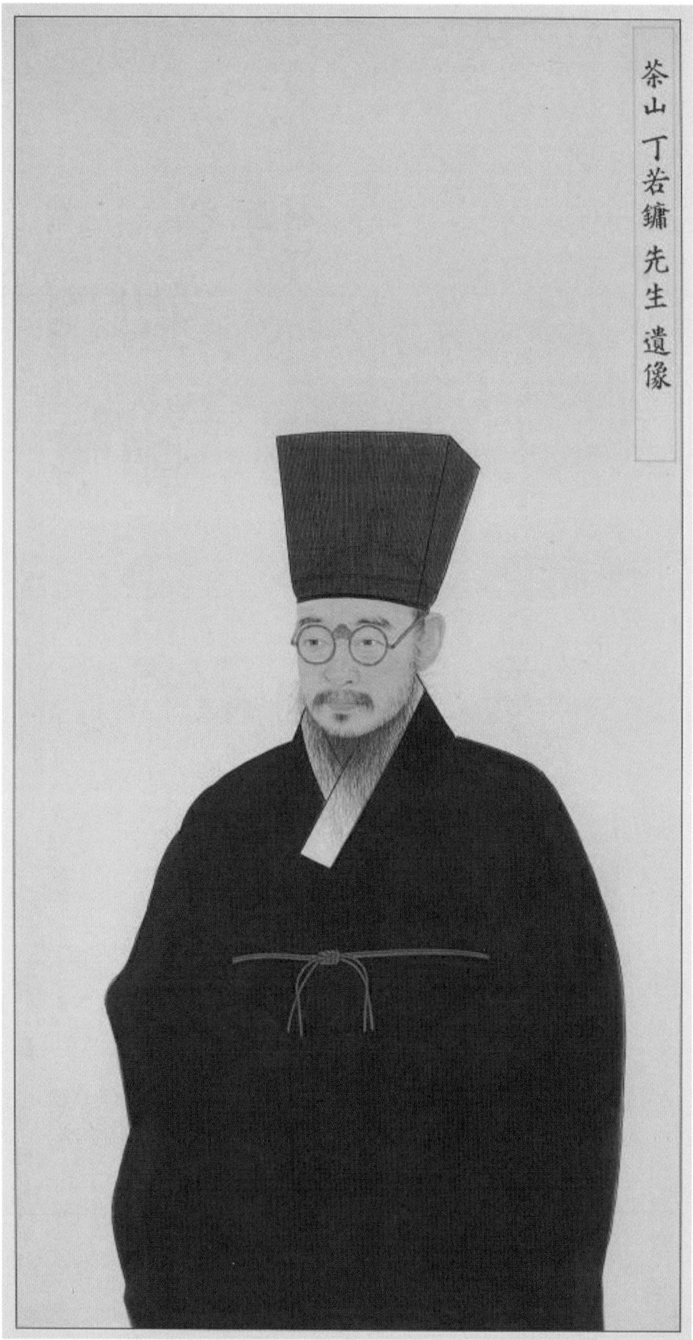

정약용 초상, 96×178cm, 한지에 수묵채색, 2009

제1절 연구 목적

여기서는 전통한지정책과 사업이 지향해야 할 목표를 한지의 신뢰 회복, 한지 수요 창출, 한지 보급의 활성화, 한지 제조업체의 소득증대, 전통한지 제조기술의 계승·발전 및 효과적인 세계시장 진출에 두고, 이를 실현하기 위한 정책 대안을 제시하기로 한다.

이미 제2장 이론적 논의에서 전통한지와 한지의 개념을 정립했고, 제4장 전통한지정책 도구유형분석에서는 추진 정책과 사업을 정책도구적인 측면에서 규제, 지원, 정보정책으로 나누어서 살펴보았다. 이어 제5장 전통한지 진흥정책 선호도 분석에서 정책공급자와 정책수요자가 선호하는 한지 정책이 무엇인지 살펴보았다.

본 장에서는 이를 종합적으로 검토하여 정부와 지방자치단체가 정책적으로 추진해야 할 사항을 제시하고자 한다. 한지 정책을 대분류하여 규제, 지원 및 정보, 3개의 상위정책으로 설정하고, 이를 아홉 가지 세부정책으로 구분하여, 정책공급자와 정책수요자의 선호도를 조사한 후, 이 결과를 바탕으로 정책대안을 제시할 예정이다. 또한, 제21대 국회에 발의한 「전통한지 문화산업의 육성 및 발전에 관한 법률안」과 전주시, 원주시, 안동시 및 의령군 등 4개 시군의 한지 육성 관련 조례를 검토하여 의견을 개진하고자 한다.

이를 위해 첫째는 정책기반에 관한 문제에서는 전통한지의 개념에 관한 사항과 함께 부처별 역할과 협업, 둘째는 규제정책에 관한 문제에서는 전통한지 표준화, 공공부문 한지사용 의무화 및 닥원료 원산지 표시, 셋째는 지원정책에 관한 문제에서는 한지 업체 시설·장비 개선지원, 한지구입 및 한지장 자긍심 고취, 넷째로 정보정책에 관한 문제에서는 재료 및 초지 기술 등에 관한 연구개발과 기술지도, 한지 국내외홍보 및 한지정책과 산업 동향에 대한 정보공유 등을 순으로 살펴보고자 한다.

제2절 정책기반에 관한 문제

1. 한지에 관한 법률·조례 제정과 한지의 정의

가 법률 제정 추진에 관한 비판적 검토

2022년 현재 전통한지의 육성·지원과 관련한 법률은 존재하지 않는다. 20대 국회에서 김광수 의원 등 10인이 2017년 3월 28일 발의한 한지 문화산업진흥법안을 국회 문화체육관광위원회 소관 위에 접수했으나(국회의안정보시스템, 2022), 20대 국회 종료로 자동 폐기되었다. 21대 국회에서는 2021년 5월 7일 김형동 의원 대표 발의로 전통한지 문화산업의 육성 및 발전에 관한 법률이 국회 문화체육관광위원회 소관 위에 접수돼 있다. 태권도 진흥 및 태권도공원 조성 등에 관한 법률을 비롯해 11개의 전통문화 관련 개별법이 제정된 것을 볼 때, 전통한지와 관련된 개별법이 없다는 것은 전통한지 분야의 정책연구가 활발하게 이루어지지 못한 점과 관련 있다.

위 한지문화산업진흥법안 제2조(정의)에 의하면 '전통한지'를 닥나무 인피섬유를 주원료로 사용하여 제조한 우리 고유의 종이를 밀한다고 했고, '한지 제품'이란 한지를 주재료로 하여 제조·가공된 물품으로 우리 고유의 한지 제조기술을 계승·발전하는 제품을 말한다고 규정했다. 하지만 '한지'에 대한 개념은 별도로 정립되지 않고 있다. 전통한지 문화산업의 육성 및 발전에 관한 법률안

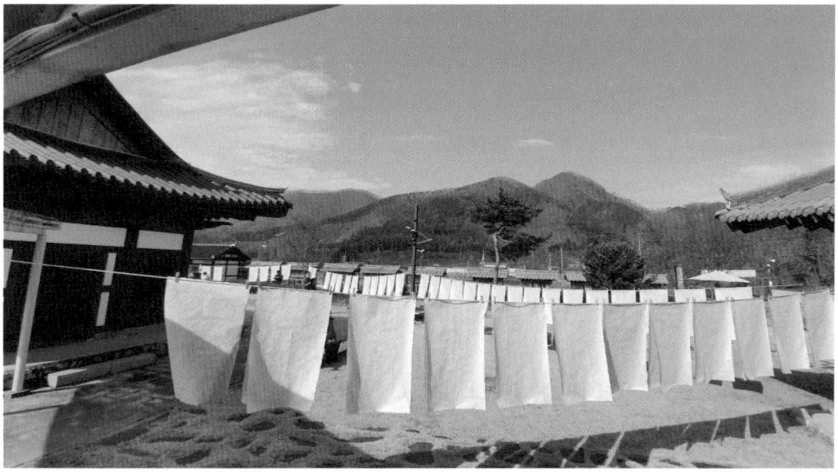

2020년 2월 11일 전북 완주 대승한지마을 도침작업 늘어말리기

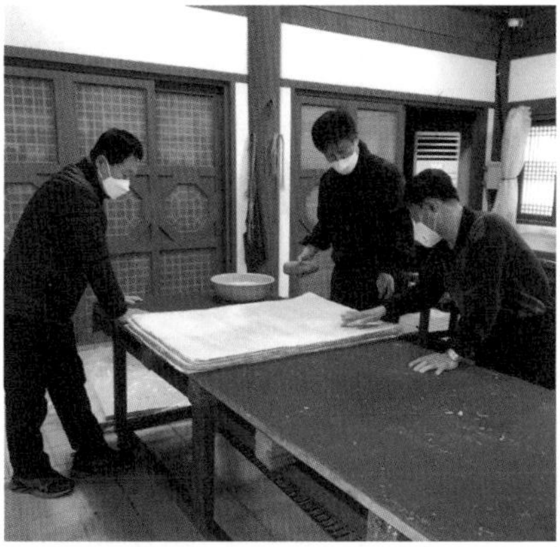

2020년 12월 11일 전북 완주 대승한지마을 도침작업 풀칠하기

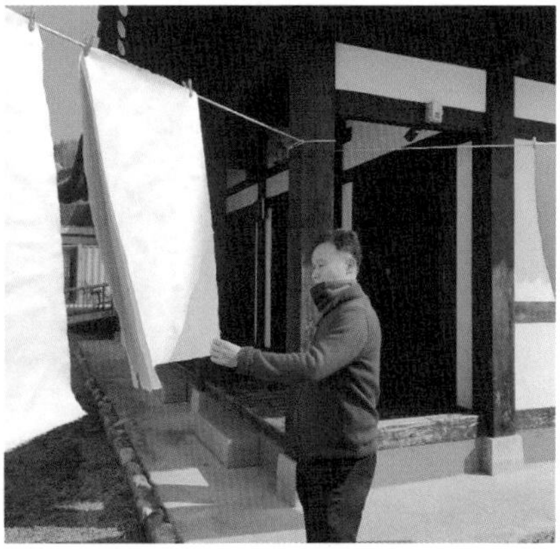

2020년 2월 11일 전북 완주 대승한지마을 도침작업 늘어말리기

제2조 전통한지의 정의에는, 주원료를 '국내산 닥'으로, 제조기술을 '손으로 만든 것'으로 한정하지 않았다. 그런데 이는 한지는 원산지가 한국산이고 제작기술이 전통성에 근거해야 한다는 점에서 문제점으로 지적할 수 있다.

나. 조례 제정 및 운영에 관한 비판적 검토

한편, 전국 19개 전통한지업체를 1개 이상 보유한 11개 시·군 중에서 전통한지의 육성·지원 관련 조례를 제정한 곳은 원주시, 전주시, 의령군, 안동시 등 4개 시·군이다. 원주시는 전통한지에 대한 정의를 조례에 규정하지 않았

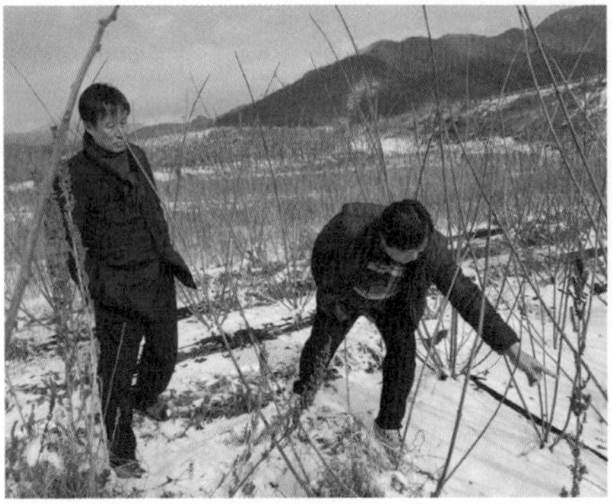

2017년 1월 22일 충북 괴산신풍한지마을 닥나무 현장답사

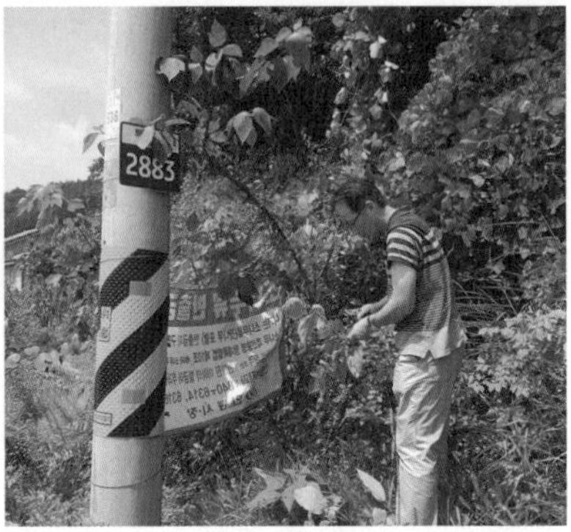

2017년 8월 8일 경북 안동 감닥 현장답사

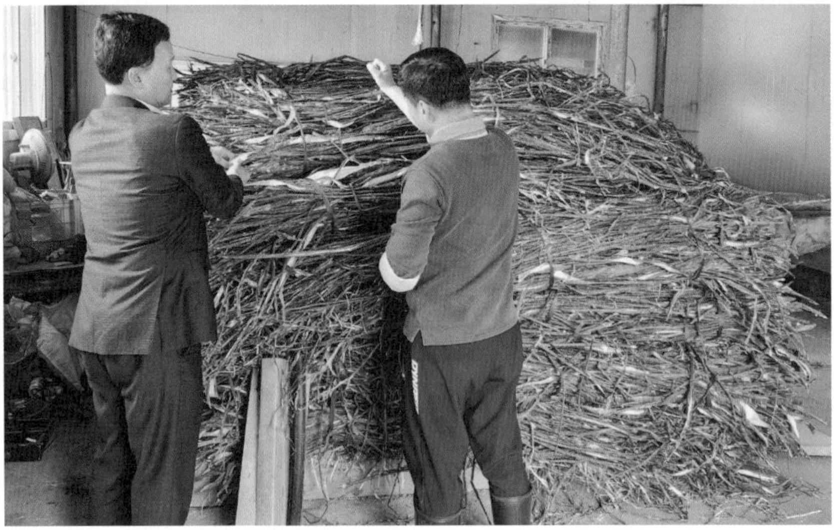

2023년 3월 16일 경북 문경전통한지 닥피

다. 이 중에서 전통한지와 한지의 정의를 다르게 규정한 3개 시·군의 한지 육성 관련 조례를 살펴보면 다음과 같다.

첫째, 전주시의 경우에는 전통한지를 국내산 닥나무 인피섬유를 주원료로 이용하고 반드시 목재 및 기타 펄프는 사용하지 않아야 하며, 각 제조공정을 전통식 방법에 따르되 고해와 건조공정만 동력을 이용해 제조한 한지를 말한다고 했다. 여기서 국내산 닥의 인피섬유를 주원료로 이용하고 목재 및 기타 펄프는 사용하지 않아야 하며 각 제조공정을 전통방법에 따른다고 한 점은 무난하다고 볼 수 있다. 하지만 '고해와 건조공정만 동력을 이용해 제조한 한지'라고 말한 부분은 전통성과 거리가 있어 수정하는 것이 마땅하다. 왜냐하면, 고해는 닥 방망이로 두드리는 공정을 거쳐야만 비터와 같은 기계장치를 이용하는 경우에 비해 섬유파손을 줄이고 장섬유의 장점을 살릴 수 있기 때문이다.

행정안전부(2015)는 '훈장 용지 개선을 통한 전통한지 원형재현 사업'을 통해 고해 공정에서 닥 방망이로 두드리는 방식의 효과성을 증명하면서, 이 제조방식을 반드시 준수해야 할 사항으로 적용한 바 있다. 비터와 같은 기계장치를 사용하면 섬유가 칼날에 의해 잘려 종이가 질기지 못하고 내절강도가 약화하는 것을 알면서도 고해 작업의 어려움으로 인해 일반적으로 칼비터를 많이 사용했다. 이는 한지의 특성인 인장강도와 내절강도를 약화하는 제조방식이라는 점에서 문제가 있다. 이와 더불어 건조의 경우에도 고온 철판 건조는 종이의 열화로 인해 종이 품질이 훼손되기 때문에 전통 방식으로 보기에는 적합하지 않기에 일광 건조 또는 저온 건조를 해야 한다. 철판 건조 및 스테인리스 건조는 강제로 열을 올리기 때문에 열 산화로 입자가 파괴되기 쉽다. 한편 목판 건조는 일본에서 많이 사용하는 방식이다. 건조의 경우, 햇볕 아래에 널어 말리는 자연 건조는 원래 크기대로 줄어들게 되어 안정적인 섬유구조를 갖게 됨도 확인하였다. 또한, 천연 펄프 상태로 유지해주며 원래 색보다 밝아지고 태양 빛에 의해 유해균이 사멸됨도 확인했다. 이 일광 건조는 한국화의 앞과 뒤를 소통하게 해서 색채를 먹이는 배채법과 같은 원리로 바람이 적정하게 살랑거리는 장소가 최적의 장소다.

둘째, 전주한지란 전주지역에 주된 사무소를 둔 한지 제조업체가 닥나무 인피섬유를 이용해서 생산, 가공한 종이를 말한다. 여기서는 수록한지 업체에서 손으로 제조한 종이인지, 기계장치를 이용한 종이인지에 대한 구분이 없다. 닥나무 인피섬유를 이용해 기계장치로 만든 종이도, 수입산 닥을 사용해 목재펄프를 혼합하여 기계장치로 만든 종이도 전주한지에 포함될 수 있는 여지가 있다.

의령군의 경우도 "전통한지"와 "의령 전통한지"의 정의에서 전주시 조례와 유사하다. 다만 전주시 조례와 비교해 동력을 이용하는 공정에 도침을 추가했을 뿐이다. 안동시의 경우에는 전통한지를 국내산 닥나무 인피섬유를 주원료로 이용하고 반드시 목재 및 그 밖의 펄프는 사용하지 않아야 하며 각 제조공정을 전통식 방법에 따르되 고해와 건조공정만 동력을 이용해 제조한 한지를 말한다고 하였다. 안동한지의 정의는 전주한지의 사례와 같았다.

전주시, 의령군 및 안동시는 전통한지와 지역한지를 다르게 규정함으로써 결과적으로 수입 닥을 주재료로 사용하는 경우, 기계장치로 종이를 만들면서도 "전주한지", "의령 전통한지", "안동한지"라는 이름으로 생산, 유통될 수도 있는 구조가 만들어졌다. 이와 같은 내용이 전주시의 한지산업 육성 및 지원 조례의 목적인 "전주시 한지장과 한지산업을 체계적으로 육성하고 지원하여 전주한지의 전통을 계승하고 세계적 명품으로 발전시키고자 함을 목적으로 한다."와 의령군의 전통한지 육성·지원 조례의 목적인 "의령 전통한지를 체계적으로 육성하고 지원하여 세계적 명품으로 계승·발전시키고자 함을 목적으로 한다.", 안동시의 한지산업 육성 및 지원 조례의 목적인 "안동시 한지장과 한지산업을 체계적으로 육성하고 지원하여 안동한지의 전통을 계승하고 세계적 명품으로 발전시키고자 함을 목적으로 한다"에 부합하는지는 의문이 있다. 전주시, 의령군, 안동시 3개 시·군 조례의 주요 내용을 살펴보면 [표 69]와 같다.

[표 69] 4개 시·군의 전통한지와 지역한지 정의

조례명	전통한지와 지역한지 정의
원주시 옻·한지산업 육성 및 지원 조례 (2008.11.20. 제정)	제2조(정의) 이 조례에서 사용하는 용어의 뜻은 다음 각 호와 같다. 〈개정 2019. 4. 12.〉 2. "한지산업"이란 한지 및 한지를 이용한 관련제품의 생산·가공·유통사업, 한지관련 창업·보육·연구사업, 한지원료 생산사업, 닥나무 재배 및 닥나무를 이용한 제품의 생산사업과 이와 관련된 부가가치 창출산업으로 시장이 인정하는 것을 말한다.
전주시 한지산업 육성 및 지원 조례 (16.5.30 제정)	제2조(정의) 이 조례에서 사용하는 용어의 뜻은 다음 각호와 같다. 1. "전통한지"란 국내산 닥나무 인피섬유를 주원료로 이용하고 반드시 목재 및 기타 펄프는 사용하지 않아야 하며 각 제조공정을 전통식 방법에 따르되 고해와 건조공정만 동력을 이용해 제조한 한지를 말한다. 2. "전주한지"란 전주지역에 주된 사무소를 둔 한지 제조업체가 닥나무 인피섬유를 이용해서 생산, 가공한 종이를 말한다.
의령 전통한지 육성·지원 조례 (17.04.12 제정 18.8.1)	제2조(정의) 이 조례에서 사용하는 용어의 뜻은 다음과 같다. 1. "전통한지"란 국내산 닥나무 인피섬유를 주원료로 이용하고 반드시 목재 및 기타 펄프는 사용하지 않아야 하며, 각 제조공정을 전통식 방법으로 따르되 고해, 건조, 도침 공정만 동력을 이용해 제조한 한지를 말한다. 2. "의령 전통한지"란 의령지역에 주된 사무소를 둔 한지 제조업체가 닥나무 인피섬유를 이용해서 생산, 가공한 종이를 말한다.
안동시 한지산업 육성 및 지원 조례 (18.11.16 제정)	제2조(정의) 이 조례에서 사용하는 용어의 뜻은 다음 각호와 같다. 1. "전통한지"란 국내산 닥나무 인피섬유를 주원료로 이용하고 반드시 목재 및 그 밖의 펄프는 사용하지 않아야 하며 각 제조공정을 전통식 방법에 따르되 고해와 건조공정만 동력을 이용해 제조한 한지를 말한다. 2. "안동한지"란 안동시(이하 "시"라 한다)에 주된 사무소를 둔 한지 제조업체가 닥나무 인피섬유를 이용해서 생산, 가공한 종이를 말한다.

※ 원주시 옻·한지산업 육성 및 지원 조례는 "한지"와 "전통한지"의 정의가 없음

다. 정책제언

수입 닥을 사용하고, 전통한지 한지장이 제작한 종이가 아닌 기계장치에 의해 만들어진 종이도 한지에 포함됨으로써 정확한 한지 실태조사가 불가능했다고 언급한 바 있다. 2017년 1월부터 2021년 6월 말까지 중앙정부와 한지업체를 1개 이상 보유한 11개 시군에서 총 3백41억 원의 한지 관련 예산을 투입했는데, 그중 상당 부분은 전통한지나 한지가 아닌 유사 종이와 관련된 분야에 사용됐을 것으로 추정할 수 있다. 19개 전통한지업체에 직접적으로 지원하거나 지출한 금액이 7억 원에도 미치지 못하고, 당연히 정부와 지방자치단체의 예산투입 효과는 미흡했다고 볼 수 있다.

의령군이 2017년부터 2020년까지 4년간 총 43회에 걸쳐 약 9천 6백75만 원의 한지 제품을 사들였지만, 전통한지업체에서 직접 한지를 사들인 것은 4회 9백29만 5,000원에 불과했다는 것을 확인한 바 있다. 의령군의 의령 전통한지 육성·지원 조례에 국내산 닥과 전통 제조기법을 명시하고서도 의령한지의 정의에서는 수입 닥이나 기계장치 사용을 제한하지 않음으로써 발생한 것이다. 결국, 수입 닥과 기계장치로 만든 종이 상품이 한지 제품[표 26]으로 구매될 수 있었다. 요컨대 법률을 통해 전통한지와 한지의 개념을 명확히 정립하는 것이 요청된다.

전통한지 문화산업의 육성 및 발전에 관한 법률안(김형동 의원 대표 발의) 제2조(정의) 1호에서 전통한지란 닥나무 인피섬유를 주원료로 사용하여 전통 방식을 준수하여 제조한 우리 고유의 종이를 말한다는 다음과 같이 수정할 필요가 있다.

한지의 정의와 관련해 국내산 닥 재료라는 점과 제조방식에서 손으로 만들어야 한다는 두 가지 본질적 특성을 고려해야 한다는 것에는 이견이 없을 것이다. 두 점을 고려하여 한지를 새롭게 정의하기로 한다.

전통한지는 "일제강점기 이전에 사용하던 재료와 제조방식으로 만든 종이'라고 말할 수 있으며, 보다 구체적으로는 '국내산 닥, 천연잿물과 식물성 분산제를 사용하며 티 고르기, 일광 유수 세척 및 표백, 닥 방망이 구해, 전통 뜨기 등 초지, 자연 일광 건조 및 도침 등의 전통 방식으로 만든 종이'"라고 정의할 수 있다.

당연히 한지는 '국내산 닥을 주재료로 사용하여 손으로 뜬 종이'로 정의할 수 있다. 전통한지 또는 한지는 시설을 갖춘 국내 19개 수록한지 업체가 국내산 닥으로 만들어야 하는 종이라 할 수 있다.

2. 부처별 역할 강화 및 협업

가. 비판적 검토 및 정책제언

한지 진흥정책이 성공하기 위해서는 각 부처 관련 부서의 기능을 보강하는 한편 범정부적 협업이 필요하다. 지금까지 산림청에서는 닥나무 품종연구가 거의 이루어지지 못한 것으로 보인다. 최근 5년간 산림청에서 추진한 한지 관련 사업을 살펴보면 [표 70]과 같다. 닥나무의 지역별 수종 파악과 수종에 따른 특성에 관한 연구성과를 찾아보기는 어려웠다.

[표 70] 산림청의 최근 5년간 '한지' 관련 사업 현황

일자	제목	담당 부서
22.9.1	전통 쪽물 염색하는지 제조법 찾아 나서다 – 국립산림과학원, 전통한지 쪽물 염색을 위한 현장 설명회 개최	국립산림과학원 산림바이오소재연구소
22.5.27	역사 속에 사라진 전통한지 제작법을 미국에서 찾다! – 미국인이 90년 전 수집해 간 한지 제작 도구를 분석하여 제작법을 구명	
21.11.16	조선시대 수능, '과거' 시험용 한지 제조법 구명 – 일반한지보다 두껍고 크며, 2인 1조 방식으로 제작	
20.6.15	아름다운 전통한지 '태지', 과학으로 되살아나다! – 태지 핵심원료인 '해캄'을 과학적으로 구명하여 전통기법으로 복원	

일자	제목	담당 부서
18.8.7	한지로 다시 태어난 '나라꽃 무궁화' 특별전시	도시숲 경관과

※ 출처 : 산림청 홈페이지 – 행정정보 〉 산림행 정미 데어 센터 〉 보도자료 〉 목록(forest.go.kr), 검색 일자 2022.9.2.

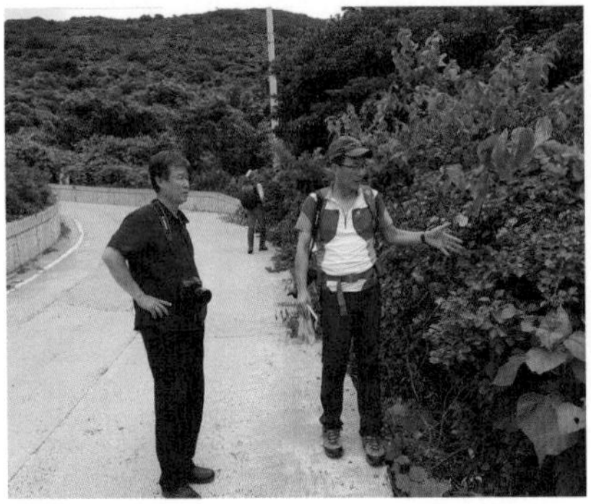

2017년 9월 2일 전남 신안 가거도(소흑산도) 닥나무 현장답사

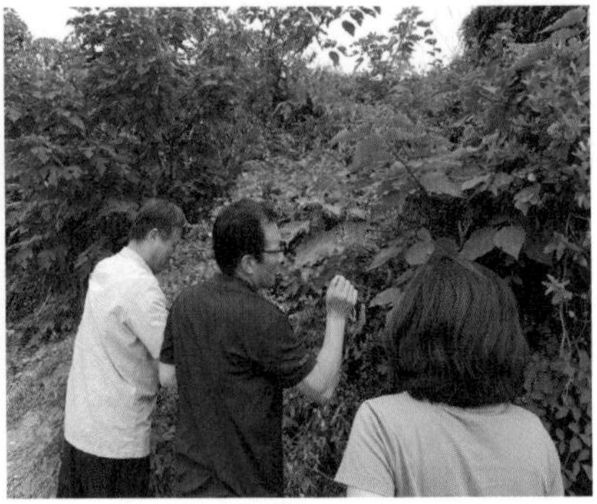

2018년 8월 11일 전북 군산 선유도 닥나무 현장답사

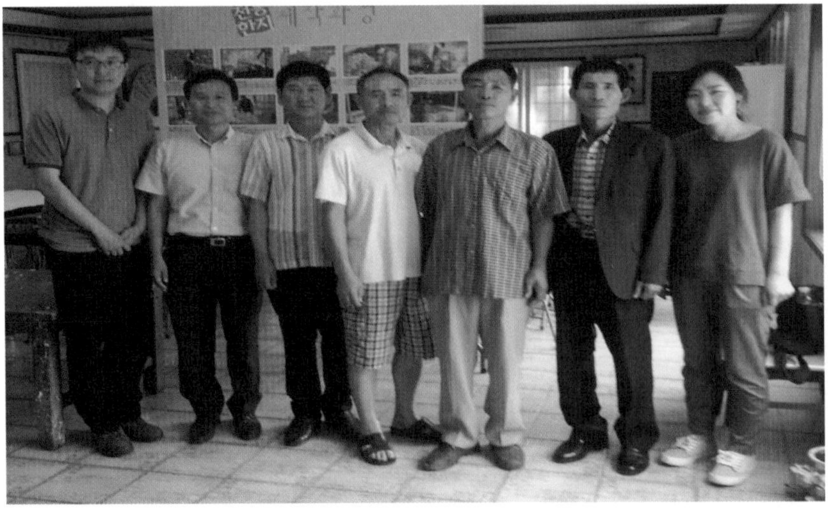

2015년 8월 1일 경북 청송한지 현장답사

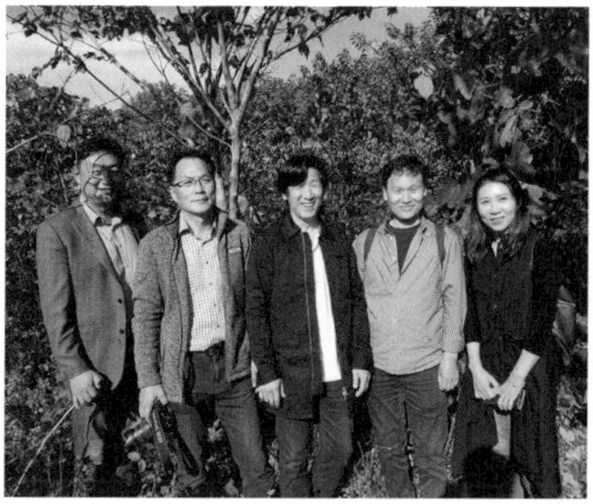

2017년 10월 14일 전북 완주 닥나무 현장답사

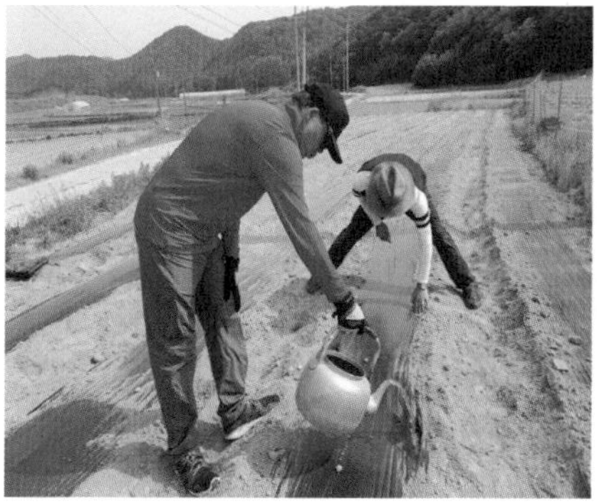

2019년 5월 12일 경기 여주
김호석화백닥나무시험농장
토종닥나무 어린묘목 심기

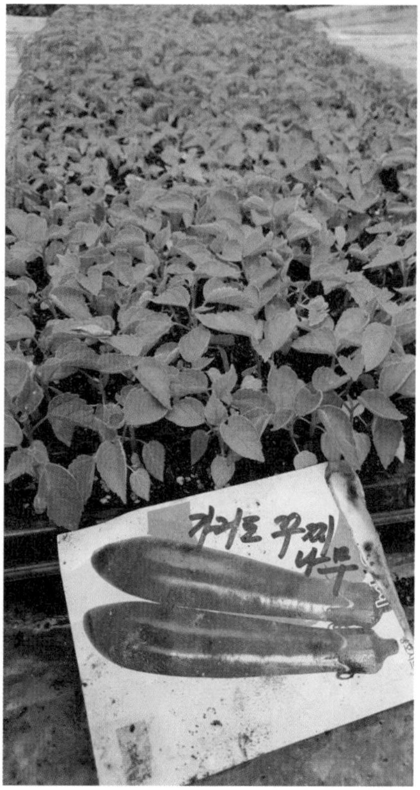

2019년 5월 12일 경기 여주
김호석화백닥나무시험농장에
식재하기 직전 토종닥나무(꾸지나무) 어린묘목

산림청의 닥나무의 품종에 대한 분포와 특성 연구[32] 및 섬유의 특징에 관한 연구는 보이지 않는다(경향신문, 2020). 다만, 선후관계가 바뀐 감이 있지만, 초지법에 관한 연구는 매진한 것으로 보인다.

32 전국에 산재하는 닥나무의 가지를 잘라 삽목하는 방식의 닥나무 연구(2021.4.1.MBC경남, "닥나무와 전통한지를 지키는 과학자")는 씨앗을 채취하여 발아시켜 묘목을 키우는 방법으로 전환하는 것이 바람직하다.

향후 전통한지 진흥을 위한 부처별 역할 강화 및 협업 방안을 제시하면 다음과 같다. 문화체육관광부는 문화적인 측면에서 한지진흥정책을 총괄하고 문화재청은 문화재 분야의 한지 활성화를 위해 노력하며 국가기록원에서는 기록용 한지를 연구하고 활성화할 수 있도록 인력과 예산을 뒷받침할 필요가 있다. 한지정책연구는 건축공간연구원(국가한옥센터)의 '한옥 정책 브리프' 운영사례를 벤치마킹하여, 한국문화관광연구원 등에 역할을 부여하는 방안도 검토해 볼 수 있다. 이와 더불어 산업적인 측면에서는 경제·산업 부처에서 노력이 필요하다. 한편, 과학기술정보통신부에서는 '기계한지' 중심의 연구개발을 전통한지로 전환할 필요가 있다. 결국, 부처 간의 칸막이를 뛰어넘는 협의체를 구성해서 한지진흥정책이 시너지효과를 거둘 수 있어야 한다. 주로 박물관과 역사 속에서 남아있는 한지를 현재 활용되는 기록매체로 발전시키려는 노력이 필요하다. 현재 한지정책과 관련된 중앙부·청의 기능과 향후 업무 추진 방향을 제시하면 다음 [표 71]과 같다.

[표 71] 한지 정책 관련 중앙부·청의 기능 및 향후 업무 추진 방향

부청부서명		기능	현황	향후 추진 방향
산림청	산림자원과	산림용 종자·묘목 품종 보호	닥나무 품종연구 등 활성화되지 않음	닥나무 품종연구 및 우수품종 육성
	국립산림과학원	삼림자원, 임목육종 시험·연구·조사		
문화체육관광부 전통문화과		전통문화정책 수립, 세계화, 연구 및 보급 등	문화체육관광부와 그 소속기관 직제 및 직제 시행규칙에 '한지'를 별도로 규정하고 있지 않음 ※ 한글은 직제와 직제 시행규칙, 한옥은 직제 시행규칙에 있음	문체부 특정부서 또는 경제·산업부처 등에서 한지진흥정책 총괄 추진
문화재청	무형문화재과	무형문화재 지정·보호·전승		전통한지 분야 중 문화재용한지(수리·복원·복제·배접 등)는 현행대로 문화재보존과학센터 등 추진
	국립무형유산원	전승지원과, 조사연구기록과 무형유산진흥과		

부청부서명		기능	현황	향후 추진 방향
문화재청	국립문화재연구원 문화재보존과학센터	문화재의 보존처리 수행	문화재청과 그 소속기관 직제 및 직제시행규칙에도 “한지” 직접 규정 없음 진흥정책 총괄 및 실행부서 등 구체화하지 않음 한지 정책연구 전무	한국 전통공예디자인문화진흥원은 공예·생활한지에만 집중(기록보존·문화재용 제외) 건축공간연구원(국가한옥센터)의 ‘한옥 정책 브리프’ 운영사례를 벤치마킹하여, 한국문화관광연구원 등에 한지 정책연구 역할 부여하는 방안 검토
행정안전부	상훈 담당관	정부포상 증서 (훈장, 포장, 대통령 표창을, 국무총리 표창)에 전통한지 사용	2021년 말 기준 연간 1억 원 이상 구매	정부포상증서에 사용되는 전통한지 품질향상 및 전통한지 사용 확대
	국가 기록원	수복용 한지 등 기록물 복원·복제의 재료 및 기술연구	복원·복제용 한지 위주로 활용, 현재 기록물(중요문서 등)에는 한지를 거의 사용하지 않음	전통한지 분야 중 기록용 한지(중요문서용, 그림용, 서예용 등) 활용 확대
과학기술정보통신부[33]		국가연구개발 사업 추진	‘기계한지’ 분야한지장판, 부직포 연구개발	전통한지 분야로 전환

※ 출처 : 김호석 외(2019), 「한국의 전통한지, 지금까지 우리가 알고 있었던 한지는 한지가 아니다」를 참고하여 재정리

이에 국회에 발의되 계류중인 전통한지 문화산업의 육성 및 발전에 관한 법률안에 전통한지 관련 부처 간 협업체계 구축에 관한 내용을 추가할 필요가 있다.

---

33 과학기술정보통신부(2022)는 ‘한지와 면상발열체가 결합된 고전도성 카본시트 제조 및 디바이스 구현(3억 4,900만원)’ 기계한지 연구개발 추진〈출처 : 국가과학기술지식정보서비스(NTIS, www.ntis.go.kr)〉

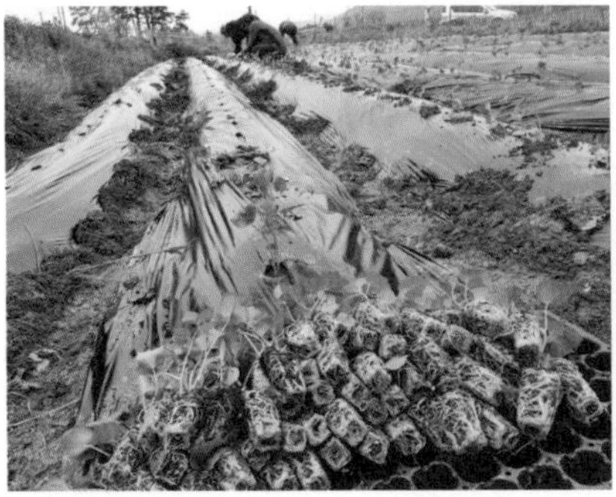

2020년 5월 10일 경기 여주 김호석화백
닥나무 시험장 황촉규 심기

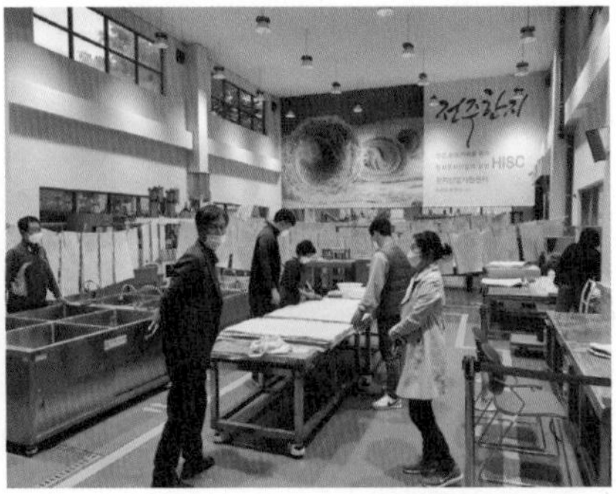

2021년 4월 17일 전북 전주 한지산업지원센터
훈장증서용 전통한지 도침작업

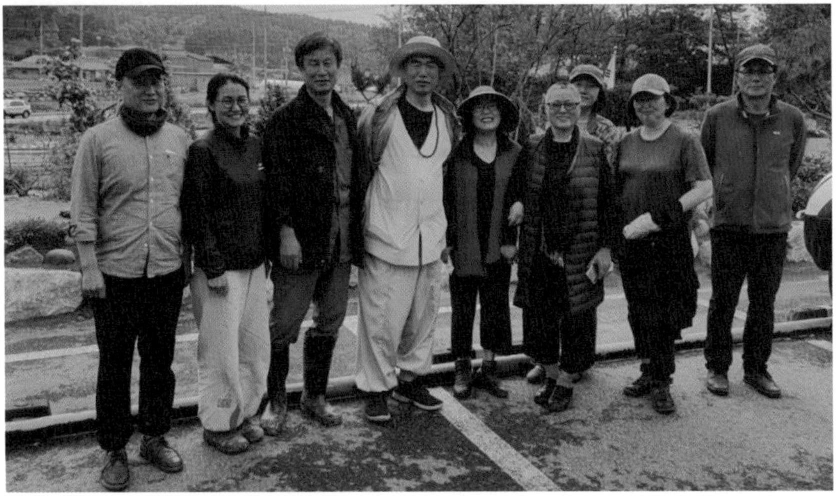

2020년 5월 10일 경기 여주 김호석화백 닥나무 시험장 황촉규 식재 후

한지 정책을 개선하는 데 전통문화의 한 축인 한옥에 주목한 건축공간연구원(국가한옥센터)의 성과를 참고할 만하다. 문화체육관광부 소관 한국문화관광연구원에 한지 정책연구 업무를 부여하는 방법도 강구할 만하다.

[표 72]는 건축공간연구원(국가한옥센터)이 2017년 1월부터 2021년 7월까지의 연구실적을 공개한 자료이다.

[표 72] 건축공간연구원 국가한옥센터 연구 관련 자료

구분	과제명	일자	연구자
연구 보고서	1. 한옥 활성화 정책 추진현황 및 과제	2019.12.31	국가 한옥 센터
	2. 한옥건축 양식 개념 및 사례분석을 통한 정책 담론 연구	2019.12.31	손동화
	3. 한옥 공공건축물의 공급 활성화 방안 연구	2019.10.31	김가람
	4. 지역 정체성 제고를 위한 농촌주택개량 사업의 한옥 적용 활성화 방안	2019.12.31	신치후
	5. 한옥 시공인력 양성을 위한 기초연구	2018.12.31	신치후
	6. 한옥 수선 지원제도의 실효성 제고 방안 연구	2017.12.31	진태승
	7. 건축자산 진흥구역 제도의 실효성 제고를 위한 개선방안 연구	2017.10.31	이민경
	8. 근대 건축물의 보존 및 활용을 위한 가치 평가 기준 연구	2017.10.31	이규철
한옥 브리프	1. 한옥체험업 동향	2019.12.31	김해리
	2. 언론 및 SNS를 통해 본 한옥마을 인식 및 주요 이슈	2019.12.31	이종민
	3. 대국민 한옥 인식 및 수요 특성	2019.12.31	이민경
	4. 한옥 건축 구조기준의 제정 방안	2018.12.31	이규철
	5. 한옥 시공인력 양성 관련 현황과 시사점	2018.12.31	신치후
	6. 한옥진흥정책의 추진현황과 시사점	2018.12.31	신치후
	7. 한옥 인허가 현황 분석	2017.12.31	고영호
	8. 건축자산 기초조사 실효성 제고 방안	2017.12.31	이민경
	9. 한옥 공공건축물 건축공사비 현황 분석 및 시사점	2017.12.31	이종민
	10. 신규 한옥마을 조성사업의 현황과 개선방안	2017.12.31	신치후
	11. 한옥 보전 및 육성을 위한 한옥 전수조사 4. 광주광역시	2017.12.31	이종민
	12. 한옥 등 건축자산의 진흥에 관한 법률 개정에 따른 하위규정 개선방안	2017.12.31	신치후

※ 출처: 건축공간연구원 연구보고서 및 한옥 정책 브리프https://www.auri.re.kr/gallery.에서 21년 8월 16일 자료 얻음

제3절 규제정책에 관한 문제

일반적으로 규제는 다양한 정책이 활발하게 이루어지고 있고 정책대상이 많은 경우에 도입된다. 한편, 규제가 지나치게 많은 경우에는 규제를 완화하는 방향으

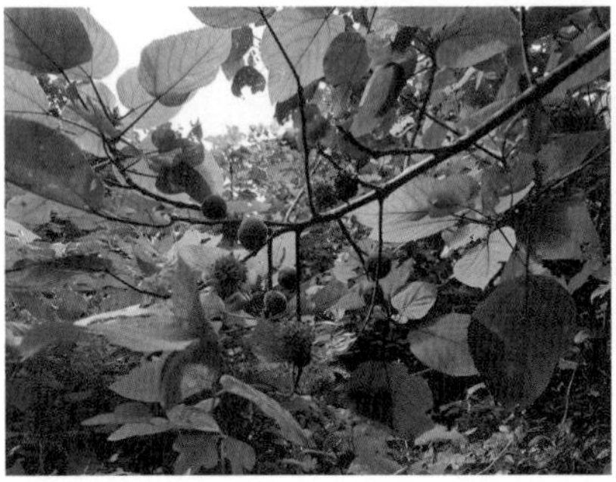

2017년 9월 2일 전남 신안 가거도(소흑산도) 닥나무 현장답사

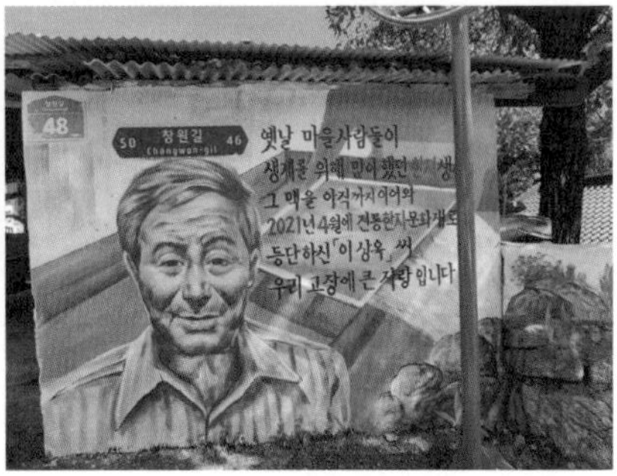

2022년 9월 30일 경남 함양 창원마을 벽화

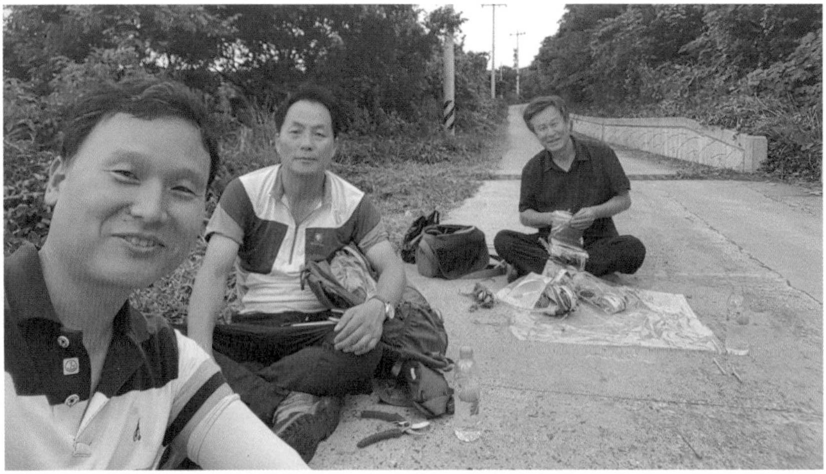

2017년 9월 2일 전남 신안 가거도(소흑산도) 닥나무 현장답사

로 전개된다. 한지의 정책 환경은 한지업체 수가 줄어들고 닥나무(섬유 원료)생산량이 감소하는 상황에다 생산과 유통 소비마저 침체해 있는 상황이다. 이런 상황을 극복하기 위해서는 적정한 규제정책이 필요하다. 여기서 2007년 문화체육관광부의 한(韓) 스타일 육성종합계획에서 한지와 더불어 국내기반 및 세계진출 진전단계에서 가장 낮은 것으로 평가된 한옥의 규제정책을 살펴볼 필요가 있다. 한지정책의 규제정책 부문을 검토하는 데 참고가 될 것이다.

전통 한옥과 관련한 규제는 「한옥 등 건축자산의 진흥에 관한 법률」에 근거하고 있다. 이 법률에 따르면 규제는 크게 두 가지로 볼 수 있다. 첫 번째는 전통 한옥을 비롯한 우수 건축자산을 시·도지사가 관리하는 과정에서의 규제이다. 국토교통부에서 담당하는 것은 아니라 시·도지사가 소유자의 신청을 받고 문화재청장의 의견을 들어 우수건축자산으로 등록한 건축자산에는 관리에 필요한 기술과 비용 등을 지원과 함께 규제도 한다. 우수 건축자산을 증·개축 및 철거할 때는 시·도지사에 신고하여야 하고, 시·도지사는 우수건축자산의 보전을 위하여 필요한 경우 지도·조언 및 권고를 할 수 있다. 조세감면 등을 받은 우수 건축자산의 경우 건축위원회 심의를 거쳐 시·도지사의 허가를 받도록 하기도 한다. 모든 전통 한옥을 일괄적으로 규제하지 않고 우수한 전통 한옥을 명부에 등록하여 규제하는 방식이다.

두 번째는 한옥 건축 등에 관한 기준을 고시하는 것이다. 「한옥 등 건축자산의 진흥에 관한 법률」 제27조는 한옥 및 한옥마을의 정체성 제고를 위해서 국토교통부 장관이 한옥의 성능, 재료, 형태 등에 관한 사항과 한옥마을의 규모, 밀도, 배치와 경관 등에 관한 사항을 기준으로 만들어 고시토록 하였다. 이에 따라 「한옥 건축 기준」을 정하였는데, '한식 지붕틀'을 "보, 도리, 서까래의 순서로 시공되는 우리나라 전통양식의 지붕구조"라고 정의하고, 전통 한옥의 정체성을 결정짓는 '처마선'과 '처마 깊이'도 정의하였다. 그리고 이 기준은 주요구조부, 지붕, 외벽 및 창호, 설비, 마당 및 담장에 관한 내용을 담고 있다. 주요 구조부는 목재 사용을 원칙으로 하고 목재가 아닌 부재의 개수를 제한한다. 기와는 한식 기와 사용을 원칙으로 하고, 처마 깊이를 최소 90㎝ 이상으로 한다고 정하고 있다. 또한 외벽을 함께 이루는 목재 부재가 시각적으로 구분되고 잘 보이도록 설치하도록 정하고 있다[34]. 한지정책에서 규제정책을 품질 표준화, 공공부문 한지사용 의무화, 닥원료 원산지 표시로 구분해서 살펴보면 다음과 같다.

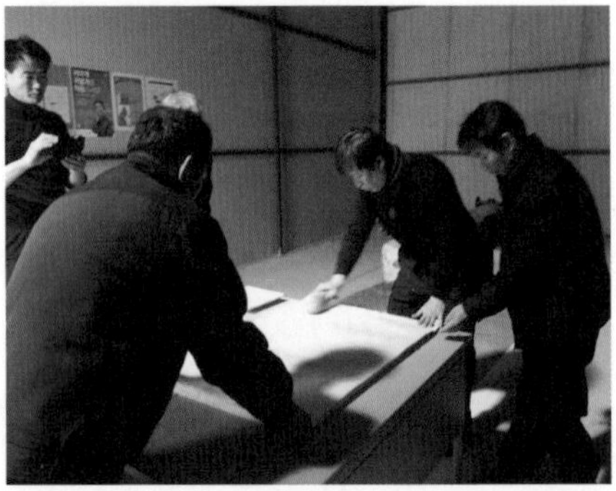

2016년 3월 13일 전북 전주 천양한지 도침 시연

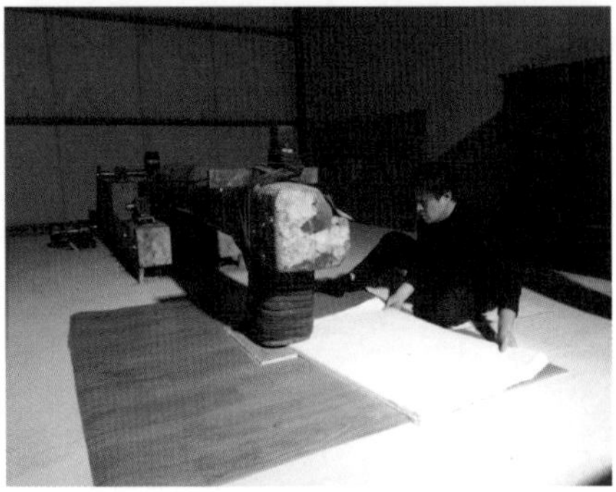

2016년 3월 13일 전북 전주 천양한지 도침 시연

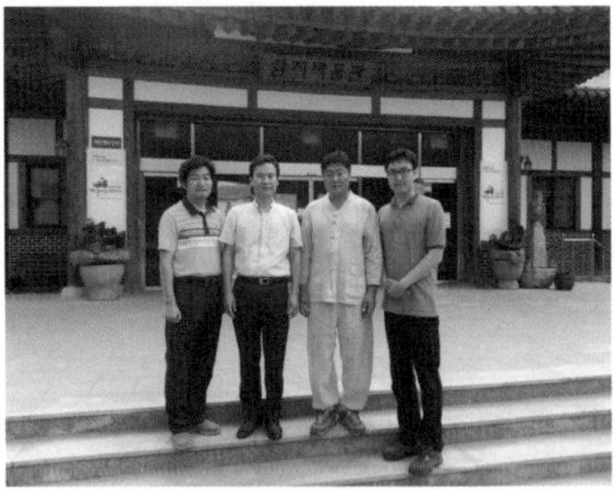

2015년 8월 1일 충북 괴산신풍한지마을 현장답사

1. 품질 표준화

가. 품질 표준화의 정의 및 필요성

전통한지 표준화의 개념 정의에 앞서 표준과 관련된 현행 법률을 살펴본 결과는 다음과 같다. 산업통상자원부 소관의 산업표준화법과 국가표준기본법을 찾을 수 있다. 이 법에서는 표준 관련 용어를 다음과 같이 규정하고 있다. 산업표준화법 제2조(정의) 제1호에

34 이외에 「관광진흥법」에 근거한 한옥체험관 관련 규제를 찾아볼 수 있다.

서는 "산업표준"이란 산업 표준화를 위한 기준을 말한다고 규정하고 있으며 같은 조 제2호에서는"산업 표준화"란 다음 각 목의 사항을 통일하고 단순화하는 것을 말한다고 규정하고, 가목에서는 광공업품의 종류·형상·치수·구조·장비·품질·등급·성분·성능·기능·내구성·안전도를 예시로 들었다. 한편 국가표준기본법 제3조(정의) 제1호에서는 "국가표준"이란 국가사회의 모든 분야에서 정확성, 합리성 및 국제성을 높이기 위하여 국가적으로 공인된 과학적·기술적 공공기준으로서 측정표준·참조표준·성문표준·기술 규정 등 이 법에서 규정하는 모든 표준을 말한다고 규정했다.

연구자는 이를 참고하여 전통한지의 표준화를 "전통한지 제조과정에서 재료와 제조공정을 정해진 전통 방식으로 준수하고, 일정한 한지 품질과 규격을 유지하도록 모범을 제시하는 것"으로 정의하고자 한다.

한편, 전통한지 표준화의 필요성은 다음과 같은 배경과 이유에서 요청된다.

첫째, 한지장에게 전통한지의 재료, 제작방식 및 품질의 목표를 제시함으로써 전통한지 제조 기술력 향상을 촉진할 수 있다. 둘째, 한지 소비자에게 정확한 한지 품질 정보를 제공함으로써 한지에 대한 국내·외 소비자들의 신뢰성을 높여 수요를 확대하게 할 수 있다. 셋째, 한지산업의 진흥을 가져올 것으로 예상된다. 즉, 종전에는 한지장의 기술력 향상 노력이 미흡했고 소비자의 신뢰가 부족하여 전통한지 산업이 침체하였지만 표준화가 이루어지면 전통한지 제조 기술력이 높아지고 소비자 신뢰가 향상되어 한지산업 진흥을 촉진할 것으로 기대된다.

넷째, 세계적인 기록 강국 한국의 기록물 품격을 향상하게 시킬 수 있다. 우리나라는 유네스코 문화유산 중 세계기록유산이 16건으로 세계 4위, 아시아·태평양 지역 1위이다. 중국과 일본에도 앞서 있다. 이처럼 기록물을 온전히 간직할 수 있게 된 것은 보존성이 우수한 한지가 있었기에 가능했다. 앞으로 한지사용을 늘리게 되면 기록물의 품질이 우수해질 것이다. 다섯째, 예술작품의 보존성이 강화된다. 화선지를 비롯해 한지가 아닌 경우이거나 한지라 하더라도 보존성이 약화하는 부적정한 방법으로 표면처리를 하는 경우 내구성과 보존성이 취약하다는 지적이 있었다.

나. 비판적 검토

전통한지에 관한 법률이 없었던 상황에서도 전통한지 품질과 관련한 기준을 정하려는 노력은 있었다. 2006년 제정된 서화 용지(Traditional Hnaji Paper)의 국가표준인 한국산업규격(Korean Industrial Standards, KS)과 2013년 시작된 한지품질표시제, 국립문화재연구원의 문화재 복원용 한지 품질기준 정립 노력, 그리고 행정안전부의 훈장 증서용 전통한지와 기록물 복원용 한지 구매 기준이 그 사례이다. 문화재청 국립문화재연구소에서도 한지규격이 일부 존재했다. 2018년 10월 기준으로 주요 기관의 한지규격은 다음 [표 73]과 같다.

[표 73] 한국산업규격(KS) 및 주요 기관 한지규격

부처	제목	재료			제조방식					규격 및 품질								
		닥섬유	잿물	황촉규	외발	표백	고해	건조	도침	무게달기	두께	밀도	내절도	투기도	평활도	pH	잡티	백색도
산업자원부와 산림청	한국 산업규격 (KS)	○			○	○	○		○	○		○	○			○		○
문화체육관광부	한지품질 표시제	○	○	○	○	○		○	○	○								
행정안전부	훈장 증서용	○	○	○	○	○	○	○	○	○	○	○	○	○	○	○	○	○
행정안전부	기록물 수리·복원	○	○	○	○	○	○	○	○	○	○	○				○	○	

부처	제목	재료			제조방식					규격 및 품질								
		닥섬유	잿물	황촉규	외발	표백	고해	건조	도침	무게달기	두께	밀도	내절도	투기도	평활도	pH	잡티	백색도
문화재청 국립문화재연구소	문화재 수리·복원	○	○		○					○	○	○						

※ 출처 – 1. 국가표준인증통합정보 시스템(https://standards.go.kr) "한국산업규격(KS)", 2. 대한민국 정책브리핑 (korea.kr) "한지품질표시제 본격 시행". 2013.4.15, 3. 행정자치부, "훈 · 포장증서 및 공무원 임명장 품격향상 추진 성과보고서", 의정 담당관–5100(2015.12.8.), 4. 조달청 나라장터(국가 종합전자 조달, https://www.g2b.go.kr) 5.2014년 국가기록원 기록물복원용 한지 구입, 6. 문화재청 국립문화재 연구소문화재보존과학센터–2482(2018.10.22.) 정보공개를 종합함

① 한국산업규격(Korean Industrial Standards, KS)과 한지품질표시제

서화 용지(Traditional Hnaji Paper)에 대한 한국산업규격(Korean Industrial Standards, KS)은 2006년 10월 최초로 제정되었고, 2011년 12월 개정되었으며, 2016년 12월에는 영문명을 'Tradition Paper'에서 'Traditional Hanji Paper'로 변경하고 용어 '수록지'를 '수초(록)지'로 변경하는 내용으로 개정했다. 2006년 10월 처음으로 서화용지에 대한 산업표준을 정한 이유는 합리적인 산업표준의 제정과 보급을 통해 생산기술을 향상하게 시키고, 소비를 합리화함으로써 산업 경쟁력을 높이고 국가 경제를 발전시키는 데 있었다.

2016년 12월 서화 용지 영문명을 'Tradition Paper'에서 'Traditional Hanji Paper'로 개정함으로써 서화용지가 전통한지임을 명확히 하고 있다. 하지만 국내산 닥의 사용에 관한 내용이 없는 등 서화 용지(Traditional Hnaji Paper)의 한국산업규격(Korean Industrial Standards, KS)은 보완해야 할 점[35]이 많다. 뿐만 아

35 김호석 외(2019)는 서화 용지(Traditional Hnaji Paper)의 한국산업규격(KoreanIn dustrial

니라 정보공개포털을 통해 정보공개청구를 하여 확인한 결과 등록업체는 단 한 군데도 없었다. 정책이 현실화하지 못한 것은 정책수요자와 정책공급자 모두에게 도움이 되지 못한다.

서화 용지 또는 전통한지에 대한 국가표준을 정하는 것은 바람직하다. 하지만, 펄프·제지 전문위원회의 원안 작성 협력 및 산업표준심의회의 심의를 거친 위 서화 용지 국가표준은 전통한지와는 거리가 있다. 산업 측면에서 필요한 경우 다양한 종류의 '한지 표준'을 제시하는 것도 의미 있지만 '전통한지 표준'이라면 전통한지에 적합한 재료와 제작방식을 준수해서 만들어야 한다. 즉, 표준을 새롭게 제시할 필요가 있다.

한편, 한지품질표시제는 한지 제품의 인지도를 높이고 신뢰성을 확보하기 위해 제품 관련 제반 사항을 표기하는 제도이다. 한지품질표시제는 문화체육관광부의 후원을 받아 전주시 한지산업지원센터가 운영하고 한국 공예디자인문화진흥원이 홍보와 참여업체 지원을 맡았다. 이 제도에 따라 생산자, 취급자와 더불어 주원료, 보조원료, 증해 방법, 표백 방법, 고지 방법, 건조 방법, 도침, 무게 달기 종류 및 용도를 표시했다. 또한, 닥 섬유 함량에 따라 국산 닥 100%는 자색, 100% 미만은 청색, 기계지는 녹색으로 표시했다. 그러나 정보공개청구 결과, 2017년에는 한지품질표시제 등록업체 수가 41개, 2018년 41개, 2019년 12개이었지만 2020년과 2021년에는 정보 자체가 없었다. 2019년 실태조사에 따르면 수록업체 21곳 중 7곳만이 한지품질표시제를 수행하고 있다고 답했으며, 제도에 대한 만족도는 상당히 낮았다.

Standards, KS)이 보완해야 할 다섯 가지를 제시하고 있다. 첫째 : 전통한지는 화학적인 재료를 사용하지 않아야 하는데도 화학으로 분류, 둘째 : 주원료를 국내산 닥으로 해야 하는데 언급하지 않음, 셋째 : 증해 단계에서 사용되는 천연잿물과 초지 과정에서 사용되는 분산제에 대한 언급 없음, 넷째 : 고해 단계에서는 닥 방망이를 사용하거나 동등한 설비를 사용해야 하는데도 칼비터 인정함, 다섯째: 인쇄적성에 대한 구체적인 언급이 없다는 점 등이다.

② 문화재청 문화재복원용 한지의 품질기준 연구 종합보고서 발표

문화재청은 2022년 3월 8일 「문화재복원용 한지의 품질기준 연구 종합보고서」를 발표하여 품질기준을 제시했다(국립문화재연구소, 2021). 이는 국립문화재연

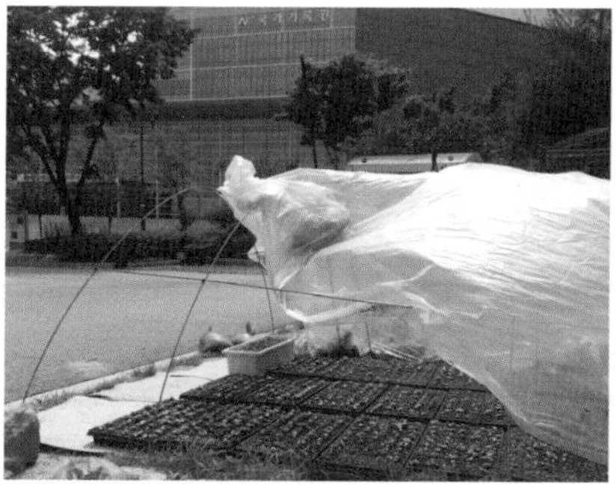

2015년 6월 14일 경기 성남소재
국가기록원 나라기록관 황촉규 파종(일주일 後)

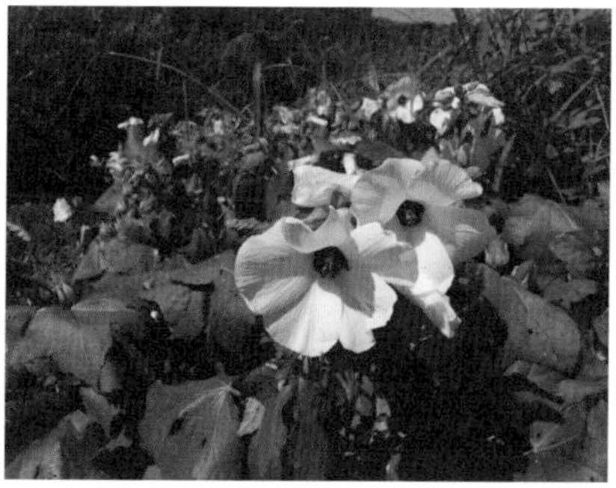

2015년 9월 18일 경기 하남소재 황촉규밭

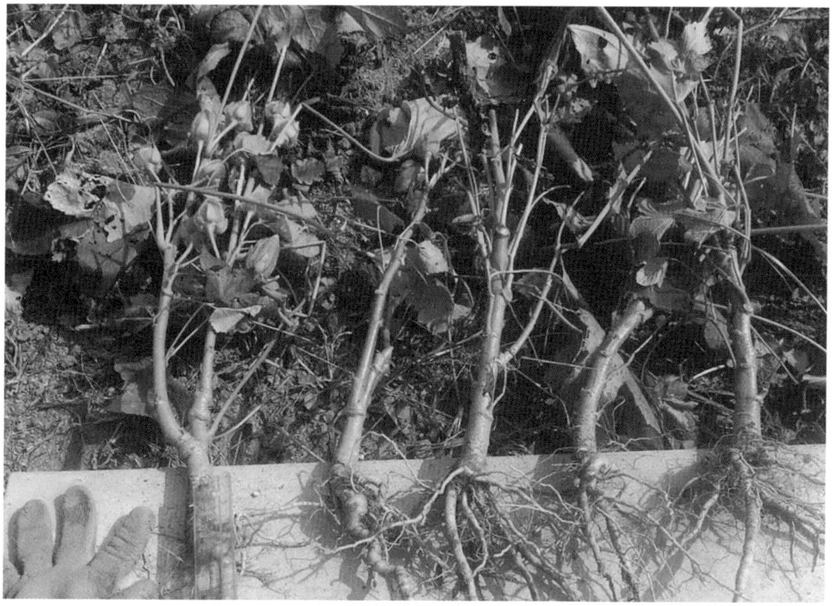

2015년 10월 18일 경기 하남 수확한 황촉규

구소에서 2017년부터 2021년까지 문화재 복원용 전통한지 품질기준 연구를 수행하여 연구성과를 집약한 종합보고서이다. 이 기준은 전통한지의 품질 표준화와 공공부문 한지사용 의무화에 긍정적인 요인으로 작용할 것으로 기대한다.

이 종합보고서는 문화재 보수·복원용 한지(닥지)의 종류를 원료, 제조방식, 도구에 따라 총 4종으로 분류, 규정하고 있다. 첫째, 문화재 보수·복원용 한지(닥지) 1종은 닥무지를 끝낸 국내산 닥나무 흰 껍질을 농업 부산물재로 제조된 잿물로 증해한 후 화학 표백제를 사용하지 않고 자연 표백을 실행한다. 자연 표백(세척)이 완료된 섬유에 황촉규근 점질물 등과 같은 식물성 점질물을 첨가하여 지료를 만든 후 흘림 뜨기(외발 뜨기)로 초지 하여 제조한 한지다. 둘째, 문화재 보수·복원용 한지(닥지) 2종은 1종의 범위에서 닥무지, 증해, 고해, 압착, 건조 시에 사용하는 도구 개량을 일부 허용하여 제조된 한지다.

셋째, 문화재 보수·복원용 한지(닥지) 3종은 2종의 범위에서 고해 공정 중 수타고해, 동력을 이용한 기계식 타고해 뿐만 아니라 비터(칼비터, 환비터)고해까지 허용하며, 초지방식은 가둠 뜨기(쌍발뜨기) 방식까지 허용하여 제조된 한지다.

넷째, 문화재 보수·복원용 한지(닥지) 4종은 3종의 범위에서 섬유 증해 시 사용되는 증해제로 화학약품 중 소다회라고 불리는 탄산나트륨(Na2CO3)을 저농도로 사용하여 제조된 한지다.

이 종합보고서는 지금까지 지류문화재 수리·복원에 전통한지가 활발하게 사용되지 않은 점을 볼 때 진일보한 것으로 매우 고무적인 성과다. 하지만 두 가지 관점에서 비판적인 의견을 제시할 수 있다.

첫째, 이 연구보고서에는 조선시대에 배첩용으로 사용된 한지의 물리·화학적인 특성을 분석한 자료를 다루지 않았다는 점이다. 현재 만들어지는 종이만을 바탕으로 표준안을 제시하고 있기에 아쉬운 부분이다.

둘째, 문화재 보수·복원용 한지의 전달표준 제안에서 1종과 2종은 초지 방식에 있어 흘림(외발) 뜨기를 규정했다는 점이다. 2022년 8월 연구자가 다수의 한지장과 인터뷰를 시행한 결과, 현재의 기술로는 흘림 뜨기 초지 방식으로는 지류문화재 수리·복원용 한지를 만드는 게 쉽지 않다고 했다. 초지 방식에서 흘림 뜨기를 반드시 준수해야 하는지에 관한 논의가 필요하다. 조선시대 배첩용으로 사용된 종이의 물리·화학적 특성을 분석하는 것도 중요하다. 문화재 당국과 지류문화재 수리·복원 전문가, 한지장 등이 참여하는 연구개발(R&D)을 통해 실행 가능한 방법을 모색할 필요가 있다.

다. 표준화 사례(행정안전부 훈장증서에 전통한지 사용)

2015년 행정안전부(당시 행정자치부)는 광복 70주년을 맞이하여 독립유공자 등에 수여하는 훈장 증서를 전통한지로 제작하는 사업을 추진했다.

동 사업에서 정한 훈장 증서용 전통한지 표준사양서는 [표 74]와 같다.

[표 74] 2015년 행정안전부의 훈장 용지 제작용 전통한지 표준사양서

□ 재료 등

○ 닥은 100% 국산닥 백피 사용

○ 잿물은 육재 또는 생석회 등 전통적인 재료 사용

○ 섬유 분산제로 황촉규 또는 느릅나무 등 전통 식물 점액제 사용

○ 발은 촉새, 억새 등 띠로 만든 전통적인 발을 사용하여 초지 할 것

□ 제조방식

○ 닥은 잿물에 삶은 후 흐르는 물에 5일 내외 이상 담가 일광 표백할 것
(흐릴 경우 7일 정도)

○ 백닥은 이물질이 제거되어야 함

○ 유수표백을 마친 닥은 손으로 닥 방망이를 사용하여 두드려 고해할 것

○ 지통에는 닥 섬유와 닥풀 등 이외에 화학물질은 첨가하지 않음

○ 초지는 외발 뜨기 방식으로 하되 최소 4합지를 기준으로 제작함

○ 4합지에서 섬유 배향은 옆 물질, 앞 물질 등 다른 섬유 배향 패턴이어야 함

○ 건조는 일광 건조함(일기 조건의 열악함으로 일광 건조 불가능할 때 철판 건조도 허가할 수 있음. 단 건조 시 철판 온도는 40도 이하여야 하고 밀착이 아닌 자연 건조여야 함)
○ 건조 후 후처리를 시행하여 보풀을 잠재우고 밀도를 높이도록 해야 함 (후처리는 한시적으로 행자부에서 시행할 것임)

□ 제출규격 및 품질 사양

○ 색상 : 종전 훈 · 포장용지 수준(백색 또는 고전 색(미색)) 이상으로 함
※ 포상 훈격별로 국제적인 표준 색상도를 선정 운영할 수 있도록 함
○ 무게 달기(g/㎡) : 170(현 훈장 용지)±10%이내
※ 정부포상 훈격에 따라 다양한 규격 제시
○ 두께(㎛): 140
※ 정부포상 훈격에 따라 다양한 규격 제시
○ 밀도(g/㎤): 0.4 이상(후처리 후 0.7 이상) *정조 간찰 0.75
○ 내절강도(㎛): 무게 달기에 따라 기준점 달리 적용 2000 이상(MIT)
○ 투기도(mL/min): 3000 이하(벤트슨방법)
○ 평활도(mL/min): 2000 이하(후처리 1000 이하)
○ pH : 6.5~7.0 이상

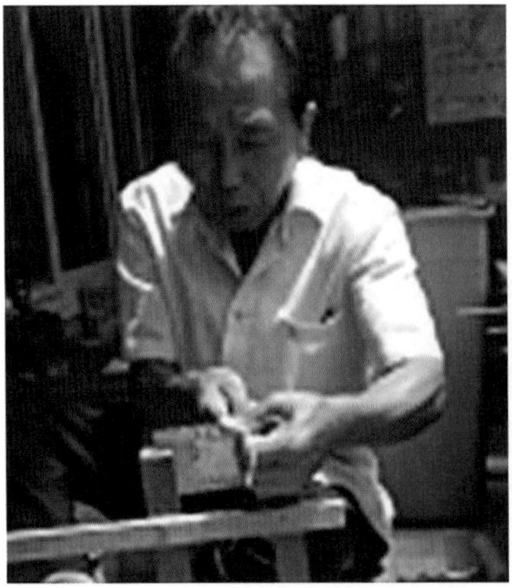
2015년 7월 17일 전북 전주 유배근 한지발장 현장답사

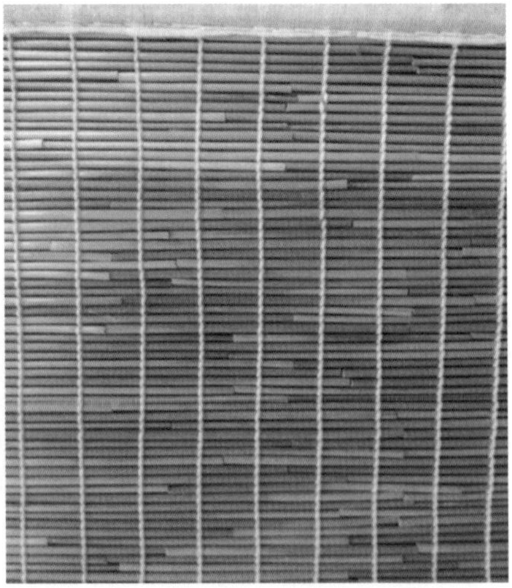
2015년 12월 김호석화백 소장 전통 촉새(띠풀종류) 발

행정안전부는 2016년도부터 2021년까지 지속해서 훈장 증서 등 정부포상 용지 제작에 사용되는 전통한지의 품질개선 노력을 했다. 그 결과, 2022년도에 적용하는 훈장 증서용 전통한지의 제작 명세서를 다음 [표 75]와 같이 수정하여 제시했다. 다른 부문의 전통한지 표준화에도 참고가 될 것이다.

[표 75] 2022년 정부포상증서용 전통한지 품질 및 제조 때 준수사항

□ 재료

1. 국산 백닥을 100% 사용한다.
2. 닥 증해는 잿물만 사용한다. 재는 육재를 원칙으로 하나 생석회 등 전통적인 재료를 사용할 수 있다.
3. 닥 섬유 분산제로 황촉규 뿌리를 사용해야 한다. 그러나 품질향상을 위해 느릅나무 뿌리 등 전통적인 점액제를 사용할 수 있다.
4. 발은 촉새나 억새, 띠 등 전통적인 소재를 사용하는 것을 원칙으로 한다.
5. 한지 건조 후 전통적인 도침 처리를 하여 사용한다.

□ 제조방식

1. 닥은 잿물에 삶은 후 흐르는 물에서 5일 내외(흐린 날은 7일 정도) 담가 잿물 기를 제거해야 한다. 이때 태양광이 양호한 장소에서 진행하여 일광이 골고루 비추도록 씻는다. (색이 밝아지도록 한다)
2. 백 닥은 오염물질이나 이물질 등이 제거된 순수한 섬유 상태를 사용한다.
3. 유수표백을 마친 닥은 닥 방망이를 사용해 두드려 고해해야 한다.
4. 지통에는 닥과 분산제 이외에 화학물질은 일절 첨가하지 않는다.
5. 초지는 흘림 뜨기 방식으로 물질한다. 초지는 4장을 붙여 4합지로 제작한다.
6. 섬유 배향은 옆 물질, 앞 물질, 사선 물질 등을 구사하여 서로 다른 섬유 배향 패턴이 형성되도록 한다(예시:물질을 15~20번 정도 진행한다.).
7. 건조는 자연 일광 건조를 원칙으로 한다. 단 일기 조건이 불가능할 때는 철판 건조도 가능하다. 단 건조 시 철판 온도는 40도 이하여야 하며 철판에 밀착시키지 않고 자연스럽게 건조해야 한다.

□ 제출규격

1. 색상 : 백색 또는 유백색 이상으로 함(약간의 청피는 허용) − 표본 제공
2. 무게 달기 : 120g/㎡(현 훈장 용지) 10% 이내 (약 4합지 장당 무게 74g±10%)
3. 두께 : 0.26mm 이상
4. 밀도 : 0.4 이상(후처리 후 0.6 이상)
   * 업체에서는 표면처리(도침) 없이 0.4 이상 준수하여 제출
5. 내절도 : 3,000회 이상(가로, 세로)
6. 투기도 : 3000 이하(벤트슨방법)
7. 평활도 : 2000 이하(후처리 1000 이하)
8. pH6.5~7.0 (종이 제작에 사용된 물과 완성된 종이의 pH 값이 같아야 함)

□ 품질향상 조치 이행

1. 밀도, 내절강도, 투기도 등에 대해 한국인정기구(KOLAS) 공인 시험기관 인증서를 보유한 기관의 과학적인 데이터 분석 결과를 첨부하여 품질의 규격과 사양이 기준점 이상임을 입증해야 한다.
2. 4합지를 인쇄할 수 있도록 표면 처리한다.
3. 도침은 제출된 전통한지를 기준으로 밀도 및 내절도 등 품질이 저하되지 않는 안의 범위에서 실시한다.
4. 도침 기술은 2015년 행정안전부(당시 행정자치부)가 추진한 '훈장 용지 개선을 통한 전통한지 원형 재현사업'에서 사용한 기술을 적용한다.
5. 도침(표면처리)이 완료된 한지는 밀도, 내절도, 투기도, 평활도, 백색도 등에 대해 한국인정기구 공인 시험기관 인증서를 보유한 기관의 과학적인 분석 결과를 첨부하여 품질이 제시한 기준과 같거나 우수함을 입증해야 한다.
6. 한지 제조업체 현장 실사 시(1~2일 정도 체류), 업체는 실사자(자문위원)에게 전통한지 제조에 따른 품질 규격상의 재료 및 제조방식을 준수하고 있다는 사실을 입증할 수 있도록 해야만 인정된다.
7. 한지 견본은 한지산업지원센터의 한지 보관은행에 보존하며, 행정안전부 상훈 관리시스템에 한지 생산 이력 정보를 기록하여 한지 발전 연구자료 및 검증사료로 활용한다.

한편, 행정안전부 국가기록원은 [표 45]와 같이 다른 중앙부처나 지방자치단체 등에 비해 상당히 높은 수준의 한지 품질관리를 해왔다는 점을 확인할 수 있다. 국가기록원은 국가 중요정책 및 6·25 작전명령서 등 근현대 대한민국의 주요 발자취를 담고 있는 기록물을 다수 보유하고 있다. 이러한 기록물들은 생산 당시의 여건으로 인해 저급용지가 다수 포함됐는데 시간 경과에 따라 열화나 산성화, 마모 등으로 훼손이 발생하는 경우 국가기록원은 이를 수리·복원을 통해 보존성을 향상하는 작업을 해왔다. 독립기념관 소장의 3·1독립선언서 등이 훼손되었을 때도 한지를 사용하여 수리·복원했다.

한지는 알칼리성이며 내구성과 보존성이 뛰어나 훼손된 기록물을 수리·복원하는데 최적으로 재료로 활용된다. 특히 제지 산업을 통해 양산된 목재펄프 기반의 양지 중 보존성이 취약한 저급지 등으로 생산된 기록물이 찢어지거나 마모되는 경우 한지를 이용해 보강과 접합을 하는 재료로 최적의 종이다. 즉 장기적으로 보존하기에 알맞은 원료와 제조과정을 통해 만들어진 한지를 사용하고 있다. 종이 기록물의 수리·복원이나 복제본 제작을 위해 한지를 사용하는 경우에는 용도에 맞게 재료, 제조방식, 규격 및 표백, 고해, 건조, 도침 등 세부규격을 엄격히 적용하고 있다.

라. 정책제언

2022년 7월 23일부터 10월 9일까지 문화체육관광부나 지방자치단체 공무원 등 19명의 정책공급자와 전국의 19개 전통한지업체 한지장 19명을 대상으로 한지 정책 선호도 파악을 위한 설문조사를 실시했다.

9개 한지정책(품질 표준화, 사용 의무화, 닥원료 원산지 표시, 시설·장비구축 지원, 한지구입, 자긍심 고취, 연구개발·기술지도, 국·내외홍보, 산업·정책 동향 정보제공)에 대한 선호도 조사 결과, 전통한지 품질 표준화는 정책공급자와 정책수요자 모두 3순위로 높게 나타났다.

2021년 5월 7일 김형동 의원의 대표 발의로 국회 문화체육관광위에 접수된 전통한지 문화산업의 육성 및 발전에 관한 법률안에는 전통한지 표준화의 근거를 포함되지 않았다. 이는 법률적 개선이 필요한 부분이다[36]. 국가의 중요기록물이나 지류문화재의 복원·수리에 사용되는 전통한지에 관한 표준화도 시급하다. 한지의 품질기준을 시행령에서 구체적으로 정할 수 있도록 법률에 근거를 두어야 한다.

한국산업표준(KS) 서화 용지(KSM 7077, Traditional Hanji paper)의 미비점에 대해서는 이미 설명했다. 2022년 3월 8일 문화재청 국립문화재연구원에서 문화재 복원용 한지의 품질기준 연구 결과를 발표했다. 여전히 문화재의 수리·복원에 사용되는 한지의 경우 품질기준은 없는 실정이다[37]. 2016년 국회에 제출한 자료에 의하면 닥 섬유, 외발, 가로, 세로, 무게, 무게 달기, 밀도에 관한 품질기준만 있을 뿐이다. 국립문화재연구소의 한지규격은 행정안전부가 2015년에 정립한 훈장증서 제작용 한지 품질 규격과 국가기록원의 한지구입 입찰공고문의 규격에 비해서도 자세하지 못했다. 그동안 지류문화재의 수리·복원에 사용하는 한지의 품질기준에서 천연잿물, 황촉규와 같은 재료, 표백, 고해, 건조 및 도침과 같은 제조방식, pH조차 명시돼 있지 않은 점은 한지정책의 한

---

36 연구자가 정보공개청구한 결과, 국보급 지류문화재의 수리·복원에 사용되는 한지도 품질기준이 없는 실정이다. 관련 법률이 제정되면 지류문화재 분야의 한지 표준화에 이바지할 것이다.

37 문화재 수리 및 복원에 사용하는 한지에 관한 규정이 없는 것과 관련하여 2018년 8월 문화재청 문화재보존과학센터에 질의한 결과, "문화재 수리 및 복원에 사용하는 한지는 대상 문화재의 두께, 재질, 보존상태 등을 복합적으로 고려하여 사용한다.", "문화재 수리 및 복원에 사용하는 한지에 관한 규정은 현재 없다."는 답변을 받았다. 문화재청 문화재보존과학센터가 문화재 수리 및 복원에 사용하는 한지는 대상 문화재의 두께, 재질, 보존상태 등을 복합적으로 고려하여 사용한다는 견해에는 전적으로 공감한다. 하지만 질의 회신을 통해 밝힌 바와 같이 문화재 수리 및 복원에 사용하는 한지에 관한 규정이 없다는 부분은 공감하기 어렵다. 이에 한지의 주원료, 부원료 등 재료와 제조방식 및 pH 등의 내용을 기준으로 하는 규정을 조속히 마련할 필요가 있다. 문화재청 국립문화재연구소 문화재보존과학센터－2481 (2018.10.22)

계임에 분명하다.

문화재청 국립문화재연구원에서는 2022년 3월 8일 「문화재복원용 한지의 품질기준 연구 종합보고서」를 발표했다. 2017년부터 2021년까지 '문화재 복원용 전통한지의 품질기준 연구' 사업을 통하여 문화재 전통한지의 제작기술을 과학적으로 규명하였으며 그 결과를 토대로 문화재 보수·복원용 한지의 품질기준을 마련하였다. 이 발표를 통해 "문화재 보수·복원용 한지의 전달표준 4종, 한지 고유의 특성을 고려하여 시험·분석 방법으로 방법 표준 6종을 제시하였으며, 연구 결과를 종합하여 문화재 보수·복원용 한지의 품질기준 2종을 제시하였다."고 했다. 또한, "국립문화재연구원은 과학적이고 신뢰성 있는 문화재 복원 품질을 위해 이번 연구 결과를 토대로 문화재 수리 표준명세서와 한국산업표준(KS, Korean Industrial Standard)의 개정을 제안할 예정"이라고 밝혔다. 이 연구 결과를 계기로 문화재 보수·복원 분야에 사용되는 전통한지의 품질기준과 표준화가 제도적으로 정착되길 기대한다.

문화재는 오늘의 우리 세대는 물론이거니와 미래의 후손들이 함께 향유 해야 할 소중한 문화자산이다. 당연히 보존관리에 최선을 다해야 하고, 최고 품질의 재료를 사용해야 한다. 전통한지 산업을 제대로 육성·지원하려면 문화재 복원·복제용 등에는 전통한지를 사용하도록 의무화 할 필요가 있다. 하지만 공공부문에 한지 사용을 의무화 하기 위해서는 전제 조건으로 전통한지 제품의 표준화가 이뤄져야 한다. 표준화가 이뤄져야 전통한지를 구입해서 사용하고 싶은 소비자를 안심시킬 수 있다. 전통한지 품질에 대한 표준화가 이루어지지 않은 상태에서 전통한지 사용 의무화가 이루어진다면 제도 자체가 실행될 수 없고 혼란만 초래되기 때문이다.

1) 전통한지 표준안 제시

연구자는 2015년 6월부터 12월까지 행정안전부의 훈장 용지 개선을 통한 전통한지 원형재현 사업에서 행정지원 요원으로 참여한 이후 2016년부터 〈전통한지 표준화〉 방안에 관해 연구해 왔다. 2017년 12월 국회의원회관에서 열린 '전통한지 진흥을 위한 대토론회', 2018년 2월 전주 한국전통문화전당에서 열린 '전통한지 부활을 위한 대토론회'에서 전통한지표준화에 관해 발표하기도 했다. 이를 토대로 분야별로 적용 가능한 전통한지 표준안(6종)을 다음과 같이 제시하고자 한다. 정책 당국과 연구자 및 한지장 등의 활발한 토의를 거쳐 정책입안 자료로 활용되길 기대한다.

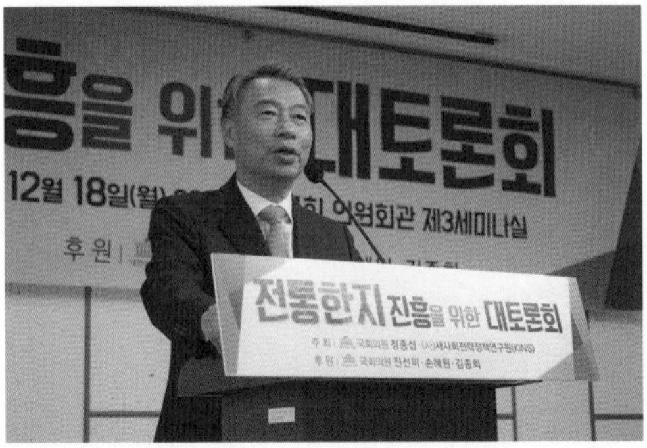

2017년 12월 18일 국회 의원회관 전통한지 진흥을 위한 대토론회

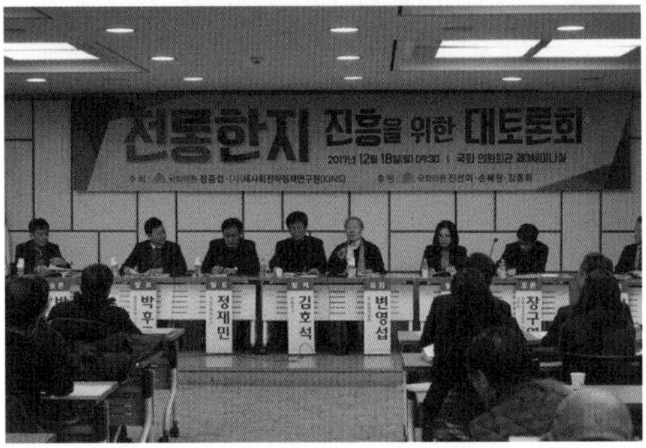

2017년 12월 18일 국회 의원회관 전통한지진흥을 위한 대토론회
– 좌장 : 변영섭 전)문화재청장

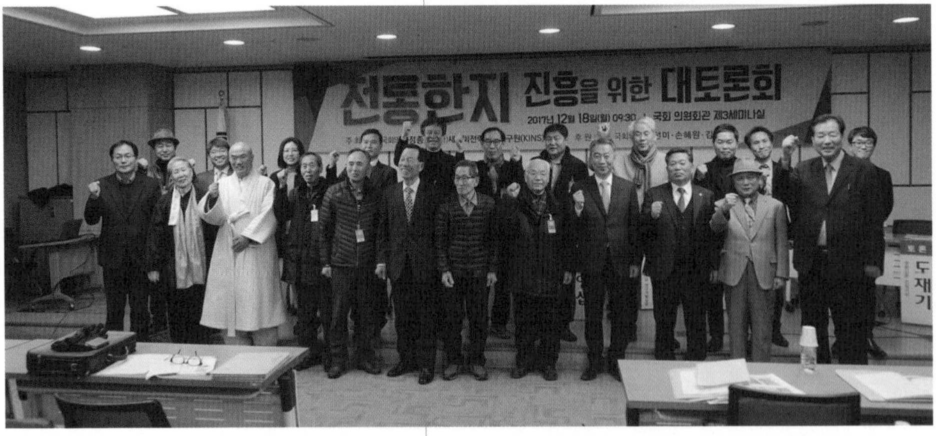

2017년 12월 18일 국회 의원회관 전통한지 진흥을 위한 대토론회

① 훈장 등 정부포상증서(훈장, 포장, 대통령 표창을, 국무총리 표창)

[표 76] 훈장 등 정부포상증서 제조 및 품질 규격

□ 사용하는 재료

○ 닥은 100% 국산닥 백피

○ 잿물은 육재 또는 생석회 등 전통적인 재료

○ 섬유 분산제로 황촉규 또는 느릅나무 등 전통식물 점액제

○ 발은 촉새, 억새 등 띠로 만든 전통적인 발을 사용하여 초지

□ 제조방식

○ 닥은 잿물에 삶은 후 흐르는 물에 5일 내외 담가 일광표백 *날씨가 흐리면 7 일정도

○ 백닥을 이물질을 제거

○ 유수표백을 마친 닥은 손으로 닥방망이를 사용하여 두드려 고해

○ 지통에는 닥 섬유와 닥풀 등 이외에 화학물질은 첨가하지 않음

○ 초지는 외발 뜨기로 하되 최소 4합지를 기준으로 제작

○ 4합지의 섬유 배향은 옆 물질, 앞 물질 등 다른 섬유 배향 패턴

○ 건조는 일광 건조해야 함

* 일기가 열악해 일광 건조 불가능할 때 철판 건조도 허가 할 수 있음(단, 철판 온도는 40도 이하이고 밀착이 아닌 자연 건조)

○ 건조 후 후처리를 하여 보풀을 잠재우고 밀도를 높임

※ 후처리는 한시적으로 행정안전부 시행

□ 제출규격 및 품질 사양(4합지)

구분	품질 사양	비고
색상(color)	종전 훈·포장용지 수준 백색 또는 고전 색인 미색(미색) 이상	훈격별로 국제적인 표준 색상도를 선정 운영할 수 있도록 함
무게 달기(g/㎡)	170(현 훈장 용지) ±10%이내	정부포상 훈격에 따라 다양한 규격 제시
두께(㎛)	140	※ 정부포상 훈격에 따라 다양한 규격 제시

구분	품질 사양	비고
밀도(g/㎤)	0.4 이상(후처리 후 0.7 이상)	* 정조 간찰 0.75
내절강도(MIT)	2000 이상	
투기도(mL/min)	3000 이하(벤트슨방법)	
평활도(mL/min)	2000 이하(후처리 1000 이하)	
수소이온농도(pH)	6.5~7.0 이상	

※ '2015년 행정안전부 훈장 용지 개선을 통한 전통한지 원형재현사업' 결과를 토대로 정리

② 장관, 도지사 등 표창장 및 임명장용 한지

재료와 제조방식은 행정안전부 훈장증서의 규격을 대부분 적용하되 2합지로 했다. 규격과 품질은 수요자 요구와 사용 목적에 맞도록 탄력적으로 운용하기로 했다.

[표 77] 장관 등 표창장 및 임명장 제조 및 품질 규격

구분		도지사나 시장·군수·구청장 표창장·임명장(2합지)	한지 품질 표시제	2015 행안부 훈장증서(4합지)	비고
재료	1. 섬유종류	국산닥 100%	○	국산닥 100%	
	2. 증해(잿물)	천연잿물	○	천연잿물	
	3. 분산제	황촉규, 느릅나무	○	황촉규, 느릅나무 등	
제조방식	4. 표백	유수 일광표백	○	유수 일광표백	
	5. 고해(두드림)	닥방망이 두드림		닥방망이 두드림	
	6. 초지 방법	외발		외발	
	7. 건조	일광 건조 또는 10도 이하	○	일광 건조 또는 40도 이하	
	8. 도침(후처리)	행안부 시행 수준	○	행안부 시행	

구분		도지사나 시장·군수·구청장 표창장·임명장(2합지)	한지 품질 표시제	2015 행안부 훈장증서 (4합지)	비고
규격 및 품질	9.무게 달기	수요자 요구 및 사용 목적에 맞도록 함	○	170±10% 이내	
	10.두께			140	
	11.밀도			0.4 이상(후처리 0.7 이상)	
	12.내절강도			2,000 이상	
	13.투기도			3,000 이하	
	14.평활도			2,000 이하(후처리 1,00이하)	
	15.pH	6.5~7.0 이상		6.5~7.0 이상	

※ 6종의 전통한지 표준안(예시임), 다양한 수요에 맞추어 구체화가 필요함.

③ 문화재 수리·복원용 한지

재료와 제조방식은 행정안전부 훈장증서의 규격을 대부분 적용하되, 문화재 수리·복원용임을 고려하여 홑지 또는 합지로 했고, 배접용 등에 사용되는 한지는 도침 하지 않을 수도 있도록 했다. 규격과 품질은 수요자 요구와 사용목적에 맞도록 했다. 문화재 수리·복원용 한지는 특히 지류 문화재 수리·복원 현장 전문가들의 의견을 경청할 필요가 있다.

[표 78] 문화재 수리·복원용 한지 제조 및 품질 규격

구분		문화재 수리·복원 (홑지 또는 합지)	한지 품질 표시제	2015 행안부 훈장증서 (4합지)	비고
재료	1.섬유종류	국산닥 100%	○	국산닥 100%	
	2.증해(잿물)	천연잿물	○	천연잿물	
	3.분산제	황촉규, 느릅나무	○	황촉규, 느릅나무 등	

구분		문화재 수리·복원 (홑지 또는 합지)	한지 품질 표시제	2015 행안부 훈장증서 (4합지)	비고
제조방식	4.표백	유수 일광표백	○	유수 일광표백	
	5.고해(두드림)	닥방망이 두드림		닥방망이 두드림	
	6.초지 방법	외발, 쌍발 검토		외발	
	7.건조	일광 건조 또는 10도 이하	○	일광 건조 또는 40도 이하	
	8.도침(후처리)	행안부 시행 수준/일부 미도침 가능	○	행안부 시행	
규격 및 품질	9.무게 달기	수요자 요구 및 사용 목적에 맞도록 함	○	170±10% 이내	
	10.두께			140	
	11.밀도			0.4 이상(후처리 0.7 이상)	
	12.내절강도			2,000 이상	
	13.투기도			3,000 이하	
	14.평활도			2,000 이하(후처리 1,00 이하)	
	15.pH	6.5~7.0 이상		6.5~7.0 이상	

④ **작품용 및 문화재 복제용 한지**(국가 중요기록물에 사용 가능)

재료와 제조방식은 행정안전부 훈장증서의 규격을 적용하되 작품 서화용 및 문화재 복제용임을 고려하여 홑지로 했고, 큰 규격의 한지 수요에 부응하기 위해 일부 쌍발 뜨기도 가능하도록 했다. 규격과 품질은 수요자 요구와 사용 목적에 맞도록 탄력적으로 유영하기로 했다. 국무회의 회의록, 외교문서 등 국가 중요기록물 작성에도 적합하도록 했다.

[표 79] 작품용 및 문화재 복제용 제조 및 품질 규격

구분		작품 서화용 및 문화재 복제 (홑지 또는 합지)	한지 품질 표시제	2015 행안부 훈장증서 (4합지)	비고
재료	1. 섬유종류	국산닥 100%	○	국산닥 100%	
	2. 증해(잿물)	천연잿물	○	천연잿물	
	3. 분산제	황촉규, 느릅나무	○	황촉규, 느릅나무 등	
제조방식	4. 표백	유수 일광표백	○	유수 일광표백	
	5. 고해(두드림)	닥방망이 두드림		닥방망이 두드림	
	6. 초지 방법	외발 / 쌍발 검토		외발	
	7. 건조	일광 건조 또는 10도 이하	○	일광 건조 또는 40도 이하	
	8. 도침(후처리)	행안부 시행 수준/일부 미도침 가능	○	행안부 시행	
규격 및 품질	9. 무게 달기	수요자 요구 및 사용 목적에 맞도록 함	○	170±10% 이내	
	10. 두께			140	
	11. 밀도			0.4 이상(후처리 0.7 이상)	
	12. 내절강도			2,000 이상	
	13. 투기도			3,000 이하	
	14. 평활도			2,000 이하(후처리 1,00 이하)	
	15. pH	6.5~7.0 이상		6.5~7.0 이상	

⑤ 창호지

기록보존용과 달리 창호지에 사용되는 종이는 소모성 제품이므로 비용적인 측면을 고려하여 재료와 제조방식을 상당 부분 완화했다. 수산화나트륨, 소다회, 팜, 화학표백을 허용하되 세척을 철저히 하여 잔여 성분이 없도록 하여 문화재를 훼손하는 일이 없도록 했다. 한편 창호지 제작에서는 전통 창호 설치 전문가의 의견을 정밀하게 반영할 필요가 있다. 이 경우에도 국산닥 100%는

유지하고자 했다.

[표 80] 창호지에 사용하는 한지의 제조 및 품질 규격

구분		학교 학습용 (홑지 또는 합지)	한지 품질 표시제	2015 행안부 훈장증서 (4합지)	비고
재료	1. 섬유종류	국산닥 100%	○	국산닥 100%	
	2. 증해(잿물)	수산화나트륨 및 소다회 검토	○	천연잿물	
	3. 분산제	팜(PAM) 검토	○	황촉규, 느릅나무 등	
제조방식	4. 표백	화학표백 검토	○	유수 일광표백	
	5. 고해(두드림)	비터사용 검토		닥방망이 두드림	
	6. 초지 방법	외발, 쌍발 검토		외발	
	7. 건조	고온 건조 검토	○	일광 건조 또는 40도 이하	
	8. 도침(후처리)	도침 또는 미도침 검토	○	행안부 시행	
규격 및 품질	9. 무게 달기	수요자 요구 및 사용 목적에 맞도록 함	○	170±10% 이내	
	10. 두께			140	
	11. 밀도			0.4 이상(후처리 0.7 이상)	
	12. 내절강도			2,000 이상	
	13. 투기도			3,000 이하	
	14. 평활도			2,000 이하(후처리 1,00 이하)	
	15. pH	6.5~7.0 이상 또는 6.5 이하 허용 검토		6.5~7.0 이상	

⑥ 학교학습용 보급한지

보급용임을 고려하여 저렴한 가격에도 사용할 수 있도록 재료, 제조방식 및 규격 품질을 탄력적으로 조정하되 국산닥 100%는 유지했다.

[표 81] 학교학습용 보급한지 제조 및 품질 규격

구분		학교 학습용 (홑지 또는 합지)	한지 품질 표시제	2015 행안부 훈장증서 (4합지)	비고
재료	1. 섬유종류	국산닥 100%	○	국산닥 100%	
	2. 증해(잿물)	수산화나트륨 및 소다회 검토	○	천연잿물	
	3. 분산제	팜(PAM) 검토	○	황촉규, 느릅나무 등	
제조방식	4. 표백	화학표백 검토	○	유수 일광표백	
	5. 고해(두드림)	비터사용 검토		닥방망이 두드림	
	6. 초지 방법	쌍발 뜨기 검토		외발	
	7. 건조	고온 건조 검토	○	일광 건조 또는 40도 이하	
	8. 도침(후처리)	도침 또는 미도침 검토	○	행안부 시행	
규격 및 품질	9. 무게 달기	수요자 요구 및 사용 목적에 맞도록 함	○	170±10% 이내	
	10. 두께			140	
	11. 밀도			0.4 이상(후처리 0.7 이상)	
	12. 내절강도			2,000 이상	
	13. 투기도			3,000 이하	
	14. 평활도			2,000 이하(후처리 1,00 이하)	
	15. pH	6.5~7.0 이상 또는 6.5 이하 허용 검토		6.5~7.0 이상	

2) 법률안 및 조례안 반영

전국 19개 전통한지업체를 보유한 11개 시·군 중에서 조례를 제정하지 않은 7개 시군에서는 전통한지의 표준화를 포함하는 내용으로 조례를 제정할 필요가 있다. 당연히 원주시, 전주시, 의령군, 안동시에는 한지 육성 관련 조례에 전통한지의 표준화를 포함한다. 전통한지의 표준화와 공공부문 한지사용 의무화는 동시에 이루어져야 한다. 조례안을 제시하면 [표 82]와 같다.

[표 82] 전통한지표준화·사용 의무화를 포함한 조례(안) 예시

제 00조(중요기록물에 전통한지 사용) ① 시장·군수는 ㅇㅇ시·군의 기록물 중에서 표창장, 임명장, 협약서, 주요 회의록 등 〈별표ㅁㅁ〉에서 정한 중요기록물에는 전통한지를 사용해야 한다. 〈별표ㅁㅁ 전통한지를 사용해야 하는 중요기록물〉

② 시장·군수는 제①항에서 정한 중요기록물에는 〈별표△△〉에서 정한 품질 규격의 전통한지를 사용해야 한다. 〈별표△△중요기록물에 사용하는 전통한지 품질 규격〉

※ 출처 : 2018.2. 전주시 한국전통문화전당 주최 세미나(발표 : 박후근)

2. 공공부문 한지사용 의무화

가. 전통한지 소비실태

여기서는 한지의 소비실태를 살펴보고자 한다. 정부 부문과 민간부분 등 다양한 경로로 소비실태를 확인했다.

[표 83] 정부 부문의 한지(닥피 포함) 구입내역

기관명	연월	예산액(만원)	사업명	내용	비고
국가기록원	18년7월	1,325	하반기 복원 복제용 종이류 재료 구매	복제용 수록한지	한지
국립문화재연구소	18년6월	6,290	시험분석용 한지구입	흘림 뜨기·가둠뜨기, 황촉규·팜 사용 등 시험분석용	한지
화천군	17년12월	5,500	한지 벽지 제조 및 체험시설(닥나무껍질)	닥나무껍질 구입	닥껍질

기관명	연월	예산액(만원)	사업명	내용	비고
국가기록원	17년3월	2,900	2017년 기록보존복원센터 복원·복제 한지구매	의궤 복제용, 실록 복제용	한지
재단법인 한국국학진흥원	16년10월	7,500	삼국유사 목판 사업인출 제본용 한지구입	삼국유사 인출용 한지구입	한지
국가기록원	14년10월	3,300	2014년 하반기 기록물 복원 복제용 한지 및 보수용	복원 복제용 한지구입	한지
국가기록원	14년5월	10,600	2014년 기록물 복원 복제용 한지 및 보수용 종이구매	기록물 복원 복제용 한지구입	한지
국가기록원 등 4개 기관 7건 3억 7,415만 원					

※ 출처 : 연구자가 2014년 1월~2018년 12월 말까지 5년간 조달청 나라장터의 입찰공고 중에서 '한지'를 검색한 결과임(한지 섬유 패션 부분은 제외).

서예가, 한국화가 조차도 한지를 소비하지 않는 상황에서는 무엇보다 소비자가 한지의 품질을 믿고 살수 있도록 하는 것이 급선무이다. 하지만, 품질의 신뢰를 확보하기 위해 문화체육관광부가 2013년도에 도입했던 한지품질표시제는 당초의 정책목표를 달성하지 못했다. 이에 앞으로 민간부문의 한지 소비를 유도할 수 있는 방법으로 전통한지의 품질을 표준화하고 이를 국가, 지방자치단체 및 공공기관 등 공공부문에 적용하는 '공공부문 한지 사용 의무화'를 생각해 볼 수 있다.

중앙정부, 지방정부 및 공공기관 등 정부 부문의 한지구입 및 소비가 절실한데도 정부 부문에서는 소비가 활발하게 이루어지지 않고 있다. 종전 문화재청에서는 유네스코 세계문화유산에 등재된 창덕궁을 비롯한 경복궁, 덕수궁, 창

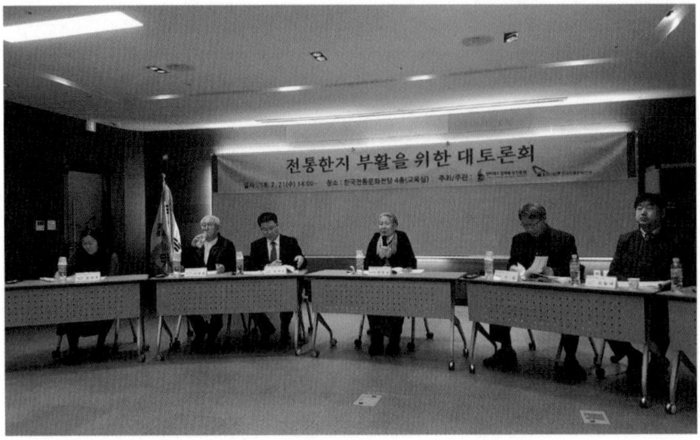

2018년 2월 21일 전북 전주 한지산업지원센터 전통한지 부활을 위한 대토론회
– 좌장 : 변영섭 전)문화재청장

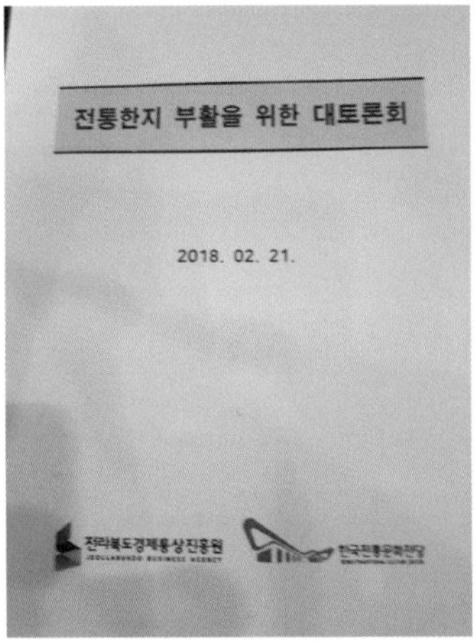

2018년 2월 21일 전북 전주 한지산업지원센터
전통한지 부활을 위한 대토론회

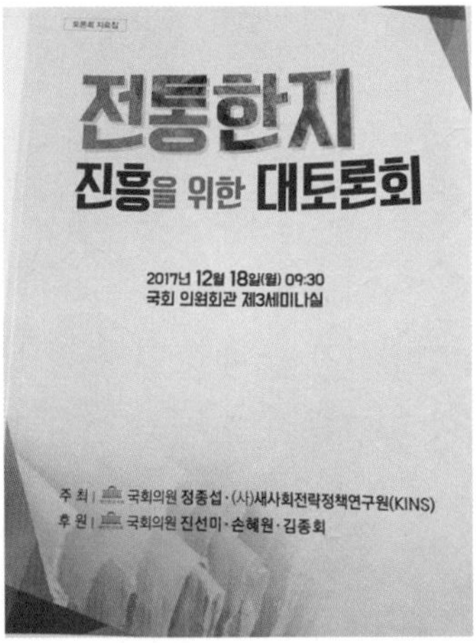

2017년 12월 18일 국회 의원회관
전통한지 진흥을 위한 대토론회

경궁 등 4대 궁궐의 창호지에 대체로 수입 닥을 사용했다. 2020년 11월부터는 전부 한지를 사용하기로 했다. 한지를 사용하지 않는 것은 문화재청만이 아니다. 조달청 나라장터를 통해 2014년부터 2018년까지 5년 동안 정부 부문에서

한지를 사들인 내역을 검색했다.

[표 83]과 같이 5년간 4개 기관 7건 3억 7,415만 원에 불과했다. 국가기록원이 4건 1억 8,125만 원으로 거의 절반 수준인 48.4%를 차지했다. 국가기록원 외에는 한지구입 실적이 거의 없는 편이다.

① 문화재 수리, 복원 및 복제에 한지를 사용 의무화 규정 없음

문화체육관광부, 문화재청 국립문화재연구소 등의 관련 법령에서는 문화재 수리, 복원, 복제 등에 한지를 사용해야 한다는 규정이 없다. 문화재청 문화재보존과학센터(2018)는 문화재 수리 및 복원에 사용하는 한지는 대상 문화재의 두께, 재질, 보존상태 등을 복합적으로 고려하여 사용해야 한다는 입장이다. 이와 관련, 문화재보존과학센터에 질의하여 회신받은 내용은 앞서, 제4장 전통한지정책 도구유형 분석에서 살펴보았다.

문화재 수리 및 복원에 사용하는 한지의 품질기준 마련은 국가기록물의 보존관리를 넘어 우리 문화의 우수성을 계승 발전시키는 데 결정적으로 작용한다는 점에서 필수불가결한 현안 정책이라 할 수 있다.

② 실제 문화재 수리, 복원에 사용하는 한지의 규격 미흡

2016년 7월 국립문화재연구소 문화재보존과학센터가 국회에 제출한 문화재 수리·복원에 사용하는 한지규격 현황 [표 84]에 의하면 닥 섬유, 잿물, 외발, 무게 달기, 두께, 밀도가 전부이다. 문화재 수리, 복원에 사용하는 한지규격을 제대로 제시한 것이라고 볼 수 없다.

문화재 수리, 복원에는 화학물질, 팜, 화학표백제, 비터 사용 등 왜곡·변형된 한지를 사용하지 않도록 제도적 장치가 필요하다. 한편, 2017 국정감사에서는(머니투데이, 217) "문화재 자문위원들이 석조, 금속 전문가 위주로 구성돼 있어 지류 전문가가 부족한 실정"이었고, "수리 부분을 뜯었더니 중국산 한지를

[표 84] 문화재 수리·복원 한지규격(국립문화재연구소)

명칭	연번	섬유종류	고지 방법	가로 (cm)	세로 (cm)	두께 (㎛)	무게 (g)	무게 달기 (g/㎡)	밀도 (g/㎤)
의령한지	1	닥 섬유	외발	94	66	0.06	10.50	17	0.28
	2	닥 섬유	외발	96	66	0.08	14.13	22	0.28
	3	닥 섬유	외발	95	66	0.09	18.80	30	0.33
	4	닥 섬유	외발	93	66	0.11	20.16	33	0.30
	5	닥 섬유	쌍발	94	63	0.06	10.37	18	0.29
	6	닥 섬유	쌍발	94	64	0.07	11.05	19	0.25
	7	닥 섬유	쌍발	94	64	0.07	15.56	26	0.37
	8	닥 섬유	쌍발	93	63	0.14	26.44	45	0.32
	9	닥 섬유	쌍발	93	63	0.19	34.70	59	0.31
	10	닥 섬유	쌍발	94	63	0.23	46.74	79	0.34

접착제로 붙인 싸구려 화학지가 나왔다"는 지적도 있었다. 문화재청 국립문화재연구원은 2022년 3월 8일 '문화재복원용 한지의 품질기준 연구 종합보고서'를 발표하면서 연구 결과를 토대로 문화재 수리 표준설명서와 한국산업표준(KS) 개정을 제안할 예정이라고 밝혔다.

③ 현장의 문화재 사업 입찰공고문에 전통한지 납품 규격 미비

문화재 수리, 복원에 사용되는 한지의 품질을 보다 구체적으로 알아보기 위해 중앙부저, 지방사치단체 및 공공기관 등 일선 현장에서 문화재 사업에 사용하는 한지의 품질관리를 어떻게 하는지 입찰공고문을 통해서 확인해보았다. 2016년 8월 대한민국역사박물관의 '박물관 소장 등록문화재 보존처리', 사업의 과업지시서 등에 의하면 '보존성이 좋은 닥 100%인 닥지'라 되어 있었다. 2016

년 6월 문화재청의 '의궤 오대산사고본 복제본 제작' 사업, 2016년 3월 부산 수영구의 '병풍 보수' 사업, 2016년 5월 충북 음성군의 '신후재 초상 보존처리' 사업 및 2016년 5월 서울대 규장각의 '승정원일기 등 수리복원사업'의 과업지시서 등에도 구체적인 한지 품질 규격은 찾아볼 수 없었다.

중앙부처, 지방자치단체 및 공공기관 일선 현장에서 문화재 사업에 쓰이는 한지의 품질관리를 어떻게 하는지도 입찰공고문을 통해 확인해보았다[표 85]. 2016년 8월 대한민국 역사박물관의 '박물관 소장 등록문화재 보존처리', 2016년 6월 문화재청의 '의궤 오대산사고본 복제본 제작' 등 과업지시서에는 '보존성이 좋은 100% 닥지'라고 되어 있었다. 2016년 3월 부산 수영구의 '병풍 보수 사업', 2016년 5월 충북 음성군의 '신후재 초상 보존처리', 2016년 5월 서울대 규장각의 '승정원일기 등 수리복원' 사업 등도 거의 비슷한 수준이었다.

[표 85] 문화재 수리·복원사업 입찰공고문의 전통한지 규격(사례)

일자	기관명	사업명	과업지시서 등
2016.8	문화체육 관광부 대한민국 역사박물관	박물관 소장 주요 등록문화재 자료 보존처리	과업지시서에 배접은 보존성이 좋은 닥 100%인 닥지
2016.6	문화재청 유형문화재과	2016년도 조선왕조의궤 오대산사고본 복제본 제작	제안요청서에 종이의 제작 방법을 제안서에 제시 기술평가(총 80점), 복제본 제작계획(30점) 5개 요소 중에서 "제작 종이(전통한지)에 대한 사항" 명기
2016.3	부산광역시 수영구	자수 책거리 병풍 보수	명세서에 종이는 전통방식에 따라 제작된 국산사용
2016.5	충청북도 음성군	신후재 초상 보존처리 공사	수의 견적 제출안 내 공고에 전문 문화재 수리업(보존과학업) 등록을 필한 업체

일자	기관명	사업명	과업지시서 등
2016.5	서울대학교 규장각 한국학연구원	책판문화재 인출사업 (신간 동국통감)	제안요청서에 한지 등 전통재료의 수급 방안 등을 제안서에 제시, 기술평가-책판인출계획서(50점) 4개 요소 중에서 "제작에 사용될 재료의 적합성 및 안전성" 명기
		국가지정문화재 수리복원 사업 -승정원일기, 의궤	제안요청서에 수리복원계획서 제출, 평가배점(100점) 기술 80점 중 - 기술항목, 수리복원 자재 적합성 · 안전성 10점

※ 출처 : '조달청 나라장터' 입찰공고문을 통해 중앙정부, 지방정부, 공공기관 사례 검색

④ 정부 부문 '한지' 전체예산에서 한지구입 비중은 작은 규모

조달청 나라장터 등을 통해 확인한 바에 의하면 2014년 1월부터 2018년 12월 말까지 중앙부처와 지방자치단체, 공공기관 및 출연기관 등 정부 부문에서 총 89억 7,852만 원을 한지 관련 사업에 사용했다.

이 중 ① 시설공사(용역) ② 행사·홍보 ③ 연구용역 ④ 한지로 만든 물품구입 ⑤ 건조대·시험 장비 등 도구 구입 ⑥ 한지와 닥피 구입 등 6개 분야에 총 62억 6,442만 원을 썼다. 그리고 강원 원주시, 충북 괴산군, 전북 전주시, 경북 안동시, 경남 의령군 등 5개 시군에서 한지 축제에 총 27억 1,410만 원을 집행했다. 앞에서 살펴본 [표 83]과 같이 한지구입은 3억 7,415만 원이다. 이는 전체 사업비 89억 7,852만 원의 4.2%에 불과하다.

⑤ 국가무형문화재 한지장이 만든 한지의 국가 구매하지 않음

전통한지업체가 경영에 어려움을 겪고 있는지 알 수 있는 단적인 예가 있다. 2016년 1월 한지장 인터뷰에서 전북 임실 청웅한지 홍춘수 한지장(81세)은 "인간문화재는 영광이지만 한지를 한 장도 안 사가서 서운하다"고 했다(국

민일보, 2016). 국가무형문화재 한지장이 생산한 전통한지가 사장될 위기를 맞고 있다.

⑥ 서예가, 한국 화가도 쓰지 않는 민간부문의 한지 소비실태

전통한지의 특징은 질기고 광택이 나고 번짐이 적다는 데 있다. 1920년경 조선총독부 시기에 전통한지의 특징이 왜곡·변형되면서부터 광택이 나고 번짐이 적은 한지는 사라졌다. 이로부터 "한지는 질기지만 번짐이 지나치게 없거나 심해 서화용 종이에는 적합하지 않다"는 잘못된 인식이 자리 잡게 됐다. 많은 수의 서예가나 한국 화가는 "한지는 먹 번짐이 지나치게 없거나 심해 서화용에는 적합하지 않다. 대신 화선지는 먹 번짐이 기가 막히게 이루어져 작품을 더욱 돋보이게 해 준다"고 인식하는 것으로 알려져 있다. 도침이 이루어진 매끈하고 광택이 나는 한지를 본 적도 없고 사용한 적도 없는 서예가나 한국 화가들은 조선시대 전통 방식으로 제작하여 도침 처리된 한지는 표면이 매끄럽고 광택이 나며 그림을 그리거나 글씨를 써도 번짐이 거의 없어 극세밀화까지 표현할 수 있다는 사실을 알지 못한 결과다. 연구자가 설문조사[38]와 더불어 몇몇 서예가들과 인터뷰한 결과, 서예학원을 수년간 운영해온 서예가도 화선지를 한지라고 오인해 답변하는 경우를 확인할 수 있었다.

국내에서 활동하는 서예가나 한국 화가들이 한지를 얼마나 사용하는지에 대한 실태조사 자료는 찾아보기 어려웠다. 2015년 12월에 전주시에서 전국의 서예가들을 초청하여 시지시필(試紙試筆) 행사[39]를 열었던 사례와 한지를 구하기 어려

38 연구자가 2018년 12월, 한국전통문화전당 한지산업지원센터와 공동으로, 전주한지 문화축제조직위원회가 주최했던 「2017년 대한민국 한지예술대전 초대작가」 등 한지공예 대전 입상자 104명을 대상으로 설문조사(18 응답)한 결과, 7명이 화선지가 한지라고 답했다.

39 2015년 12월 전주시 소속 한지산업지원센터에서는 서화 용지로 개발된 전주한지의 기능성을 시험해보는 '시지시필(試紙試筆)' 행사를 열었다. 이 시지시필 행사에는 세계서예전북비엔날레 수상

워 수묵화에서 채색화로 전향한 사례[40] 등을 통해 한국 화가와 서예가들은 한지를 많이 사용하지 않고 있음을 알 수 있다. 전주시가 주최한 시지시필 행사에는 세계서예전북비엔날레 수상자를 비롯해 전국의 서예가 20여 명이 초대됐다.

이 자리에서 "전주한지는 1970년대까지만 해도 서화용지로 주목받았는데, 화선지에 밀린데다 최근에는 중국산 화선지가 시장을 점령하면서 한지의 쓰임새가 크게 위축됐다, 화선지는 펄프를 사용해 양지 제조기법으로 만들어져 자연 산화돼 작품 보존에 타격을 주고 있어 서화용 한지개발이 시급하다, 한지사용을 권장하겠다"는 주최측의 의견이 개진된 것으로 보도되었다. 연구자는 2017년 12월 18일 국회에서 열린 「전통한지 진흥을 위한 대토론회」에 참석하기 위해 국회의원회관을 방문한 적이 있다. 청사 내부 한쪽에는 서예 동호인들의 공간이 마련돼 있었는데 한지를 사용한 서예작품은 보이지 않았다.

후 처리된 전통 방식의 고품질 한지를 사용해 보지 않은 대다수 국내 서예가, 한국 화가는 "한지는 먹 번짐이 일정하지 않아 그림을 그리거나 글씨를 쓸 수가 없다"고 말한다. 한지의 품질에 불만이 많은 편이다. 설사 젤라틴 처리 등 표면처리를 하여 사용하더라도 비싼 가격 등 이유로 국내산 화선지나 대만 · 중국산 화선지를 많이 사용하는 실정이다.

화선지에 적응하여 평생토록 작품을 해온 서예가나 한국 화가들의 경우, 당장에는 전통 방식으로 도침이 이루어진 한지에 적응하기가 쉽지 않을 것이다. 서

자를 비롯한 전국의 서예가 20여 명이 초대됐다(전북일보, 2015). 서예가들이 참여해 전주한지에 글씨를 써 보는 행사였다. 이처럼 한지는 서예가들조차 외면해 왔다. 2021년 7월 현재까지 서예가들의 한지사용이 활발해졌다는 자료는 찾을 수 없다. 서화용으로 얼마나 사용하는지에 대한 정확한 통계자료가 없다(한국공예디자인문화진흥원, 2020). 고려지 · 조선지를 이어온 한지의 우수성은 서화용이나 기록용으로 쓰일 때 더욱 빛을 발하는 것으로 알려져 있다.

40 2022년 9월 수묵화가에서 채색 화가로 전향한 중견작가와 인터뷰 했다. "20년 전에는 인사동에 가면 수묵화를 그릴 수 있는 한지를 쉽게 구할 수 있었지만, 점차 한지를 구하기 어려워졌고, 이것이 채색화로 전향한 이유 중 하나"라고 했다.

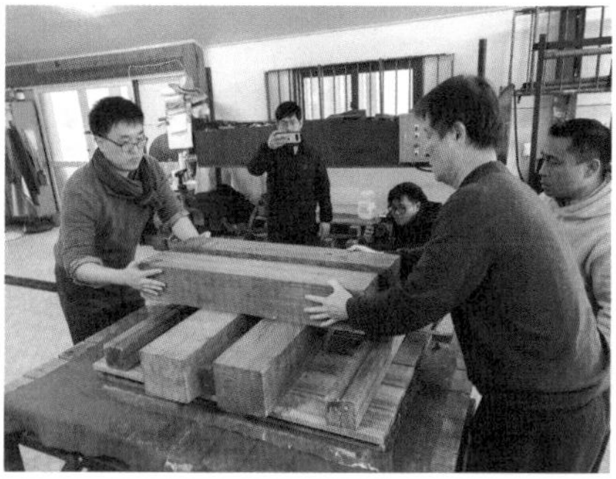
2020년 2월 15일 전북 완주 대승한지마을 도침작업
(골고루 물을 머금게 하는 과정)

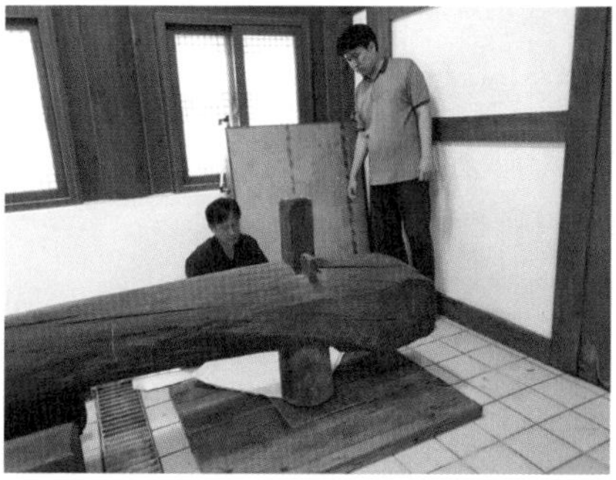
2020년 6월 20일 전북 완주 대승한지마을 도침작업

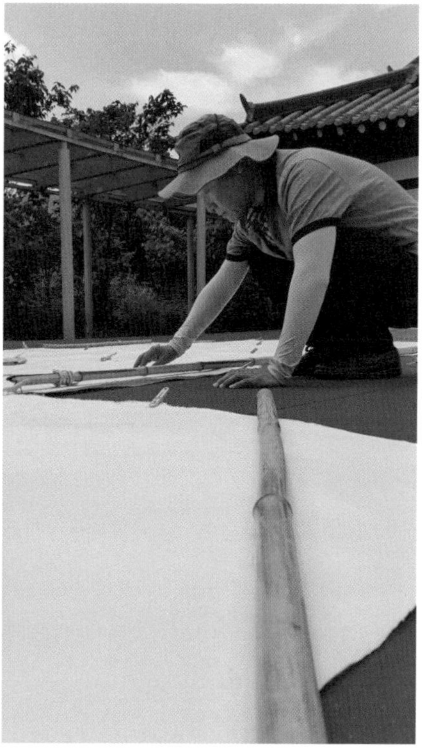
2020년 6월 20일 전북 완주 대승한지마을 도침작업
(바닥에 늘어말리기)

예가 중에는 "화선지야말로 글씨를 쓰기에 적합한 최고의 종이", "먹 번짐이 적절하여 심하지도 부족하지도 않기 때문에 작품의 품격을 높여 준다"고 평가하는 분들이 있다. 이런 서예가들이 지금까지 사용해온 화선지 대신 광택이 나고 매끈하면서 번짐이 적은 한지에 짧은 시간에 적응하는 것은 녹록지 않아 보인다.

도침이 잘 되어 광택이 나는 한지야말로 일제강점기 훼손되기 이전의 우리 전통한지라는 인식을 바탕으로 민족문화의 회복, 전통문화의 계승발전 차원에서 전통한지를 애용하려는 마음이 있어야 한다. 그래야 전통한지에 관한 왜곡·변형된 인식을 바로잡을 수 있을 것이다. 요컨대 서예와 한국화 부문의 전통한지 사용이 늘어나야 한다. 정부가 정책적으로 뒷받침하여 전통한지의 품질을 개선하고 서화용으로 활발하게 사용될 때, 세계시장 진출에 대한 기대와 희망도 실현될 수 있다.

나. 질기고 광택이 나는 도침(표면처리) 된 전통한지와 화선지

1920년경 일제강점기 조선총독부 시기 이후 한지 제조에서 재료와 제조기술이 왜곡·변형되었다. 연구자가 참여했던 '2015년 행정안전부 훈장 용지 개선을 통한 전통한지 원형 재현사업'에서는 제지원료조사급시험보고서(製紙原料調查及試驗報告書, 1911년) 및 조선지(朝鮮紙, 평양상공회의소) 등의 문헌을 통해 조선총독부가 한지 제조기술에 관여했다는 사실을 확인했다. 이 시기를 거치면서 한지 제조 재료에서는 100% 국내산 닥, 천연잿물과 식물성 분산제를 사용하며, 제조방식에서는 닥 방망이 구해, 티고르기, 일광 유수표백, 외발 뜨기, 저온 자연건조, 고품질 도침[41] 등 전통 방식으로 만들어진 전통한지는 점차 사라진 것으로 보인다. 이 시기 전통한지 제조방법 변화과정에 관한 연구규명도 필요하다.

1920년경부터는 질기고 광택이 나는 한지는 점차 사라지고 화지 생산방식의 화선지가 서화용 종이의 지위를 자연스럽게 대체한 것으로 보인다. 일제강점기에 조선총독부에서 장려하지 않는 전통 방식으로 한지를 만들려면 보다 숙련된 한지장이 필요했다. 기술을 지닌 한지장을 확보했다 하더라도 많은 비용

41 김호석 외(2019)에 의하면 "2015년 행정안전부(당시 행정자치부)의 전통한지 재현사업 이전에는 전국 한지 제조업체 어느 곳도 전통한지 제조기술을 완전하게 갖추었다고 할 수 없었다. 즉 조선시대 최고의 르네상스로 불리던 영·정조 시기 왕이 쓴 편지(간찰) 수준의 한지를 재현하는 기술이 없었다. 그것은 핵심기술인 도침(후처리) 기술이 없었기 때문이다. 1800년대 중반 이후 2015년 이전까지 정부가 나서서 도침 기술을 재현하려는 시도가 없었을 뿐만 아니라 도침 기술의 필요성조차 인지하지 못했을 수도 있다."고 밝혔다. 전통한지의 도침에 관한 문헌적 근거로는 「거가필용」, 「고금비원」, 「한죽당섭필」, 「쾌설당만록」, 「규합총서」 등이 있다고 덧붙였다.

이 소요되고 일손이 필요했다. 따라서 전통 방식의 한지 제조는 소비자가 특별히 주문하는 생산 구조로 바뀌게 되었다.

아래 [그림 10]은 2015년 광복 70주년을 맞이하여 행정안전부가 '훈장 용지 개선사업'을 추진하면서 도침을 실시한 결과이다. 이처럼 도침기술을 적용하였기에 행정안전부는 인쇄 가능한 한지를 만들 수 있었고, 훈장 증서용 전통한지를 만들 수 있었다. 오른쪽은 도침을 하기 이전 상태이다. 번짐이 심해 그대로는 서화용으로 사용하기 어렵다.

김호석 외3(2019)은 일반적으로 시중에 유통되는 한지는 젤라틴 처리 등 표면처리를 해야만 그림을 그릴 수 있다고 밝히고 있다.

[그림 10] **도침 처리 후와 처리 전 비교**

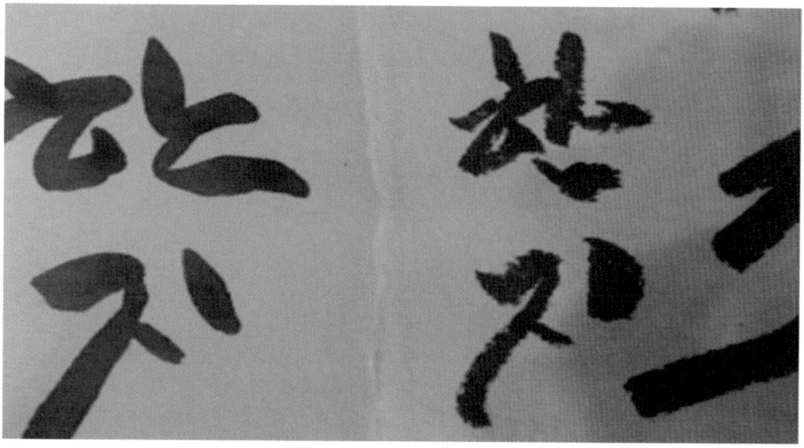

※ 출처 : 김호석외3(2019). 한국의 전통한지. p101.

한지산업의 부정적 여건은 1920년경부터 2015년도까지 이어졌다고 볼 수 있다. 한지는 주로 창호지, 벽지 생활용 한지로만 사용되었고, 서화용 지로는 주로 수입 종이나 화선지가 사용되었다. 고려 시대와 조선시대에, 번짐이 심한 한지를 '광택이 나는 한지'로 완성했던 것은 도침기술이다. 중국 송나라의 문신인 서 긍은 인종 1년인 1123년에 송나라 사신단으로 고려에 와서 한 달 남짓 체류하였다. 그가 저술한 고려도경에는 고려지와 관련해 "紙不全用楮 間以藤造 搥搗皆滑膩 高下數等(지부전용저, 간이등조, 추도개활니, 고하수등 : 종이는 온전히 닥나무만을 쓰지는 않고, 등나무를 섞어 만든다. 치고 두드리니 모두 매끄러운데, 높고 낮은 몇 등급이 있다.)"라 적고 있다. 여기서 '추도개활니'는 도침을 지칭한 것이다.

조계영(2007)은 "조선시대 기록문화는 저(楮)라는 재질과 도침(搗砧)이라는 가공으로 만들어진 한지를 바탕으로 이루어졌다. 도침은 종이의 섬유 사이에 존재하는 공간을 없애줌과 동시에 종이 표면을 평활하게 함으로써 종이가 질기고 광택이 나며 보존성을 좋게 해준다. 한지는 장피 섬유인 닥으로 만들었기 때문에 도침 가공을 통해 필획을 그대로 표현할 수 있는 서사 재료로서 우수성을 떨쳤다."고 파악했다.

도침의 목적과 역사성 및 문헌적 근거는 고려 시대 및 조선시대 여러 문헌을 통해 찾을 수 있다. 경국대전[42]은 조선 건국 후 성종 대까지의 법령을 체계적으로 집대성한 대법전으로 내용이나 체제 면에서 우수한 법전으로 평가받고 있다. 이 경국대전 공전(工典)에 의하면 경공장(京工匠) 본조(本曹)에는 지장(紙匠) 4명, 경공장 상의원(尙衣院)에 도련장(擣鍊匠) 2명과 도침장(擣砧匠) 14명을 두도록 하고 있다. 경공장 조지서(造紙署)에는 지장 81명을 두고 있다.

도침에 관한 이러한 내용은 세종실록과 승정원일기에 더 상세하게 기록되어 있다. 세종실록[43]에는 "종이를 도침하는 일은 매우 힘든 노역이다. 징역에 처한

---

42 조선 세조 때 편찬되기 시작하여 성종 때 완성되었다. 조선의 정치, 경제, 사회, 문화 등을 다룬 당시 조선 시대 사회의 근간이 되었던 법전이다.

43 세종실록, 세종 26년 6월 21일 기해

다양한 죄인들을 조지서에 보내 도침군으로 삼았다."는 내용이 있다. 이러한 내용은 승정원일기[44]에서도 확인할 수 있다. 즉, 1626년 조지서 제조인 홍서봉이 올린 계에는 "조지서는 전문적으로 종이를 만들기 위해 설치했다. 임진왜란 이후 모든 구비되었던 것들이 없어져 모양을 이루지 못했다. 지장은 81명인데 지금은 4명이고 도군은 60명이었는데, 지금은 5명뿐"이라는 기록이 있다.

김삼기(2003)는 조지소와 관련해, 태종 즉위 후 저화(楮貨)를 확산시키기 위해 노력했고, 이 과정에서 저화를 만드는 종이의 두께 차이를 극복하는 방안으로 1415년에 조지소를 설치했다고 했다. 이후 인력과 시설을 확대하고 생산량을 늘리게 된 것은 설치 당시의 목적과 달리 조지소가 국가 수요의 종이 생산을 주도적으로 담당했기 때문이라고 부연했다. 당시 조지서의 인원 구성은 [표 86]과 같다.

44 승정원일기, 인조 4년 8월 4일 계묘

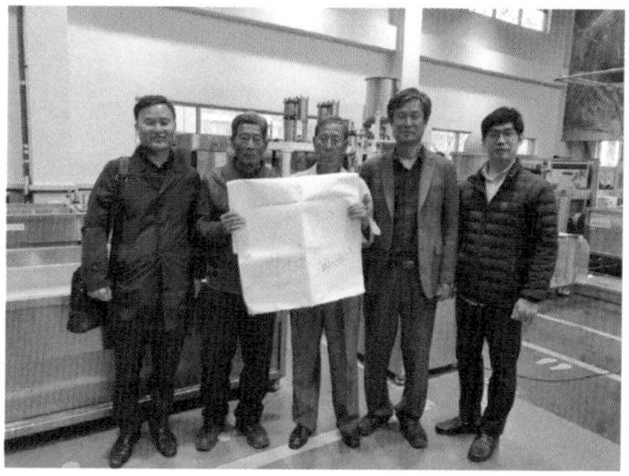

2020년 4월 28일 전북 전주 한지산업지원센터 한지장 초지기술 시연

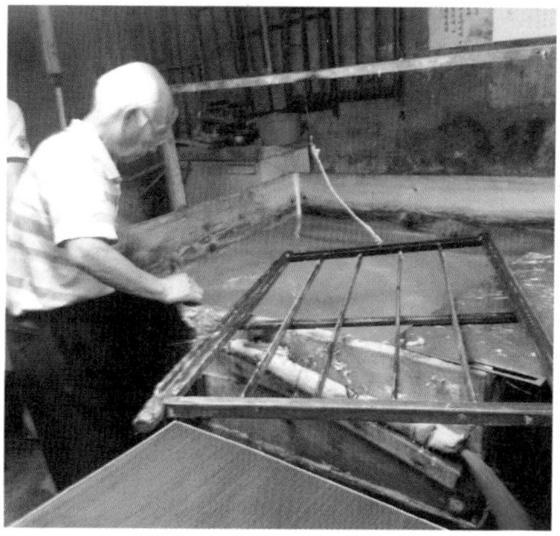

2015년 7월 17일 전북 임실 청웅전통한지

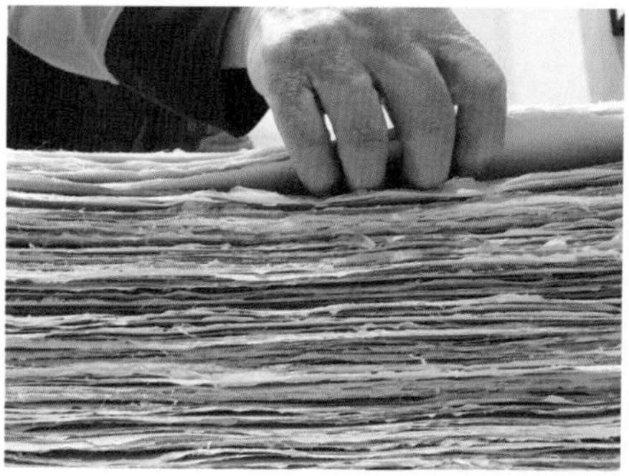

2021년 4월 17일 전북 전주 한지신업지원센터 도침작업(완료)

[표 86] 조선시대 조지서의 인원 구성

조지소(造紙所) – 1466년 이전	조지소(造紙署) – 1466년 이후
제조(提調) – 종1품 혹은 종2품 1명 제학(提學) – 정·종3품 1명 별좌(別坐) – 종5품 4명 사지(司紙) – 종6품 1명 급사(給事) 1명 · 부급사(副給事) 1명 —체아직(遞兒職) 지장(紙匠) 74명 계 : 82~83명(관원 6~7명, 체아직 2명, 지장 74명)	도제조(都提調) – 정1품 1명 제조(提調) – (종1품·종2품) 2명 별좌(別坐) – 종5품 8명 사지(司紙) 1명 · 별제(別提) 4명 – 종6품 공조(工造) – 종8품 4명 —— 체아직 공작(工作) – 종9품 2명 —— 체아직(遞兒職) 지장(紙匠) 81명, 목장(木匠)2명, 염장(簾匠) 8명 선상노(選上奴) 95명, 도침군(擣砧軍) 60명 계 : 268명(관원 16명, 체아직 6명, 공장(지장 · 목장 · 염장) 91명, 선상노 96명, 도치군. 60명

※ 김삼기(2003), 「조선 후기 제지수공업연구」에 의하면 조지서의 인원은 시기에 따라 가감이 있었으며 인원이 일정하게 유지된 것은 아니라고 적고 있음.

한편, 김호석 외 3인(2019)[45]은 도침의 목적, 역사성 및 문헌적 근거를 연구하여 상세하게 설명하고 있다. 그는 '화선지'는 목재펄프를 혼합하여 만든 종이이기 때문에 한지와 비교해 보존성이 현저히 떨어진다는 문제점을 지적했다. 이 설명에서는 화선지에 그려진 그림은 불과 45년 만에 훼손됐음을 사례로 들었다.

최근 민간 차원에서 화선지를 한지로 잘못 알고 있음을 지적하고 시정하려는 움직임도 있었다. 2022년 6월에 사이버외교사절단 반크[46]는 '현행 초등학교

45 김호석 외 3인, (2019), 한국의 전통한지, 선출판사, p.101-107. 1. 그는 이 저술에서 표면처리의 목적, 표면처리의 역사성, 표면처리에 대한 문헌적 근거 등을 사례로 제시하며 기초적인 연구조차 국가 기관에서 심도 있게 이루어지지 못한 점에 대해 안타까운 심회를 드러내고 있다. 여기에 덧붙여 한지 가공 처리에 대한 문헌 기록으로 고려 시대와 조선 시대의 제지 방법 등에 관해 상세하게 설명하고 있다.

46 "초등학교 미술 교과서 한지·화선지 구분 못 하고 혼용" – BTN 불교TV (btnnews.tv), 2022.6.12.일 검색. "초등 미술 교과서 속 '화선지→한지'로…반크, 시정 운동 전개" 연합뉴스 (yna.co.kr)

미술 교과서는 화선지와 한지를 구분하지 못하는 오류가 있다(연합뉴스, 2022)'며 화선지 대신 한지로 바꿔나가야 한다는 캠페인을 벌이기도 했다. 반크는 지학사, 천재 교과서, 천재교육, 비상교육, 금성출판사, 미술과 생활 등 6개 출판사가 발행하는 미술 교과서 12권을 최근 입수 분석하여 서예와 수묵화의 준비물로 한지 대신 화선지로 표기했고 일부는 두 개를 혼용한 바 있다고 밝혔다.

전문가인 한지장의 면담사례도 궤를 같이하는 경우가 있었다. 2022년 8월 연구자는 한지장과의 방문 면담에서 특이한 점을 확인했다. 일부 한지장의 경우 한지를 구입하러 온 고객이 화선지를 한지로 인식하고 있어서 굳이 화선지

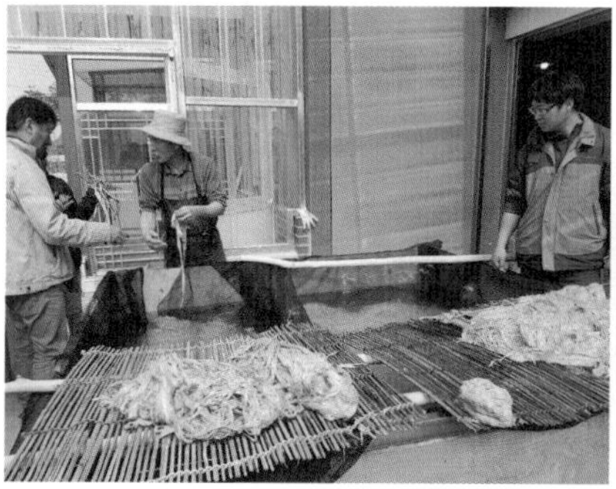

2017년 4월 8일 경북 청송한지 티고르기

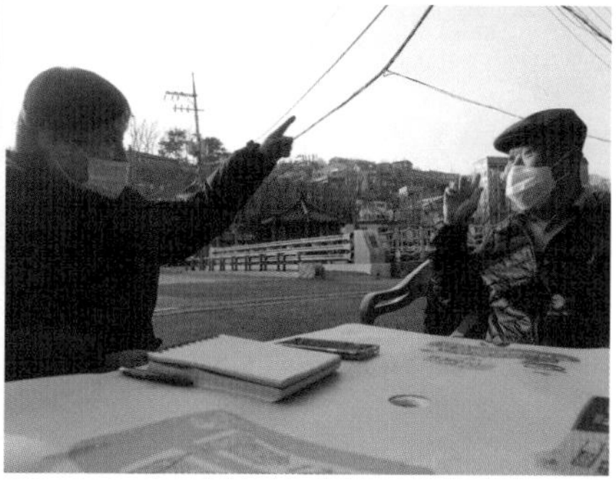

2021년 3월 5일 서울 종로구 세검정 조지서터 현장인터뷰
〈사진 : 양시영작가〉

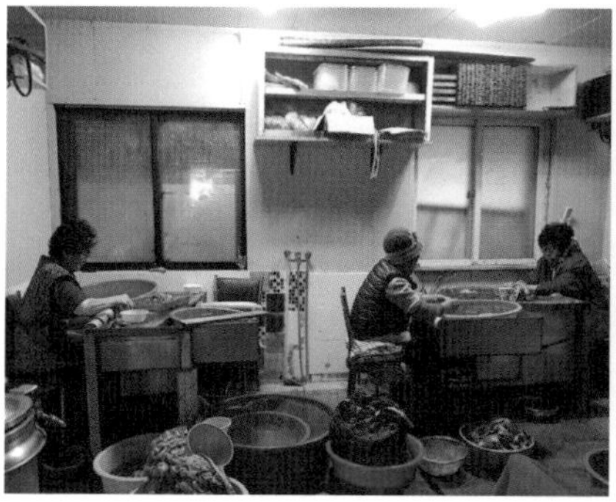

2019년 1월 5일 경기 가평 장지방 티고르기

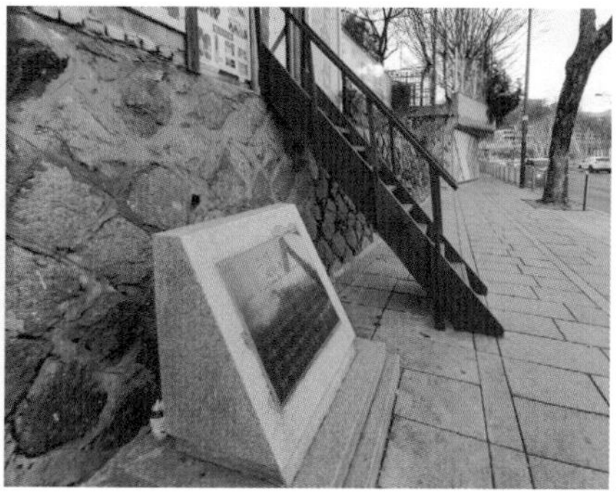

2021년 1월 16일 서울 종로구 세검정 조지서터

와 한지가 다르다는 점을 설명하지 않고 화선지라는 용어를 쓰기도 했다는 것이다.

이처럼 화선지는 엄연히 한지가 아닌데도 2019년과 2021년에 문화체육관광부가 한국공예디자인문화진흥원을 통해 실시한 한지 실태조사에서는 화선지를 한지에 포함시키고 있다. 이러한 부분은 정책 당국에서 정밀하게 살펴야 할 부분이다.

다. 비판적 검토 및 정책 제언

2022년 7월 23일부터 10월 9일까지 문화체육관광부나 지방자치단체 공무원 등 19명의 정책공급자와 전국의 19개 전통한지업체 한지장 19명을 대상으로 한지 정책 선호도 파악을 위한 설문조사를 실시했다.

9개 한지정책에 대한 선호도 조사 결과, 공공부문 한지사용 의무화는 정책공급자는 5위, 정책수요자는 6위로 나타났다.

전통한지의 소비실태 등 현황과 관련해서 전통한지의 문제점들을 다음과 같이 정리할 수 있다. 첫째, 문화재 수리, 복원, 복제에 한지를 사용해야 한다는 의무규정이 없다. 둘째, 문화재 수리, 복원에 사용하는 한지규격이 미흡하다. 셋째, 중앙정부, 지방정부 및 공공기관 등 문화재 사업 현장(입찰공고문 등)에서 한지 품질관리가 거의 이루어지지 않고 있다. 넷째, 국가무형문화재 한지장이 만든 한지도 국가에서 사주지 않는다. 다섯째, 수록한지 업체 수가 1996년에 64개이었으나 2016년에는 22개소로 감소했고 2021년 말 현재 19개소에 불과하다. 여섯째, 전주시에서는 전국의 서예가 20명을 초청하여 전주한지 시필행사를 실시할 만큼 이는 한지 사용이 미흡하다. 일곱째, 창덕궁을 비롯한 4대 궁궐의 창호지조차 한지를 거의 사용하지 않는다.

위 일곱 가지 문제점을 해결하는 방법으로는 공공부문에 한지사용 의무화를 생각할 수 있다. 이를 위해서는 전통한지 표준화가 이루어져야 하며 동시에 법률과 조례가 뒷받침돼야 한다. 2022년 6월 현재 전통한지 육성 관련 개별법은 없는 실정이고 국회에 발의, 계류중인 법률안이 있을 뿐이다.

2021년 5월 7일 국회에 발의된 「전통한지 문화산업의 육성 및 발전에 관한 법률안」에는 국가와 지방자치단체의 한지 문화산업 진흥정책 수립·시행, 행·재정 지원 및 한지진흥원 설립 등 획기적인 내용을 포함하고 있다. 하지만 중요기록물에는 한지를 사용해야 한다는 한지사용 의무화나 한지 품질관리 등에 대한 구체적인 내용이 없어 아쉽다. 전통한지표준화와 더불어 사용 의무화의 근거를 법률에 규정하고 시행령에서 구체화할 필요가 있는 까닭이다.

원주시, 전주시, 의령군, 안동시 4개 시군의 경우, 전통한지 사용 의무화를 내용으로 하는 한지 육성 관련 조례의 개정이 필요하다. 한지 진흥정책에서 가장 시급한 것은 전통한지 한지장이 만든 한지의 판로를 확보하는 것이다. 이를 위해 정부 차원에서 한지 소비를 늘려나가는 방안이 필요하다. 특히, 전국 기초지방자치단체 중에서 수록한지 업체를 보유하고 있는 11개 시·군이다. 경기도 가평군, 강원도 원주시, 충청북도 괴산군, 전라북도 전주시·완주군·임실군, 경상북도 안동시·문경시, 청송군, 경상남도 의령군·함양군 등이다.

연구자는 해당 시·군 공무원을 만날 때면 인터뷰했다. "최근 5~3년 동안 또는 1년 동안 지역의 한지장이 만든 한지를 몇 장이나 구입해서 사용했는가", "지금까지 한지 홍보는 누구를 대상으로 했는가" "한지를 생산하는 해당 시·군에서 한지를 사서 쓰지 않으면서 국내 다른 기관과 해외에 홍보하는 경우 효과는 있는가" 등이다. 하지만, 분명한 대답을 듣지 못했다. 원주시는 2008년 11월 20일 전국 최초의 한지 육성 조례라 할 수 있는 「원주시 옻·한지산업 육성 및 지원 조례」를 제정했고, 전주시는 2016년 5월 30일 「전주시 한지산업 육성 및 지원 조례」를 제정했고, 의령군은 2017년 4월 12일 「의령 전통한지 육성·지원 조례」를 제정했다. 2018년 11월 16일 안동시도 「안동시 한지산업 육성 및 지원 조례」를 제정했다. 위 4개 시·군의 한지 육성·지원 조례에서는 시장·군수의 책무 등은 비교적 잘 규정되어 있지만, 중요기록물에 한지사용을 의무화하는 규정은 없다. 이 점, 아쉬운 부분이다.

4개 시군의 조례를 단체장의 책무 부분을 중심으로 비교해 보기로 한다. 원주시는 시장의 책무와 사업의 지원, 전주시는 시장의 책무와 전통한지 우선구매, 의령군은 군수의 책무와 의령 전통한지 지원, 안동시는 시장의 책무 및 전통한지 우선구매가 가능하도록 규정하고 있다 하지만 대체로 의무규정이 아닌 선언적 규정에 불과하다. 요컨대 전통한지 산업 육성을 위해서는 공공부문의 한지사용 의무화가 시급하다.

[표 87] 4개 시·군 조례에서 정한 단체장의 책무 비교

조례·규칙명	주요 내용
원주시 옻·한지산업 육성 및 지원 조례 (08.11.20 제정, 18.4.13)	제3조(시장의 책무) ① 시장은 시(市) 옻·한지산업의 육성·발전을 위하여 적극적으로 노력하여야 한다. 제4조(사업의 지원) ① 시장은 옻·한지산업의 발전을 위하여 옻·닥나무 재배농가, 옻칠액 및 닥원료 생산자, 옻·한지 관련 생산자 단체 및 법인, 가공·보육·창업·유통사업자, 대학·연구기관 등에서 추진하는 사업에 대하여 예산의 범위에서 사업비를 지원할 수 있다.
전주시 한지산업 육성 및 지원 조례 (16.5.30 제정)	제3조(시장의 책무) 시장은 전주한지의 전통을 계승하고, 전주시 한지산업의 육성 및 발전을 위하여 필요한 재원 마련 등을 위하여 적극적으로 노력하여야 한다. 제6조(전통한지 우선구매) 시장은 전통한지의 우선구매 촉진을 위해 노력하여야 한다.
의령 전통한지 육성·지원 조례 (17.04.12 제정, 18.8.1)	제3조(군수의 책무) 의령군수(이하 '군수'라 한다)는 의령 전통한지의 육성 및 발전에 필요한 재원 마련 등을 위하여 적극적으로 노력하여야 한다. 제4조(의령 전통한지 지원) 군수는 의령 전통한지의 육성 및 발전을 위하여 의령지역의 제조업자, 재배농가, 원료 생산자 및 관련 단체·법인 등에서 추진하는 사업에 대하여 예산의 범위에서 사업비를 지원할 수 있다.

조례·규칙명	주요 내용
의령 전통한지 사용 촉진 조례 (17.04.12 제정)	제3조(군수의 책무) 군수는 의령 전통한지를 계승하고, 의령 전통한지의 육성 및 발전을 위하여 필요한 재원 마련 및 전통한지의 생활화를 위하여 적극적으로 노력하여야 한다. 제4조(우선구매 및 판로 지원) ① 군수는 의령 전통한지 제품을 우선하여 구매하도록 노력하여야 한다. 제5조(구매 협조 요청) 군수는 의령 전통한지(전통한지를 응용한 제품을 포함한다)의 판매촉진을 위하여 관내에 소재한 학교, 공공단체 등에 의령 전통한지의 우선구매를 요청할 수 있다.
안동시 한지산업 육성 및 지원 조례 (18.11.16 제정)	제3조(시장의 책무) 안동시장(이하 "시장"이라 한다)은 안동한지의 전통을 계승하고, 시 한지산업의 육성 및 발전을 위하여 필요한 재원 마련 등을 위하여 적극적으로 노력하여야 한다. 제6조(전통한지 우선구매 및 구매 협조 요청) ① 시장은 전통한지의 우선구매 촉진을 위해 노력하여야 한다. ② 시장은 안동 전통한지(전통한지를 응용한 제품을 포함한다)의 판매촉진을 위하여 관내에 소재한 학교, 공공단체 등에 안동 전통한지의 우선구매를 요청할 수 있다.

지류문화재 수리·복원은 물론이거니와 창덕궁을 비롯한 4대 궁궐, 각종 건축물 문화재에서 사용되는 종이나 외교문서와 같은 국가 중요기록물의 종이 사용 시 한지사용을 의무화할 필요가 있다. 2015년부터 행정안전부가 훈장 증서를 한지로 제작하면서 공공부문을 대상으로 하는 한지사용 의무화의 실현 가능성은 이미 확인됐다. 전통한지의 품질 표준화와 더불어 공공부문의 한지사용 의무화는 전통한지 소비촉진을 통한 전통한지 육성의 출발점이 될 수 있다.

중앙정부에서는 외교문서, 훈장증서, 임명장 및 문화재 관련 문서 등에 한지를 사용하도록 의무화하는 방안을 검토할 필요가 있다. 영구기록물이나 30년 이상 보존기록물 중 중요기록물과 같이 보존성이 필요한 기록물도 한지를 사용하도록 권장할 필요가 있다. 이는 상훈·문화재 관련 법령 등 제정 및 개정을 통해 가능하다.

현행 공공기록물 관리에 관한 법률 시행규칙의 기록재료 관련 규정[47]을 보완·발전시키는 방안도 검토할 수 있다. 공공기록물 관리에 관한 법률 제29조에 의하면 중앙기록물 관리기관의 장[48]은 기록물 관리에 사용되는 기록 매체·재료 등에 관하여 보존에 적합한 규격을 정하여야 하며, 그 규격의 제정·관리 및 인증 등에 필요한 사항은 대통령령으로 정하도록 하고 있다. 다음의 [표 38]에서 보는 바와 같이 30년 이상 보존기록물에 대해서는 종이, 잉크 등 필기구를 보존성이 우수한 기록재료를 사용하도록 규정하고 있다. 또한 공공기록물뿐만 아니라 문화재 수리·복원·복제에도 반드시 한지를 사용하도록 의무화하는 방안을 검토할 필요가 있다.

전국에 소재하는 19개 전통한지업체 중에서 1개 이상을 보유한 11개 지방자치단체에서 선도적으로 나서서 표창장, 임명장, 회의록, 협약서 등 중요문서 및 문화재 수리·복원·복제용 등에 전통한지를 사용하도록 의무화하는 방안도 검토되어야 한다. 한편 전통한지의 품질 규격을 정할 필요가 있다. 상위법령에서 한지사용을 의무화하고, 한지 품질을 표준화하는 법률상 근거가 없다고 하더라

---

47 공공기록물 기록재료 관련 규정

* 공공기록물 관리에 관한 법률 제29조(기록 매체 및 용품 등) ② 중앙기록물 관리기관의 장은 기록물 관리에 사용되는 기록 매체·재료 등에 관하여 보존에 적합한 규격을 정하여야 하며, 그 규격의 제정·관리 및 인증 등에 필요한 사항은 대통령령으로 정한다.

* 공공기록물 관리에 관한 법률 시행령 제61조(기록 매체 및 재료규격 제·개정 등) ① 법 제29조 제2항에 따라 중앙기록물 관리기관의 장이 기록 매체 및 재료의 규격을 제·개정, 폐지하고자 하면 국가기록관리위원회의 심의를 거쳐야 한다. 이 경우 표준 관련 사항은 전문위원회에 사전 심의를 의뢰할 수 있다. ② 중앙기록물 관리기관의 장은 제1항에 따라 확정된 규격을 관보 또는 정보통신망을 통하여 고시하여야 한다. ③ 기록 매체 및 재료규격 등의 인증은 중앙기록물 관리기관에서 시행하되, 전문적인 시험이 필요한 경우에는 인증업무의 일부 또는 전부를 공인된 전문시험·검사기관에 의뢰하여 실시할 수 있다.

48 행정안전부 소속 국가기록원장이 해당한다.

도 조례(조례안 예시) 제정은 가능할 것이다. 상위법령에 하라는 명시적 근거는 없지만 금지 규정도 없는 만큼, 지자체장의 재량에 의해 조례 제정이 가능하다고 판단한다. 251페이지[표 82]와 같이 시군 조례안을 제시한다.

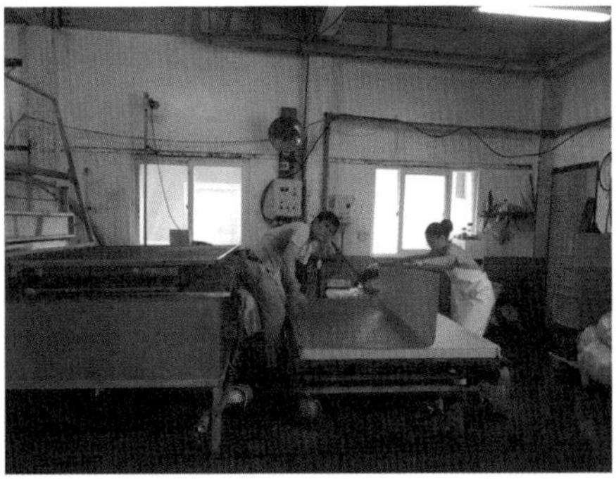

2018년 6월 6일 전북 전주 성일한지

3. 닥원료 원산지 표시

가. 비판적 검토

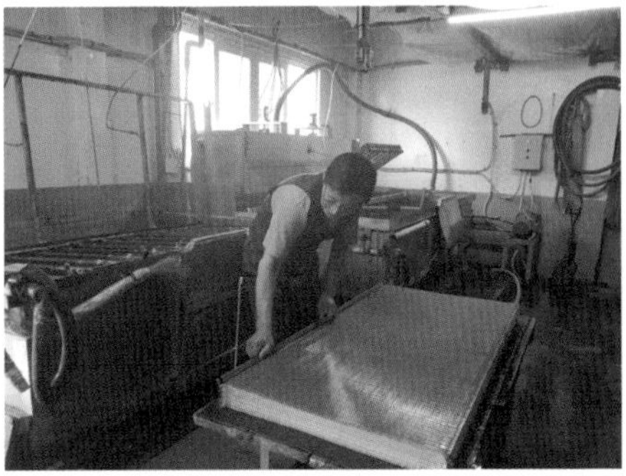

2018년 6월 6일 전북 전주 천일한지

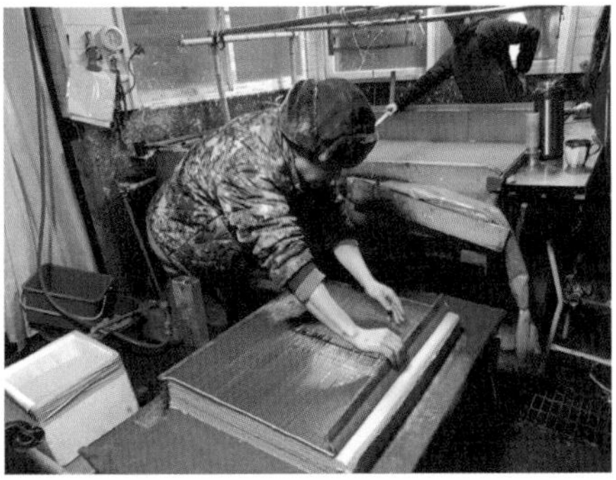

2019년 1월 5일 경기 가평 장지방

수입 닥이 국내산 닥과 섞여 유통되기도 하고 수입 닥을 주원료로 만든 종이가 국내산 닥을 주원료로 하여 만든 한지와 섞여서 판매되는 게 현실이다. 이로 인해 한지의 품질이 저하되었다는 평가를 받기도 한다. 국내산 닥과 수입 닥을 구분하지 않으면 한지는 더욱 설 자리가 없어지게 된다. 수묵화가로 활동하다가 채색화로 전향한 작가는 저간의 사정을 대변해준다. "20년 전에만 해도 서울 종로구 인사동에 가서 사들인 한지에는 발묵과 필획 등 표현이 잘되었는데 점점 좋은 한지 구하기가 어려워졌다. 한지를 구하기 어려워진 것이 수묵화에서 채색화로 전향하게 된 중요한 원인 중 하나"라고 밝히기도 했다. 한지 품질 저하의 원인이 수입 닥을 사용했기 때문이라고 단정할 수는 없지만, 동남아산 닥이 국내산 닥과 비교해 품질이 떨어진다는 연구 결과(홍희숙 외2, 2021)는 이를 방증한다.

문화체육관광부(2021)의 '전통문화진흥 종합계획수립연구'에 의하면 한지의 원료인 닥나무의 생산 농가는 40곳 이상이었으나, 2018년 11개로 급격히 감소하여 한지 생산에 차질을 빚고 있다. 한지 생산에 부족한 닥나무는 수입 가공물로 대체하고 있다. 한지 생산에 필요한 닥나무는 연간 874t이지만 생산량은 연간 230t 규모로 매우 부족하다. 그래서 673t은 수입 닥으로 대체하고 있다(사단법인 가온 발전연구원, 2020). 또한, 닥나무 유통가격은 kg당 국산의 경우 20만원 선에서 거래되고 있고, 태국산 수입 닥 펄프의 경우 kg당 12,000원에 거래돼 16배 정도의 가격 차이가 발생한다. 상당수 수록한지 업체가 수입 닥나무를 사용하는 실정이다. 이러한 상황에서 국내산 닥과 수입품 닥을 구분하여 사용하지 않으면 한지는 설 자리가 없어지게 될 것이다.

수입 닥의 사용량과 구매량을 살펴보면 다음과 같다. 공예디자인문화진흥원(2019)은 '19한지실태조사 및 품질표시제 개선연구[49]에서 수록한지 21개 업체, 기계 한지 2개 업체, 수록+기계 한지 2개 업체를 대상으로 설문조사 했다. 그 결과, 수입 습윤펄프, 수입 건조 백닥 목재펄프를 많이 사용하는 것으로 나타났다.

연구자는 전통한지와 한지 개념에 관한 논의에서 "수입 닥으로 만든 종이는 한지와 관련된 종이일 수는 있어도 한지는 아니라고 본다"고 규정한 바 있다. 하지만 현실적으로는 수입 닥으로 만든 종이가 '국내산 닥으로 만든 한지'로 둔갑하여 유통되고 있다.

---

49 메가리서처에서는 (2019)은 복수 응답 가능 설문에서 수록한지 21개 업체는 국산 백닥 81, 국산피닥 76.2 수입품 습윤펄프 33.3 수입품 건조 백닥 14.3 등으로 나타났고 기계 한지 8개 업체는 국산 백닥 37.5, 국산피닥 12.5 수입산 습윤 펄프 62.5, 목재펄프 62.5 수입 건조 백닥 25%, 수록+기계 한지 2개 업체는 국산 백닥 50, 국산피닥 50, 수입품 습윤 펄프 100, 목재 펄프 50을 사용하는 것으로 나타났다.

이를 뒷받침하는 자료들을 쉽게 발견할 수 있다. 수입 닥의 구매와 관련된 자료를 살펴보았다. 한국공예디자인문화진흥원(2022)은 [표 88]과 같이 전국 14개 한지 공방에서 연간 총 2만2,143kg을 구매했으며 평균값을 단순 비교했을 때, 국내산은 8,393kg이고 수입이 1만3,750kg으로 수입 구매량이 국내산 구매량의 1.6배 정도라고 분석했다.

[표 88] 14개 한지 공방 연간 원료 총구매량

구분	국산 백닥	국산피닥	국산 생목	수입건조닥	수입물닥	수입포대닥
평균	1,033kg	5,950kg	1,410kg	2,000kg	4,000kg	7,750kg
최고	3,000kg	9,000kg	3,000kg	2,000kg	6,000kg	18,000kg
최저	180kg	1,800kg	240kg	2,000kg	2,000kg	500kg
평균값 비교	국내산 8,393kg			수입 13,750kg		

※ 출처 : 재단법인 한국자치경제연구원에서 2021.8.26.-9.15까지 전국 19곳의 전통한지 공방을 대상으로 설문 조사한 결과를 정리함.

전통한지업체가 수입 닥을 많이 사용하거나 구매하고 있음은 국내산 닥의 생산현황에서도 확인할 수 있다. 산림청(2020)에 의하면 2016년부터 2020년도의 국내 닥나무(섬유 원료) 생산량은 [표 89]에서 보는 바와 같이 6,959kg, 금액으로는 2억5,700만원에 불과한 것으로 나타났다.

[표 89] 연도별 닥나무(섬유 원료) 생산량 및 생산금액

구분	2016	2017	2018	2019	2020
생산량(kg)	19,496	8,724	19,492	15,261	6,959
금액(백만 원)	350	258	585	476	257

※ 출처 : 산림청 임산물 생산조사(2016-2020), 발간등록번호 11-1400000-000529-13

조사기관과 조사 방법에 따라서 닥나무 생산 규모[50]는 다소 차이가 있지만, 공통점은 국내 닥나무 생산량이 절대적으로 부족하다는 사실이다.

나. 정책제언

2022년 7월 23일부터 10월 9일까지 문화체육관광부 및 지방자치단체 공무원 등 19명의 정책공급자와 전국의 19개 전통한지업체 한지장 19명을 대상으로 한지 정책 선호도 파악을 위한 설문조사 했다.

상기 9개 한지정책 대한 선호도 조사 결과 닥원료 원산지 표시는 정책공급자는 6순위, 정책수요자는 5순위로 나타났다. 정책수요자인 한지장의 경우 상대적으로 수입 닥의 유통을 심각하게 인식하는 것으로 이해된다.

한지의 주원료인 닥의 원산지 표시제 도입과 관련 해서는 한우의 사례를 살펴볼 필요가 있다. 한우는 원산지 표시제와 생산 이력 추적시스템 제도를 도입한 이후 상당한 성과가 있었음을 확인했다. 황은경(2010)은 정부가 한우고기에 대한 식품 안전성 제고와 소비자의 신뢰도를 높이기 위해 강력하게 추진했던 '한우고기의 원산지 표시제와 생산 이력추적시스템 전면 실시' 결과가 한우의 식품 안전성과 소비자의 신뢰도에 얼마나 영향을 미쳤는지를 알아보기 위해 설문조사 했다.

경북 지역의 한우고기 소비자 280명을 대상으로 설문조사한 결과에 의하면 수입 쇠고기의 둔갑 판매에 대한 예방책으로는 쇠고기 생산 이력 추적시스템(60.4%)을 가장 선호했고, 그 사람 다음으로 원산지 표시제(16.3%)를 선호한 것으로 나타났다. 이로써 수입고기의 둔갑 판매 예방 대책으로 정부에서 추진한 생산 이력 추적시스템에 대해 소비자들의 신뢰도가 점차 안정적으로 자리를

50 통계청(2020) 자료에 의하면 2020년의 국내 닥나무 생산 농가 수는 11개, 재배면적은 3ha, 생산량은 5t(5,000kg)이라고 명시하고 있다.

잡아가는 것으로 판단했다.

한우 사례에 비춰 한지도 원산지와 생산 이력을 표시하려는 노력이 필요하다. 다만, 원산지 표시를 제도적으로 운영하는 방법에 전적으로 의존하기보다는 전통한지 제조업체의 자발적인 참여가 더 효과적일 수 있다. 김호석 외3(2019)은 제조업체가 자발적으로 나서서 가칭 '닥 생산 농가 표시제'를 도입할 필요가 있다고 주장했다. 전통한지 제조업체가 국산닥으로 만든 한지 제품을 판매할 때는 주원료로 사용한 국내산 닥의 생산 지역, 생산자명, 수량, 구입·생산 일자 등을 표시하는 방식이다. 19개 전통한지업체의 자발적인 참여로 이루어지는 만큼 중앙정부나 지방자치단체 등에서 별도의 행정력을 투입하지 않아도 된다. 닥 생산량은 산림청 임산물 생산조사에 반영하면 되므로 어느 정도 시스템적으로 확인할 수 있다.

전통한지업체는 경영 여건이 어려워져 폐업이 이어지고 있다. 국산 닥은 수요가 감소했고 재배 농가도 부족하다. 제조업체에서는 수입 닥과

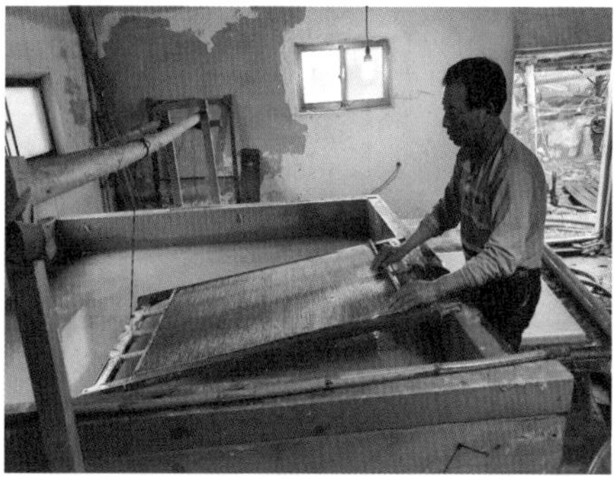

2020년 5월 9일 전북 임실 덕치전통한지

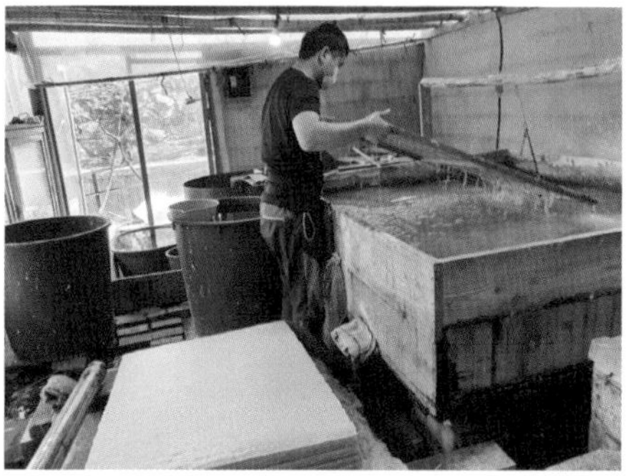

2021년 5월 22일 경남 함양 이상옥전통한지

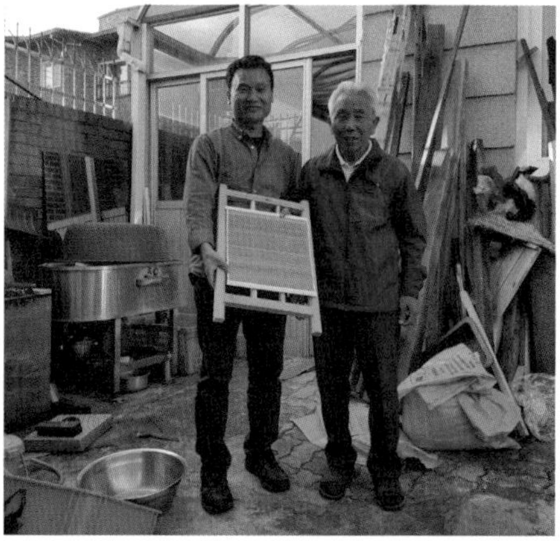

2017년 10월 14일 전북 전주 유배근 한지발장
한지발과 틀 주문제작

비교해 국내산 닥은 3배에서 많게는 16배 정도 비싸기 때문에 수지를 맞추기 어렵다. 따라서, 문화재 수리·복원이나 기록보존 등의 한지와 더불어 4대 궁궐, 서원, 향교 및 기타 한옥 문화재의 창호지 등에는 국산 닥 사용을 권장하여 생산농가를 육성하여야 한다. 벽지, 장판 등 산업용·생활용품 제품에는 국내산 닥을 사용하는 경우와 원가절감을 위해 저렴한 수입 닥을 사용하는 경우를 엄격하게 구분할 필요도 있다. 즉 원산지 표시를 시행함으로써 수입 닥을 사용하고도 국내산 닥을 사용한 것처럼 둔갑시켜 시장 질서를 교란시켜 한지 산업을 무너뜨리는 현 상황을 반드시 개선할 필요가 있다.

제4절 지원정책에 관한 문제

한지와 함께 국내기반 및 세계진출 진전단계가 가장 낮은 것으로 평가된 한옥 부문 지원정책을 살펴보기로 하겠다. 정부는 전통 한옥 활성화를 위해 상당한 예산을 투입하고 있다. 2017년 1월부터 2021년 6월까지의 지원 내역을 살펴보자면, 문화체육관광부의 〈전주한옥마을 관광기반 정비 사업〉을 비롯하여 8개 중앙부처에서 총 449개 사업에 390억 5,300만 원의 국고보조금 사업을 집행했다. 203건은 민간 이전이었고, 247건은 출자·출연기관과 지방정부를 통해 추진했다. 한옥마을이나 한옥 지구 조성사업이므로 예산의 규모가 클 수밖에 없겠으나 사업의 종류가 많은 것을 보면 지원이 활발함을 확인할 수 있다.

지방자치단체들은 2013년부터 2017년까지 민간 소유 한옥을 대상으로 442억 5,800만 원의 지방비예산을 투입하여, 1,230동의 한옥의 신축 및 수선을 지원했다.[51] 지방정부는 한옥 공공건축물을 조성하기도 하였는데 〈지자체 한옥건축

지원사업〉, 〈한옥 공간 활성화 시범사업〉 등을 통해 2011년부터 2018년까지 총 150개의 공공건축물이 한옥으로 만들어졌다.[52] 한편 2017년 1월부터 2021년 6월까지 국토교통부와 문화재청은 17건의 사업을 직접 수행하기도 했다.[53]

1. 업체 시설·장비 실태 및 정책제언

2022년 7월 23일부터 10월 9일까지 문화체육관광부 및 지방자치단체 공무원 등 19명의 정책공급자와 전국의 19개 전통한지업체 한지장 19명을 대상으로 한지 정책 선호도 파악을 위한 설문조사를 실시했다.

9개 한지정책에 대한 선호도 조사 결과, 한지 업체 시설·장비 개선지원은 정책공급자와 정책수요자 모두 2순위로 중요하게 인식하는 것으로 나타났다.

한국공예디자인문화진흥원(2022)은 '2021 한지 유네스코 등재를 위한 연구용역'에서 전통한지 제조 공방 15개소에 대한 설문조사를 실시했다. 그 결과에 의하면 한지 공방의 생산시설 및 작업환경에 대한 만족도는 매우 양호(7%) 1개소, 보통(33%) 5개소, 매우 열악(27%) 4개소, 열악(33%) 5개소로 나타나 생산시설 및 작업환경이 열악함을 알 수 있다.

19개 전통한지업체의 시설·장비 현황에 관해 정확한 자료를 구하기도 어려운 실정이다. 2022년 9월 현재, 수도권인 서울·인천·경기지역에는 가평군에 소재한 장지방 1곳만 존재한다. 이 장지방 한지의 사례를 살펴보겠다. 장지방의 장성우 한지장은 도지정문화재이며 2016년에 작고한 부친은 2010년에 국

---

51 평균적으로 추산하면 개별 한옥당 약 3,500만 원을 지원한 것으로 나타났다.

52 나라장터 검색 결과 2011년 27개, 2012년 29개였으며 이후 점차 감소하였다.

53 정보공개포털 원문정보와 보도자료를 통해 조사한 결과이다. 문화재청 고도보존육성과는 〈백제고도 지정지구, 한옥 건축사업 공모〉를 시행했고, 국토교통부 건축 문화경관과는 〈2021 대한민국 한옥 공모전〉 등을 시행하였다.

가무형문화재 한지장에 지정되었다. 장지방 한지 업체는 기술력 면에서도 좋은 평가를 받고 있다.

2022년 7월 30일 장지방 한지 업체를 방문하여 현장을 둘러보았다. 시설·장비가 매우 열악했으나 개선하는데 정부나 지방자치단체로부터 정책지원을 받지 못했다. 장지방 한지 업체뿐만 아니라 전국에 소재하는 19개 전통한지업체는 대체로 시설·장비가 열악하다. 26년 전 64개소였던 업체가 19곳만 남게 되어 명맥마저 끊어질 위기에 처해 있다. 정부가 적극적으로 나서 19곳 전통한지업체 모두에 시설·장비를 개선할 수 있도록 지원하는 방안을 검토할 시점이

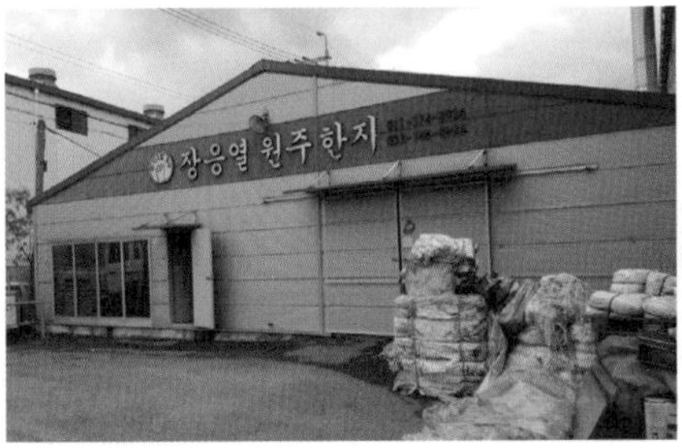

2017년 7월 17일 강원 원주한지

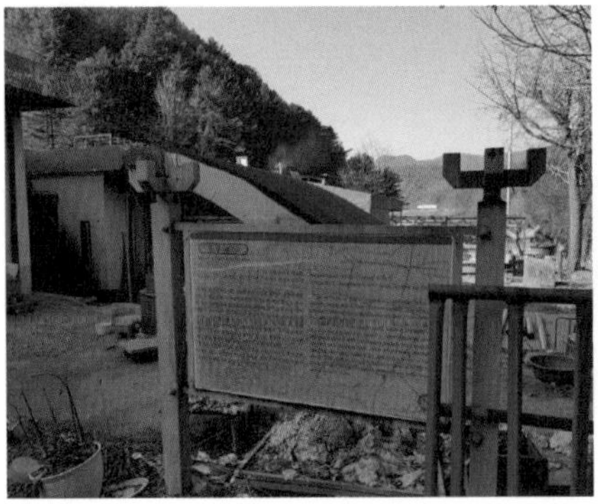

2019년 1월 5일 촬영, 경기 가평 장지방

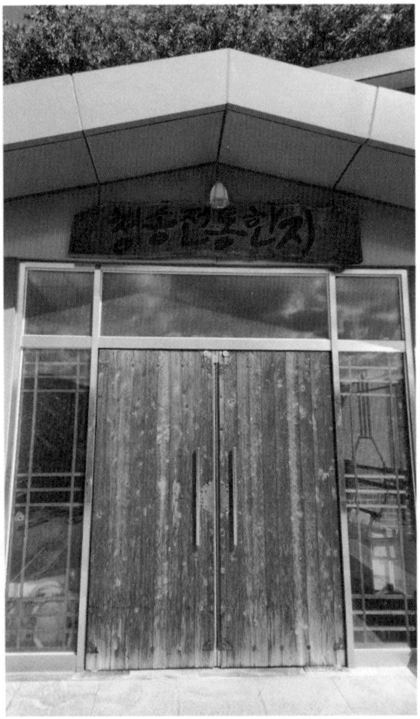

2020년 5월 5일 경북 청송한지

다. 또한, 19개 전통한지업체가 사용하고 있는 물의 수질검사를 시행하여 열악한 업체는 근본적인 지원대책을 마련할 필요가 있다.

2. 공공부문 등의 한지구입 실태 및 정책제언

2022년 7월 23일부터 10월 9일까지 문화체육관광부 및 지방자치단체 공무원 등 19명의 정책공급자와 전국의 19개 전통한지업체 한지장 19명을 대상으로 한지 정책 선호도 파악을 위한 설문조사를 실시했다. 9개 한지정책에 대한 선호도 조사 결과, 공공부문 등 한지구입에 대해서는 정책공급자와 정책수요자 모두 1순위로 응답했다. 모든 한지 정책 중 한지구입이 가장 시급한 문제로 나타났다.

중앙정부, 지방정부 및 공공기관 등 정부 부문에서의 한지구입 및 소비가 절실한데도 정부 부문에서부터 적극적으로 소비가 이루어지지 못했다. 종전 문화재청에서는 유네스코 세계문화유산에 등재된 창덕궁을 비롯한 경복궁, 창덕궁, 덕수궁, 창경궁 등 4대 궁궐의 창호지에 대부분 수입 닥을 사용했다. 2020년 11월에서야 전체에 한지를 사용하기로 했다. 한지를 사용하지 않는 것은 문화재청만이 아니다. 연구자가 조달청 나라장터를 통해 2014년부터 2018년까지 5년 기간 동안 정부 한지 구매 내역을 확인한 결과, 5년간 4개 기관, 7건, 3억7,415만원에 불과했다. 국가기록원이 4건, 1억 8,125만 원으로 거의 절반 수준인 48.4%를 차지했다. 국가기록원 외에는 한지구입 실적이 거의 없는 것으로 나타났다.

중앙정부와 지방자치단체에서 전통한지를 진흥시킬 수 있는 신속하고도 직접적인 지원 방법은 종이를 구매해 주는 것이다. 이를 위해 정부 차원의 수요 확산 노력이 필요하다. 물론 한지를 사용할 수 있는 사용처 발굴하는 일이 선행돼야 한다. 고가의 한지를 구매하고 활용처가 없다면 예산 낭비이기 때문이다. 이같은 문제를 해결하기 위해 다음과 같은 다양한 분야에서 한지 수요를 발굴할 수 있으리라 본다.

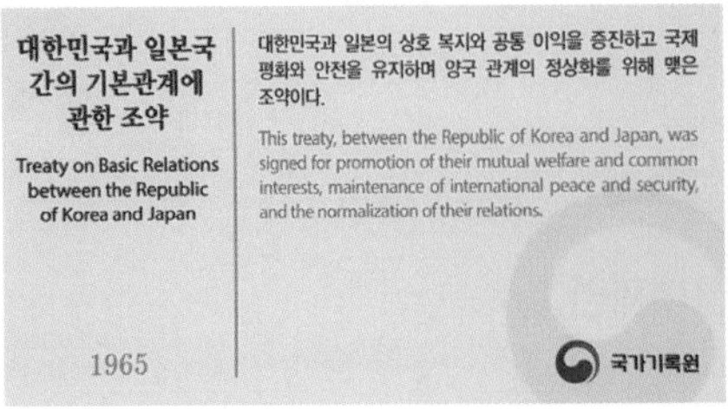

대한민국과 일본국간의 기본관계에 관한 조약(1965)

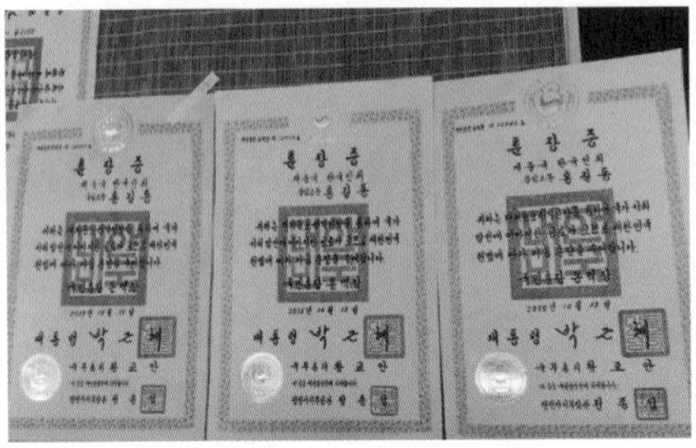

2015년 12월 훈장증서용 전통한지 제작

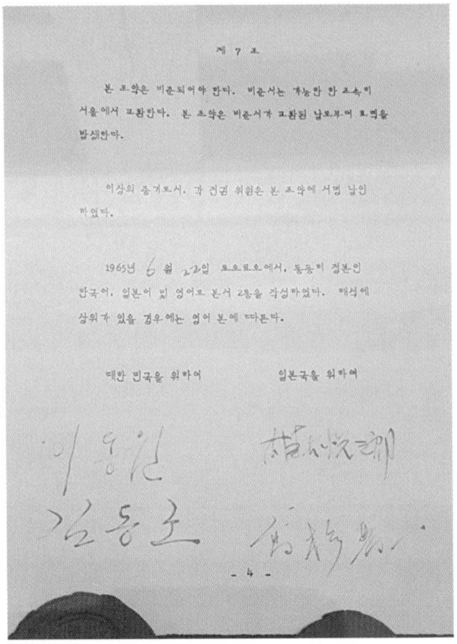

2015년 12월 국가기록원 소장 대한민국과 일본국간의 기본관계에 관한 조약(1965) 원문

첫째, 기록용 한지의 수요를 확대해야 한다. 현재 중앙부처, 지방자치단체 및 공공기관 등 정부 부문에서 전통한지를 '기록용'으로 사용하는 경우는 '행정안전부의 정부포상 증서에 전통한지 사용' 외에는 찾아보기 어려웠다. 2015년 행정안전부(당시 행정자치부)가 '훈장 용지 개선을 통한 전통한지 원형재현사업'을 추진할 당시 일반적으로 전통한지는 인쇄할 수 없었다[54]. 행정안전부의 훈·포

54 2015년은 광복 70주년을 맞이한 해로 독립유공자에게 수여하는 훈장증서의 영예성을 높이기 위한 노력이 전개됐다. 그리하여 행정안전부에서는 문화재청에 훈장 증서용으로 사용할 전통한지를 제작해 달라고 요청을 했으나 문화재청에서는 불가능하다고 했다. 이에 행정안전부는 직접 개발에 나섰고 2015년 12월, 100% 전통한지로 훈장 증서를 만드는 데 성공했다. 이로써 2016년 3월부터 2019년까지 독립유공자 등에게 수여하는 훈장 및 포장 등 매년 수천 점의 정부포상 증서를 전통한지로 제작했다.

장 증서 및 대통령 표창 등 정부포상 증서에 전통한지를 사용하는 규모는 2022년도에는 5천 점 이상, 약 1억 원 이상에 이를 것으로 추산한다. 앞으로 정부포상 증서 전체로 확대할 때 한지 수요는 더욱 늘어날 것으로 전망된다.

이와 관련, 행정안전부는 행정안전백서에서 "장기적으로는 전체 정부포상 증서를 우리 민족의 정신이 담겨있을 뿐만 아니라 세계 최고 수준의 보존성을 지닌 전통한지로 만듦으로써 정부포상의 영예를 높여나갈 예정"이라고 밝혔다(행정안전부 백서, 2021). 한편, 중앙정부, 국회, 법원, 헌법재판소, 중앙선거관리위원회 등의 중요문서나 외교문서에도 한지사용에 대한 검토가 필요하다. 아울러 국가, 지방자치단체와 공공기관 · 출연기관의 임명장, 표창장에도 한지사용을 권장하도록 검토할 수 있다.

둘째, 지폐 제작에 한지를 사용해야 한다. 조폐공사와 한국은행은 우즈베키스탄산 목화를 수입하여 지폐 제작에 사용한다. 일본의 경우에는 민족 정서가 담긴 것으로 인식되는 삼지 닥을 원료로 하여 지폐를 제작하고 있다. 우리도 한지로 지폐를 만드는 방안을 검토해야 한다. 조선 태종(1415년) 때는 저화(楮貨)를 확산시키려는 과정에서 저화를 만드는 종이의 두께 차이를 극복하기 위해 조지서(造紙署)를 설치한 바 있다. 한지로 지폐를 만드는 것은 역사성을 회복하는 일로 그 의미가 크다.

셋째, 서원, 향교 등 주요한옥의 창호지와 벽지 등에 한지를 사용해야 한다. 경복궁과 창덕궁을 비롯한 궁궐 문화재에 창호지, 벽지 등은 국산 닥으로 만든 전통한지를 사용해야 한다. 나아가 서원, 향교, 한옥, 고택의 창호지와 벽지에도 한지를 사용하는 방안을 검토해야 한다. 이를 위해 전국에 소재하는 고택 등 한옥을 대상으로 사용 가능한 수량이 얼마인지 파악할 필요가 있다. 문화체육관광부(2008)의 '국산 한지 인증제 및 기능성 한지개발 방안 연구'에 의하면 경북 경주시 소개 독락당(보물 제413호)을 비롯해 문화재청과 지방자치단체에서 지정한 약 226개의 고택에서 문, 창호지, 벽지, 천장이나 장판을 교체할 때 국내산 닥으로 만든 한지를 사용할 수 있을 것으로 보았다. 벽지와 천장은 3년, 장판은 2년, 문창호의 경우 매년 수리하는 방안을 제시하고 있다(국민대학교 산학협력단, 2008).

넷째, 공예 등 각 부문에서 적극적인 참여가 이루어져야 한다. 한지사용을 활성화하기 위해서는 공예 등 각 부문에서 자발적인 참여가 활발하게 이루어져야 한다. 공예 분야에서 참여의 중요성과 관련하여 전주대학교 전 철 한지 산업 기술연구소장은(2013) "진정한 한지산업 육성을 위해서는 영세한 제조업체에서 제조한 한지가 공예 수업에 이용될 수 있도록 제도적인 장치 마련이 필요하다. 현재 공예용으로 사용하는 다양한 형태의 종이는 대부분이 수입품이다. 이를 한지로 대체하면 한지 제조업체는 회생할 수 있고, 기술개발의 기회도 가질 수 있다. 현재 공예용 한지 부문에서는 수입 닥으로 만든 종이가 한지를 대체하는 경우가 많다. 이를 해소하기 위해서는 제도적 장치뿐만 아니라 공예 부문 종사자들의 참여와 협조가 필요하다.

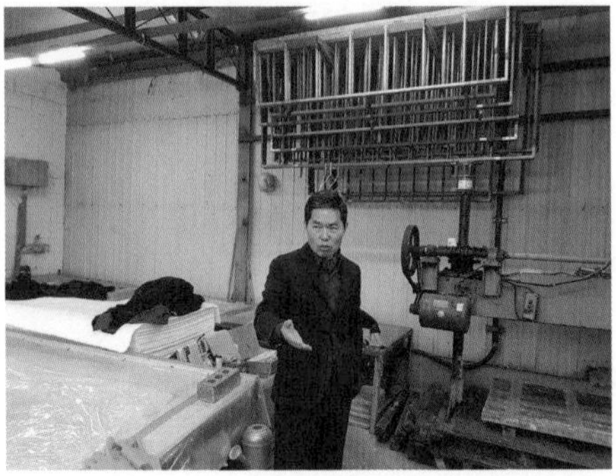

2016년 12월 25일 전북 전주 고궁한지 현장답사

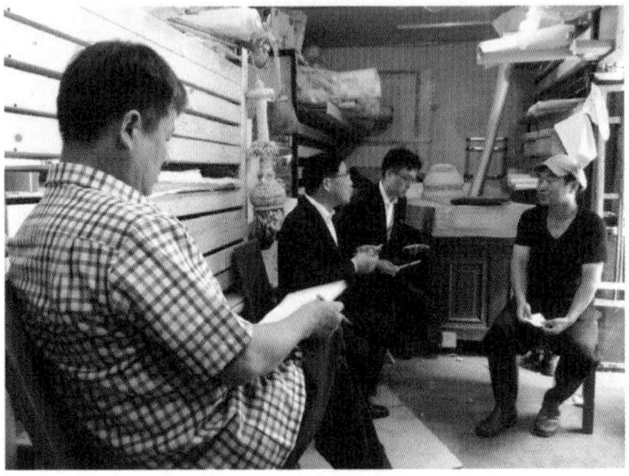

2015년 7월 10일 경기 가평 장지방 한지장과 인터뷰

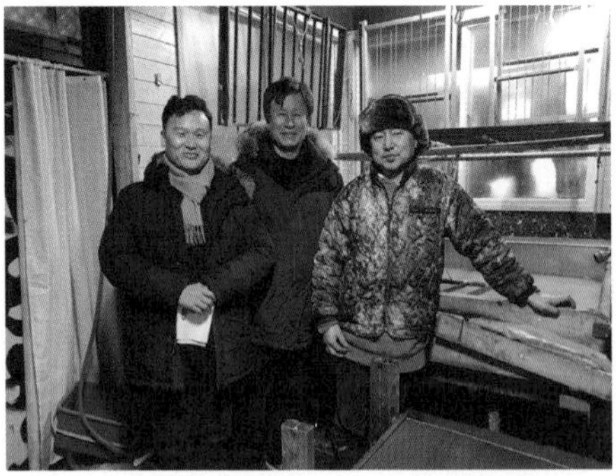

2019년 1월 5일 경기 가평 장지방 현장답사

다섯째, 국고보조금을 집행하면서 일정 금액은 한지 소비를 촉진하는 데 사용되도록 권장할 필요가 있다. 2017년부터 2021년 6월 말까지 7개 중앙부처에서 100개 사업, 109억 원의 국고보조금이 집행되었다. 예를 들면 이 중에서 10% 만이라도 19개 한지 생산업체의 한지를 구매했으면 한다. 한지를 구매해 소비하면서 한지 문화 체험 등을 권장하는 일도 그 의미가 크다.

3. 한지장 자긍심 고취 실태 및 정책제언

2022년 7월 23일부터 10월 9일까지 문화체육관광부 및 지방자치단체 공무원 등 19명의 정책공급자와 전국의 19개 전통한지업체 한지장 19명을 대상으로 한지 정책 선호도 파악을 위한 설문조사를 실시했다.

9개 한지정책에 대한 선호도 조사 결과, 한지장 자긍심 고취는 정책공급자는 8순위, 정책수요자는 7순위로 중요하다고 응답했다.

한국공예디자인문화진흥원(2022)에 의하면 전국 15개 한지 공방을 대상으로 〈한지 생산에 대한 만족도 조사〉 결과, 매우 만족 2개소(13%), 만족 2개소(13%), 보통 5개소(33%), 불만족 4개소(27%), 매우 불만족 2개소(13%) 등으로 나타났다. 만족이 26%인데 불만족은 40%에 이르는 것으로 나타났다. 설문 문항의 '한지 생산에 대한 만족도'를 '한지장으로서 갖는 자긍심'과 같다고 할 수 없다. 그렇지만 자긍심이 높아진다면 당연히 한지 생산에 대한 만족도도 높아질 것이므로 관련성이 크다고 판단된다.

한지장의 자긍심 고취는 훈장, 포장, 대통령 표창, 국무총리 표창 등과 같은 정부포상 수여나 문화행사 등에 시연할 기회를 제공하고, 종이를 구매해 주고, 시설·장비를 개선해 주는 데서 기인한다고 본다.

제5장 전통한지 진흥정책 선호도 분석에서 지원정책(장비 수선지원, 한지구입, 자긍심 고취)의 우선순위에 관한 질문에서 정책공급자는 장비 수선지원 0.32, 한

지구입 0.54, 자긍심 고취 0.14인데 비해, 정책수요자인 한지장은 시설·장비 수선지원 0.29, 한지구입 0.52, 자긍심 고취 0.19로 나타났다. 정책수요자가 정책공급자와 비교해 자긍심 고취에 대한 선호도가 5%(0.05) 정도 높게 나타난 점에 비춰 보면 한지장으로서 긍지를 가지는 부분이 중요함을 알 수 있다.

2017년 1월부터 2021년 6월 말까지 문화체육관광부 등 7개 중앙부처에서는 총 100개 사업에 109억6,300만 원의 국고보조금 사업을 시행했다. 원주시를 비롯한 11개 지방정부에서는 96개 사업에 총 231억6,100만 원의 지방비를 한지사업에 집행했다. 총 201개 사업에 341억2,400만 원이다. 하지만 19개 전통한지업체에 시설·장비 구축이나 수리지원 및 종이구입 등 직접적인 재정지출은 7억 원에 미치지 못했다. 한지장으로서의 긍지를 느낄 수 있도록 정부포상 수여, 시연 기회 제공 등을 통해 예우하도록 노력하면서도, 중앙정부와 지방자치단체 집행 예산에서 한지 업체의 시설·장비 개선지원 및 종이구입 등 직접적인 지원을 늘리는 것이 바람직하다고 판단한다.

제5절 정보정책에 관한 문제

한지 정보정책을 면밀히 살펴보기 위해 전통 한옥 정책의 정보정책 수단 및 활용 현황을 참고로 살펴보았다. 전통 한옥 분야는 다양한 정보정책 수단이 활용되고 있었다. 정보공개 원문정보와 국토해양부, 문화체육관광부 및 문화재청 홈페이지에 한옥과 관련한 국내외 협력, 교육훈련 및 전시 홍보 사업들을 검색해보았다.

2017년 1월부터 2021년 6월 말까지 총 22건으로 교육훈련과 관련된 사업이

17건으로 가장 많았고, 경진대회 2건, 전시·홍보 2건, 문화재 지정 1건 등이었다. 교육훈련 사업은 전문인력 양성 한옥 건설 희망자 교육이 주를 이뤘다. 같은 기간 동안 국토교통부는 총 9건의 연구용역을 수행했는데, 7건이 우수한옥 발굴과 공모전, 나머지 2건은 건축구조 기준 연구 및 해설서 관련이었다. 해설서 작성 1건을 제외하면 대체로 정부 출연 연구기관인 건축공간연구원에 의해 시행됐다. 건축공간연구원은 8건의 한옥 관련 연구보고서 외에 한옥 정책, 산업계 동향 등에 관한 '한옥 브리프' 등 12건을 발행했다.

1. 연구개발·기술지도 실태 및 정책제언

2022년 7월 23일부터 10월 9일까지 문화체육관광부 및 지방자치단체 공무원 등 19명의 정책공급자와 전국의 19개 전통한지업체 한지장 19명을 대상으로 한지 정책 선호도 파악을 위한 설문조사를 실시했다. 9개 한지정책 선호도 조사 결과, 연구개발·기술지도는 정책공급자와 정책수요자 모두 4순위로 응답했다.

한국자치경제연구원(2022)이 전국 19개 전통한지업체를 대상으로 후계자 계승을 위한 바람직한 정부 역할에 대해서 설문조사 한 결과, 7개 업체가 답변을 해왔다. 후계자 급여 지원제도 시행이 4개소, 한지 지원센터 등 인력양성 프로그램 확대가 3개소로 나타난 바, 인력양성이 중요한 것으로 나타났다.

또한, 이 연구는 2022년 7월 23일부터 10월 8일까지 19명의 정책공급자(중앙·지방공무원, 연구자, 자문 교수 등)와 19명의 전통한지업체 한지장을 대상으로 전통한지를 활성화하기 위해서는 어떤 정책을 먼저 추진해야 할지에 대한 설문조사를 실시했다. 그 결과 정책공급자는 정보정책 우선순위 가중치를 연구·지도 0.55, 국내외홍보 0.32, 정보제공 0.14를 부여했다. 정책수요자는 연구·지도 0.43, 국내외홍보 0.37, 정보제공 0.20으로 나타났다. 정책공급자와 정책

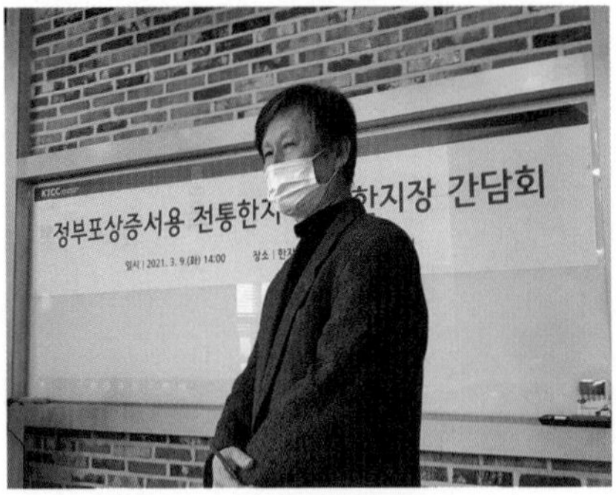

2021년 3월 9일 전북 전주 한지산업지원센터
정부포상증서용전통한지 제작 및 한지장 간담회,
김호석자문위원

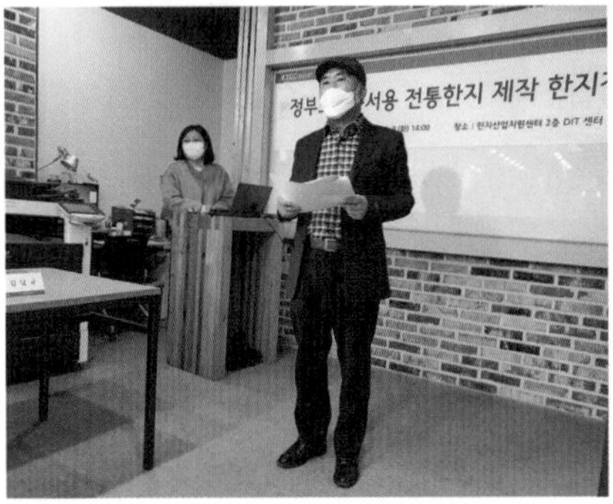

2021년 3월 9일 전북 전주 한지산업지원센터
정부포상증서용 전통한지 제작 및 한지장 간담회,
김남규전주시의원

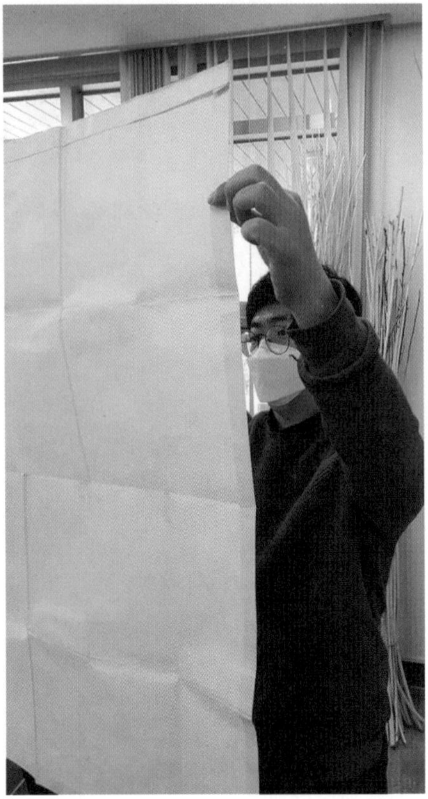

2021년 2월 23일 전북 전주 한지산업지원센터
조선시대 제작된 최고품질의 한지를 세밀하게
들여다보는 행안부 상훈담당관실 곽상혁서훈팀장

수요자 모두 정보정책에서 연구·지도에 관한 우선순위가 높게 나타났다.

하지만 한지 제조기술 수준을 제대로 인식하는 것이 중요하다. 2015년 행정안전부의 '훈장 용지 개선을 통한 전통한지 원형 재현사업'에서 2백년 이상 지난 정조 친필편지는 밀도(g/cm^2)가 0.74, 내절강도(회)는 3,525에 이르렀으나 11개 업체중 우수 품질로 확인된 5개 업체의 한지는 밀도(g/cm^2)가 0.48∼0.67, 내절강도(회)는 1,969∼2,984에 불과했다.

김호석은(2020)[55]은 "한국에는 전통한지가 없다고 단언한다면서 전통한지 복원과 상용화 노력, 닥나무 종류와 품종에 따른 특성 연구가 필요하다"고 주장했다. 이는 전통한지의 원형재현과 기술 복원 및 사용처 확보가 이루어져야 함을 의미한다. 또한, 한지의 품질을 높이기 위해서는 우량품종의 닥나무를 개발, 식재하여 한지 업체에서 활용해야 한다. 후계자 양성과 한지 산업의 활성화를 위해 한지 제조기술 지도와 교육에 충실해야겠지만 무엇보다 한지의 품질을 고려지와 조선지 수준으로 높일 때까지 정부 차원의 연구·개발 노력이 선행되어야 하겠다.

한편 전통한지에 대한 품질 검증 체계 구축이 필요하다. 즉, 한지 재료와 제조방식이 어떻게 이루어졌는지 품질을 측정할 수 있는 시스템이 마련되어야 한다. 예를 들면, 수산화나트륨 등을 잿물로 사용한 후 오랜 시간 씻으면 천

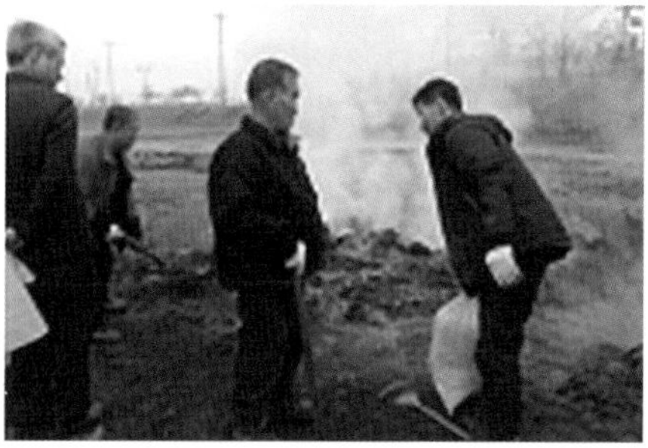

2015년 12월 10일 강원 평창 봉평면 하천둔치 메밀재 제조

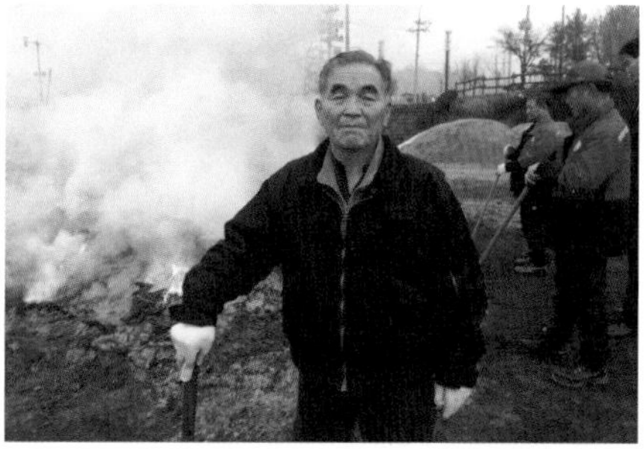

2015년 12월 10일 강원 평창 봉평면 하천둔치
메밀재 제조 시연(오성남 한지장)

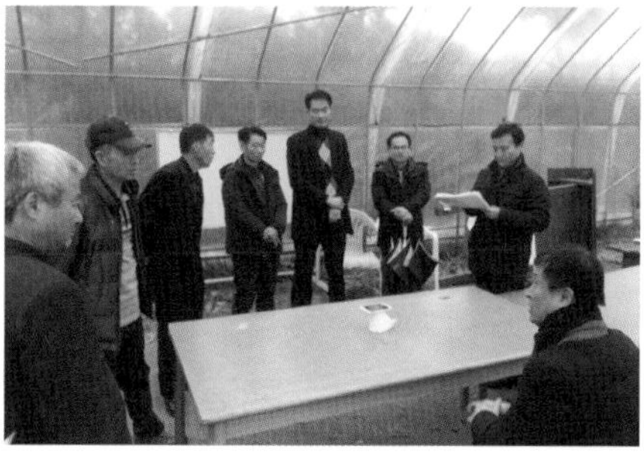

2015년 12월 10일 강원 평창 봉평면
메밀재 제조현장 한지장 의견 청취

55 경향신문, (2020.10.12.), 〔기고〕 복원 손 놓은 정부…. 한국엔 전통한지가 없다. https://www.khan.co.kr/opinion/contribution/article에서 2021. 7. 14 자료. 수묵화가 이자 직접 닥나무를 키우고 종이를 만드는 등 40년 이상 한지를 연구해온 한지 연구가인 김호석 화백은 2015년 행정안전부(당시 행정자치부)의 '훈장 용지 개선을 통한 전통한지 원형재현 사업'의 자문위원으로 활동했다.

연잿물을 사용한 경우와 쉽게 구분하기 어렵다. 한지의 품질을 정확히 측정할 수 있는 기계장치와 함께 이들 장비를 운용할 수 있는 전문인력 확보도 필요하다.

한지 품질을 완벽하게 측정할 수 있는 장비 및 인력이 확보되기까지는 국내 유일한 정부 부문 한지 전문 연구소인 한지산업지원센터에 가칭 '한지 보관은행'을 만들어 운영을 활성화할 필요가 있다. 정부 부문에서 구매한 한지는 견본을 '한지 보관은행'에 두어 한지 발전을 위한 연구자료로 활용하고 품질 측정 시스템이 갖추어지면 검사할 수 있도록 하자는 것이다. '한지 보관은행'을 설치하여 운영하게 되면 전통한지 소비자에게는 신뢰를 주고 한지장에게는 품질관리를 엄격히 하여 책임감을 부여할 수 있을 것이다.

연구용역도 내실 있게 운영할 필요가 있다. 중앙정부에서는 2015년 1월부터 2021년 6월까지 총 6건의 연구용역을 실시했다. 문화체육관광부에서는 상당한 부분 유사한 내용인 한지 유네스코 등재 관련 연구용역을 2015~2016년에 이어 2021년에 추진 중이며 산림청은 2020년 '제조법 미전수 한지 복원-태지'에 이어서 2021년에도 '제조법 미전수 한지 복원' 연구를 2회째 실시하고 있다. 산림청에서 한지 주재료인 닥나무 연구를 하지 않으면서 한지 제조 연구를 하는 것은 우선순위가 바뀐 격이다. 연구용역의 내실화를 위해 한옥의 사례를 참고할 만하다. 국토교통부는 우수한옥 발굴, 건축구조 기준 해설서 등 총 9건의 다양한 종류의 연구용역을 실시했다. 정부출연연구기관인 건축공간연구원이 중심이 돼 수행하고 있다.

2. 국내·외 홍보 실태 및 정책제언

2022년 7월 23일부터 10월 9일까지 문화체육관광부 및 지방자치단체 공무원 등 19명의 정책공급자와 전국의 19개 전통한지업체 한지장 19명을 대상으로 한지 정책 선호도 파악을 위한 설문조사를 실시했다. 9개 한지정책에 대한 선호도 조사 결과, 국내외홍보에 대해서는 정책공급자는 7순위, 정책수요자는 8순위로 응답했다.

한국자치경제연구원(2022)이 전국의 전통한지업체 19곳을 대상으로 홈페이지 운영과 판매에 대해 설문조사를 실시한 결과, 운영도 하고 판매도 하는 경우가 5개(38%), 운영하지 않음(38%)이 5개, 운영은 하고 판매는 하지 않은 곳이 3개(23%)로 나타났다. 한지 업체가 자체적으로 별도로 홍보 마케팅하는지 여부는 별도로 하고 있다는 곳이 9개(64%), 별도로 하지 않는 곳이 5개(36%)로 나타났다. 한지 업체의 자체 홍보 형태는 자체 홈페이지 운영 및 전문적인 박람회 참가(24%) 6개, 온라인 또는 SNS 활용(16%) 4개, 학술 포럼 및 발표 부스 참가·기타 산업박람회 및 전시 참가(12%) 3개, 드라마·교육 행사 등 협찬(4%) 1개로 나타났다.

한편, 제4장 전통한지정책 도구유형 분석에서 정보정책 우선순위에 대한 설문조사 실시 결과, 정책공급자와 정책수요자 모두 정보정책 우선순위 가중치가 연구·지도에 이어서 국내외 홍보가 두 번째로 높게 나타났다. 국내외홍보와 정보제공의 가중치를 비교해 보면 정책공급자는 0.32 : 0.14로, 정책수요자는 0.37 : 0.20으로 나타났다.

국내 홍보와 관련해 살펴보면, 전주, 원주, 안동, 의령 등 지역에서 실시하는 한지 축제와 더불어 지금처럼 다양한 홍보 수단을 통해 일반 국민과 소비자들에게 한지의 존재를 알리는 것이 중요하다. 그런데 전국의 서예가들이 전주한지에 붓글씨를 써 보는 시필행사를 해야 할 만큼 서예가들은 한지를 사용하지 않는다. 시중에서 발묵과 필획이 좋은 한지를 구하기가 어려워 수묵화에서 채색화로 전향하는 사례도 있다. 더욱이 창덕궁을 비롯한 4대 궁궐의 창호지조차 수입 닥으로 만든 종이를 사용하고 있다. 이러한 현실에서 한지 홍보 효과는 제한적일 수밖에 없다.

따라서 지금과 같은 한지 홍보가 무의미한 것은 아니지만 한계가 있다는 점을 인식해야 한다. 요컨대 한지 홍보는 철저하게 수요자 눈높이에 맞추려는 노

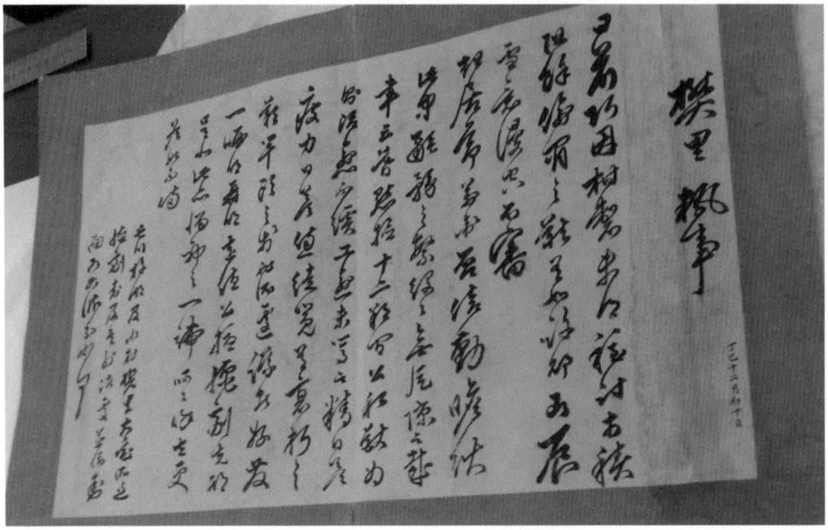

2015년 11월 27일 전주 기린산방 정조간찰 과학적인 데이터 분석 후 복원

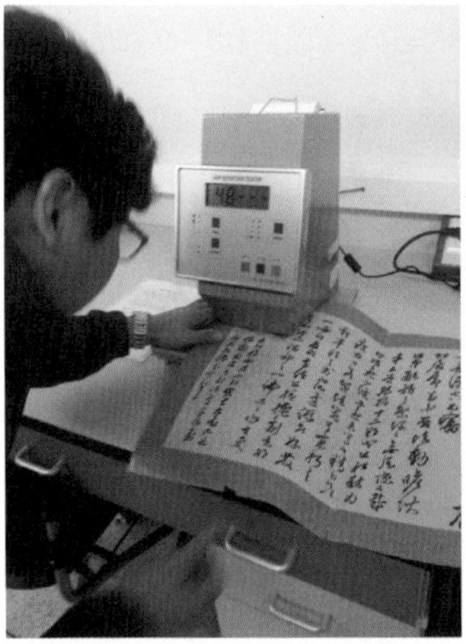

2015년 11월 27일 전주 한지산업지원센터
정조간찰 과학적인 데이터 분석

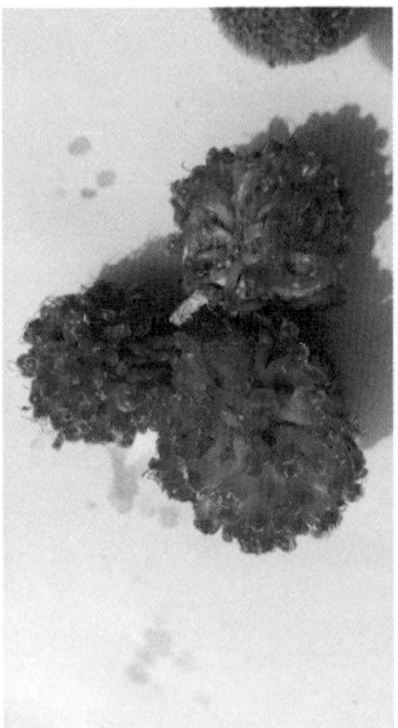

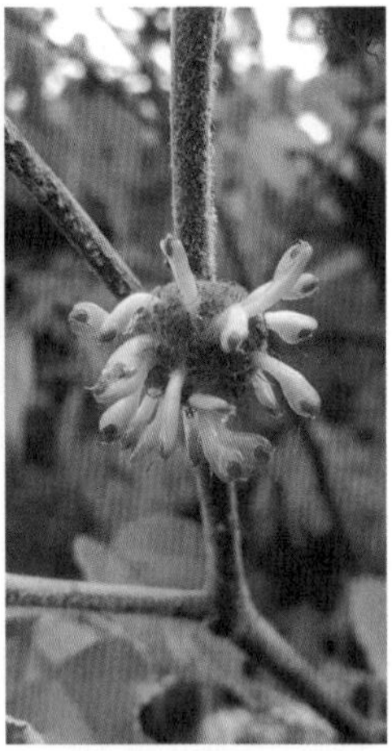

2021년 6월 11일 경기 여주
김호식화백 닥나무시험농장의 닥나무 열매

력이 필요하다.

본격적인 해외 홍보에 앞서 세계시장 진출 방안을 모색하기 위해서는 미국

댈러스 등 세계적인 규모의 문화재 보존재료 판매업체 동향을 파악할 필요가 있다. 세계 문화재용 종이 시장을 석권하고 있는 일본 화지의 세계시장 진출 성공사례와 더불어 최근 국가지원이 전폭적으로 이루어지고 있는 중국 선지도 벤치마킹하여 세계시장 진출 확대 방안을 모색할 필요가 있다. 해외 홍보 시엔 외국인이 실제 사용할 수 있는 한지를 활용하여 홍보해야 한다.[56]

한지는 우리 것이니 당연히 소중하고 좋다는 막연한 인식에서 벗어나야 한다. 또한, 과거 고려지, 조선지로 전해져 내려온 한지의 역사성을 강조하거나 직지심체요절과 같은 유네스코 세계기록유산을 자랑하는 것만으로는 전통문화의 창조적 계승을 도모할 수 없다. 이러한 매너리즘에서 벗어나야 한다. 한지를 기록용으로 판매하려는 경우에는 과학적인 데이터 분석 결과를 제시하면서 보존성이 최고 수준임을 입증한다든가, 창호지로 사용하는 경우 통기성과 보온 효과가 뛰어나는 등의 디테일한 우수성을 제시할 수 있어야 한다.

3. 정책과 산업 동향 정보제공 실태 및 정책제언

2022년 7월 23일부터 10월 9일까지 문화체육관광부 및 지방자치단체 공무원 등 19명의 정책공급자와 전국의 19개 전통한지업체 한지장 19명을 대상으로 한지 정책 선호도 파악을 위한 설문조사를 실시했다. 9개 한지정책에 대한 선호도 조사 결과, 정책과 산업 동향 정보제공에 대해서는 정책공급자와 정책수요자 모두 9순위로 응답했다.

---

56 2015년부터 행정안전부의 훈장 증서용 전통한지 자문을 맡은 김호석 화백이 겪은 효과적인 홍보 사례를 소개한다. 김 화백은 2017년 5월 인도 국립현대미술관 개인 초대전 전시장에서 한지 워크숍을 실시했다. 이 자리에서 전통 방식으로 표면 처리된 고가의 전통한지 3백장을 인도·유럽 등에서 온 미술가에게 무료로 제공했다. 한지에 실제 그림을 그려본 외국의 미술가들로부터 큰 호응을 얻었을 뿐만 아니라, 인도 국립현대미술관으로부터는 한지를 수입하겠다는 제안을 받기도 했다. ※ 김호석 수묵화가 인도 국립현대미술관 한지워크숍(2017년 5월) 사진(p.34) 참조.

전통한지를 활성화하기 위해서는 한지와 관련된 정부와 지방자치단체의 정책과 산업 동향을 알리는 것이 중요하다. 정보를 공유하게 되면 정책을 알릴 수 있을 뿐만 아니라 정책연구를 독려하는 퍼실러레이터로서의 역할을 할 수 있다.

정보공개포털, 국회 전자도서관, 문화체육관광부 및 문화재청 홈페이지 및 중앙정부 관계 기관의 한지 관련 정보공개 현황을 살펴보겠다. 한국공예디자인문화진흥원은 문화체육관광부로부터 2020년에는 '2020년 한지 분야 육성지원'에 10억 원, 2021년에는 '2021년 한지 분야 육성지원 사업'에 14억5천만 원, '한류 연계 협업 콘텐츠(한지) 기획 개발 지원'에 5억 원을 지원받아 총 19억5천만 원을 지원받는 등 최근 매년 10억 원 이상의 국고보조금을 한지 관련 사업에 지원받고 있다.

한지도 한옥 관련 중앙정부 관계 기관인 건축공간연구원의 정보공개 현황을 참고하는 것이 좋겠다. 건축공간연구원은 국무조정실을 주무 기관으로 하는 정부출연연구기관이다. 건축공간연구원 홈페이지 발간물(연구보고서, 한옥 브리프)에는 2017년 1월부터 2019년 12월 말까지 총 8건의 한옥 관련 연구보고서와 한옥 정책, 산업계 동향 및 국민 인식조사 등 한옥 관련 12건의 정보를 [표 90]과 같이 공개하고 있다.

[표 90] 건축공간연구원 정보공개 현황

구분	과제명	일자	연구자
연구보고서	한옥 활성화 정책 추진현황과 과제 및 한옥 시공 인력 양성을 위한 기초연구 등 총 8건	2017.12.31.~ 2019.12.31	국가한옥센터 연구원
한옥 브리프	1. 한옥체험업 동향, 한옥 건축구조 기준의 제정 방안 및 한옥 등 건축자산의 진흥에 관한 법률 개정에 따른 하위규정 개선방안 등 총 12건		

※ 출처 : 건축공간연구원 연구보고서 및 한옥 정책 브리프https://www.auri.re.kr/gallery.에서 21년 8월 16일 자료

이처럼 전통 한옥의 경우 건축공간연구원(국가한옥센터)에서 수년간 한옥 정책을 연구하고 자료를 축적, 공유하면서 한옥 정책을 추진하는 데 이바지하고 있다. 전통한지도 한국문화관광연구원 등 전문가를 활용하여 책 전반에 관하여 연구하고 관련 정보를 공유하는 시스템을 정착시켜야 한다.

제6절 소결

제6장에서는 지금까지의 전통한지 정책을 전통한지 정책기반, 범정부적인 정책 집행 및 협업, 규제정책, 지원정책 및 정보정책으로 구분하여 살펴보고 정책대안을 제시했다.

한국공예디자인문화진흥원(2022)은 '2021 한지 유네스코 등재를 위한 연구용역'에서 정부와 지방자치단체의 한지 관련 정책에 대한 만족도를 조사했다. 한지 공방 15개소가 응답한 설문조사 결과는 매우 불만족 4개소(27%), 불만족 5개소(33%), 보통 4개소(27%), 만족 2개소(13%)로 나타났다. 불만족(매우 불만족+불만족)이 60%, 만족이 13%에 불과한 것에 비춰 볼 때, 그동안 정부가 추진했던 한지 정책이 정책수요자로부터 호응을 얻지 못했음을 짐작할 수 있다. 정부의 한지 정책에 대해 신뢰도가 높지 않은 상황인 만큼 한지 정책의 변화가 필요한 시점이이다.

다음으로 규제정책 분야를 살펴보겠다. 2017년 1월부터 2021년 6월 말까지 중앙정부의 한지 및 한옥 정책에서 '규제정책'은 [표 91]과 같다. 한지 관련 법률이 없었고 법적 의무를 부과하거나 규칙, 지침 개정을 통해 영향을 미치는 규제정책도 없었다. 한지에 관한 조례 제정은 9개 지방자치단체 12개에 불과했다.

[표 91] 중앙정부 한지·한옥 '규제정책' 비교

정책 내용	한지	한옥
한지·한옥 관련 법률	없음	한옥 등 건축자산의 진흥에 관한 법률
법정의무, 규칙 및 지침 등	없음	1건(관광진흥법시행령 일부 개정 계획)
한지·한옥 관련 지방 조례수	9개 지방 정부 12개	90개 지방정부 100개

※ 국가법령정보센터 및 자치법규 정보시스템 등을 참고하여 연구자가 정리

규제정책 분야에서 개선해야 할 점과 정책대안을 제시하면 다음과 같다. 첫째, 전통한지와 한지의 개념 정립이 필요하다. 지금까지는 수입 닥을 사용하고, 기계장치에 의해 만들어진 종이도 한지에 포함함으로써 정확한 한지실태조사가 불가능했다. 또한, 중앙정부와 지방자치단체에서 총 3백41억 원의 예산을 한지 관련 사업에 투여했지만 19개 전통한지업체에 직접적으로 지원하거나 지출한 금액은 7억 원에 미치지 못하였다.

둘째, 중앙정부의 전통한지 정책기능 보강과 부처 간 효율적인 역할분담 및 협업 체제 구축이 필요하다. 셋째, 전통한지의 품질 표준화가 필요하다. 전통한지의 표준화가 도입되면 한지장에게 전통한지 재료, 제작방식 및 품질의 목표를 제시함으로써 제조 기술력 향상을 촉진할 수 있다. 이는 한지 소비자에게 정확한 한지 품질 정보를 제공하는 일과 직결돼 한지에 대한 국내·외 소비자들의 신뢰성을 높여 한지산업의 진흥을 가져올 수 있을 것이다.

넷째, 국가, 지방자치단체 및 공공기관 등 정부부문을 대상으로 국가 중요기록물 등에 전통한지 사용 의무화가 필요하다. 문화재청에서는 유네스코 세계문화유산에 등재된 창덕궁을 비롯한 경복궁이나 창덕궁 등 4대 궁궐의 창호지에 대부분 수입 닥을 사용했다. 조달청 나라장터를 통해 2014년부터 2018년까지 5년 동안 정부 부문에서 한지를 구매한 금액은 4개 기관 7건 3억7,415만

원에 불과했다. 정부 부문의 중요문서와 문화재 수리·복원·복제용 등에는 전통한지를 사용하도록 의무화할 필요가 있다. 행정안전부는 2016년도부터 훈장증서 등 정부포상 증서의 일부를 전통한지로 제작하고 있으며 그동안 정부포상 증서에 사용되는 전통한지의 품질개선 노력과 함께 사용 규모를 늘려왔다. 2022년 현재 전통한지 품질이 크게 향상되었으며 사용 규모를 확대하는 성과를 거두었다.

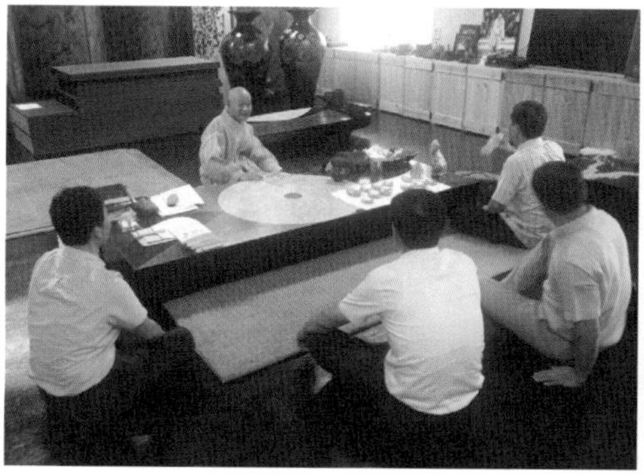

2015년 7월 31일 경남 양산 통도사 서운암 당시 성파스님(현재 종정)과 인터뷰

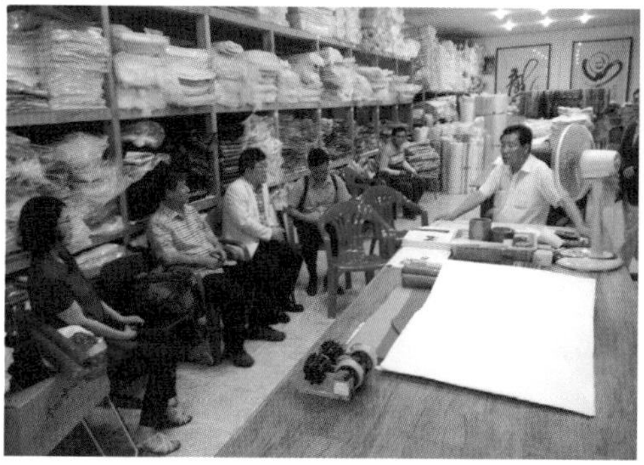

2015년 7월 25일 경북 안동한지 이영걸대표와 인터뷰

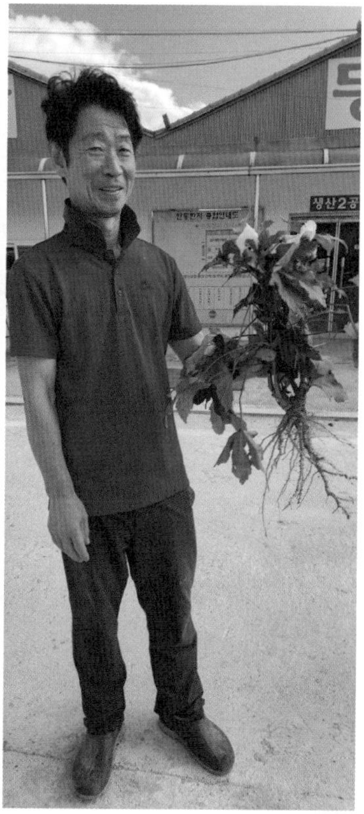

2022년 10월 8일 경북 안동한지 안승탁공장장 황촉규 수확

다섯째, 전통한지의 주원료인 닥나무의 원산지와 생산이력을 표시해야 한다. 다만, 한지에 대한 개념 정리가 되어 있지 않은 등 현재 한지 정책의 열악한 상황을 볼 때, 많은 인력과 예산을 투입하여 닥원료 원산지 표시를 하는 것이 어려워 보인다. 따라서, 닥원료 원산지 표시를 정부 정책에 전적으로 의존하기보다는 전통한지 제조업체의 자발적인 참여를 유도하는 것이 효율적이라 생각한다. 2021년 5월 7일 김형동 의원의 대표 발의한 국회 문화체육관광위에 접수된 전통한지 문화산업의 육성 및 발전에 관한 법률안이 있다. 여기에 전통한지와 한지의 정의를 새롭게 정립하고, 국가의 중요기록물이나 지류문화재의 복원·수리에 사용되는 전통한지의 품질 표준화와 공공부문 한지사용 의무화의 근거를 마련할 필요가 있다. 한지의 품질기준과 공공부문 한지사용 의무화 대상을 시행령에 보완하는 일이 바람직하다.

지원정책 분야에서 개선해야 할 점과 정책대안을 제시하면 다음과 같다. 첫째, 전통한지업체의 시설·장비 개선에 대한 지원이 필요하다. 한국공예디자인문화진흥원(2022)의 전통한지 제조 공방 15개소에 대한 설문조사 결과에 의하면 생산시설 및 작업환경이 매우 열악한 상황이다. 1996년 64개소에 이르던 전통한지업체 수가 현재 19곳으로 명맥마저 끊어질 위기에 처해 있다. 모든 전통한지업체를 대상으로 시설·장비 개선을 지원하는 방안이 필요하다.

둘째, 수요확산을 위한 정부 부문의 노력이 필요하다. 전통한지업체에 대한 가장 신속하고도 직접적인 지원 방법은 종이를 구매해 주는 것이다. 당연히 한지를 사용할 수 있는 사용처를 발굴하는 것이 선행되어야 한다. 한지 수요를 확대하는 방안으로는 우선 행정안전부의 정부포상 증서에 전통한지 적용을 참고하여 정부 부문의 기록용으로 한지사용을 넓혀 나가는 노력이 필요하다. 또한, 한지를 사용하여 지폐를 만들 것을 권장한다. 현재 한국조폐공사와 한국은행은 우즈베키스탄산 목화를 수입하여 지폐를 제작한다. 일본은 그들의 국민정서가 담긴 삼지 닥으로 지폐를 만들고 있다. 그리고 경복궁과 창덕궁을 비롯

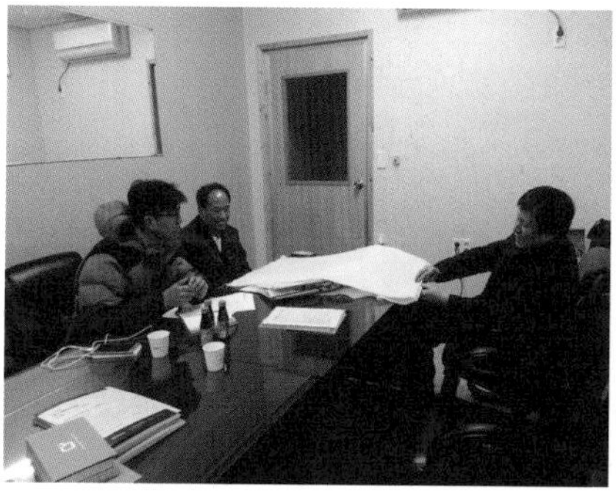
2016년 1월 5일 전북 전주 천양한지 최영재대표와
동아일보 김도형기자 인터뷰

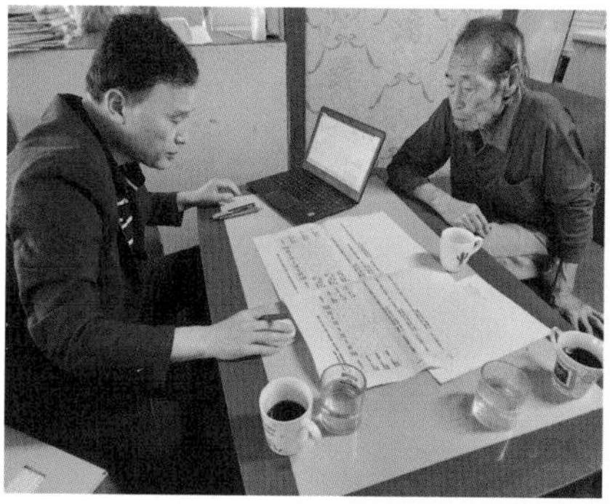
2022년 10월 2일 경남 의령 신현세전통한지
한지장과의 인터뷰

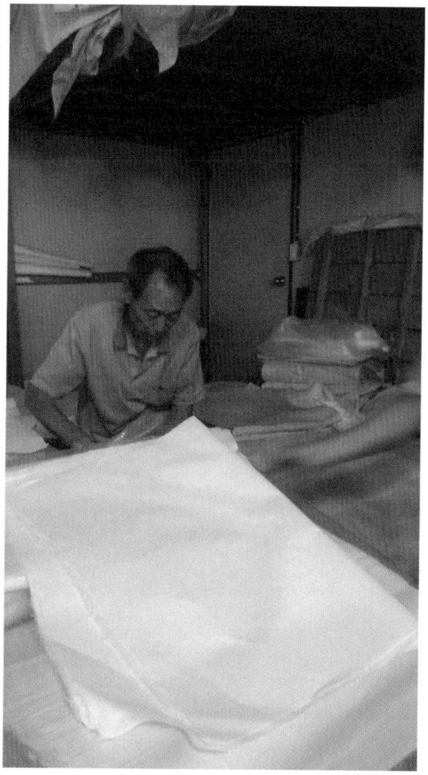
2015년 7월 31일 경남 의령
신현세전통한지 현장답사

한 궁궐 문화재에 사용되는 창호지, 벽지 등은 국산 닥으로 만든 전통한지를 사용할 필요가 있다. 서원, 향교 및 주요 한옥의 창호지와 벽지도 한지를 사용할 수 있다. 무엇보다 한지사용을 활성화하기 위해서는 공예 등 각 부문에서 활발한 참여가 이루어져야 한다.

셋째, 한지장의 자긍심을 고취하는 방안이 검토돼야 한다. 정부포상 수여나 문화행사 등 시연 기회를 제공하고 종이구입과 시설·장비 개선지원 등 정책으로도 자긍심을 고취한다면 더할 나위 없다. 한지장으로서 자긍심을 느낄 수 있도록 예우 환경조성이 시급하다. 한지 업체의 시설·장비 개선 및 종이구입 등 직접적인 지원도 자긍심 고취에 기여할 것이다.

정보정책 분야에서 개선할 점과 정책대안을 제시하면 다음과 같다. 첫째, 연구용역 주제의 다양화를 통한 내실화가 필요하다. 2017년부터 2021년 6월 말까지 중앙정부가 추진한 한지·한옥 정보정책 비교 결과는 [표 92]와 같다.

[표 92] 중앙정부 한지·한옥 '정보정책' 비교

정책 내용	한지	한옥
국내외 협력, 교육·전시·홍보 등	문화재 복원재료 해외 진출 등 13건	전문인력 약성 한옥 건설 희망자 교육 등 22건
연구 용역	한지 유네스코 등재 및 제조법 미전수 한지 복원 등 7건	우수한옥 발굴, 건축구조 기준 연구 등 9건
관계 기관 정보공개	한국공예디자인문화진흥원에는 공개자료 없음	건축공간연구원에는 '한옥 브리프'에 12건 정보공개

※ 2021년 12월 말 현재 기준, 정보공개포털의 원문공개, 문화체육관광부 및 국토교통부 홈페이지 등을 검색하여 정리함.

첫째, 닥나무 등 한지 재료와 한지 제조기술에 관한 연구개발과 한지장 및 전수자 등을 대상으로 기술지도를 강화해야 한다.

둘째, 연구용역을 내실 있게 추진해야 한다. 국토교통부는 우수한옥 발굴, 건축구조 기준 해설서 등 총 9건의 다양한 내용의 연구용역을 실시했다 하지만 한지는 한지 유네스코 등재 관련 연구용역을 2회 추진했고, 산림청에서는 닥나무 연구가 아닌 제조법 미전수 한지 복원 연구 등 2회 추진에 불과하다. 다양한 주제의 정책연구를 추진할 필요가 있다.

셋째, 실제 소비자 눈높이에 맞춘 홍보의 컨셉 전환이 필요하다. 국외홍보의 경우, 이탈리아와 프랑스 루브르 박물관 중심으로 시행한 바 있는 해외 홍보를 다각적으로 지속화해야 한다.

넷째, 한지 정책이나 산업 동향 등을 적극적으로 공유할 필요가 있다. 한지 사업의 상당 부분은 재단법인 한국공예디자인문화진흥원이 문화체육관광부의 국고보조금을 지원받아 수행하고 있다. 한국공예디자인문화진흥원은 최근 매년 10억 원 이상을 지원받고 있지만, 홈페이지 연구보고서에는 2017년 1월부터 2021년 6월 말까지 실시한 연구자료 공개 내용이 없다.

다섯째, 전통 한옥 분야에서 건축공간연구원이 수년간 한옥 정책을 연구하여 자료를 축적하고 정보를 공유했던 것처럼 전통한지 분야에서도 한국문화관광연구원 등 전문가를 활용하여 전통한지 정책을 연구한 자료를 축적하고 정보를 공유하는 것이 요청된다.

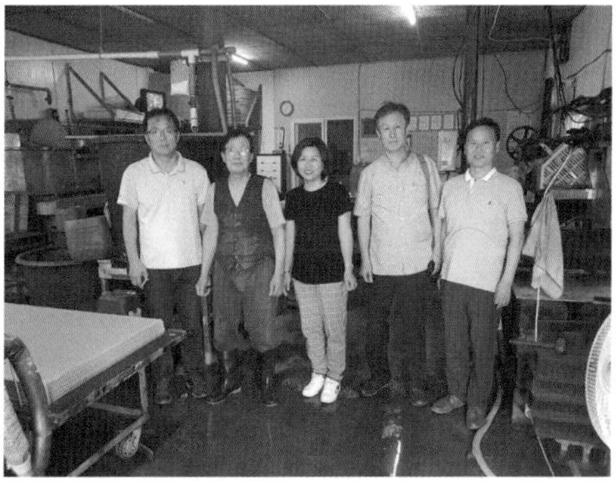

2018년 6월 6일 전북 전주 천일한지 현장답사

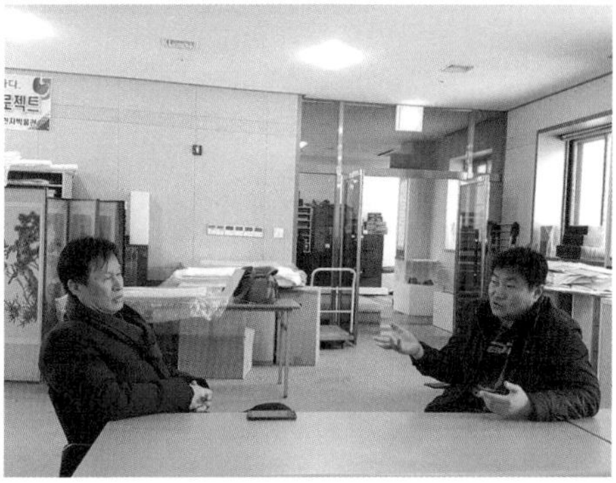

2017년 1월 23일 충북 괴산신풍한지마을 한지장과 인터뷰

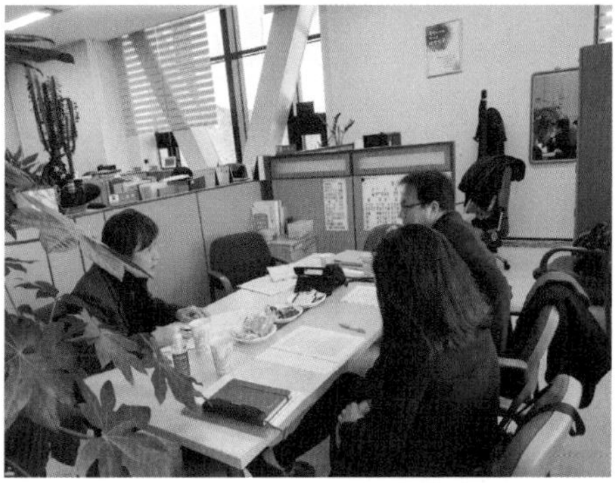

2020년 2월 23일 서울 종로구 정부서울청사 상훈담당관실
정부포상증서용 전통한지 자문위원회 회의

제7장

결 론

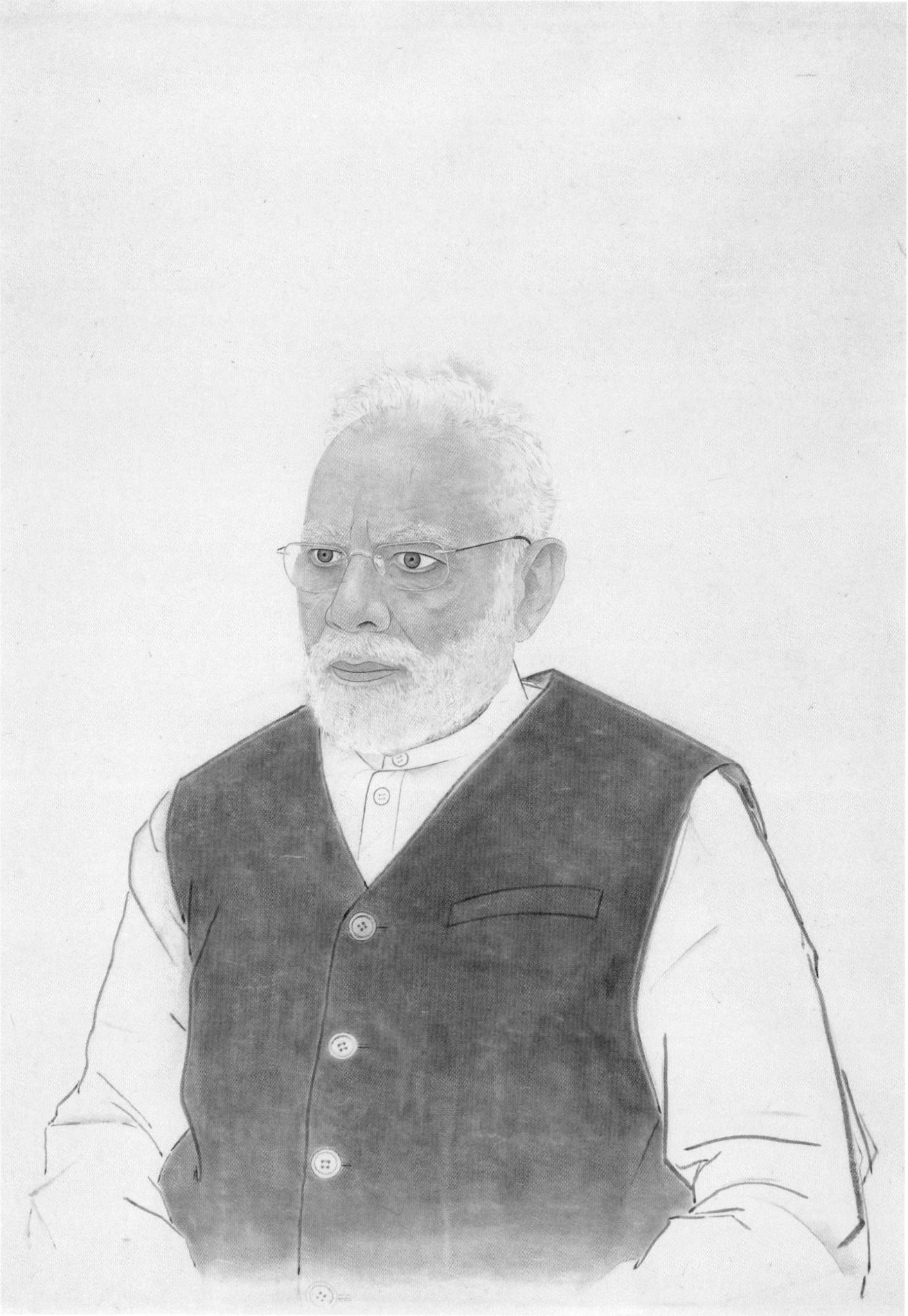

모디총리 초상, 126×105cm, 한지에 수묵채색, 2017

제1절 연구의 요약

우리나라 전통한지업체 수는 1996년 64개소에서 2016년 28개, 2018년 21개, 2021년 6월 말 기준 19개로 급감했다. 중앙정부와 지방정부는 2017년 1월부터 2021년 6월 말까지 총 3백41억 원의 예산을 한지 관련 사업에 투입했지만 이

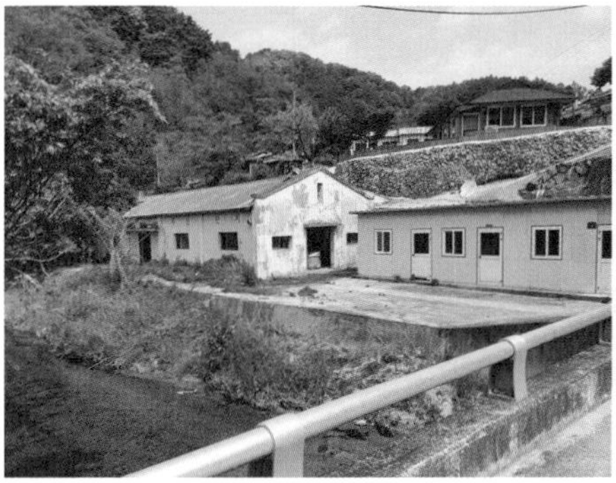

2020년 5월 5일 경북 영덕 지품면 소재 한지공장터 답사

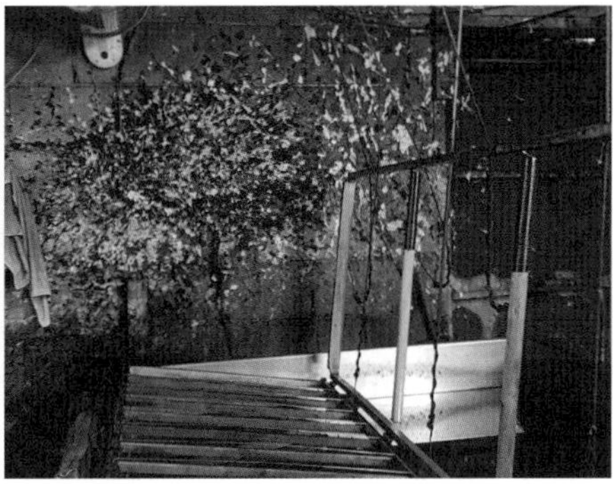

2017년 7월 12일 강원 원주한지 색지를 만드는 과정에서 벽면에 붙은 색지 섬유

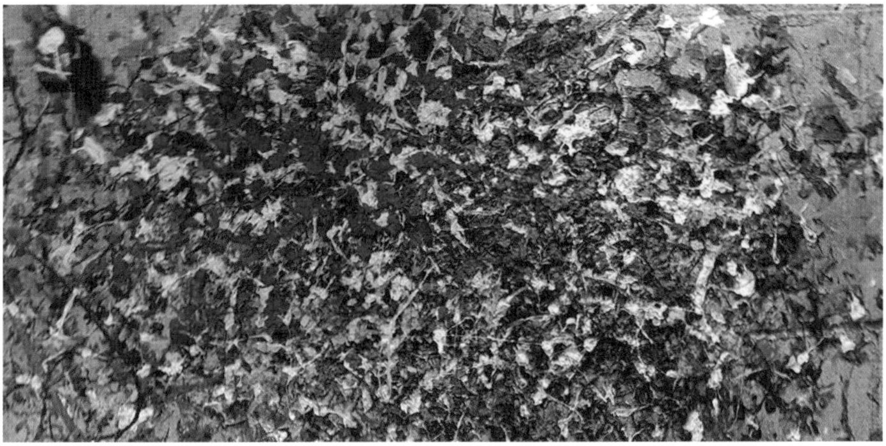

러한 추세는 막을 수 없었다. 본 연구는 정부의 전통한지 정책이 잘 추진되었는지에 대한 여부를 묻는 문제의식에서 출발했다. 먼저 전통한지정책의 문제점을 발견하기 위해 전통한지 산업실태와 현황을 파악했고, 다음으로 정부 추진정책을 살펴보았다. 마지막으로 이를 토대로 앞으로 추진할 정책대안을 제시하고자 했다.

기존 한지 연구는 주로 한지 자체의 물성에 관한 연구였다면, 본 연구는 정부의 한지정책에 관해 초점을 두었다. 본 연구의 구성체계는 다음과 같다.

첫째, 정책도구적 관점에서 정부가 추진한 한지 정책의 내용을 살펴보았다. 연구의 정확성과 엄격성을 높이기 위해 정부의 전통한지정책과 한옥 정책을 비교해서 분석했다. 구체적으로 규제정책, 지원정책, 정보정책으로 나누어 검토했다.

둘째, 정책공급자와 정책수요자를 대상으로 전통한지 진흥정책의 선호도 조사를 실시했다. 이를 통해 전통한지를 활성화 하기 위해 앞으로 해야 할 정책은 무엇인지 시사점을 얻기 위해 노력했다.

셋째, 전통한지의 활성화를 토대로 세계시장에 본격적으로 진출하기 위해 어떤 정책이 필요하며, 정부 소관 법률안과 지방자치단체 조례에 어떤 내용을 포함해야 하는지 정책적 대안을 제시하는 데 초점을 맞추었다.

제1장 서론에서는 고려지·조선지로 내려온 전통한지의 우수성을 알아보는 한편, 한지산업이 직면한 위기상황을 살펴봄으로써 연구의 필요성과 의의, 연구의 목적과 대상을 밝혔다.

제2장 이론적 논의에서는 헌법 규정과 연계하여 전통과 문화 및 전통문화와 민족문화에 대한 선행 연구자들의 개념을 알아본 후, 1948년 대한민국 정부 수립 이후 전통문화정책의 변천 과정을 정리했다. 정책은 법률을 통해 구현되게 마련이라는 점에 착안하여 14개 전통문화 관련 103개 법률 제·개정 과정을 살펴보았다.

기존 연구는 대통령 교체에 따라 정부별로 구분한 측면이 있었다. 본 연구는 1972년 문화예술진흥법 제정, 1990년 문화부 설치, 2007년 한류의 등장, 2013년 한스타일 육성종합계획 수행 등 실질적으로 영향력이 컸던 내적 콘텐츠에 해당하는 정책 중심으로 살펴봄으로써 전통문화정책 변천에 대한 새로운 개념적 접근과 모색을 시도했다.

제2장에서는 전통한지와 한지에 대한 개념을 새롭게 정립하는 데 주안을 두었다. '전통한지'는 역사적으로 일제강점기 이전에 사용하던 재료와 제조방식으로 만든 종이'다. 더 구체적으로 국내산 닥, 천연 잿물과 식물성 분산제를 사용하며 닥 방망이 고해, 티 고르기, 일광 유수 세척 및 표백, 전통 뜨기 등 초지, 자연 일광 건조 및 도침 등의 전통 방식으로 만든 종이'다. '한지'는 국내산 닥을 주재료로 한 손으로 뜬 종이'다.

고해 과정에서 비트 기계장치를 사용하거나 손으로 초지 하기 어려

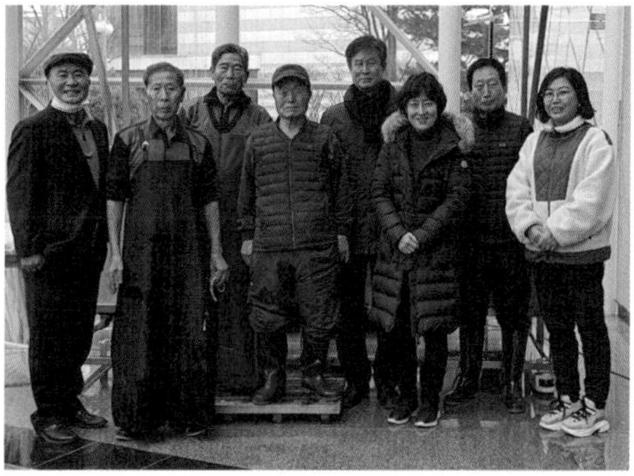

2021년 1월 26일 전북 전주 한지산업지원센터
'전주지역 한지장 인터뷰

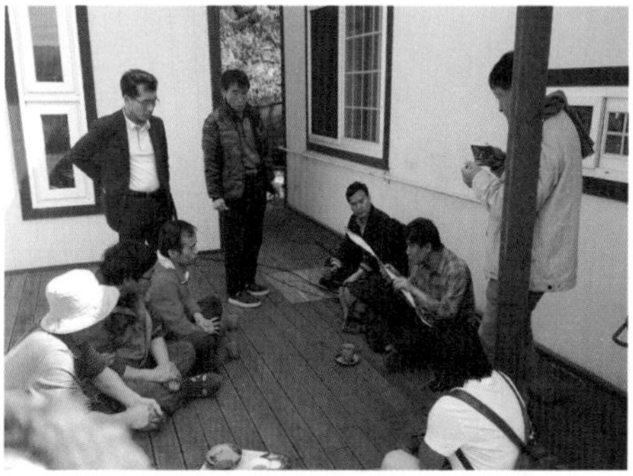

2017년 4월 14일 경북 청송한지 현장답사

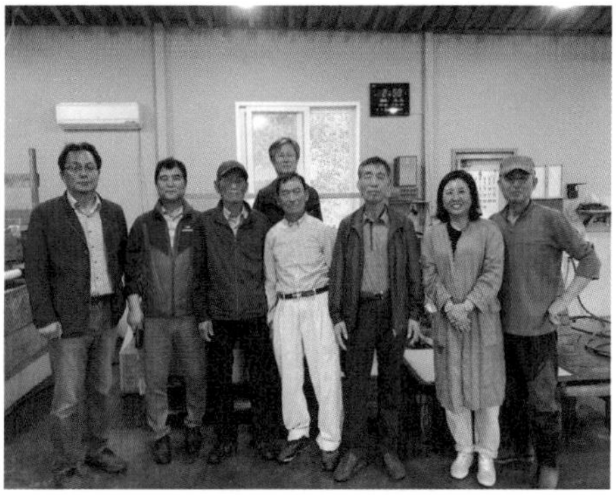

2020년 5월 5일 경북 청송한지 현장답사

운 대형 종이를 만드는 과정 등에 일부 기계장치를 사용하여 한 장씩 초지 하는 것도 한지로 분류할 필요가 있다는 주장도 있다. 이는 향후 논의할만한 가치가 있다.

제3장은 정책도구이론에 대해 살펴보고, 연구 문제 도출과 분석대상 및 자료에 관해 파악하고자 했다. 먼저 정책도구의 정의를 살펴보고, 이어 Vedung (1998)을 비롯한 주요 연구자의 정책도구이론, 국내 정책도구 연구 동향 등을 정리했다. 자료수집과 분석의 경우, 2017년 1월부터 2021년 6월 말까지 정부와 지방자치단체가 집행한 국고보조금, 지방비예산을 대상으로 했다. 중앙정부의 문헌 자료 원문공개, 홈페이지, 국고보조금통합시스템 등을 통해 자료를 수집하여 분석했다. 연구 분석틀은 하위 세 가지 요소로 구분하여 통합·분석하였다.

제4장 전통한지정책 도구유형 분석에서는 전통한지정책의 도구유형을 분석했다. 수집한 자료들을 토대로 Vedung의 정책도구이론을 적용하여 규제, 지원, 정보정책으로 나누어 정책의 문제점을 파악했다. 규제정책은 한국산업규격이 제정되고 한지품질표시제가 시행되고 있지만, 실효성이 떨어진 것으로 나타났다. 지원정책은 예산 규모가 작지 않았음에도 불구하고 19개에 불과한 전통한지 제조업체에는 지원 효과가 미미했다. 정보정책은 전통한지 홍보 활동은 양적인 측면에서는 어느 정도 이루어졌지만 정책연구와 실태조사는 부족한 것으로 나타났다.

제5장 전통한지 진흥정책 선호도 분석에서는 중앙정부 및 지방자치단체 공무원, 학계, 연구자 등 정책공급자의 관점과 전통한지업체 한지장 등 정책수요자를 대상으로 전통한지 활성화 요인에 대해 설문조사를 실시했다. 수집한 자료는 AHP 분석을 통해서 전통한지를 활성화하기 위해 추진할 정책이 무엇인지 파악했다. 연구 결과, 상위정책은 정책공급자와 정책수요자 모두, 지원정책 > 규제정책 > 정보정책 순으로 나타났다. 규제정책은 정책공급자와 정책수요

자 모두 품질 표준화 > 공공부문 한지사용 의무화 > 원산지 표시로 나타났다. 지원정책은 정책공급자와 정책수요자 모두 한지구입 > 장비 수선지원 > 자긍심 고취 순으로 나타났다. 정보정책은 정책공급자와 정책수요자 모두 연구·지도 > 국내외홍보 > 정보제공 순으로 나타났다.

구체적으로 정책공급자와 정책수요자 모두 1. 한지구입, 2. 시설·장비 구축 지원, 3. 품질 표준화, 4. 연구개발 · 기술지도 순으로 선호도를 보여주었다. 다만, 정책공급자는 5. 공공부문 한지사용 의무화, 6. 닥원료 원산지 표시지 순으로, 정책수요자는 5. 닥원료 원산지 표시, 6. 공공부문 한지사용 의무화를 선호 순으로 나타났다. 정책수요자가 정책공급자와 비해 수입 닥의 유통에 따른 폐해를 심각하게 느끼고 있음을 알 수 있다. 여기서 정책공급자와 정책수요자의 선호도가 크게 다르지는 않다는 점을 확인했다. 전통한지업체 수가 급감한 원인이 정책수요자가 아닌 정책공급자 위주 정책에서 비롯됐기 때문이라고 유추할 수 있다.

제6장 전통한지 진흥 관련 제반 정책 고찰에서는 제4장과 제5장을 토대로 전통한지를 활성화하는 방안의 종합적 분석을 바탕으로 전통한지 정책 추진방안을 제시했다. 아울러 제21대 국회에 발의된 정부 부문의 「전통한지 문화산업의 육성 및 발전에 관한 법률안」과 지역 부문의 3개 시군의 한지 육성 관련 조례를 검토하였다.

분석결과에 따르면, 전통한지의 현재적 실태와 문제점은 다음과 같다.

첫째, 전통한지업체 수가 1996년 64개에서 2021년 19개로 감소했다. 즉, 한지(Traditional Hanji Paper) 정책의 전환이 필요한 시점이다.

둘째, 한지에 관한 개별법이 없고 정부 차원의 한지에 관한 정의조차 정립되지 않았다.

셋째, 2021년 정부가 추진한 한지 실태조사에서는 국산닥이 아닌 수입닥, 목재펄프를 주원료로 하여 만든 것까지도 한지에 포함시켰다. 2016년 및 2020년 실태조사와 비교 했을때 생산량 편차가 심하다.

넷째, KS(한국산업규격)의 한지 품질규격은 부실한데다 2006년 이후 등록업체가 한 군데도 없다. 한지품질표시제 역시 미흡하다.

다섯째, 민족문화유산인 창덕궁을 비롯한 4대 궁궐 창호지에도 전통적으로 사용했던 한지를 거의 사용하지 않고 있다. 정부는 국가무형문화재가 만든 한지도 구매하지 않는 상황이다.

여섯째, 2017년 1월부터 2021년 상반기까지 총 341억 원의 국고보조금, 지방비가 한지에 집행됐다. 하지만 같은 기간 전국 19개 한지 업체에 재정지원이나 한지를 구매 비용은 7억 원에도 미치지 못한다.

일곱째, 10년 동안 이탈리아와 루브르 박물관에 한지가 문화재 수리·복원용으로 사용됐다는 언론 기사와 보도자료가 있었지만 뚜렷한 수출 성과가 없다.

여덟째, 과학적인 데이터 분석

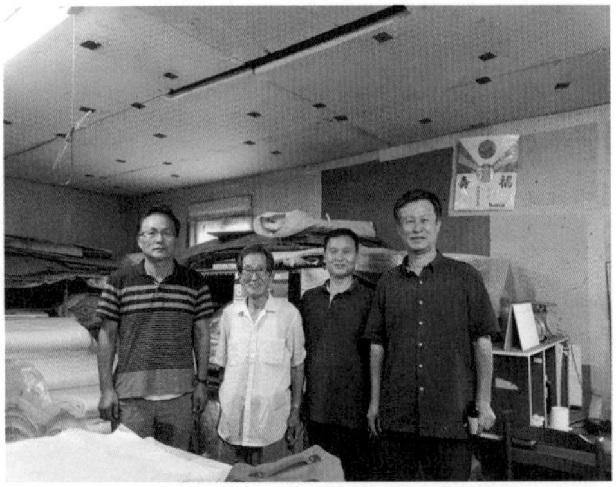

2017년 8월 8일 충북 단양 단구제지 현장답사

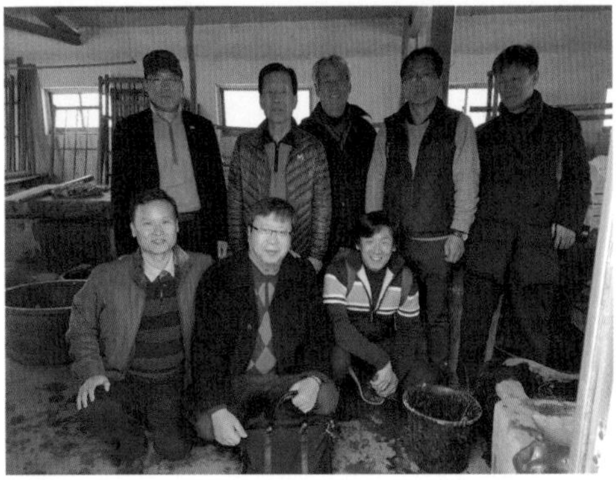

2017년 3월 11일 전북 임실 덕치전통한지 현장답사

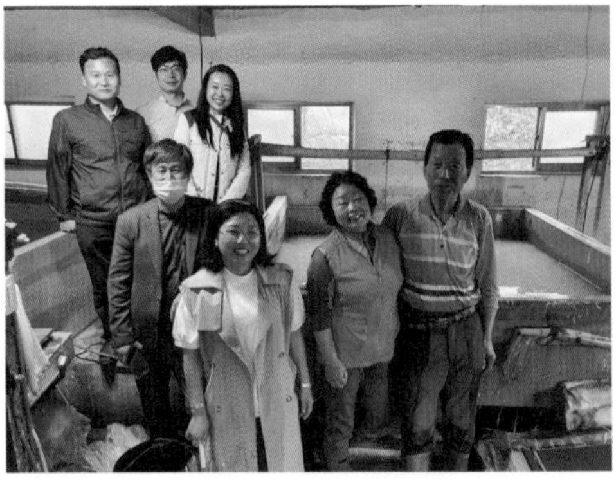

2020년 5월 9일 전북 임실 덕치한지전통한지 현장답사

결과, 현재 제조한 최고 품질의 한지는 2백년 이상 보존된 정조 친필편지에 사용된 한지에 비해서도 밀도나 내절도 등에서 품질이 현저히 떨어지는 것으로 판명 나 있다.

아홉째, 실생활에서 전통한지를 찾아보기 어렵다. 전통한지는 역사와 박물관에서만 이미 사용한 형태로만 존재한다. 게다가 문화유산의 개보수를 위해서도 사용하지 않는 형편이다. 유명 서예가도 한국 화가도 한지를 대부분 사용하지 않는 현실이다. 정부 부문에서 기록용으로 한지를 사용하는 경우는 국가기록원의 기록물 수리·복원·복제용 및 행정안전부 훈장증서 외에는 찾아보기 어렵다.

열 번째, 한지 제작의 주재료인 닥나무를 연구, 개발해야 할 관련 부처는 산림청, 문화관광체육부 등이다. 관련 부처에서 주관해야 할 닥나무의 섬유 특성에 관한 연구가 없다.

제2절 연구의 함의

1. 이론적 함의

본 연구는 정책도구이론을 기반으로 문화, 전통문화, 전통한지, 전통한지정책을 연쇄적으로 접근했다는 점에서 일정한 의의를 찾을 수 있다. 즉 지금까지 국내에서는 정책도구연구를 적용하여 보조금, 인구정책, 생활체육, 보육, 출산율 제고정책 등 분야에서 연구실적을 얻을 수 있었다. 본 연구를 통해 국내의 정책도구연구가 '전통문화'와 '전통한지'의 영역으로 확대되었다는 점에서 의미가 크다.

선행연구에서 정책도구연구는 다양한 주제로 이루어져 왔다. 국내에서는 2007년경부터 본격적으로 정책도구의 개념과 유형에 관한 연구가 나오고 있다. 정책도구의 개념 및 정책도구의 기술과 유형에 대한 연구(전형원, 2002; 문명재, 2008), 정책도구 중 보조금의 개별적 정책도구에 관한 연구(권오성·박민정, 2009), 인구정책 수단 변화를 살펴본 연구(하현희·문명재, 2007), 생활체육 정책에서의 정책 수단 유형 연구(이용식, 2010) 등이다. 그 경향은 특정 영역 또는 제도를 중심으로 정책도구의 특징과 효과에 관한 연구들로 이어지고 있다. 최근 하은희(2016)는 서울특별시 보육 바우처를 중심으로 정책도구로서 바우처의 선택과 경쟁이 서비스 질과 만족도에 미치는 영향을 연구했고, 이기령(2018)은 출산율 제고라는 정책목표 달성이 미흡한 원인을 정책도구 선택과 적용에 있다는 문제 인식에서 출발하여 우리나라 출산 정책의 정책도구에 대한 유형 분석에 관한 연구를 시도했다. 이처럼 다양한 학문 분야에서 시의적절한 테마에 걸맞은 정책도구연구가 활발히 이루어지고 있다.

본 연구는 연구방법론적 측면에서 다음과 같은 의미를 지니고 있다. 한지 정책을 대상으로 한 본 연구의 구성체계는 한지 정책 외에 우리나라 전통문화 진흥정책의 평가방법론 또는 연구방법론으로서 하나의 사례가 될 수 있으리라 판단한다. 다음과 같은 세 가지 구성체계에서 그 특징을 찾을 수 있다.

첫째, 개념이 제대로 정립돼 있는지 역사적·과학적으로 살펴보았다.

둘째, 정책도구가 규제, 지원, 정보정책 세 가지 틀에서 잘 마련됐는지 여부를 살펴보았다.

셋째, AHP 분석을 통해 정책 추진이 공급자 중심이 아니라 수요자 입장에서 추진되고 있는지 여부를 살펴보았다.

요컨대 본 연구는 콘텐츠 내적 연구인 기존의 물성 연구를 넘어, 민족문화 유산인 한지문화가 위기와 한계에 봉착한 작금의 상황을 고려해 정책 연구로 확장했다는 점에서 일정한 의미를 지니고 있다고 판단한다. 지금까지 한지 관련

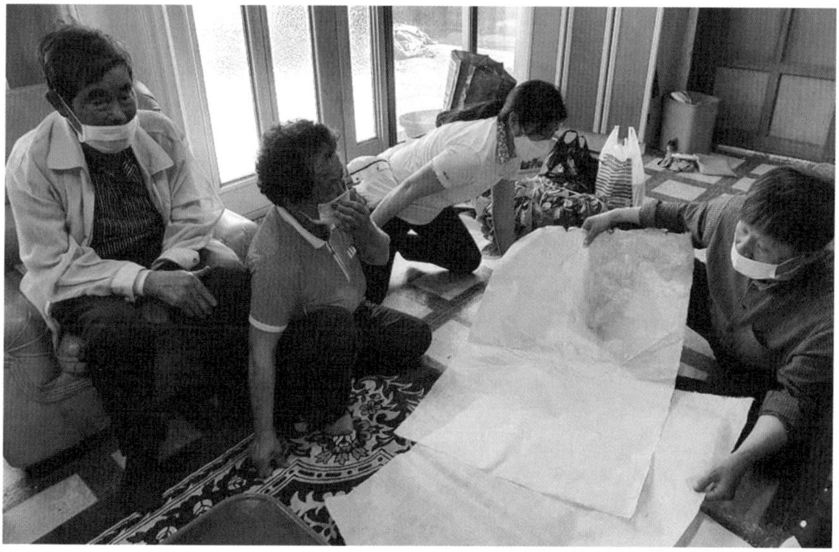

2021년 5월 22일 경남 함양 이상옥전통한지 한지장 인터뷰

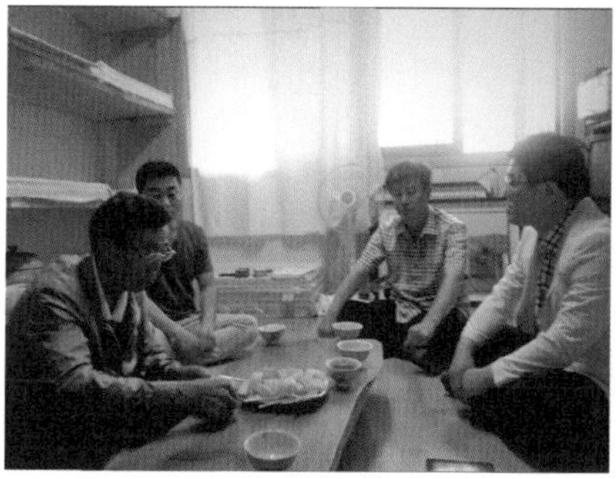

2015년 7월 24일 경북 문경 문경전통한지 한지장과의 인터뷰

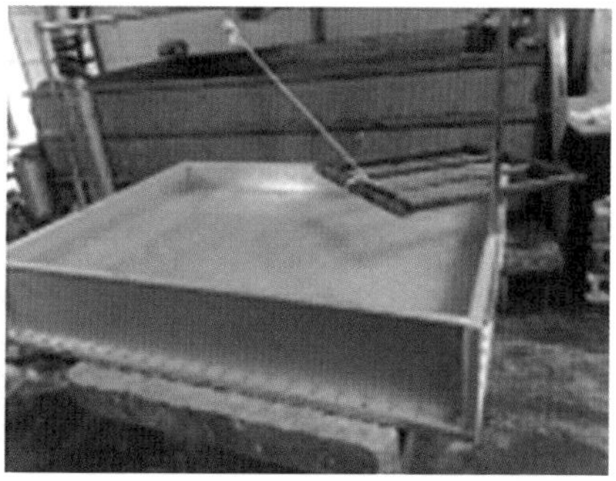

2015년 7월 24일 경북 문경 문경전통한지

박사학위 논문 41편 대다수는 임학과 임산공학, 미술공예디자인 분야에 편중되어 있다. 본 연구를 계기로 한지정책과 활성화에 관한 후속 연구가 이어질 것으로 기대한다.

2. 정책적 함의

정부는 그동안 수회에 걸쳐 한지실태조사를 했지만 전통한지의 정의가 명확하게 정립되지 않은 상황에서 이루어졌기 때문에, 수입산 닥을 주원료로 사용하거나 기계장치를 이용하여 만든 종이도 한지에 포함했으며 그 결과, 한지 생산량 등 기본 통계조차 편차가 심해 신뢰하기 어렵다는 점을 확인할 수 있다.

한편, 정부는 한지 소비를 촉진하기 위해서는 우선 한지 제품에 대한 소비자의 신뢰를 얻는 것이 중요하다고 보고 2013년도에 한지품질표시제를 도입하여 운영했지만 원래의 취지를 살리지 못했다. 이에 본 연구는 민간부문의 한지 소비를 진작시킬 수 있는 한 가지 방법을 제시했다. 그것은 먼저 전통한지에 대한 개념을 정립하고 품질을 표준화한 후, 국가와 지방자치단체 및 공공기관 등 공공부문을 대상으로 30년 이상 중요기록물 작성 등 특별한 용도에는 반드시 한지를 사용하도록 하는 '공공부문 한지사용 의무화'이다.

이와 관련, 정책적인 측면에서 얻을 수 있는 시사점은 다음과 같다. 궁극적으로 민간부문의 한지 소비를 활성화 시키기 위해서는 소비자들이 한지의 품질을 신뢰하여 의심 여지없이 구입할 수 있어야 하는데 그렇지 못한 현실이다. 따라서, 한지의 개념 정립과 품질 표준화를 한 후, 공공부문을 대상으로 '공공부문 한지 사용 의무화'를 실시한다면 지금과 같은 '한지 개념 미정립 ⇒ 신뢰도 및 품질저하 ⇒ 소비감소 ⇒ 한지업체 폐업'의 악순환을 '한지 개념 정립 ⇒ 신뢰도 및 품질향상 ⇒ 소비촉진 ⇒ 한지업체 활성화 및 세계시장 진출'이라는 선순환으로 전환시키는 계기가 될 것으로 기대된다.

다만, 이와 같은 악순환의 고리를 선순환으로 변화시키기 위해서는 전통한지 업무를 담당하는 정책 당국의 관심과 배려가 필요하다. 이 연구에서는 다음과 같은 내용을 제시한다.

첫째. 전통한지의 정의를 새롭게 정립해야 할 시점에 와 있다. 한지의 주원료를 '국내산 닥'으로 하고, 제조기술은 '손으로 만든 것'으로 한정해야 한다. 한지를 새롭게 정의한다면, 전통한지는 일제강점기 이전에 사용하던 재료와 제조방식으로 만든 종이'라고 할 수 있다. 보다 구체적으로는 '국내산 닥, 천연잿물과 식물성 분산제를 사용하며 티 고르기, 일광 유수 세척 및 표백, 닥 방망이 고해, 전통 뜨기 등 초지, 자연 일광 건조 및 도침에 의한 전통 방식으로 만든 종이'다. 한지에 대한 명확한 개념 정립을 토대로 하여 한지실태조사 및 기초통계조사부터 새롭게 해야 한다.

둘째, 전통한지 품질의 표준화를 도모해야 한다.[57] 지류문화재의 복원·수리에 사용되는 전통한지는 표준화가 필요하므로 한지 품질기준을 시행령에서 정할 수 있도록 법률에 근거를 두어야 한다.

셋째, 공공부문 전통한지 사용 의무화가 제도적으로 도입되어야 한다. 지류문화재 수리·복원은 물론이거니와 창덕궁을 비롯한 4대 궁궐, 서원과 향교 및 정부예산으로 만들어진 각종 한옥 건축물에 소요되는 종이는 한지사용을 의무화해야 한다. 먼저, 지류문화재 수리·복원 업체와 전통한지업체 한지장 및 정부 관계자가 공동으로 참여하여 지류문화재 수리·복원에 요구되는 종이와 현재 생산되는 한지의 특징을 분석하고 품질을 개선하여야 한다. 아울러 국내 지류문화재 수리·복원에 한지사용을 활성화해야 한다. 전국에 소재하는 서원, 향교 및 국가와 지방자치단체가 건축한 문화재급 한옥의 창호지, 벽지 등에 연간 투입되는 한지 사용 수요를 파악할 필요가 있다. 또한 재질적으로 크기와 두께 등 개선점도 파악해야 한다. 이에 대해서는 전통 창호 수리 전문가 등 전문인력 참여가 요청된다.

---

57 국보급 지류문화재 수리·복원에 사용되는 한지도 품질기준이 없는 실정이다. 다만, 2022년 3월 8일 국립문화재연구원 복원기술연구실의 문화재 보존처리 현장에서 적용할 수 있는 한지의 품질기준 연구성과를 담은 보고서인 〈문화재 복원용 한지의 품질기준 연구〉가 있다.

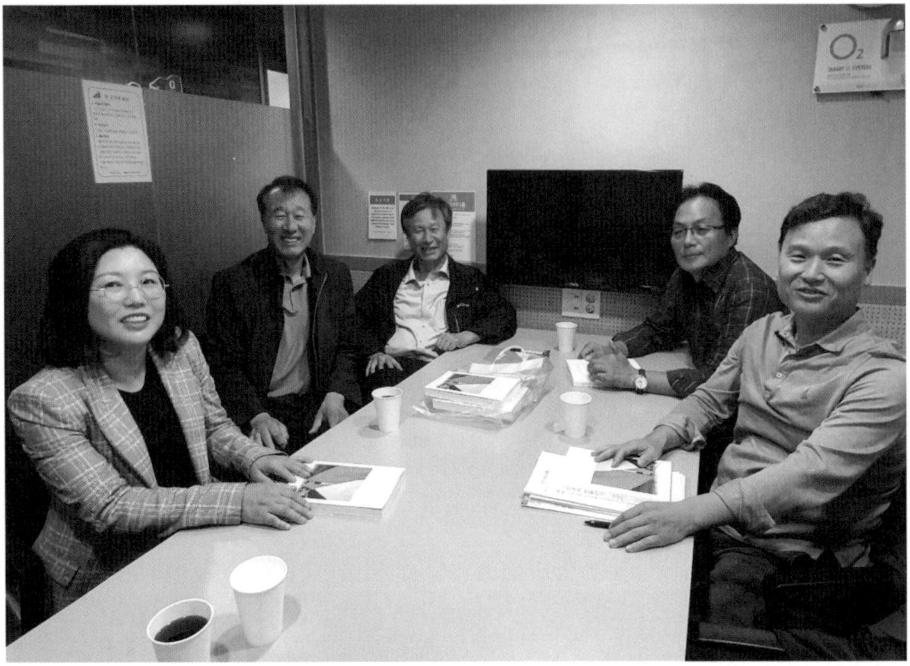

2019년 10월 20일 서울 광진구 토즈스터디센터 한국의전통한지 책자발간 회의

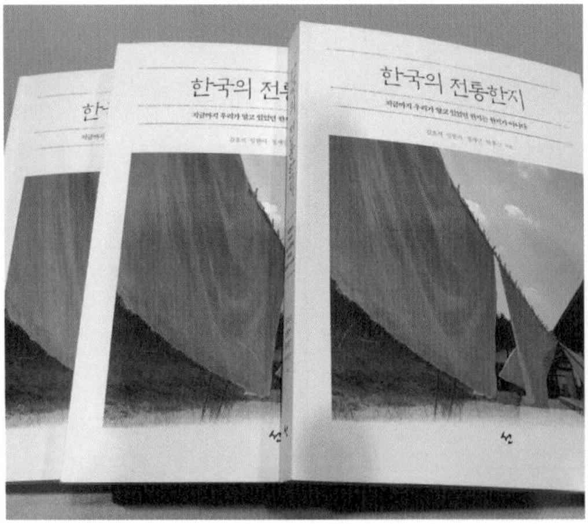

2019년 11월 한국의 전통한지 책자발간

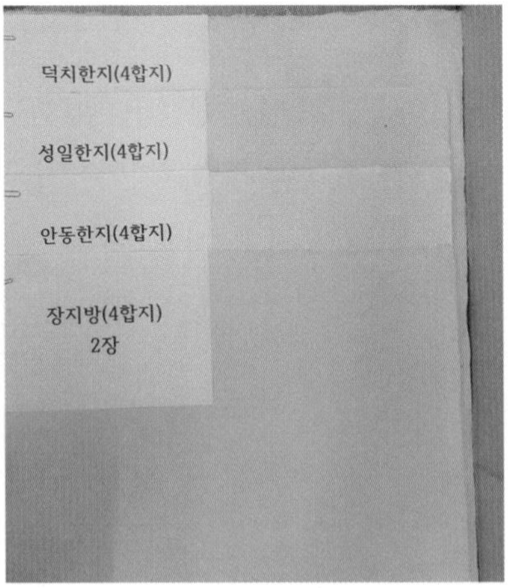

2020년 12월 18일 전국 한지업체에서 보내온 한지샘플

넷째, 한지 품질개선을 위해 정부 차원의 노력이 필요하다. 이는 전통한지의 원형을 재현하고 제조기술을 복원하는 일이기도 하다. 고려지·조선지는 서화용으로도 명성이 높다. 관련 정책 당국의 협업과 한지장 및 연구자의 공동 노력이 요청된다.

다섯째, 기록용·서화용으로 한지사용을 확대해야 한다. 정부 부문에서는 국가 중요문서 등에 한지사용을 늘려나가야 하며, 서화용 한지의 품질개선을 통해 서예가와 한국 화가에게는 한지사용을 독려해야 한다. 행정안전부의 훈장증서 등 정부포상 용지 등 기록용, 서화용으로 전통한지를 사용하는 것은 좋은 사례다. 훈장증서에 전통한지를 사용하는 사례에 걸맞게 인사혁신처의 임명장, 외교부의 외교문서 등에도 전통한지 사용을 적극적으로 검토해야 한다. 이는 우리 전통 인쇄 및 활자문화를 계승, 발전시킴으로써 우수한 민족문화의 아이덴티티를 확보하여 대승적 지혜를 보전하는 일이기 때문이다.

여섯째, 국고보조금 집행액의 일정 부분은 전통한지 구매 비용에 사용하도록 하는 획기적인 검토가 필요하다. 2017년부터 2021년 6월 말까지 한지 국고보조금 집행액은 109억 원에 이른다. 이 예산 중에서 10% 정도라도 한지를 구매하는데 집행할 것을 권장한다.

일곱째, 전통한지 진흥을 위해 범정부적인 협업 노력이 요청된다. 이미 살펴본 것처럼 관련 학제간 영역에서도 한지는 임학 등 특정 분야에 국한하여 연구되는 경향이 있다. 예컨대 산림청에서는 닥나무 품종연구가 거의 이루어지지 못했다. 닥나무 품종연구를 통하여 우수 품종 개발에 나서야 한다. 문화재청에서는 지류문화재 전용 한지에 관한 진흥을, 국가기록원에서는 보존의 영속성을 위해 기록용 한지를 연구하고 발전시킬 필요가 있다. 상위 부처인 문화체육관광부도 칸막이를 뛰어넘는 협업을 통해 한지 진흥정책이 성공을 거둘 수 있도록 법적, 제도적으로 뒷받침할 필요가 있다.

한편, 한지진흥에 관한 법률 제정 시 한지의 정의는 주원료를 국내산 닥, 제조기술은 손으로 만든 것으로 한정해야 한다. 당연히 한지 품질 표준화 근거도 법령으로 구비할 필요가 있다. 국가의 중요기록물과 영구보존문서 등에 한지 사용을 의무화하는 조항과 한지 사용에 관한 부처 간 협업 구축 체계와 범위 조항도 명시화 할 필요가 있다.

제3절 한계 및 향후 과제

본 한지 정책연구를 수행하면서 갖게 된 한계와 향후 연구 방향을 제시하면 다음과 같다.

첫째, 본 연구는 연구 대상과 범위를 국내산 닥을 주재료로 하여 손으로 만든 종이로 한정했다. 한지와 관련된 여러 가지 이름으로 해외에 수출하기도 하고 고용을 창출할 수 있는 만큼, 수입 닥을 사용하거나 기계장치를 이용하여 생산하는 종이도 연구 대상에서 일괄적으로 제외하기보다 제작 관여도 등을 따져서 심층적으로 연구할 필요가 있다.

둘째, 이번 연구는 전통문화 6대 브랜드 중에서 한지 정책을 중심으로 하되 일부 정책대안 제시 부분은 한옥정책과 비교하였다. 앞으로는 한글, 한식, 한복, 한국음악 등 K-컬처에 관해서도 개념 정의, 정책도구 유형 분석, 정책 활성화 요인 인식 차이 분석, 정책제언 등 구성 틀을 적용하여 다양하게 조망할 수 있다.

셋째, 본 연구는 공공영역의 전통한지 소비처 확보 방안을 제시했지만 민간부문의 소비 활성화 방법은 제시하지 못했다. 먼저, 전통한지의 개념 정립을 토대로 한지 실태조사 및 기초 통계조사를 실시한 후, 민간영역의 전통한지 활성화 방안도 순차적으로 고찰할 필요가 있다.

넷째, 본 연구는 전국 19개 전통한지업체의 시설·장비·수질 등에 대한 현황은 파악하지 못했다. 따라서 생산업체 현장의 제조 환경에 대한 정확한 실태 조사가 요구된다.

다섯째, 관련 부처인 산림청의 닥나무 연구가 절실하다. 전국 분포 닥나무의 종류를 파악하고, 수종에 따른 닥 섬유의 특성을 연구 분석하여야 한다. 그리하여 우량 닥나무를 생산하여 한지 품질향상에 기여해야 한다.

대한민국 헌법 제9조에는 "국가는 전통문화의 계승 · 발전과 민족문화의 창달에 노력하여야 한다"고 명시돼 있다. 한지는 세계 각국은 물론 인접국인 일본과 중국의 종이 문화에 견줘 차별적 우위성을 갖는 자랑스러운 전통문화다.

따라서 본 전통한지 정책연구는 이미 우수성을 인정받은 고려지·조선지 수준의 한지를 만들고, 그 가치를 세계적으로 선양하는데 목표를 두고 진행하였다. 본 연구가 접근 탐색한 전통한지 정책의 문제점과 방향성을 토대로 실질적인 대안이 마련되어 정책적, 제도적으로 조속히 실현되기를 기대한다. 전통한지를 활성화하기 위한 가장 분명한 조치는 본 고를 비롯한 전문적인 연구성과에 힘입어 정책 입안이 만들어져 구체적인 실행력을 확보하는 일이다.

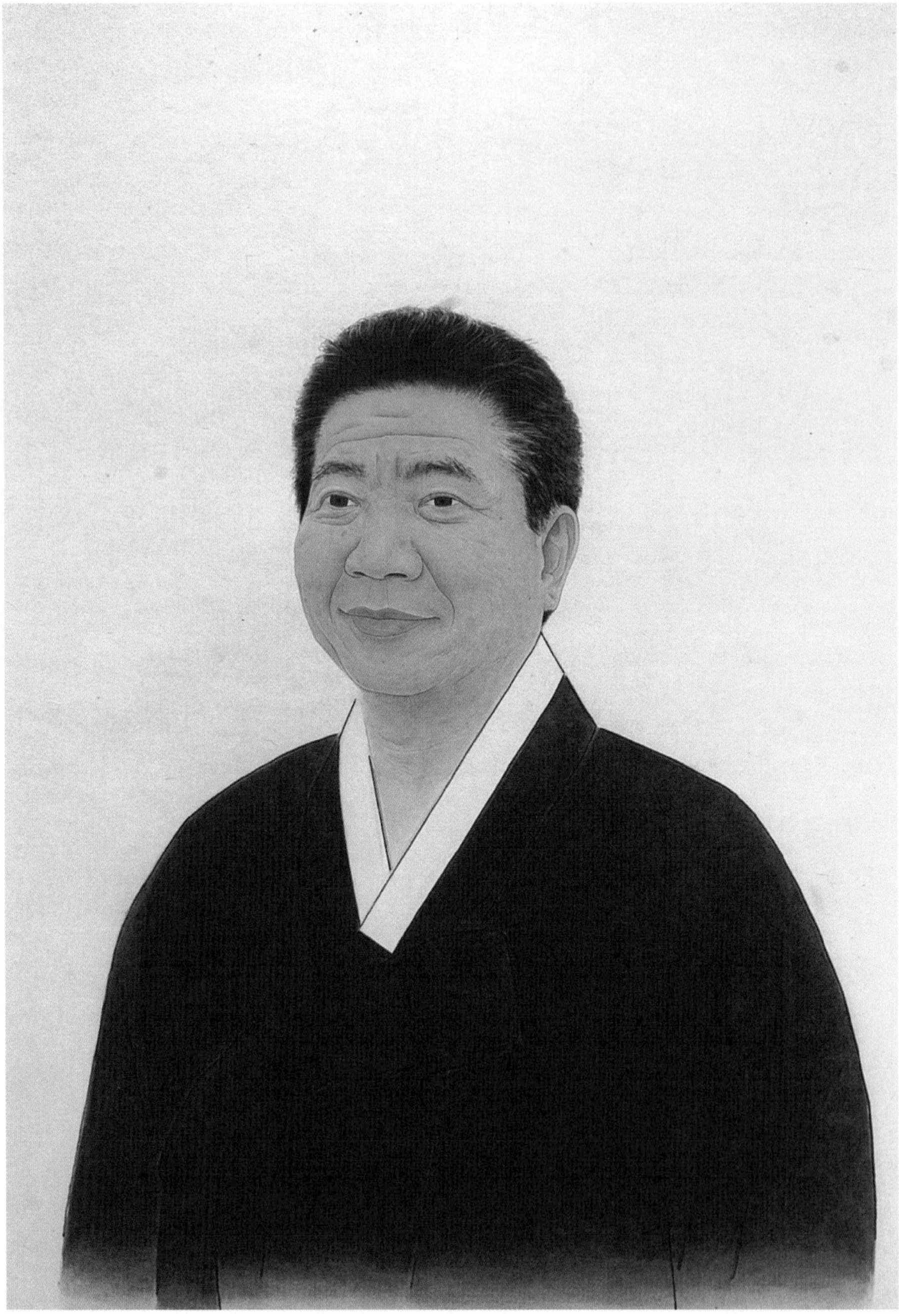

노무현대통령 진영, 115×79cm, 한지에수묵채색, 2008

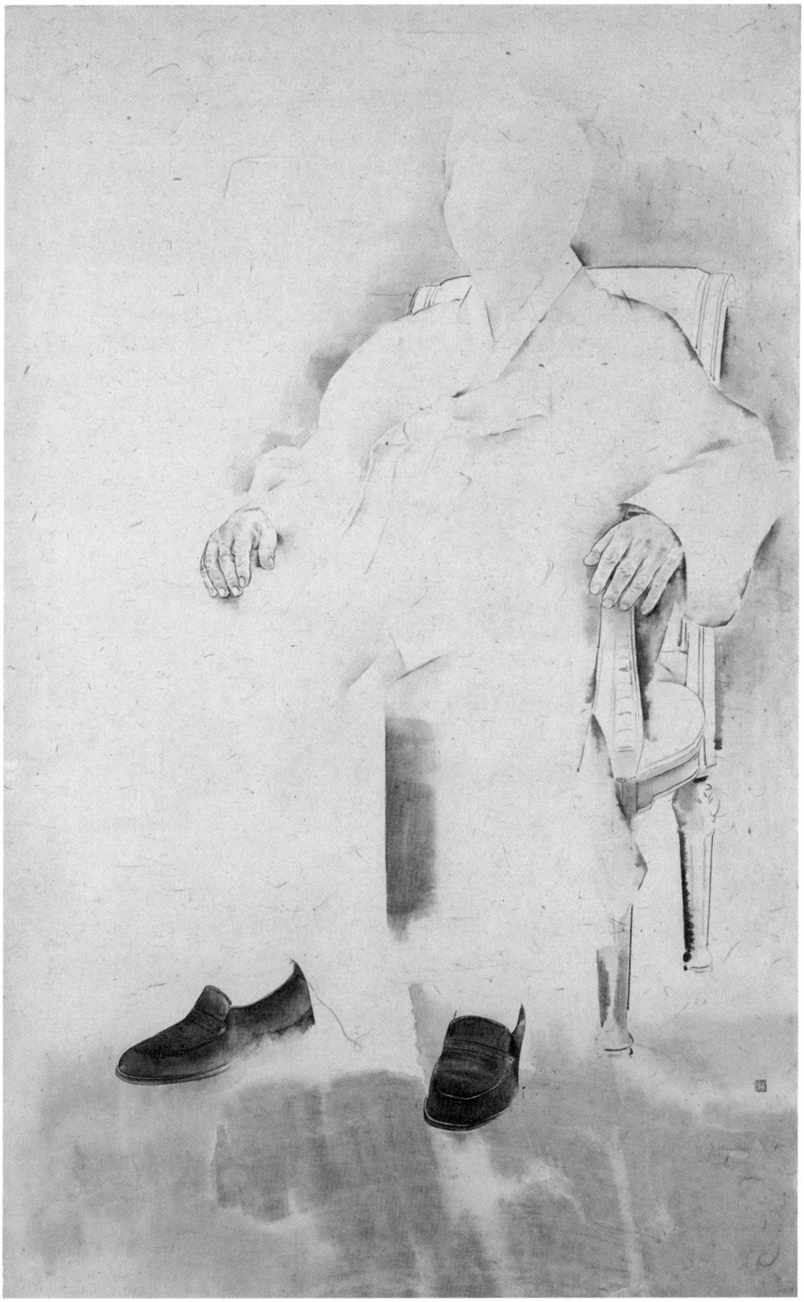

법, 153×95cm, 한지에 수묵채색, 2012

노무현대통령은 초상화를 김호석 작가에게 의뢰했다. 대통령 초상화를 국격에 맞도록 한국고유의 기법으로 그리겠다는 의도였으며 노대통령의 전통문화에 대한 정책 실천의지는 분명했다고 한다.
이러한 의지는 정부포상 증서용 종이에 한지를 도입하는데 영향을 주었다. 2006년 11월 노무현대통령 재임기간 동안 중앙인사위원회에서 임명장을 전통한지로 개선하려는 노력이 있었고 이를 계기로 정부포상 증서에 전통한지를 사용하고자 노력했다. 〈2020행정안전백서(발간등록번호 11-1741000-000198-10)〉

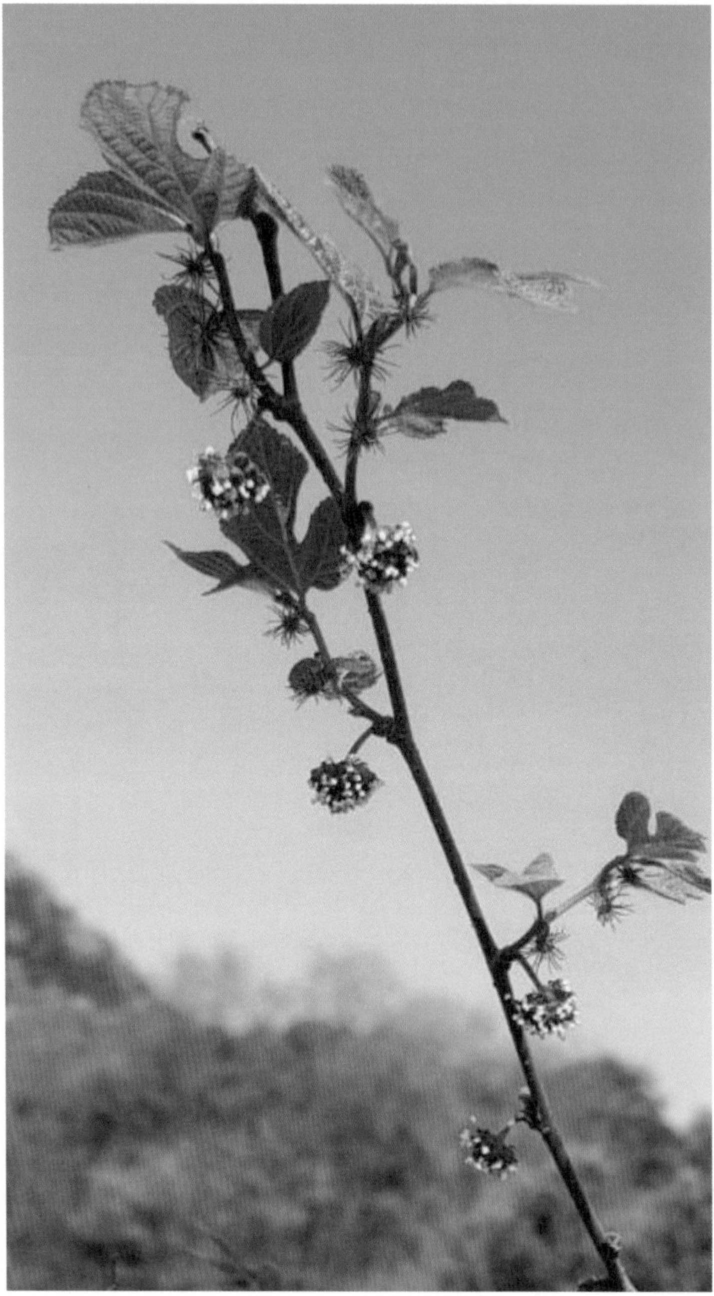

2019년 5월 12일 경기 여주 김호석화백닥나무시험농장의 애기닥나무
(암수가 한가지에 꽃을 피움)

저자의 글

필자는 오래전부터 우리 민족을 대표하는 전통문화로 한복, 한식(장류, 숟가락 등), 한옥(온돌 등), 한지, 한글, 한국음악 등을 떠올리곤 했다. 전통한지 정책을 연구하게 된 계기는 약 9년 전으로 거슬러 올라간다. 2013년 말, 국가기록원 근무 시 동료 학예연구관의 "한지업체는 폐업이 속출하는 등 위기", "한지를 납품하는 한지장이 편찮으시기라도 하면 일본 종이를 수입해야..."라는 말을 충격으로 받아 들였다. 이에 2014년 초, '기록용한지 연구모임'을 만들어 활동을 시작했다. 전주시 등 담당자에게 "한지육성 조례를 왜 만들지 않느냐"고 묻기도 했다. "상위법에 근거가 없어 조례 제정이 불가하다"는 대답에 대해, "상위법에 하라는 근거도 없고 하지 말라는 근거도 없으면 조례 제정이 가능한 것 아닌가?"라며 되묻기도 했다. 필자의 전화가 조례 제정에 영향을 미쳤는지는 알 수 없으나 전주시에서는 2016년, 의령군에는 2017년, 안동시에서는 2018년에 한지 육성 조례를 제정했다. 하지만 이번 연구를 통해, 전주시·의령군·안동시는 '전통한지'와 '시·군한지'의 정의를 다르게 정립함으로써 수입 닥과 기계장치로 만든 경우에도 한지에 포함될 수 있는 빌미를 주었다는 것을 알게 되었다. '경상북도 한지산업 진흥조례' 등을 참고해서 해당 조례를 개정할 필요가 있다.

행정안전부는 2009년 3월, 훈장 등 정부포상 용지의 보존성과 품격을 높이기 위해 '일반 양지'를 '전통한지'로 바꾸기로 하고 보도자료를 배포했다. 하지만 이때부터 적용된 종이는 100% 국산 닥으로 만든 한지가 아닌, 수입 닥 펄프와 목재펄프를 혼합한 종이라는 한계가 있었다.

광복 70주년을 맞이한 2015년, 문화재 위원을 역임했으며 전통문화에 대한 혜안을 지닌 정종섭행정자치부장관은 상훈의 영예성을 제고하고 전통문화의 원형을 회복한다는 취지에서 '훈장용지 개선사업'을 착수했다. 2015년 6월, 김호석 수묵화가를 자문위원으로 위촉하고 박재목 의정담당관, 황동준 서기관, 김기대 연구원과 필자까지 총 5명으로 팀을 구성하여 12월 말까지 활동을 하도록 했다. 이 사업 결과, 전국의 13개 수록한지 업체가 참여하여 최종적으로 5개 업체에서 만든 한지가 '정조 간찰'에 어느 정도 근접한 수준의 품질에 도달함으로써 전문기관으로부터 한지의 원형을 재현하는데 성공했다는 평가를 받았다. 당시 함께 노력해준 박재목 의정담당관, 황동준서기관, 김기대연구원께 깊은 감사의 인사를 드린다.

필자는 이 사업 과정에서, 한지는 고려·조선시대에 국제적으로 명성을 얻을 만큼 우수했고 지금도 세계 최고 수준의 보존성을 지니고 있음에도, 한지업체는 폐업이 속출하는 안타까운 사실을 알게 되었다. 이때부터 「한지품질표시제」, 「조선왕조실록복본화사업」 및 「서화용지 국가표준(KS)」 등 정부가 추진한 한지 정책과 사업의 문제점을 들여다보았다.

필자의 한지정책 연구는 정종섭행정자치부장관, 김호석화백 및 선출판사 김윤태사장의 문화예술적인 공감과 우정에 힘입은 바 크다. 이 자리를 빌어 세 분께 감사드린다. 국가기록원에서의 '기록용한지 연구모임' 활동이 김윤태 사장에게 전해졌고, 이어 40년간 전통한지를 연구해온 김호석 화백을 만나게 됐다. 정종섭 행정자치부장관은 '훈장증서 개선을 통한 전통한지 원형재현 사업'

을 실시했고 필자는 행정요원으로 참여하게 되었다. 김호석 화백은 “재료를 장악하지 못한 화가는 화가 지망생에 불과하다”는 지론을 실천하는 화가로서 평생을 한지 연구에 매진해 왔다. 한지의 우수성을 극명하게 드러낸 그의 작품으로는 성철·법정스님과 다산 정약용, 노무현대통령 및 인도 모디총리 인물화가 유명하다. 김화백은 임원경제지 등 옛 문헌을 참고하는 등 각고의 노력으로 연구하여, 1990년경부터는 전국 전통한지업체 어느 곳에도 남아있지 않은 도침(표면처리) 기술을 독자적으로 개발·적용하여 만든 한지에 그림을 그려왔다. 2015년에는 정장관의 권유로 그간 연구한 재능을 훈장증서용 전통한지 제작에 기부 했다.

2016년부터 필자는 김호석화백을 스승으로 모시고 전국 한지업체와 현장을 조사했다. 2017년 9월에는 애기닥나무를 확인하기 위해 전남신안 가거도(소흑산도)를 답사하기도 했다. 한지의 역사와 제조기술 등 전반에 관한 부분은 김화백이 담당했고, 필자는 정부 한지정책의 미흡한 점을 정리해서 발표하는 데 노력을 집중했다. 2015년에 성공한 ‘훈장증서 개선을 통한 전통한지 원형재현 사업’은 전통한지의 원형 재현과 수요처 확보를 동시에 이룬 쾌거임에도 정부부문조차도 확산될 기미가 보이지 않아 실망이 컸다.

다행스러운 것은 2020년 2월부터 2022년 6월까지 행정안전부 상훈담당관을 맡음으로써 그동안 겨우 명맥만 유지했던 ‘훈장증서용 전통한지’의 품질을 더욱 향상시키고 전통한지 사용규모를 대폭 확대시켰다는 점이다.

이 책을 발간하기까지 처음에는 세미나 발표에서 시작, 대학원 진학, 교양도서 발간, 학술지 논문게재, 박사학위 논문 작성 등의 과정을 거쳤다. 2017년 12월에는 김호석화백을 도와 국회 의원회관에서 「전통한지 진흥을 위한 대토론회」(주최 : 정종섭의원, 후원 : 진선미·손혜원·김종회의원)를 개최, 한지정책을 발표했다. 2018년 2월에는 전라북도 전주시 전주한지산업지원센터에서 「전통한지 부활을 위한 대토론회」(주최 · 주관: 전라북도경제통상진흥원 · 한국전통문화전당)를 개최, 한지정책을 발표했다. 2018년 9월에는 학술적 · 체계적으로 연구하기 위해 충남대학교 박사과정에 입학했다. 2019년 11월에는 김호석수묵화가, 닥나무 연구자인 산림청 정재민박사, 한지산업지원센터 임현아연구개발실장과 공저로 「한국의 전통한지」 책자를 발간했다. 2022년 8월에는 국회입법조사처의 학술지인 '입법과 정책'에 〈전통한지정책의 현황과 문제 분석: 입법방안 도출을 위해〉라는 논문을 게재했다. 이 과정에서 충남대학교 국가정책대학원 「연구방법론」 과목에서 배관표 교수를 뵙지 못했다면 학술지에 실을 수 있는 수준의 논문은 나올 수 없었다. '전통한지 정책연구 분야'는 선행연구가 거의 없어 학술논문은 엄두를 내기 어려운 상황이었다. 정책이론을 알려주고 논문을 지도해 주신 배관표 교수께 존경과 감사의 말씀을 드리고 싶다. 아울러 박사학위 논문의 완성도를 높여주신 임재빈교수, 강태원교수, 이민아박사, 이슬기박사께도 감사드린다. 아울러, 필자가 행정안전부 대변인실에 근무하던 무렵부터 함께 해 왔고, 한지정책을 연구하는 내내 지속적인 관심은 물론 기사를 써 줌으로써 자신감과 용기를 준 김경수 · 김능욱 · 김도형 · 김신일 · 김양진 · 라동철 · 박태해 · 변해정 · 안태호 · 윤창수 · 윤홍집기자께 감사드린다. 이들이 아니었다면 한지정책 연구의 추동력을 얻지 못했을 것이다. 이와 함께, "공부하는 모습에서 우리 가족의 희망을 본다"며 적극 응원해 준 가족, "가치 있는 일을 찾아, 열심히 하는 모습이 멋지다"며 힘을 보태 준 주변 분들의 응원에 감사드린다. 2021년 기준 우리나라 전통한지 업체 수는 19곳이다. 전통한지 정책연구를 할 수 있었던 것은 어려운 여건 속에서도 지금까지 한지를 만드는 일을 꿋꿋하게 지켜온 분들 덕분이다. 문화재청 지정 중요무형문화재 홍춘수(청웅전통한지) · 김삼식(문경전통한지) · 신현세(신현세전통한지) · 안치용(괴산신풍한지마을)한지장, 도 지정 무형문화재 장성우(장지방) · 장응렬(원주한지) · 이자성(청송한지) · 이상옥(이상옥전통한지) ·

김일수(덕치전통한지)한지장, 이영걸(안동한지)회장, 윤순애(원주전통한지)·서정철(고궁한지)·최영재(천양피앤비(주))·오남용(대성한지)·이명기(대승한지마을)대표, 윤정애(전주전통한지)·최성일(성일한지)·김천종(천일한지)·김인수(용인한지)한지장께 고개 숙여 감사 인사를 드린다.

앞으로 미력이나마 전통한지 육성에 힘을 보태 한지의 품질을 고려지·조선지 수준으로 향상시키고 한지의 원형을 찾아, 명실공히 한지가 세계 시장에 진출하여 최고로 자리매김할 수 있도록 일조하고 싶다.

2023년 5월

박후근 삼가쓰다

참 고 문 헌

1. 국내 문헌

권오성, 박민정 (2009). 정책수단으로서의 보조금 현황 및 연구경향, 행정논총 제47권 제1호, 277-309.

권오훈, 김현철 (2012). "닥 섬유 혼합 비율에 따른 기계 한지의 물리적 특성 및 인쇄성에 관한 연구", 펄프·종이 기술, 제44권 제2호, 1~7.

권혁주 (2009). "정책수단의 정치적 성격 : 사회정책을 중심으로", 한국행정논집 제21권 제4호(2009 겨울), 1301-1319.

고인희, 조아현, 예준희, 정선화 (2017). "'한지'에 관한 국내 연구 동향 분석", 보존과학회지 제33권 제6호, 457~466.

국립문화재연구소 (2021). '문화재복원용 한지의 품질기준 연구 종합보고서 본문 편', 2021.11.30. 발행, 발간등록번호 11-1550011-001059-01.

국민대학교 산학협력단 (2008). 국산 한지 인증제 및 기능성 한지개발 방안 연구 최종보고서, 2008년 4월. 199-206.

국민대학교 산학협력단(총괄책임자 : 김형진) (2016). 한지 유네스코 등재를 위한 연구용역.

국민일보 (2016). "인간문화재 영광이지만 한지 안 사가 서운", 2016년 1월 4일 20면.

김동훈 (2013). 한지산업의 실태분석과 발전 방안에 관한 연구. 2013년 2월 22일, 전북대학교 대학원 경영학과, 박사학위 논문.

김삼기 (2003). 조선 후기 제지수공업 연구, 중앙대학교 대학원 박사학위 논문, 2003년 6월.

김상욱 (2014). 콘텐츠 산업투자 활성화 지원방안 연구 : 모태펀드 문화계정 운영개선을 중심으로, 동국대학교 영상문화 콘텐츠연구원, 영상문화 콘텐츠 연구 통권 제7집 (2014년), 5-25.

김수갑 (1994). "한국에 있어서 문화국가 개념의 정립과 실현과제", 한국문화관광연구원,

문화정책논총 제6집, 1994.12, 301-360.
김수갑 (1995). “한국에 있어서 문화국가 개념의 정립과 실현과제”, 한국문화정책개발원, 문화정책논총 6, 1995.4.20., 265-314.
김수갑 (1995). “한국에 있어서 문화국가 개념의 정립과 실현과제”, 한국문화정책개발원, 문화정책논총, 6집, 265-314.
김수갑 (2004). ‘한국 헌법에서의「문화국가」조항의 법적 성격과 의의’. 한국공법학회, 공법연구 제32권 제3호 (2004년 2월), 1-15.
김시범 (2018). 문화산업의 법률적 정의 및 개념 고찰, 인문콘텐츠학회, 인문 콘텐츠 제48호, 33-59.
김태길 (1999). “전통문화와 외래문화”, 철학문화연구소, 철학과 현실, 42(‘99.9), 95-117.
김호석, 임현아, 정재민, 박후근 (2019). 한국의 전통한지, 지금까지 우리가 알고 있었던 한지는 한지가 아니다. 선출판사.
문명재 (2008), 정책도구 연구의 학문적 좌표와 이론적 연계성 : 새로운 분야 아니면 새로운 시각?, 고려대학교 정부학연구 제14권 제4호, 2008년 12월. 321-346.
문화재청 (1999). 세계 최고의 인쇄물 무구정광대다라니경. 중요 전적 문화재 영인(6).
문화체육관광부 (2013). 전통문화 정책의 성과와 반성. 발간등록번호 11-1371000-000503-01.
문화체육관광부 (2021). 전통문화진흥 종합계획 수립연구. 한국문화관광연구원.
문화체육관광부 한국공예디자인문화진흥원 (2013). 한눈에 보는 한지.
문화체육관광부 (2013). 한류 백서, 한국문화관광연구원, 14-17.
박광무 (2010). 한국문화 정책론, 김영사.
박후근 (2022). 전통한지정책의 현황과 문제 분석 : 입법방안 도출을 위해, 국회입법조사처, 입법과 정책, 2022. 8. 31, 147-177.
반지씽 지음/조병묵 옮김 (2002). 중국제지 기술사. 도서출판 광일문화사.
방필주 (1976). 민족문화창달의 기본방향, 입법 조사 월보, 36-41.
배관표, 이민아 (2013). “한국 문화정책의 대상과 전략의 변화 : 1988～2012”. 한국정책학회보 22(1), 137-170.

사단법인 가온 발전연구원(2020). 한지산업 육성 및 지원 기본계획 수립, 2020년 9월.
사단법인 한국 무형유산진흥센터(2016). 청송한지 전통 방식 복원 컨설팅.
산림청(2016). 『2016 임산물생산조사(국가승인통계 승인번호 제13606)』.
산림청(2017). 『2017 임산물생산조사(국가승인통계 승인번호 제13606)』.
산림청(2019). 『2019 임산물생산조사(국가승인통계 승인번호 제13606)』.
산림청(2020). 『2020 임산물생산조사(국가승인통계 승인번호 제13606)』.
세계일보(2019). "4대 궁궐에도 쓰지 않는 위기의 전통한지", 2019년 11월 2일 14면.
세종실록, 세종 26년 6월 21일 기해.
승정원일기, 인조 4년 8월 4일 계묘.
엄석진(2008). 정책도구 분석을 통한 지방 거버넌스의 실증 분석, 행정논총 제46권 제3호, 2008년 9월, 329-360.
여석기(1981). 전통문화와 외래문화, 한국학중앙연구원, 한국학, 1981.12, 4-14.
원주시(2006). 한지의 발자취, 정부간행물 등록 번호72-4190000-000045-01.
오민수, 김재일(2009). 정책도구 조합과정 분석틀의 모색, 한국공공관리학보 제23권 제4호, 2009년 12월, 309-332.
오양열(1995). 한국의 문화 행정체계 50년 : 구조 및 기능의 변천 과정과 그 과제, 한국문화관광연구원, 문화정책논총 제7집, 29-74.
이계황(1980). 고전국역사업의 회고와 전망, 한국고전번역원, 민족문화, 제6집 23-58.
이기령(2018). 우리나라 출산정책의 정책도구에 대한 유형분석에 관한 연구, 한성대학교 박사학위 논문.
이기백(1997). 한국의 전통문화 : 어떻게 볼 것인가 : 전통문화와 현대문화, 서강대학교 인문과학연구소, 서강인문논총, 1997.12, 3-41.
이병민(2007). 참여정부 문화산업 정책의 평가와 향후 정책 방향, 인문콘텐츠학회, 인문콘텐츠, 2007.6, 205-235.
이상열(2018). 전통문화산업 정책의 변천과 과제, 지역과 문화 제5권 제1호. 21~42.
이용식(2010). 정책수단 분류모형과 생활체육정책에의 적용, 체육과학연구 제21권 제3호 통권 83호, 1431-1440.

이용주 (1988). 우리나라 문자정책과 교육, 한국학중앙연구원(구정 신문화연구), 한국학, 1988.5, 49-66.

이성무 (1985). '민족문화창달의 길' ; 우리 전통문화의 보존과 계승〈특집〉, 국회보 228 (1985.10), 44-48.

이승철 (2002). 우리가 정말 알아야 할 우리한지, (주) 현암사(2002년 6월).

이흥재 (2014). 문화정책론, 박영사.

장세길 (2014). 한지산업 육성을 위한 표준화 방안 연구, 농촌지도와 개발 21(3): 121-154(2014), 133~134.

전영한 (2007a). 정책도구 연구의 의의와 과제, 정부학연구 제13권 제2호, 39-50.

전영한 (2007b). 정책도구의 다양성 : 도구 유형분류의 쟁점과 평가, 정부학연구 제13권 제4호. 259~295.

전자신문 (2022.5.10. 4면). "〔윤석열 대통령 취임〕 尹, 입장·선서·취임사 소통에 방점… 靑 개방 선포".

전철 (2012). 한지의 이해, 293. 전철, (2020), 한지의 이해, 도서출판 한글, 90.

전철, 김성주, 최용희 (2001). 한지산업의 실태분석, 생명자원과학연구 23권, 46-81.

전형원 (2002), 공공정책도구론에 관한 연구, 지역발전연구 제2권 제2호 통권 제3호, 243-258.

정갑영 (1995). 21세기를 향한 우리나라 전통문화정책의 방향과 과제, 문화정책논총 제7집, 1995.12, 103-123.

정갑영 (2016). 조국 근대화와 민족문화 : 민족문화 중흥문화정책을 중심으로, 한국 사회이론학회, 사회이론, 2016.12, 3-36.

정갑영 (2000). 우리나라 전통문화정책의 전개 과정과 그 의미, 정신문화연구, 2000.12, 15-32.

정정길, 최종원, 이시원, 정준금, 정광호 (2016), 정책학원론, 대명출판사

정종섭 (2006). 헌법학 원론, 박영사.

정종섭 (2014). 헌법학 원론, 박영사.

정종섭 (2022). 헌법학 원론, 박영사.

조계영 (2007). 조선 후기 황실서책 장황 시의 도침에 관한 고찰, 고문서 연구, 제31호 (2007. 8). 257-283.

조성한 (2006). 거버넌스 도구로서의 규제, 한국정책과학학회보 제10권 제4호. 1-18.

조성한 (2008). 좋은 규제 : 통제 수단에서 정책도구로, 정부학연구 제14권 제4호, 347-368.

조지훈 (1963). 전통의 현대적 의의, 신세계 제2권 제3호, 56-61.

조선총독부 (2011). 제지원료조사급시험보고서, 1911년」, 국립중앙도서관.

재단법인 한국자치경제연구원 (2022). 2021 한지 유네스코 등재를 위한 연구용역 최종보고서, 2022년 3월.

제20대 대통령직인수위원회 (2022). '윤석열 정부 110대 국정과제', 2022년 5월.

한국공예디자인문화진흥원 (2022). 2021 유네스코 등재를 위한 연구용역. 재단법인 한국자치경제연구원.

한국공예디자인문화진흥원 (2020). 2019 한지실태조사 및 품질표시제 개선연구. 메가리서치.

한국문화관광연구원 (2013). 전통문화의 한류 동반 진출 전략 연구포럼 연구성과물, 2013년 5월, 188-198.

한국문화관광연구원 (2021). 전통문화진흥종합계획수립연구 최종보고서, 2021년 2월. 42-43.

하연희, 문명재 (2007). 정책목표의 변화에 따른 정책도구의 전략적 선택효과 : 우리나라 인구정책을 중심으로, 정부학연구 제13권 제2호, 75-106.

하은희 (2016), 정책도구로서 바우처의 선택과 경쟁이 서비스 질과 만족도에 미치는 영향 : 서울특별시 보육바우처를 중심으로, 중앙대학교 박사학위논문.

행정안전부 (2021). 2020행정안전백서, 발간등록번호 11-1741000-000198-10 2021년 8월 31일, 720-721.

행정안전부 (2022). 훈장 등 정부포상증서에 사용되는 전통한지 사양서, 상훈담당관-344(2022.1.25.).

행정자치부 (2015). 훈·포장증서 및 공무원 임명장 품격향상 추진 성과보고서, 의정 담당관-5100(2015.12.8.).

이진한, 홍민호, 박서현 (2022). 고려도경 역주 (18), 권22 잡속1과 권23 잡속2편의 분석을 중심으로, 한국사학보 제87호(2022년 5월), 221-275.

홍희숙, 김기억, 고정녀 (2021). 국내산 닥과 태국산 닥섬유 및 목재펄프가 혼합된 줌치한지의 감물염색에 따른 강도 특징, 한국의류학회지, Vol. 45, No6, 1035-1051.

황은경 (2010). 원산지 표시제와 생산 이력 추적시스템 제도가 한우 쇠고기의 안전성과 고객 신뢰도에 미치는 영향에 관한 조사연구, 한국 조리학회지 제16권 제2호 (2010), 270-290.

강원일보 (2011.6.2). "원주한지 이탈리아 간다.". (http://www.kw news. co.kr /n view. asp? s=501&aid=211060100152)에서 2022. 6. 30 자료 얻음.

건축공간연구원홈페이지. 연구보고서 및 한옥정책브리프 https://www.auri.re.kr/menu. es? mid= a10503000000에서 2021. 7. 14 자료 얻음.

경향신문 (2020.10.12). 〔기고〕 복원 손 놓은 정부…. 한국엔 전통한지가 없다. https:// www.khan.co.kr/opinion/contribution/article에서 2021. 7. 14 자료 얻음.

국가기술표준원 (2022). "국가표준인증통합정보 시스템", https://standard.go.kr/KSCI/ 에서 2022. 3. 8 자료 얻음.

국가법령정보센터, www.law.go.kr에서 2022. 6. 14. 자료 얻음.

국가표준인증통합https://standard.go.kr/KSCI/에서 2022. 3. 8. 자료 얻음.

국가한옥센터 (2019). 『한옥 활성화 정책추진 현황 및 과제』. 건축공간연구원 연구보고서 https://www.auri.re.kr/gallery에서 2021. 8. 16 자료 얻음.

국립문화재연구원 보도자료 '문화재 보수·복원에 사용 가능한지의 품질기준 연구성과 담아', (nrich.go.kr)에서 2022. 3. 8. 자료 얻음.

국민일보 (2016.1.3). 홍춘수 한지장 "인간문화재 영광이지만 한지 안 사가 서운", http://news.kmib.co.kr/article/view.asp?arcid=0923379717&code=13110000&cp =nv에서 2022. 6. 19 자료 얻음.

국회 국회 전자도서관. 홈페이지 국회도서관 소장자료, https://dl.nanet.go.kr/에서 2022. 6. 30 자료 얻음.

국회 (2022). 의안정보시스템(assembly.go.kr)에서 2022. 5. 30. 자료 얻음.

노컷뉴스 (2013.3.20). “범람하는 중국산… 우리 고유한지 지킨다, 문광부 한지품질표시제 도입”, http://www.nocutnews.co.kr/Show .asp? IDX=2438162에서 2021. 7. 17 자료 얻음.

노컷뉴스 (2022.5.10.). “대구 소년·광주 소녀와 함께…취임식에서 강조된 尹 의중은? - 노컷뉴스 (nocutnews.co.kr)에서 2022.5.11. 자료 얻음.

뉴스1 (2022.5.10). “윤석열 대통령 취임식 하이라이트…첫 대국민 메시지 촉각(news1.kr)에서 2022. 5. 11. 자료 얻음.

머니투데이 〔2017 국감〕 중국 한지에 본드 … 문화재 수리 이대로 괜찮나 - (mt.co.kr)에서 2017. 10. 16. 자료 얻음.

문화재청 국립문화재연구원 (2022. 3. 8). “문화재 복원용 한지의 품질기준 연구 발간” 보도자료(nrich.go.kr)에서 2022. 3. 8 자료 얻음.

문화재청 홈페이지 보도자료 (2021. 7. 28) “「한지장」보유자로 김삼식, 신현세, 안치용 씨 3명 인정 : 문화재청, 전통 종이 제조기술 보유 장인 ‘국가무형문화재’인정, .https://www.cha.go.kr에서 2021. 7. 26 자료 얻음.

문화체육관광부 (2007). 한(韓) 스타일(Han Style) 육성 종합계획(2007~2011) 발표, 문화체육관광부 홈페이지 보도자료 https://www.mcst. go.kr에서 2021. 7. 26 자료 얻음.

문화체육관광부 (2013.4.15). 보도자료 “한지품질표시제 본격 시행”. (mcst.go.kr)에서 2021. 7. 26. 자료 얻음.

법제처 국가법령정보센터 (law.go.kr).

불교TV (2022.6.12.). “초등교 미술 교과서 한지·화선지 구분 못 하고 혼용” - BTN불교TV(btnnews.tv)에서 2022. 6. 12. 자료 얻음.

세계일보 (2019.11.2). “4대 궁궐에도 쓰지 않는 위기의 전통한지”, http://www.segye.com/newsView/20191101509742?OutUrl=naver에서 2022. 6. 30 자료 얻음.

아시아경제 (2019.10.23). “〔천년 한지의 숨결②〕 한지 재료 닥나무, 16배 비싼 국산”, 10월 23일 자, https://cm.asiae.co.kr/article /2019103111351283370에서 2021. 7. 17 자료 얻음.

연합뉴스 (2020.12.7). “세계로 가는 전통한지… 전주시-이탈리아 고문서 연구소 협략”,

https://search.naver.com/p/crd/rd?m=1&px에서 2022. 6. 12. 자료 얻음.

연합뉴스 (2022.5.4). "초등 미술 교과서 속 '화선지 → 한지'로 … 반크, 시정 운동 전개" | 연합뉴스(yna.co.kr)에서 2022. 6. 12. 자료 얻음.

유네스코 국제기록유산센터 간행물·보고서 (2020. 12. 23) UNESCO International Centre for document Heritage, ICDH. 12월 23일 자 https: //www.unescoicdh.org/home/sub.php?menukey=185&mod에서 2021. 7. 14 자료 얻음.

유네스코한국위원회 홈페이지 유네스코와 유산 https://www.unesco.or.kr/ 및 문화재청 홈페이지 https://www.cha.go.kr/main.html에서 2021. 7. 14 자료 얻음.

자치법규 정보시스템(https://www.elis.go.kr), 2022. 6. 30. 자료 얻음.

정보공개 포털(https://www.open.go.kr), 국회도서관 소장자료검색(nanet.go.kr), 문화체육관광부(mcst.go.kr) 및 문화재청(cha.go.kr)에서 2022. 6. 30 자료 얻음.

전북일보 (2015.12.4). 서화용 전주한지 기능성 탐색 행사(jjan.kr)에서 2022. 5. 30 자료 얻음.

전북일보 (2015.12.3). 서화용 전주한지 기능성 탐색 행사, http://www.jjan.kr/news/articleView.html?idxno=567640에서 2021. 7. 14. 자료 얻음.

전북일보 (2019.6.2). "동유럽의 진주 크로아티아도 반한 전주한지", http://www.jjan.kr/2047132에서 2022. 6. 30 자료 얻음.

정보공개 포털(http://www.open.go.kr)을 통하여 정보공개 청구한 결과, 문화재청 국립문화재연구소 문화재보존과학센터－2481(2018.10.22.), 문화재청 국립문화재연구소 문화재보존과학센터－2482(2018.10.22.), 문화재청 복원정비과－2461(2022.5.3.), 문화재청 정보화담당관－4389(2021.10.7), 문화체육관광부 전통문화과－2340(2021.8.24.), 문화체육관광부 전통문화과－2424(2021.8.30.), 문화체육관광부 전통문화과－2524(2021.9.8.), 산업통상자원부 표준혁신과－411(2021.3.22.), 의령군 문화관광과－20108(2021.9.15.), 전주시 전통문화유산과－7941(2022.9.15)에서 자료 얻음.

조선비즈 (2021.2.12). 이탈리아서 '고문서 복원용 종이' 인증받은 성일한지 "한지도 유네스코 등재돼야!",이탈리아서 '고문서 복원용 종이' 인증받은 성일한지 "한지도 유네스코 등재돼야!"(chosun.com)에서 2021. 7. 13 자료 얻음.

통계청 (2020). 국가통계포털 특용작물생산현황(kosis.kr)에서 2022. 9. 15. 자료 얻음.

한국일보 (2020.11.18). "경복궁 등 4대 궁궐 '전주한지'로 새 단장", https://www.hankookilbo.com/News/Read/A202011180 9330004156?did= NA에서 2021. 7. 17 자료 얻음.

한국재정정보원 국고보조금통합관리시스템(e나라도움) – 통계센터 – 보조사업 현황 – 보조사업별 – (회계연도 · 중앙부처 · 보조사업"한지") – 보조사업목록 https://www.kpfis.or.kr/ko에서 2021. 7. 14 자료 얻음.

행정안전부 자치법규 정보시스템(https://www.elis.go.kr)에서 2021. 7. 14 자료 얻음.

행정안전부 (2015.12.15). "정부 훈 · 포장증서 재현된 전통한지로 만든다.", 행정안전부 보도자료(mois.go.kr)에서 2021. 7. 17 자료 얻음.

KBS (2020.12.7.). "전주시 – 이탈리아, 전주한지 세계기록유산 보존 · 복원 협약" https://news.kbs.co.kr/news/view.do? NCD=5065519 &ref =A 등에서 2021.7.14 100건 이상 ("이탈리아 · 루브르 한지" 검색 결과) 자료 얻음.

BTN불교TV (2022). "초등교 미술 교과서 한지 · 화선지 구분 못 하고 혼용" – BTN불교TV (btnnews.tv)에서 2022. 6. 12 자료 얻음.

MBC경남 (2021.4.1). 닥나무와 전통한지를 지키는 과학자, 찾고 모으고 기록하는 〔#채록〕 eP. 1에서 2022. 6. 12 자료 얻음.

UNESCO International Center For Document Heritage(2020) https://www. UNESCO icdh.org/home /sub. PHP?menu key= 185&mod에서 2021. 7. 14 자료 얻음.

2. 국외 문헌

Autor, D. (2015). Why are there still so many jobs? The History and Future of Workplace Automation. *Journal of Economic Perspectives, 29(3)*, 3-30.

Child, D. (1990). *The essentials of factor analysis*. London: Cassel Educational Limited.

Doern, B. G., & Phidd, R. W. (1992). Canadian Public Policy: Ideas, Structures, Processes. Nelson Canada.

E. R. Huber, a. a. O. (Anm.15), S.144.

Ernst Rudof Huber, Zur Problematik des Kulturstaats, Tübingen.

Go & Jeong (2018), Go, I. H., & Jeong, S. H. (2018). Anatomi cal, morphological, and chemical characteristics of paper mul berry wood and bast fiber for raw material of Korean paper (Hanji). Journal of Conservation Science, 34(6), 517-524. doi:10.12654/JC S.2018.34.6.07.

Hood, C. (1983). The Tools of Government. London: Macmillan.

Howlett, M., & Ramesh, M. (2003). Studying Public Policy. New York:

Howlett, M., & Ramesh, M. (2003). Studying Public Policy. New York: Oxford University.

Jeon, C (2002). 전통한지의 이해[Understanding traditional Korean paper]. In J. S. Kim (Vol. Ed.), 숲과 문화 총서 10 : 산과 우리문화[A series of forest and culture Vol. 10: Mountain and our culture] (pp. 185-192). Seoul: Sumunchul－한국의류학회지 Vol. 45 No. 6, 2021-1050-pansa.

Mun, S. P., Jeon, E. S., Wi, H., & Kang, S. K. (1992). Investigation of pitch troubles in making Korean traditional paper(I). Journal of TAPPIK, 24(2), 15-21.

Park, J. Y., Park, C. Y., Jeong, H. S., Lee, J. H., & Kim, H. J. (2016). Manufacture of conservational machine-made Hanji based on domestic paper mulberry fibers. Journal of Korea TAPPI, 48(6), 277-285. doi:10.7584/JKTAPPI.2016.12. 48.6. 277.

Salamon, L. M. (2002). The Tool of Government: A Guide to the New Governance. Oxford University Press.

Schneider, A. L. & Ingram, H. (1990). "Policy Design: Elements, Premises, and Strategies." In Nagel, S. S (eds.). Policy Theory and Policy Evaluation: Concepts, Knowledge, Causes, and Norms. Greenwood Press: New York.

Westport, Connecticut. London. pp.77-101.

Schneider, A., & Ingram, H. (1997). Policy Design for Democracy. Lawrence, Kansas: University Press of Kansas.

Seo, Y. B., Choi, C., & Jeon, Y. (2001). Effect of traditional Hanji manufacturing process on its physical properties. Journal of Korea TAPPI, 33(4), 28-34.

Saito, T., & Isogai, A. (2004). TEMPO-mediated oxidation of native cellulose. The effect of oxidation conditions on chemical and crystal structures of the water-insoluble fractions. Biomacromolecules, 5(5), 1983-1989. doi:10.1021/bm0497769.

Saito, T., Okita, Y., Nge, T. T., Sugiyama, J., & Isogai, A. (2006). TEMPO-mediated oxidation of native cellulose: Microscopic analysis of fibrous fractions in the oxidized products. Carbohydrate Polymers, 65(4), 435-440. doi:10.1016/j.carbpol.2006.01.034.

Vedung, E. (1998) "Policy Instrument : Typologies and Theories" In Bemelmans-Videc, M., Rist, R. C., & Vedung, E (ed). Carrot, Strick & Sermons: Policy Instruments & Their Evaluation. New Brunswick NJ. USA.Yin, Robert K. (2009). Case Study Research: Design and Methods. 4th. ed. Thousand Oakes: Sag.

세계 최고의 종이, 한지

정책이 필요하다

글 박후근 | **발행인** 김윤태 | **발행처** 도서출판 선 | **본문디자인** 고연 | **표지디자인** 서윤조
등록번호 제15-201호 | **등록일자** 1995년 3월 27일 | **초판 1쇄 발행** 2023년 6월 9일
주소 서울시 종로구 삼일대로30길 23 비즈웰 427호 | **전화** 02-762-3335 | **전송** 02-762-3371

값 25,000원
ISBN 978-89-6312-625-8 03600

* 이 책의 판권은 지은이와 도서출판 선에 있습니다.
* 한지그림 9점의 판권은 작가와 도서출판 선에 있습니다.
* 잘못된 책은 바꾸어 드립니다.